D1673174

GERHARD BRACKE

Die Einzelkämpfer der Kriegsmarine

Einmanntorpedo- und Sprengbootfahrer im Einsatz

MOTORBUCH VERLAG STUTTGART

Einband und Schutzumschlag: Siegfried Horn

ISBN 3-87943-795-5

1. Auflage 1981
Copyright © by Motorbuch Verlag, Postfach 1370, 7000 Stuttgart.
Eine Abteilung des Buch- und Verlagshauses Paul Pietsch GmbH & Co. KG.
Sämtliche Rechte der Verbreitung – in jeglicher Form und Technik – sind vorbehalten.
Satz und Druck: Sulzberg-Druck, 8961 Sulzberg.
Bindung: Verlagsbuchbinderei Werner Müller, 7000 Stuttgart 80.
Printed in Germany.

Inhaltsverzeichnis

Abkürzungsverzeichnis

Adm.:	Admiral
A.d.K.:	Admiral der Kleinkampfverbände
B.d.U.:	Befehlshaber der U-Boote
BRT:	Bruttoregistertonnen
D.:	Dampfer
F.d.Schn.:	Führer der Schnellboote
F.H.Qu.:	Führerhauptquartier
FKpt.:	Fregattenkapitän
HMS:	His Majesty's Ship
Jabo:	Jagdbomber
K.d.K.:	Kommando der K-Verbände (= Kdo.d.K.)
K.F.K.:	Kriegsfischkutter
KKpt.:	Korvettenkapitän
Kpt.Lt.:	Kapitänleutnant
LCA:	Landing Craft Assault (Sturmboot)
LCC:	Landing Craft Control
LCF:	Landing Craft Flak
LCG:	Landing Craft Gun
LCI:	Landing Craft Infantry
LCP:	Landing Craft Personnel
LCS:	Landing Craft Support
LCT:	Landing Craft Tank
LSI:	Landing Ship Infantry
LST:	Landing Ship Tank
Lt.:	Leutnant
MAS:	Motortorpedoboot, urspr. U-Bootjäger (Motoscafi anti Sommergibile)
MGB:	Motor Gun Boat, Motorkanonenboot
MTB:	Motor Torpedo Boat, Motortorpedoboot
MOK:	Marine-Oberkommando
OB:	Oberbefehlshaber
Ob.d.M.:	Oberbefehlshaber der Marine
Oblt.:	Oberleutnant
R-Boot:	Minenräumboot
S-Flott.	Schnellbootsflottille (vgl. K-Flott. = Flottille der Kleinkampfverbände), auch K-Fl.oder S-Fl.
T-Boot:	Torpedoboot
T-Fl.:	Torpedobootsflottille
Vp.Fl.:	Vorposten-Flottille
Z.Fl.:	Zerstörerflottille
BA/MA:	Bundesarchiv/Militärarchiv Freiburg
KTB:	Kriegstagebuch
SKl:	Seekriegsleitung
PRO:	Public Record Office, London Zentrales Staatsarchiv
geh. Kdos.:	geheime Kommandosache
OKM:	Oberkommando der Marine

»Mit den Zeiten wandelt sich auch die An-
schauung der Vergangenheit, und da kann
es leicht geschehen, daß in uns ein Bild der
Geschichte entsteht, das mit der Vergangenheit
nur noch bedingt zu tun hat.«
Bundespräsident Walter Scheel
in seiner Ansprache beim Besuch des Bundes-
archivs in Koblenz am 6. September 1978

Vorwort

Die das 20. Jahrhundert in ungeheurem Ausmaß bestimmenden
und die weltpolitischen Verhältnisse der Gegenwart mit bedingen-
den Vorgänge, Entscheidungen und Operationen des Zweiten
Weltkrieges fordern die Zeitgeschichtsforschung immer wieder
von neuem heraus. Das muß im Sinne einer an Wahrheitsfindung
und -erkenntnis orientierten Fragestellung begrüßt werden, denn
die Komplexität des Gegenstandes läßt sich nur annähernd erfassen in der Vielheit von Einzeldarstellungen. Auch an beachtlichen
Versuchen der Gesamtdarstellung fehlt es nicht. Die Geschichts-
wissenschaft begnügt sich jedoch keineswegs mit der Sicherung
der Fakten, vielmehr ist ihr besonders daran gelegen, mit Thesen
und deutenden Perspektiven das zugängliche Material aufzuarbei-
ten. Solche Thesen haben mitunter eine eigene Entwicklung
durchgemacht, sozusagen ihre eigene Geschichte. Philipp W. Fabry hatte bereits 1969 in einer Deutschlandfunk-Sendung unter
dem Titel »Stimmt die Geschichtsschreibung?« auf die Problema-
tik der sogenannten Kontinuitätsthese hingewiesen und den
Nachweis erbracht, daß namhafte Historiker bei ihrer Deutung
der Außenpolitik Hitlers in den 50er Jahren noch zu anderen Ergebnissen gelangten als später, obwohl sich in der Zwischenzeit
die Quellenlage kaum geändert hat.
Es geht dabei um die Frage, ob Hitler stets nach einem vorbedach-
ten Plan gehandelt hat, wie er ihn 1925 in »Mein Kampf« nieder-
legte, oder ob er statt einer klaren Konzeption eine dynamische
Außenpolitik betrieben hat, die man mit dem Begriff »Ausnützen
scheinbar günstiger Gelegenheiten« umreißen könnte.

»Unmittelbar nach dem Zweiten Weltkrieg war das Gefühl dafür, daß Hitler oft spontan gehandelt und sich bei diesen taktischen Manövern im Falle Danzig übernommen hatte, noch nicht verlorengegangen. Das sieht heute anders aus. Immer mehr scheint sich in der deutschen zeithistorischen Geschichtsschreibung die These von der Kontinuität der außenpolitischen Zielsetzung Hitlers durchzusetzen«, wenn sie auch nur »unter Schwierigkeiten mit dem tatsächlichen Ablauf der Ereignisse in Einklang gebracht werden« kann.[1]

Gegenüber dem sowjetischen Außenkommissar Molotow äußerte sich Hitler im November 1940 z.B. dahingehend:

»Viele der von Deutschland ergriffenen Maßnahmen sind durch die Tatsache seiner Kriegführung beeinflußt worden. Viele der im Laufe des Krieges notwendigen Schritte haben sich aus der Kriegführung selbst entwickelt und sind bei Kriegsausbruch noch nicht vorherzusehen gewesen.«[2]

Fabry betont in diesem Zusammenhang, daß man den Worten des Diktators nicht ohne weiteres Glauben schenken dürfe. Doch darin sieht er das Kernproblem: Der Historiker hat »in jedem Einzelfall zu prüfen, ob das, was Hitler sagte oder schrieb, durch die Fakten, durch militärische oder politische Ereignisse, die ursächlich auf den erklärten Willen Hitlers zurückzuführen sind, bestätigt wird. Es geht nicht an, diejenigen Äußerungen Hitlers für bare Münze zu nehmen, die in das eigene Konzept hineinpassen, die übrigen aber als bewußte Irreführung abzutun.«[3]

Es sind vorwiegend politische Erwägungen, die aus begreiflichen Gründen die Offenheit wissenschaftlicher Forschungsarbeit erheblich erschweren können. Erinnert sei an die Kontroverse um den englischen Historiker David Irving oder an die teilweise schroff ablehnende Haltung gegenüber der unvoreingenommenen Geschichtsbetrachtung Prof. Hellmut Diwalds (»Geschichte der Deutschen«). Zeithistoriker, die sich den Prinzipien wissenschaftlicher Redlichkeit verpflichtet wissen, sind auch in der Lage, unabhängig zu urteilen. Wenn Bundespräsident Karl Carstens – übrigens mit vollem Recht – in einem Glückwunschbrief an Prof. Dr. Walther Hubatsch diesen als »Vorbild des um vorurteilsfreie Forschung bemühten Wissenschaftlers« apostrophiert, dann ist die Situation bereits gekennzeichnet. Bei keiner anderen wissenschaftlichen Disziplin wäre so eine Differenzierung notwendig oder auch nur denkbar! »Die Schwäche der westdeutschen Zeitgeschichte«, bemerkt daher treffend der kritische Historiker Dr. Alfred Schikkel, »setzt sich fort in der Voreingenommenheit mancher ihrer Vertreter und Institutionen, denen es bisweilen schwerfällt, von ihren überholten Erkenntnissen Abschied zu nehmen und begangene Irrtümer einzugestehen. Da werden trotz gegenteiliger Beweise noch alte Horror- und Propagandazahlen östlicher Regierungen weiterkolportiert und ›Tagebücher‹ als ›zeitgeschichtliche Belege‹ zitiert, die längst als ›Nachschriften‹ erkannt sind, und da müssen Kombinationen herhalten, wo Beweise fehlen, nur um eine voreilige Deutungsrichtung noch weiter aufrechterhalten zu können.«[4])

Auch historische Thesen – nach Schickel »Kombinationen« – scheinen anfällig zu sein für inflationäre Entwicklungen. Vom überstrapazierten »Lebensraum«-Mythos blickten die Anhänger der Kontinuitätsthese zum »Großgermanischen Reich« als außenpolitischem Endziel Hitlers, und nun ist sogar immer öfter von »Weltherrschaft« die Rede. Was die Deutung der europäischen Tragödie anbetrifft, so hat in jüngster Zeit Sebastian Haffner durch eine an Radikalität kaum zu überbietende These eine erstaunliche Variante offeriert. Demnach ist der Zweite Weltkrieg von Hitler nur deshalb entfesselt, zumindest nach dem Scheitern der Offensive vor Moskau fortgesetzt worden, um »hinter der Front« die »Ausrottung der Juden« betreiben zu können. »Ein Krieg, der nicht enden durfte« überschrieb DIE WELT ihre Rezension der Haffnerschen »Anmerkungen zu Hitler«.[5])

»Dreieinhalb Jahre lang also mußten Millionen deutscher Soldaten und Zivilisten sterben, damit Hitler Zeit hatte, Millionen Juden umzubringen. Da wurden heroische Schlachten geschlagen und blutige Tragödien durchlitten, da wurden Endsieg-Parolen eingehämmert und Ritterkreuze verliehen zu dem einzigen Zweck, den Gaskammern und Verbrennungsöfen die notwendige Betriebszeit zu sichern.«[6])

Mit einer derartig makabren Begründung kommt der versierte Autor zweifellos einem weitverbreiteten Zeitgeschichtsverständnis entgegen. Zu fragen wäre allerdings, ob nicht hier einem Geschichtsbild gehuldigt wird, »das mit der Vergangenheit nur noch bedingt zu tun hat« (Scheel), wobei, um dies ausdrücklich zu betonen, die Tatsache verwerflichster NS-Verbrechen von der kritischen Fragestellung selbstverständlich absolut unberührt bleibt.

Kein vernünftiger Leser versagt seine Zustimmung, wenn Haffner die Vereinfachung der Welt- und Geschichtszusammenhänge durch marxistische oder rassistische Ideologiebetrachtung anprangert. Das Buch hat unbestreitbare Verdienste und enthält zudem begründete Klarstellungen, die den scharfsinnigen Journalisten erkennen lassen.[7]) Doch sollte man sich die Kritikfähigkeit gegenüber *allen* Simplifikationen bewahren, denn auch solchen Sentenzen ist mit Skepsis zu begegnen, die auf den ersten Blick zu überzeugen scheinen, wie z.B. diese Aussage: »Hitlers Entschluß, Rußland anzugreifen, ... stand seit vielen Jahren fest als Hitlers überlegtes und beschlossenes Hauptziel, schon 1926 in ›Mein Kampf‹ niedergelegt und begründet.«[8]) Wohlgemerkt: »Solche Sätze haben eine große Suggestivkraft. Wer sie liest, hat das Gefühl, daß ihm plötzlich ein Licht aufgeht: Das Verworrene wird einfach, das Schwierige leicht. Sie geben dem, der sie willig akzeptiert, ein angenehmes Gefühl von Aufgeklärtheit und Bescheidwissen ...«[9])

Der damalige Bundespräsident Walter Scheel führte am 5. April 1978 in seiner Ansprache auf der 22. Kommandeurstagung der Bundeswehr in Saarbrücken »Über die sittlichen Grundlagen von Verteidigungsbereitschaft und demokratischem Bewußtsein« u.a. aus:

»Jeder objektive Betrachter wird den deutschen Soldaten des Zweiten Weltkrieges zugestehen, daß sie zum Teil großartige militärische Leistungen vollbracht haben. Diese militärischen Leistungen müssen jedoch im Zusammenhang mit den verbrecherischen Zielen des Zweiten Weltkrieges gesehen werden. Wenn wir das nicht tun, verfallen wir wieder in den tragischen Irrtum, in den die tapferen Soldaten des Zweiten Weltkrieges gefallen sind. Auch ihrem Andenken sind wir es schuldig, daß wir uns den Blick für die furchtbare Vergeblichkeit und Sinnlosigkeit ihrer Leistungen nicht trüben lassen.«[10])

Diese Zwiespältigkeit beeinträchtigt jedes Bemühen um ein Geschichtsbewußtsein auf der Grundlage soliden Faktenwissens, dessen Defizit andererseits oft beklagt wird. So verständlich und berechtigt die hier aufgezeigte Betrachtungsweise erscheinen mag, sie ist keineswegs unproblematisch. Bereits in den 60er Jahren hat Armin Mohler davor gewarnt, die Ursachen zu verkennen, weshalb unser freiheitlicher Rechtsstaat, obwohl er vom Vertrauen einer überwältigenden Mehrheit getragen wird, gegenüber Subversion und gezielter Provokation hilflos wirkt. Seitdem die Vergangenheitsbewältigung in Deutschland den Weg »von der Läuterung zur Manipulation« hat durchlaufen müssen, ist sie immerhin auch zu einem Instrument politischer wie wirtschaftlicher Erpressung geworden.[11]) Sie eignet sich außerdem vorzüglich, von verdeckten oder offenen Formen gegenwärtiger Totalitarismen abzulenken. Das ständige Hinweisen auf den überwundenen Totalitarismus nationalsozialistischer und faschistischer Prägung dient nicht selten dem Zweck, angesichts der äußeren Spaltung der Nation und bei unserem gestörten Verhältnis zur deutchen Geschichte letztlich die freiheitlich-demokratische Grundordnung selbst in Mißkredit zu bringen.

Wie verhält es sich nun in Anbetracht der allgemeinen Zeitgeschichtssituation mit der besonderen Thematik dieses Buches? Erscheint nicht seit Haffners Grundthesen zur Deutung des Zweiten Weltkrieges jede Darstellung von Einzelaktionen müßig, zumindest von absolut untergeordneter Bedeutung? Und überhaupt: Ist nicht das Thema »Einzelkämpfer« ohnehin heldentumverdächtig und jederzeit geeignet, der »Verharmlosung« in leichtfertiger Weise Vorschub zu leisten?

Da muß zunächst der Hinweis gestattet sein, daß Unkenntnis, Verdrängen oder bloßes Verschweigen politischer, operativer und strategischer Problemstellungen, Zielsetzungen und Reaktionen deutscherseits auf Maßnahmen des nicht untätigen damaligen Gegners erst die Voraussetzungen für mancherlei Spekulationen schaffen. Spekulative Deutungen dürfen nicht schon deshalb als Beitrag zur Wahrheitsforschung gewertet werden, weil ihr Vorzug in der brillanten Darbietung von bestechender Einfachheit liegt.

Auf der anderen Seite sollte das Bemühen um historische Tatsachen nicht mit Apologetik – wie auch immer – verwechselt werden. Die thematisch begrenzte, doch in Gesamtzusammenhänge eingeordnete Konfrontation mit der Wirklichkeit des Zweiten Weltkrieges bedarf keiner besonderen Legitimation. Denn sie

13

vermittelt thesenunabhängige Aspekte, die das Gesamtbild durch Unmittelbarkeit ergänzen können und dabei zu sachlicher Beurteilung von Personen, Ereignissen und Entscheidungen, zu sachgerechter Differenzierung befähigen.

Die Kriegsmarine im unerwarteten Krieg

Als Korvettenkapitän Lüdde-Neurath, ehemaliger Adjutant des Großadmirals Dönitz, am 24. September 1945 in einem amerikanischen Militärfahrzeug gemeinsam mit fünf anderen Gefangenen aus dem Vernehmungslager Oberursel nach Nürnberg gebracht wurde, hatte er unterwegs Gelegenheit zu einem ungestörten Gedankenaustausch mit dem einstigen Rüstungsminister Albert Speer. Dieser gab in den Gesprächen der Überzeugung Ausdruck, daß kein Mensch in Deutschland den Weltkrieg gewollt oder gar geplant habe, zumal die deutsche Wirtschaft in Organisation und Planung in keiner Weise auf einen Weltkrieg vorbereitet gewesen sei. Nichts bestätigt die damals von Speer vertretene Auffassung eindrucksvoller als die Situation der Kriegsmarine im Jahre 1939. Zur Erringung von »Weltherrschaft« (Speers Erinnerungen heute) wäre eine Auseinandersetzung mit der größten Seemacht England allererste Voraussetzung gewesen, und dazu hätte es einer schlagkräftigen Flotte bedurft, »aber die deutsche Marine war bei Kriegsausbruch nur ein Torso.«[12]) Ganz abgesehen davon, war Deutschland 1939 militärisch gar nicht einmal in der Lage, einen Krieg über längere Zeit zu führen. Erst recht nicht vorgesehen war eine kriegerische Auseinandersetzung mit Großbritannien, die Konzeption der Marineleitung war im Grunde auf einen solchen Fall nicht eingestellt. Der Oberbefehlshaber der Marine, Großadmiral Raeder, gab sich vielmehr ebenso wie Hitler der Überzeugung hin, daß die Eventualität eines Seekrieges gegen England an letzter Stelle sämtlicher Überlegungen zu stehen brauchte. Um derartige Befürchtungen zu zerstreuen, ließ Hitler am 22. Juli

15

1939 durch Raeder dem skeptischen Kapitän zur See Karl Dönitz sogar mitteilen, »es gäbe keinen Krieg mit England, das wäre Finis Germaniae.«[13])

Dabei durfte eigentlich kein Zweifel bestehen, wie Großbritannien nach der Polen erteilten Garantieerklärung vom 31. 3. 39 und dem englisch-polnischen Bündnisvertrag vom 25. August 39 zu reagieren gedachte. »Das Appeasement wurde begraben und an seine Stelle trat auch und gerade in England grimmig-resignierte Bereitschaft, es auf einen neuen Krieg mit Deutschland ankommen zu lassen.«[14]) Englands Europa-Politik bestand bekanntlich seit den Tagen der Tudors darin, das Gleichgewicht der Mächte nicht stören zu lassen und sich gegen die jeweils stärkste Nation zu wenden, um sie notfalls im Kampf niederzuwerfen.

Zwar förderte die deutsche Staatsführung seit dem Flottenabkommen mit Großbritannien vom 18. Juni 1935, »Hitlers glücklichstem Tag«[15]), die Entwicklung eines auf »Seegeltung« bedachten Schiffsbauprogramms, doch am Tage der britischen Kriegserklärung »hatte die Marine fraglos für diesen Fall die falschen Schiffe gebaut.«[16]) Raeder und sein Planunggsstab unterschätzten insbesondere die kriegsentscheidende Bedeutung der U-Boot-Waffe, so daß dem Befehlshaber der U-Boote (BdU) Karl Dönitz bei Kriegsausbruch lediglich 22 atlantikfähige U-Boote zum Kampf gegen die größte Seemacht zur Verfügung standen. Dönitz mußte auf die Notwendigkeit des verstärkten U-Bootbaues immer wieder nachdrücklich hinweisen, doch der Z-Plan-»Flotte«, dessen Realisierung bei ruhiger Aufbauzeit am 29. Januar 1939 erst beginnen sollte, räumte den schweren Überwassereinheiten – Kreuzern, Panzerschiffen, Schlachtschiffen – den unbedingten Vorrang ein. So war der Seekrieg von der deutschen Seekriegsleitung (Skl) von vornherein falsch programmiert worden, und die Fehler und Versäumnisse des Beginns konnten im weiteren Kriegsverlauf angesichts der Verluste nicht mehr ausgeglichen werden. Die deutsche Kriegsmarine verfügte, obschon 1940/41 um modernste Schlachtschiffe verstärkt, niemals über die Streitkräfte, die der Welt- und Seemacht England tatsächlich gewachsen waren.

Das kühne wie erfolgreiche Scapa Flow-Unternehmen von U 47 unter Führung Kapitänleutnants Günther Prien im Oktober 1939 konnte nicht über die reale Lage hinwegtäuschen. Als am 9. April

16

1940 in Gegenaktion zu britischen Landungsplänen die Besetzung Dänemarks und Norwegens erfolgte, mußten die deutschen Seestreitkräfte schwere Einbußen verzeichnen.[17] Im Oslofjord ging Kreuzer »BLÜCHER« verloren, vor Narvik fiel eine Reihe deutscher Zerstörer einem englischen Feuerüberfall zum Opfer, weil die U-Bootwaffe nicht wirksam in Aktion treten konnte. Die hierbei offen zutage getretenen Torpedoversager führten zu einem der schwersten Fehlschläge in der deutschen Marinegeschichte. Dabei waren die Mängel der deutschen Torpedos, deren Tiefensteuerung reihenweise versagte, bereits vor Kriegsausbruch bekannt gewesen.[18] »Überheblichkeit und Versäumnisse der Vorkriegszeit stürzten die Marine in ihre bis dahin schwerste Krise, in eine der folgenschwersten Niederlagen des Krieges überhaupt«, urteilt Cajus Bekker.[19]

Aus den Diskussionen um die kriegsentscheidende Konzeption der Marine hielt sich der oberste Befehlshaber weitgehend heraus. Hitlers Denken war kontinental orientiert, große seestrategische Zusammenhänge blieben ihm verschlossen. Einerseits beurteilte er als Laie den Einsatz schwerer Schiffe weit realistischer als die Spezialisten der Seekriegsleitung, weshalb er nach der »BISMARCK«-Katastrophe derartige Operationen untersagte und 1942 den Kanaldurchbruch der Flotte von Brest nach Deutschland gegen Raeders Willen befahl, andererseits ließ er sich auch nicht von der U-Boot-Konzeption überzeugen. Am 28. September 1939 stattete Hitler der U-Bootwaffe in Wilhelmshaven einen Besuch ab, den Dönitz nutzte, dem Führer selbst seine Auffassung darzulegen.[20] Der BdU forderte 300 Boote, denn nur sie wären wirklich in der Lage, den Kampf mit England erfolgreich zu beenden.

Nach zwei Kriegsjahren, am 26. November 1941, forderte Dönitz in einer Betrachtung »über die Wirkungssteigerung des U-Bootkrieges«, die Werftkapazitäten dürften nur noch für Neubauten und Reparaturen in Anspruch genommen werden, die »für die Kriegführung unumgänglich notwendig« wären. Die Atlantik-Vorstöße schwerer Einheiten (Panzerschiff »Admiral GRAF SPEE«, Schlachtschiff »SCHARNHORST«, Schlachtschiff »GNEISENAU«, Schlachtschiff »BISMARCK« und schwerer Kreuzer »PRINZ EUGEN«) seien Operationen größter Kühnheit gewesen, aber nicht mehr zeitgemäß. Ihr Einsatz — »SCHARN-

HORST«, »GNEISENAU« und »PRINZ EUGEN« lagen noch in Brest, ständigen Bedrohungen durch die britische Luftwaffe ausgesetzt – rechtfertige keinesfalls mehr den zu erwartenden Nutzen. Die Schiffe müßten sich hingegen der feindlichen Übermacht augenblicklich entziehen, sobald diese in Erscheinung träte. »Für die Atlantikkriegführung möchte daher der BdU es klar verneinen, daß unsere Schlachtschiffe und Kreuzer hierfür unumgänglich notwendig sind.« ... Und: »So muß die klare, logische Schlußfolgerung gezogen werden, daß diese Schiffe nicht mehr zur dringenden Kriegführung in diesem Kriege gehören und bei dem dringenden Bedarf an Reparaturkräften für die kriegführende U-Boot-Waffe Reparaturkräfte für die Schlachtschiffe und Kreuzer daher nicht mehr eingesetzt werden dürfen.« Fazit: »Alle unsere Schlachtschiff- und Kreuzerunternehmungen erfordern größten Einsatz bei geringen Erfolgsaussichten, die Unterhaltung dieser Schiffe dagegen großen materiellen und personellen Aufwand. Unsere Kriegsmarine kann nur noch durch das U-Boot entscheidend an der siegreichen Beendigung des Krieges mitwirken ...«[21])

Solche Ansichten konnten die SKL jedoch nicht umstimmen. Daß Dönitz die Situation vollkommen richtig beurteilte, bestätigte der britische Premierminister W. Churchill: »Das einzige, was mich während des Krieges wirklich beängstigte, war die Bedrohung durch die U-Boote. ... Diese Schlacht beunruhigte mich stärker als jene ruhmreichen Kämpfe, die als die Luftschlacht um England bezeichnet werden.«[22]) Übrigens war Churchill über das Auslaufen des Schlachtschiffes »BISMARCK« zur Operation »Rheinübung« im Mai 1941 einige Tage früher informiert als Hitler, eine erstaunliche Tatsache, die beweist, wie eigenmächtig damals die SKL ihre operativen Maßnahmen treffen konnte.[23]) Erst nach dem Verlust dieses modernsten und größten Schlachtschiffes griff der oberste Befehlshaber selbst bestimmend in die Operationen der Flotte ein. Für den Einsatz gegen den nach Murmansk zur Unterstützung der Sowjetunion laufenden alliierten Geleitzug PQ 17 behielt Hitler sich ausdrücklich die Genehmigung vor. Zwar konnten 24 Frachter mit 143 977 BRT und Tausenden von Kraftfahrzeugen, Panzern und Flugzeugen, die für die Sowjets bestimmt waren, durch die deutsche Luftwaffe und U-Boote versenkt werden, aber die schweren Überwassereinheiten, darunter das Schlachtschiff »TIR-

PITZ«, die zur Operation »Rösselsprung« in Bereitschaft lagen, wurden zurückgerufen, um sie nicht zu gefährden. Unverständnis und Kritik löste diese Fehlentscheidung bei allen Beteiligten aus. »Jeder Einsatz unserer schweren Überwasserstreitkräfte«, notierte der Operationschef der SKL, Kapitän zur See Gerhard Wagner am 7. Juli 1942, »ist belastet durch den Wunsch des Führers, Verluste und Rückschläge unter allen Umständen zu vermeiden ...«[24]) Dazu bemerkt Cajus Bekker: »So liegt die deutsche Flotte weiter an der Kette, von der lähmenden Risikofurcht ihres Obersten Befehlshabers festgehalten.«[25])

Um die Jahreswende 1942/43 lief das sogenannte Unternehmen »Regenbogen«, der Einsatz der schweren Kreuzer »HIPPER« und »LÜTZOW« (vormals Panzerschiff »DEUTSCHLAND«) mit Zerstörersicherung im Nordmeer. Die Kesselschlacht bei Stalingrad zeichnete sich schon als furchtbare Katastrophe ab. Es galt daher, die Zufahrtswege der Alliierten nach Murmansk nachhaltig zu stören und notwendige Tonnageerfolge zu erzielen. Ausgelöst hatte die Operation der am 24. Dezember mit 14 Schiffen aus der Luft gesichtete Konvoi JW-51 B. So kam es am Silvestermorgen zu jenem »Gefecht in der Barentssee«, jener dramatischen »Eskalation von Unklarheiten und Verwechslungen, die sehr bald schwerwiegende Folgen für die gesamte deutsche Marine nach sich ziehen sollte«.[26]) Das Ergebnis des abgebrochenen Kampfes nach Verlust des Zerstörers »FRIEDRICH ECKOLDT« veranlaßte den Marinehistoriker zu folgendem Urteil:

»In der Theorie war der Angriffsplan des Admirals Kummetz perfekt, in der Praxis ist er gründlich mißlungen, weil trotz ihrer überlegenen Artillerie keiner der beiden deutschen Kreuzer gegen den von wenigen Zerstörern verteidigten Kern des Geleitzuges vorzugehen wagte. Nicht aus Mangel an Courage, sondern gebunden durch den eindeutigen und noch zur Unzeit wiederholten Befehl: Kein Risiko!«[27])

Hitlers Zorn erregte vor allem die Reuter-Meldung, die Royal Navy habe am Silvestertage eine überlegene deutsche Kampfgruppe in die Flucht geschlagen. Schwere deutsche Seestreitkräfte hätten einen schwach gesicherten Konvoi in der Barentssee angegriffen, doch britische Zerstörer hätten sie in furchtlosem Einsatz abgedrängt. Ohne Verluste hätte der Konvoi inzwischen seinen

Bestimmungshafen Murmansk erreicht. Als infolge widriger Umstände am Nachmittag des 1. Januar 1943 die SKL immer noch keine Funkmeldung der eigenen Einheiten vorlegen konnte, fällte Hitler gegenüber Admiral Krancke ein vernichtendes Urteil über die schweren Schiffe. Sie belasteten die Kriegführung mehr als sie nützten, schickte man sie hinaus, blamierte man sich bis auf die Knochen. Hitler teilte augenblicklich seinen »unabänderlichen Beschluß« mit: »Die großen Schiffe sind ein unnötiger Menschen- und Materialverschleiß. Sie werden daher außer Dienst gestellt und abgewrackt. Ihre Artillerie ist zum Küstenschutz an Land aufzustellen ...«[28]

Als Hauptursache für den Fehlschlag des Unternehmens »Regenbogen« betrachtete Großadmiral Raeder »die Bindung, die Schiffe keinem größeren Risiko auszusetzen«. Und diese Bindung hatte Hitler selbst auferlegt. Damit war der Bruch zwischen Marineleitung und oberstem Befehlshaber unvermeidlich geworden.

Im Januar 1943 trat Raeder nach einer heftig geführten Auseinandersetzung mit Hitler von seinem Posten zurück. Aber sein Nachfolger, BdU und neuer ObdM Karl Dönitz, am 30. Januar 1943 zum Großadmiral befördert, widersetzte sich Hitlers Plänen einer Außerdienststellung schwerer Schiffe, obwohl gerade die U-Boot-waffe von diesem Befehl profitieren könnte. Die Anordnung erschien so dringend, daß Dönitz sie sogleich telefonisch an Admiral Fricke, den Chef des Stabes der Seekriegsleitung, weitergab.[29] Doch mit überzeugenden Argumenten brachte der neue Marineoberbefehlshaber den »unabänderlichen Beschluß« zu Fall:

»In Anbetracht der schwer kämpfenden Ostfront halte ich es für meine Pflicht, die Schiffe einzusetzen. Ich halte es für notwendig, die SCHARNHORST zur Verstärkung nach Norwegen zu verlegen. Dann bilden TIRPITZ, SCHARNHORST, zunächst auch noch LÜTZOW, und etwa sechs Zerstörer eine immerhin beachtliche Kampfgruppe.«[30]

Dönitz selbst berichtet:

»Mein Prüfung ergab, daß weder ihre Außerdienststellung noch erst recht ihre Verschrottung, die einen Aufwand an Arbeit und industrieller Kapazität erforderte, einen nennenswerten Gewinn an Personal oder Material bringen würden. Diese Maßnahmen mußten mit Sicherheit nur militärische und politische Nachteile zur Folge haben.

So kam ich also aus denselben Gründen wie mein Vorgänger zum Ergebnis, daß die Anordnung falsch war. Am 26. Februar 1943 hielt ich Hitler entsprechenden Vortrag. Ich erklärte ihm mit kurzer, anschaulicher Begründung, daß ich seinen Befehl nicht billigen könne, und bat um seine Aufhebung. Er war peinlich überrascht, denn er hatte diese Einstellung von mir als früherem Befehlshaber der U-Boote, der von eh und je eine größere Unterstützung des U-Bootkrieges verlangt hatte, nicht erwartet. Er war sehr ungehalten, aber er stimmte meiner Bitte schließlich grollend zu. Ich wurde ungnädig entlassen.«[31])

Die großräumig durchgeführten Geleitzugschlachten mit der von Dönitz entwickelten U-Boot-Rudel-Taktik erreichten im März 1943 ihren Höhepunkt.[32]) Der gegnerischen Luftüberwachung und den sichtunabhängigen neuen Ortungsgeräten waren hauptsächlich die immer stärker werdenden Verluste deutscher U-Boote zuzuschreiben. Von geradezu umwälzender Bedeutung wurden die Hochfrequenzwaffen im Seekrieg, insbesonder im U-Boot-Krieg.

Der letzte Versuch der Kriegsmarine, einen der alliierten Murmansk-Konvois mit Überwassereinheiten anzugreifen, endete am 2. Weihnachtstag 1943 mit dem tragischen Untergang des Schlachtschiffes »SCHARNHORST«, bei dem 1932 Seeleute im eisigen Nordmeer den Tod fanden.[33])

Die Versenkung des Schlachtschiffes »TIRPITZ«, vollausgerüstet mit ca. 50 000 Tonnen stärkstes Kriegsschiff seiner Zeit, war der britischen Kriegführung vier Jahre lang ein eminent wichtiges Ziel.[34]) Die ersten Luftangriffe erfolgten schon 1940, und nicht weniger als 21 Anstrengungen, Luft- und Seeunternehmungen, galten der stark gesichert in norwegischen Fjorden vor Anker liegenden TIRPITZ. An diesen Aktionen beteiligten sich auch englische »Torpedoreiter«, sogenannte Charioten, von denen noch zu berichten sein wird. Am 22. September 1943 gelang zwei englischen Kleinst-U-Booten vom X-Typ der Angriff. Ihre unter dem Schlachtschiff deponierten Zeitzünder-Minen setzten es sechs Monate außer Gefecht. Zugleich verhalfen sie der deutschen Marineleitung zu der Erkenntnis, wie wirkungsvoll und nützlich Kleinkampfmittel, gezielt zum Einsatz gebracht, doch sein können. Die Detonationen unter dem Schiffsrumpf der TIRPITZ lösten somit auch noch unbeabsichtigte Impulse aus.

Nach Kampfeinsätzen britischer Marineflieger im Sommer 1944 brachten schließlich die Lancaster-Staffeln der Sondereinheit des Bomber Command (»Dambusters«) die »TIRPITZ« zum Kentern. Obwohl die deutsche Kriegsmarine während des zweiten Weltkrieges schwerste Verluste erlitt, blieben Opfermut und Tapferkeit ihrer Soldaten ungebrochen. Bis in die letzten Tage hinein leisteten sie mit der Rettung von »eher drei als zwei Millionen« Menschen aus den ostdeutschen Gebieten, bei jener größten Evakuierung der modernen Geschichte, Einmaliges und unter unvorstellbaren Bedingungen Unvergeßliches.[35] »Auf dieses Rettungswerk meiner Männer bin ich stolz, es macht mich noch heute glücklich«, bekannte Großadmiral a. D. Dönitz gegenüber der Tageszeitung DIE WELT.[36]

Aber als in den frühen Morgenstunden des 6. Juni 1944 die gewaltige Armada zweier Weltmächte die Invasion in der Normandie einleitete, Operation »Overlord« und Unternehmen »Neptun« anliefen, vermochte die Kriegsmarine nur mit Vorstößen leichter Seestreitkräfte zu reagieren. Es waren dies einzelne Zerstörer und Schnellboote sowie rasch aus dem Nord- und Ostseeraum herandirigierte U-Boote. Die Marineleitung hatte sich indes seit 1943 auf die Landung der Alliierten einzustellen begonnen, weil man mit der von Stalin immer wieder dringend geforderten »zweiten Front« in Europa rechnen mußte. So kam es, alarmiert durch den erwähnten TIRPITZ-Schaden, endlich zur Aufstellung von Marine-Einsatzkommandos (MEK) und Kleinkampfverbänden, sogenannten K-Verbänden. Zu den bekanntesten Kleinkampfmitteln der Kriegsmarine gehörte der »Einmanntorpedo«, bei dem es sich um einen bemannten Torpedo mit Plexiglaskuppel und untergehängtem Gefechtstorpedo handelte. Diesen mußte der »Pilot« nach stundenlanger Schleichfahrt in der Nacht auf ein lohnendes Ziel abschießen. Die Rückfahrt gestaltete sich nicht weniger riskant.

Daneben wurde im Seeraum der Invasion noch ein anderes Kleinkampfmittel zum Einsatz gebracht, das »Sprengboot«, das von einem Kommandoboot aus ferngesteuert wurde.

Unter »Einzelkämpfern der Kriegsmarine« sind selbstverständlich ebenso die anderen K-Verbände zu verstehen, wie die »Frosch-

22

männer« oder die Kleinst-U-Bootfahrer (»Seehund«, »Biber«, »Molch«), doch beschränkt sich unsere Darstellung bewußt auf die beiden zuerst genannten Kleinkampfmittel.[37]) Die erfolgreichsten Einzelkämpfer gerade dieser Waffen erhielten nach ihren mutigen Einsätzen das Ritterkreuz, einige wurden mit dem Deutschen Kreuz in Gold ausgezeichnet. Presse, Rundfunk und Wochenschau stellten ihre Taten besonders heraus. Dennoch nahm die Geschichtsschreibung von den Einsatzberichten der seinerzeit geehrten Männer kaum Notiz.

Es erhebt sich die Frage nach der Bewertung der damals gemeldeten Erfolge. Stimmt die offizielle britische Seekriegsgeschichtsschreibung, wenn Roskill z.B. behauptet, die deutschen Kleinkampfverbände hätten nur schwere Verluste gehabt, »ohne das geringste zu erreichen«? Was wußte der Gegner damals überhaupt von den »human torpedoes« der Deutschen oder von den »explosive motor boats«? Welche tatsächlichen Verluste hatte die für diesen Teil der Operation »Overlord« zuständige britische Admiralität zu registrieren?

Seit 1972 sind die Aktenbestände zur Operation »Neptune« der Forschung zugänglich, auf deren Studium unsere Untersuchung ebenso beruht wie auf den Erinnerungen maßgeblich Beteiligter, in der Führung wie an der Front.

Es wird versucht, auch der technischen Seite jener Waffen wie den Ausbildungs- und Organisationsproblemen gerecht zu werden.

Gefragt ist nicht zuletzt nach den psychischen Belastungen des maritimen Einzelkämpfers, der in der Auseinandersetzung hochtechnisierter Systeme und modernster Technologien als eine anachronistische Erscheinung wirken mochte und doch seine Chance darin sehen durfte, mit geringstem Materialaufwand dem Feind den größten Schaden zuzufügen.

Schließlich ist zu fragen nach dem Urteil der Beteiligten aus zeitlicher Distanz. Empfanden sich diese Männer damals als »letztes Aufgebot«? Konnten sie in ihrem mehr oder weniger improvisierten Einsatz überhaupt einen Sinn sehen? Gerade diese Fragestellung berührt den allgemeinen Komplex der Zeitgeschichte, und deshalb erschien es unerläßlich, zu Beginn die Einordnung der speziellen Thematik in das Gesamtgeschehen zu verdeutlichen.

Zweifellos dachte 1939 niemand in der Seekriegsleitung an die

Möglichkeit, dereinst auf die bewährten Methoden italienischer oder englischer Torpedoreiter in modifizierter Form zurückgreifen zu müssen. Die Kriegsmarine war zu sehr traditionsgebunden, als daß ihr Vorschläge außerhalb ihrer Normvorstellungen zusagen konnten, solange noch Aussicht zu bestehen schien, mit konventionellen Kampfmitteln etwas ausrichten zu können. Dagegen hatte die Royal Navy »sofort die Idee aufgegriffen, die den Deutschen jahrelang vor der Nase lag und nicht ausgewertet wurde«.[38])

Die »Decima Flottiglia« der italienischen Marine

Die Geschichte der modernen Kleinkampfmittel für den Einsatz im Seekrieg begann in Italien, wo Major (ing) Raffaele Rossetti 1914 den ersten lenkbaren und vom Menschen gesteuerten Torpedo konstruierte. Mit Hilfe eines in England entwickelten Atmungsgerätes (U-Retter) konnten sich erstmals zwei »Piloten«, auf einem Torpedo »reitend«, auch unter Wasser bewegen, um diese Waffe ans Ziel zu bringen. Rossetti gelangte auf diese Weise zusammen mit dem Arzt Dr. Raffaele Paolucci am 31. 10. 1918 in den Hafen von Pola und versenkte das österreichische Schlachtschiff »VIRIBUS UNITIS«.

Während des zweiten Weltkrieges entwickelten die kriegführenden Mächte verschiedene Arten von Klein- und Kleinst-U-Booten, Ein-Mann-Torpedos, Sprengbooten und bildeten Spezialeinheiten von Kampfschwimmern (»Froschmännern«) aus. Bei der italienischen Marine waren es die Männer der X. Flottiglia MAS, in Großbritannien die »Chariots« und »Frogman Groups«, in Deutschland seit 1944 die Kleinkampf-Verbände, in Japan die Fukuyuro und Samurai-Schwimmer, bei der US-Navy die eher zurückhaltend eingeführten U.D.T. (Underwater Demolitions Teams).

In der Königlichen Marineschule von La Spezia gelang zwei jungen Marineoffizieren, Oberleutnant (ing) Teseo Tesei und Elios Toschi, seit Herbst 1935 in angestrengter Freizeitbeschäftigung die technische Verbesserung der von Rossetti realisierten Lenktorpedo-Idee. Im Unterschied zu dessen Konstruktion, »Mignatta« genannt, sollte ihr Gerät eine Art von U-Boot-Torpedo-Kombination sein. Pilot und Copilot sollten im Reitersitz mit diesem Gerät unter Wasser in einen feindlichen Hafen eindringen können. Sie hätten dann die tödliche Sprengladung unter einem Schiff zu befestigen und mit dem vom Gefechtskopf gelösten Gerät den Hafen wieder ungesehen zu verlassen. Das bedingte eine völlige Bewegungsfreiheit der Torpedoreiter, die die Möglichkeit hatten, ihr Gefährt zu verlassen, um gegebenenfalls mit Hilfe der entsprechenden Werkzeuge Netzsperren zu überwinden oder den Gefechtskopf vom Torpedo zu trennen und am Zielobjekt anzubringen. Damals wurde als Atemgerät ein englischer Davis-Tauchretter verwendet, den die englische Firma Siebell-Gorman seit 1934 an die italienische Marine lieferte. Dieses Atemgerät stellte eine wesentliche technische Verbesserung dar und ermöglichte einen längeren Unterwasseraufenthalt von maximal 6 Stunden.

Ein Versuchsmuster des Lenktorpedos der beiden Offiziere überzeugte während einer gelungenen Vorführung die Herren von der italienischen Admiralität im Februar 1936. Die Notwendigkeit der Schaffung eines Schulungslagers für die »Maiales« genannten Lenktorpedos wurde sofort erkannt.

Auf ein vollkommen anderes Kampfmittel sann inzwischen der Luftwaffengeneral Amadeo Herzog von Aosta. Er wollte zwischen den Schwimmern eines Wasserflugzeugs äußerst schnelle, mit Sprengladungen versehene Motorboote befestigen, um sie vor feindliche Stützpunkte transportieren zu lassen. Die Boote sollten eine 170 kg-Sprengladung ins Ziel bringen, die beim Aufprall explodieren würde, nachdem der Bootsführer rechtzeitig abgesprungen ist. So entstand die Idee von den Sprengbooten, aus der sich während des Krieges, mit Änderungen und Verbesserungen, ein wirksames Kampfmittel entwickelte.

Aber erst im Herbst 1938 erteilte das Commando Supremo Marina dem Fregattenkapitän Paolo Aloisi den Geheimbefehl, die Weiterentwicklung dieser neuen Waffen zu verfolgen. Der Plan, die Sprengboote durch Flugzeuge absetzen zu lassen, wurde jedoch später aufgegeben. Man entschied sich für U-Boote als Transportmittel, ebenso im Falle der »MAIALES«. Das erste Transport-U-Boot für Lenktorpedos war die »AMETHISTA«, dessen Kommandant Korvettenkapitän Fürst Julio Borghese.

Der Autor Martin Grabatsch, der an Einsätzen der italienischen

26

Spezialeinheit selbst teilgenommen hat, beurteilt beide Sonderwaffen als »einen großen Vorsprung (der italienischen Marine) vor den anderen Flotten der Welt«.[39])

»Bei den Besatzungen der Sprengboote war ein gewisses angeborenes Draufgängertum notwendig, bei den Torpedoreitern genausoviel kaltblütige Ruhe und Geduld. Bei den Sprengbootfahrern mußte sich alles Können und Handeln auf wenige Sekunden konzentrieren, wo es galt, im richtigen Moment abzuspringen. Bei den Torpedopiloten mußte der Energieverbrauch so eingeteilt werden, daß er für viele Stunden reichte. Bei dem einen benötigte man eben starke Nerven, und bei dem anderen durfte man am besten gar keine besitzen.«[40])

In La Spezia erfolgte die Ausbildung der Sprengbootfahrer, die der Torpedoreiter am Serchio. »Doch für beide Waffengattungen waren die gleichen Charaktereigenschaften und die gleichen moralischen Einstellungen unerläßlich: ein unbeugsamer Wille, Entschlußkraft und Ausdauer. Dies war das geistige Klima und die Gesinnung jener kleinen Schar von Offizieren und Mannschaften, die als erste im Kriegsjahr 1940 auf die kommenden großen Einsätze vorbereitet wurden, Einsätze, die richtungweisend für Sonderkampfmittel der Weltflotten wurden.«[41])

Beim SLC-Torpedo, auf dem zwei Mann im Reitsitz fuhren, handelte es sich um ein Gerät von 6,70 m Länge. Ein akkubetriebener Elektromotor brachte das Gefährt auf eine Höchstleistung (AK) von 2,5 sm, woraus sich die Typenbezeichnung SLC erklärt: Siloro a lenta Corsa, d.h. langsam laufender Torpedo. Dessen Reichweite betrug etwa 10 Seemeilen, die Tauchtiefe von maximal 30 m mußte bei Kriegseinsätzen sogar häufig überschritten werden. Zwei Tauchtanks, Backbord und Steuerbord angebracht, sowie eine kleine Pumpe ermöglichten Tauch- und Auftauchmanöver. Der Anmarsch ins Einsatzgebiet erfolgte gewöhnlich in Brillenhöhe der beiden Piloten, die daher bei kabbeliger See und Dunkelheit kaum auszumachen waren. Das Tempo war nach vier Gängen regulierbar, sämtliche Bewegungen führte der Pilot mit einem Steuerknüppel aus. Für die Orientierung unter Wasser sorgte ein Armaturenbrett in Sichtweite des Piloten. Die phosphoreszierenden Instrumente – Magnetkompaß, Volt- und Ampèremesser, Druckmanometer (für die Tauchtanks), Tiefenmanometer, Wasserwaage – konnten auch bei völliger Dunkelheit gut abgelesen werden.

Der Gefechtskopf von 1,80 m Länge war mit dem Gerät durch einen leicht zu lösenden Bajonettverschluß verbunden. Er enthielt 300 kg hochbrisanten Sprengstoff.

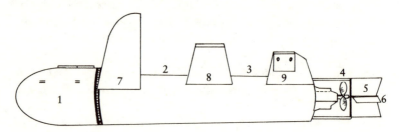

SLC-Gerät der »Decima«

1 Gefechtskopf
2 Pilotensitz
3 Sitz des Copiloten
4 Antriebsschraube
5 Seitenruder

6 Tiefenruder
7 Schutzschild und Armaturen
8 Hauptballasttank
9 Werkzeugkasten und Preßluft

Außer Motorraum, Akkumulatorenbatterien und Ausgleichtank befand sich im Rumpf noch ein Schnelltauchtank, der mit einem Hebel bedient wurde und in Gefahrensituationen das unverzügliche Wegtauchen ermöglichte. Entleert wurden die Tanks durch Preßluft der achtern angebrachten Flaschen (9). Der Werkzeugkasten enthielt einen Netzheber sowie eine Netzschere und diente zugleich dem Copiloten als Rückenlehne. Zur Ausrüstung gehörten außerdem Seile und Zwingen, die sog. »Sergeanten« (Schraubzwingen) und ein »Fahrstuhl«, ein 4 m langes Stahlseil zum Festmachen des Torpedokopfes unter dem ausgewählten Schiffsrumpf.

Die Piloten trugen einen sog. Belloni-Anzug aus gummiertem Stoff, der nur Kopf und Arme freiließ. Eine über den Hals reichende Kopfhaube gab nur das Gesicht frei, das durch eine druckfeste Brille vor dem Salzwasser geschützt wurde.

Das schon erwähnte Atemgerät erlaubte ein maximales Verweilen in der Tiefe von sechs Stunden, wobei alle 15 bis 20 Minuten die

Kalipatronen ausgetauscht werden mußten, die den ausgeatmeten Stickstoff absorbierten und wieder in Sauerstoff umwandelten. Das Auswechseln geschah nicht ohne Gefahrenmomente, und fehlerhafte Kalipatronen konnten zu schweren gesundheitlichen Schädigungen führen, sobald sich die Symptome einer schweren CO_2-Vergiftung einstellten. Vor allem in Gefahrensituationen während des Einsatzes hing alles von der Funktionstüchtigkeit ab.

Das MTM-Boot (Sprengboot) wies eine Länge von 5,20 m und eine Breite von 1,90 m auf. Es war flachbödig (ohne Kiel) konstruiert, und sein 2500 cm^3-Alfa-Romeo-Motor bewirkte eine Höchstgeschwindigkeit von 32 sm. Bei AK betrug die Höchstreichweite fünf Stunden. Dem deutschen Sturmboot vergleichbar, besaß es einen schwenkbaren Schrauben-Ruderblock, der beim Passieren von Sperrhindernissen angehoben werden konnte.

Der Bugbehälter des Bootes faßte 300 kg TNT-Sprengstoff. Die Zündung erfolgte durch Aufschlag. Hatte der Fahrer sein Ziel mit dem Bug anvisiert und das Steuerruder arretiert, brachte er den Motor auf Höchstleistung und sprang ins Wasser. Die nach achtern durch Hebeldruck weggeschleuderte Rückenlehne diente ihm nun als Rettungsfloß. Bei den späteren Modellen wurden die Sprengbootfahrer zugleich mit dem Rettungsfloß nach achtern wegkatapultiert. Kleinere Sprengladungen bewirkten beim Aufprall des Bootes, daß sich der Bug löste und die Sprengladung auf eine vorher eingestellte Tiefe sank. Dies erhöhte natürlich die Sprengwirkung ganz erheblich.

Es wird später noch zu zeigen sein, wodurch sich in Technik und Angriffstaktik die deutschen Sprengboote von den italienischen unterschieden.

Ebenfalls in Serchio ausgebildet und einem harten Training unterzogen wurden die Sturmschwimmer. Diese »Froschmänner« verfügten über nicht minder wirksame Waffen, wie über »Blutegel« oder »Wanzen«, 2 kg-Sprengladungen, die durch Magnethaftung unter den Schiffsrümpfen angebracht wurden. Die Explosion erfolgte durch Zeitzündung. Jeder Sturmschwimmer transportierte 4 bis 6 solcher »Wanzen« in einem Spezialgurt. Das Atemgerät erlaubte eine maximale Arbeitszeit von 40 Minuten unter Wasser. Schwimmflossen dienten der raschen Fortbewegung. Sollte es zu einer Begegnung mit feindlichen Tauchern kommen, konnte sich der Schwimmer mit einem zweischneidigen Dolch zur Wehr setzen. Tatsächlich hat es bei der »Decima« einige Unterwasserkämpfe mit tödlichem Ausgang gegeben! Die »Kofferladung« stellte eine Weiterentwicklung der »Wanze« dar und enthielt 4,5 kg TNT. Der zylinderförmige Stahlbehälter wurde vom Schwimmer mittels Schraubzwingen (»Sergeanten«) an der Schlingerleiste des feindlichen Schiffes befestigt. Sollte die Explosion nicht im Hafen erfolgen, sondern auf freier See, damit der Feind im unklaren bliebe, wurde statt der Zeitzündung wahlweise die Fahrtstreckenzündung vorbereitet. Dabei sorgte eine Minischraube bei etwa fünf Seemeilen Fahrt des Schiffes für die Auslösung der Detonation. Zur Abwehr britischer Taucher wurden die »Koffer« später zugleich mit einem Zugzünder ausgestattet, der die Explosion herbeiführte, sobald jemand den Sprengsatz von der Schlingerleiste zu entfernen trachtete. Die englische Freitauchergruppe von Lieutenant Crabb und Lieutenant Bayly in Gibraltar hatte 1941–1943 sechs Verluste infolge dieser »Sicherung« zu beklagen.

DIE EINSATZTÄTIGKEIT DER »DECIMA«

Die Planungsabteilung des Commando Supremo Marino beabsichtigte schon für September 1940 bei günstiger Wetterlage Angriffe auf die britischen Flottenstützpunkte Malta, Gibraltar und Alexandria durchzuführen. Der Chef der Sonderkampfeinheiten, Admiral de Courten, traf seine Anordnungen. Als X. (Decima) Flottiglia erwarben sich die Sonderkampfeinheiten der italienischen Marine künftig noch große Verdienste. Zunächst sollten SLC-Geräte von La Spezia aus den Angriff auf Alexandria durchführen, ebenfalls drei »Maiales« waren für Ziele im Hafen von Gibraltar vorgesehen. Doch mit dem Verlust des Transport-U-Bootes »GONDAR« scheiterte der Angriff auf Alexandria am 29. 9. 1940 bereits im Ansatz. Korvettenkapitän Borghese, Kommandant des Träger-U-Bootes »SCIRE«, erhielt kurz vor Erreichen des Einsatzgebietes den Funkspruch, die feindlichen Schiffsverbände hätten in der Nacht Gibraltar verlassen. Sein Boot mußte den Rückmarsch antreten.
Auch die dann folgende Operation B.G.2 scheiterte, als sich im Oktober desselben Jahres herausstellte, daß die Briten ihren Stütz-

punkt ausgebaut hatten. Immerhin war es einer SLC-Mannschaft gelungen, die Netzsperre zu überwinden und in den feindlichen Hafen einzudringen. Die beiden anderen Geräte mußten wegen technischer Defekte aufgegeben werden. Für den »SCIRE«-Kommandanten Borghese und die italienische Marine bedeutete dies keinen ermutigenden Anfang. Das Commando Supremo Marina forderte erneute Anstrengungen, die Fahrgeräte, die Atemgeräte und die übrigen Ausrüstungen der Torpedoreiter zu verbessern, um wenigstens die technischen Voraussetzungen für eine erfolgreiche Operation zu schaffen.

Wirkliche Erfolge konnte die »Decima« jedoch erstmals durch den Einsatz ihrer MTM-Boote aufweisen, als am 26. März 1941 einer der wichtigsten britischen Nachschubhäfen auf Kreta in der Suda-Bucht angegriffen wurde. Sechs einzelne Sprengbootfahrer vernichteten mit einem Schlag insgesamt 41 000 BRT feindlichen Schiffsraums. Versenkt wurden dabei der Kreuzer »YORK« sowie der Tanker »PERICLES«, ein Frachter trug schwere Beschädigungen davon.[42] Den in Gefangenschaft geratenen Einzelkämpfern wurde in Abwesenheit die »Goldene Tapferkeitsmedaille« verliehen.

Admiral Cunningham, seinerzeit Chef der englischen Mittelmeerflotte, führte nach dem Kriege in seinem Buch »Saylords Odysse« u. a. aus:

»... Am frühen Morgen des 26. 3. 1941 erlitten wir in der Suda-Bucht eine schwere Schlappe, als der Hafen von sechs italienischen Schnellbooten angegriffen wurde. Der Kreuzer ›YORK‹ wurde schwer beschädigt und mußte mit abgesoffenem Maschinen- und Kesselraum auf Grund gesetzt werden. Die ›YORK‹ hatte weder Dampf noch Strom für die Lenzpumpen, für die Beleuchtung oder zum Manövrieren der Türme.

Auch der Tanker ›PERICLES‹ wurde angegriffen und erhielt mittschiffs ein Leck. Der Großteil der wertvollen Ladung blieb uns allerdings erhalten. Der einzige Kreuzer mit seinen 20,3-cm-Geschützen war ausgeschaltet. Wieder mußten wir es büßen, daß unser Flottenstützpunkt ungenügend verteidigt wurde. Sechs Italiener wurden gefangengenommen. Es stellte sich dann heraus, daß die sechs Schnellboote durch zwei Zerstörer angenähert und vor Erreichen ihrer Ziele von ihren Führern (Piloten) verlassen worden waren. Es war mir immer unverständlich, wie tapfer sich die Italiener bei dieser Art von Einzelangriffen verhielten ...«[43])

Dagegen führte der erste kombinierte Angriff von MTM-Booten und SLC-Geräten in der Nacht zum 26. Juli 1941 vor La Valetta, dem Hafen der britischen Insel Malta, zu einem großen Desaster. Zwar opferte sich Leutnant Cabrelli bewußt im Ansturm auf einen Viaduktpfeiler, doch infolge des Einsturzes der gesamten Brückenanlage wurde für die nachfolgenden Kameraden die ohnehin schmale Hafeneinfahrt unpassierbar. Einzelne Sprengboote explodierten vorzeitig unter dem Bordwaffenbeschuß britischer Jagdflugzeuge. Torpedoreiter mußten wegen eines technischen Defektes aufgeben und gerieten in Gefangenschaft. Das MTSM-Boot (Motor-Torpedo-Boot), das die Einzelkämpfer abgesetzt hatte, fiel auf dem Rückmarsch angreifenden Hurricanes zum Opfer. Dabei erlag Kapitän Giobbe, der Führer der Sprengboote, seinen Verletzungen. Ebenso starb unter dem Bordwaffenbeschuß der Jäger Kapitän z.S. Valerio Moccagata als Flottillenchef. »An diesem schicksalschweren Tag, dem 26. 7. 1941, verlor die ›Decima‹ den Flottillenchef, den Chef der Sprengbootfahrer, den Flottillenarzt, vier SLC-Piloten und neun MTM-Piloten.«[44]) Vermutlich suchte Teseo Tesei, der das SLC-Gerät vor dem Kriege zusammen mit einem Freund entwickelt hatte und der sich beim Tauchen zur Rettung von Besatzungsmitgliedern des gesunkenen U-Bootes »GONDAR« einen schweren Herzfehler zugezogen hatte, bei diesem Einsatz bewußt den Tod.[45]) Die Gesamtverluste betrugen 15 Tote, 18 Männer gerieten in Gefangenschaft, ein versenktes und ein vom Gegner aufgebrachtes Schnellboot, 8 versenkte MTM-Boote, 2 SLC-Geräte sowie zwei Flugzeuge. Daß nach diesem Desaster die Sonderabteilung der X. Flottille nicht aufgelöst wurde, war einsichtigen Offizieren des Commando Supremo Marina zu verdanken.

Der zum Interimschef der »Decima« ernannte Korv.-Kptn. Fürst Julio Borghese organisierte die Einheit neu und sorgte für die technische Verbesserung der SLC-Geräte, um die Schlagkraft der Sondereinheit zu stärken.

Ihre Operationen richteten sich immer wieder gegen die Nachschubhäfen der Engländer. In der Nacht vom 19./20. September 1941 sanken im Hafen von Gibraltar 30000 BRT. Den Angriff

32

führten drei »Maiales« (SLC-Geräte) durch, nachdem sie von »SCIRE« (Kapitän Borghese) ins Einsatzgebiet gebracht worden waren. Der Gegner setzte zum erstenmal Wasserbomben gegen die vermuteten Eindringlinge ein. Grelle Explosionen unterbrachen in unregelmäßigen Abständen und in bedenklicher Nähe der Torpedoreiter die Dunkelheit der Unterwasserfahrt. Nicht selten wirbelten die Druckwellen das Gerät dermaßen umher, daß es Pilot und Copilot nur mit Mühe gelang, ihren Sitz auf dem gelegentlich außer Kontrolle geratenen Torpedo zu behaupten. Die Wabo-Detonationen zwangen die »Maiales« in Grenzbereiche ihrer Belastbarkeit, und trotzdem gelang es den mutigen Einzelkämpfern, die Torpedoköpfe ordnungsgemäß mittels »Sergeanten« und Drahtseil an der Schlingerleiste »ihrer« Schiffe anzubringen. Während des Rückmarsches ging dann die Verfolgungsjagd von vorn los: Aufblitzende Schweinwerfer, Schnelltauchen, phosphoreszierende Hecksee des Verfolgerschiffes von unten wahrnehmen, Ausweichmanöver, Wasserbombenabwurf, Detonationen, meist in Dreierfächern – alles bis zur völligen Erschöpfung der Verfolgten. In besonderes kritischen Momenten mußte der E-Motor abgestellt werden, wenn der Feind über Wasser ebenfalls stoppte und Horchgeräte einsetzte.

Doch am Morgen erschütterten schwere Explosionen die Bucht. Als erstes Schiff flog ein Tanker von 2444 BRT in die Luft. Um 09.14 Uhr verschwand der Frachter »DURNHAM« (10 800 BRT)[46] in einem Feuerball, nachdem offenbar die Munitonskammer getroffen war. Die wenigen englischen Freitaucher konnten nicht an sämtlichen auf Reede liegenden Frachtern die Schiffskiele nach verborgenen Sprengladungen absuchen. Deshalb war auch das Ende des Tankers »DUNBY DALE« (5000 BRT) unabwendbar.[46]

Dieser Sonnabend, der 20. September 1941, »war der erste sichtbare Erfolg der Italiener in Gibraltar, ein gewaltiger Schreck in der Morgenstunde für die Engländer. Sie verloren ... die Tanker ›FIONA SHELL‹ (2400 BRT), ›DUNBY DALE‹ (14 800 BRT) den Frachter ›DURNHAM‹ (10 900 BRT). Außerdem wurden bei der Explosion der ›DUNBY DALE‹ die Tanker ›FORREST‹ (3600 BRT) und ›ABERDEEN‹ (2800 BRT) in Brand gesetzt. Insgesamt wurden über 30 000 BRT Schiffsraum versenkt.«[47]

Die Torpedoreiter aber verließen drei Tage später Algeciras auf demselben Weg, wie sie gekommen waren. Natürlich arbeitete die »Decima« mit Agenten an Land auf spanischer Seite zusammen, sie verstand es auch, jede »diplomatische« Unterstützung in Anspruch zu nehmen. »Koffer« im Diplomatengepäck gelangten bis in die Türkei, wo ein einzelner italienischer Marineoffizier im Sommer 1943 auf der Reede von Alexandrette insgesamt 27 000 BRT Schiffsraum mit wertvollen Chromladungen auf letzte Fahrt ins Verderben schickte.[48])

Aufgrund ihrer Erfahrungen mit der »Decima« in Gibraltar waren die Briten verständlicherweise bemüht, den Vorsprung, den die italienische Marine mit dieser neuen Waffe besaß, so schnell wie möglich aufzuholen. Zunächst verstärkten sie in Gibraltar und Alexandria die Abwehrmaßnahmen. Die Vernichtung der Sprengboote vor La Valetta hatte der englischen Führung den Wert ihrer Radargeräte und Frühwarnsysteme vor Augen geführt.

Das Commando Supremo Marina plante als nächstes einen Einsatz gegen den wichtigen Nachschubhafen Alexandria. Am 2. November 1941 wurde Fregattenkapitän Ernesto Forza neuer Kommandeur der »Zehnten«. Die Aktion wurde sorgfältig vorbereitet. Die deutsche Abwehr hatte hinsichtlich der Erkundung von Abwehr- und Schutzvorrichtungen im Hafen den italienischen Dienststellen wertvolle Unterlagen geliefert. Die »SCIRE« unter Kapitän Borghese übernahm wieder die Anfahrt der »Maiales«.

Der Angriff erfolgte am 18. Dezember 1941 als Operation G.A.3. Die Torpedoreiter schlossen sich auf Tauchstation englischen Zerstörern an, die zufällig gerade die Hafensperre passierten, so daß diese geöffnet werden mußte. Sie gelangten auf diese Weise, weitab von den Wabo-Abwürfen des durchaus wachsamen Feindes, unbemerkt in den Hafen von Alexandria. Und allen Hindernissen zum Trotz wurde dieser Einsatz ein voller Erfolg für die Italiener, obwohl die Einzelkämpfer anschließend den Weg in die Gefangenschaft antreten mußten. Die von ihnen inszenierten Detonationen unterbrachen buchstäblich die Gefangenenvernehmungen an Bord (»Grinsen Sie nicht so dreckig!«) wenigstens für einige Zeit.[49])

Die Royal Navy verlor an diesem Tag die letzten beiden Schlachtschiffe im östlichen Mittelmeerraum. Über Monate hinaus waren die »VALIANT«, die Kpt.-Ltn. Luigi Durand de la Penne angegriffen hatte, und die »QUEEN ELIZABETH« fahruntauglich. Da japanische Flugzeuge 8 Tage zuvor die »REPULSE« und die im Mai an der Jagd auf die »BISMARCK« beteiligte »PRINCE OF WALES« in indonesischen Gewässern versenkten, befand sich Ende 1941 die britische Flotte in einer schweren Krise.

Aber auch bei der italienischen Marine setzten Rückschläge ein. Das von der Führung geplante neue Unternehmen gegen Gibraltar wurde im Juli 1942 zu einer der unglücklichsten »Decima«-Aktionen. Bevor die Sprengladungen unter den feindlichen Schiffen angebracht werden konnten, gerieten alle drei SLC-Mannschaften in Gefangenschaft. Damit war die Operation G.A.4 restlos gescheitert.

Erfolge stellten sich erst wieder ein, als in der Nacht vom 12. 7. 1942 Sturmschwimmer in der Bucht von Algeciras operierten. Der italienische Geheimdienst hatte nämlich davon Kenntnis erhalten, daß außerhalb des Hafens von Gibraltar ein alliierter Geleitzug zusammengestellt werden sollte. Der Einsatz verlief indes nicht ohne technische Pannen, weshalb die Zahl der schwer beschädigten Schiffe sich auf vier beschränkte. Für die englische Seite kamen die Explosionen dennoch völlig überraschend, und Premierminister Winston Churchill drang nun bei der britischen Admiralität darauf, entsprechende Sonderkampfmittel der Royal Navy zur Verfügung zu stellen. Als neue Einheit wurde daraufhin die »Experimental Submarine Flottille« ins Leben gerufen.

Eine weitere SLC-Unternehmung gegen Gibraltar am 8. 12. 1942 endete mit dem Verlust dreier Geräte. Die verstärkt eingesetzten Wachtboote mit den unregelmäßigen Wabo-Würfen machten das Eindringen in den Hafen unmöglich. Den englischen Dienststellen wurde aber die Tatsache, daß in der Nacht vom 7./8. 12. 42 ein Angriff erfolgreich abgewehrt worden war, erst bewußt, als drei Tage später an der Küste die verstümmelten Leichen zweier Männer in zerfetzten Taucheranzügen gefunden wurden.

Ende 1942 ging Nordafrika für die Achsenmächte verloren. In einer letzten Anstrengung setzte die »Decima« noch die Operation N.A.1 gegen den Hafen von Algier an. SLC-Piloten und Sturmschwimmer traten diesmal gemeinsam in Aktion. An Bord des Träger-U-Bootes »AMBRA« befand sich auch ein der »Decima«

unterstellter deutscher Marineoffizier.

Dieser Angriff auf Algier am 11. Dezember 1942 erwies sich als durchschlagender Erfolg, obwohl 18 Männer zurückblieben, weil sie zum Teil im Nebel die Warteposition der »AMBRA« verfehlten und deshalb an die Küste zurückzuschwimmen oder -fahren gezwungen waren. Sie gerieten alle in Gefangenschaft, einer von ihnen flog mit dem Tanker »PENNSYLVANIA« (8600 BRT) in die Luft, unter den einer seiner Kameraden die Ladung abgelegt hatte. Die Alliierten verloren außerdem die Frachter »OCEAN VANQUISER« (7164 BRT), »BERGA« (4493 BRT) und »EMPIRE CENTAUER« (7441 BRT), die außer dem bereits erwähnten Tanker »PENNSYLVANIA« versenkt wurden. Schwer beschädigt wurden der Frachter »ARMATHAN« (4760 BRT) sowie der Tanker »INDIAN« (11085 BRT). Die US-Navy zog es vor, die Versenkung des Motorschiffes »MADAN« (4682 BRT) und des Tankers »BRISTOL« (8470 BRT) erst sechs Wochen später bekanntzugeben.[50])

Am 1. Mai 1943 übernahm Kapitän Fürst Borghese die Führung der »Decima«, die, neu organisiert, als selbständige Einheit nunmehr direkt dem Commando Supremo Marina unterstand.

Zu dieser Zeit sollten erneut Geleite in Gibraltar angegriffen werden. Die Operation B.G.6 löste besonders dramatische Effekte aus, stießen die Torpedoreiter in der Nacht vom 7./8. Mai 1943 doch erstmals auf eine englische Unterwasser-Sicherungsgruppe unter Führung des Lieutenant Commander Crabb. Die Besatzung Kptn.-Ltn. Vittorio Cella – Montalenti hatte bereits ihre Aufgabe in ermüdender Schwerarbeit am Zielobjekt erfüllt und Cella stoppte vor der Netzsperre, damit Montalenti eine Lücke vorbereiten konnte, als auch Crabb mit seinen Tauchern auf der Kontrollfahrt am Netz eintraf. Über die schaurige Unterwasserbegegnung lesen wir bei Grabatsch:

»Cella wandte instinktiv den Kopf in die Richtung, wohin sie vorhin das Feindboot hatten fahren sehen. Er sah einen Schatten schnell auf sie herabstoßen. Ein Taucher! Cella war mehr erstaunt als erschrocken. Immerhin wußten sie ja, daß die Tommys eine Tauchergruppe hatten. Aber in der Hand des Tauchers war ein Dolch!

Der Mann wollte ihn töten. Blitzschnell glitt Çella nach links aus

36

seinem Sitz. Der andere mit dem Dolch glitt an ihm vorüber. Die Ausweichbewegung Cellas kam zu unverhofft. Sein Dolch prallte gegen den Schutzschild, und bevor er sich umdrehen konnte, stach Cella schon mit seinem kurzen Dolch zu. Der Engländer machte noch ein paar krampfhafte Bewegungen, dann erschlaffte sein Körper, drehte sich langsam um die eigene Achse und wurde von der Strömung abgetrieben.

Cella, der nicht annahm, daß der Mann allein war, sah den anderen herankommen und glitt blitzschnell zur Seite. Geschickt wich er dem Dolchstoß des zweiten Angreifers aus und war sofort neben ihm, als sich der Mann umdrehen wollte. Mit einem schnellen Schnitt durchtrennte er ihm den Schlauch des Atemgerätes. Sauerstoff schoß perlend auf. Verzweifelt versuchte der Taucher, seinen Dolch fallen lassend, sein Atemgerät festzuhalten. Da stieß Cella noch einmal mit dem Dolch zu. ... Wie eine gliedlose Puppe, den Kopf gesenkt, trieb der Tote in Richtung Bucht ab und verschwand in der finsteren Tiefe.«[51])

In den frühen Morgenstunden versanken drei Frachter mit über 24 000 BRT in der Bucht von Algeciaras, weil es der »Decima« zur Verwunderung des Gegners wieder einmal gelungen war, in die Bucht vorzustoßen.

Auch nach dem Umsturz in Italien (25. Juli 1943) gab die X. Flottiglia nicht auf, ebensowenig nach der Kapitulation ihres Landes (Sonderwaffenstillstand v. 3. 9. 1943, Bekanntgabe erst am 8. September). Allerdings kam es zur Spaltung, indem ein Teil der Einheit sich zur neuen Regierung unter Marschall Badoglio und damit zu den Alliierten bekannte. Kapitän Borghese war bemüht, die »Decima« zusammenzuhalten, und der größte Teil seiner Männer hielt weiterhin zu den Deutschen.

In der Nacht vom 2./3. August 1943 griffen drei SLC-Mannschaften die auf Reede liegenden Schiffe von Gibraltar an, obwohl ein stärkeres Sicherungsnetz installiert worden war und mit verschärften Abwehrreaktionen gerechnet werden mußte. Dabei büßte der Gegner 23 000 BRT ein, darunter die »HARRISON GRAY OR-TIZ«, den norwegischen Tanker »THORSHOVDI« (10 000 BRT) sowie den Dampfer »STANRIDGE« (6000 BRT).[52])

Noch am 19. September 1943 gelang »Maiales« zusammen mit Sturmschwimmern die nachhaltige Störung des alliierten Nachschubs im Golf von Salerno.

Der letzte Einsatz einer deutsch-italienischen Sabotagegruppe richtete sich in der Nacht vom 20./21. Mai 1944 gegen den alliierten Nachschubhafen von Neapel.

Es bleibt noch anzumerken, daß nach der Spaltung der »Decima« unter Beteiligung früherer, inzwischen aus englischer Kriegsgefangenschaft entlassener Angehöriger dieser Spezialeinheit ein gemeinsames britisch-italienisches Angriffsunternehmen mit »Chariots« gegen La Spezia, die Ausgangsbasis der X. Flottille, zustande kam. Bereits am 16. Februar 1944 konnte ein englisch-italienischer Angriff auf Livorno von den Deutschen blutig abgewehrt werden. Ebenso griffen Männer der »Decima« zusammen mit ihren neuen Verbündeten deutsche Verbände an der albanischen Küste an. Auch diese Versuche konnten blutig abgeschlagen werden.

Jetzt erkannte das deutsche OKM die Versäumnisse vergangener Jahre mit aller Deutlichkeit und entsandte einen Verbindungsoffizier zu Kapitän Borghese, um offizielle Kontakte zu knüpfen und gegebenenfalls von den Erfahrungen der Italiener auf diesem Gebiet profitieren zu können. Derartige Kontakte hatte man bislang der deutschen Abwehr und dem SD überlassen. Denn schon 1942 arbeitete die Abteilung VI a-c im Reichssicherheitshauptamt eng mit der italienischen Abwehr und der X. Flottiglia MAS zusammen.

»Die Bemühungen der deutschen Kriegsmarine kamen um Jahre zu spät, wie so oft in entscheidenden Dingen«, urteilt Martin Grabatsch sicher mit Recht.[53]

»Charioteers« –
Die englischen Torpedoreiter

Nicht der Achsenpartner, sondern der Gegner eiferte dem italienischen Lehrmeister in der Entwicklung geeigneter Kleinkampfmittel als erster nach. Premierminister Winston Churchill erkannte sofort, daß der von der italienischen Marine zum Einsatz gebrachte bemannte Torpedo eine Waffe darstellte, die sich gewiß ebenso für die Erfordernisse der englischen Kriegführung eignen müßte.

1942 bedrohten schwere Einheiten der Achsenmächte die Seeverbindungen Englands und zwangen die Flottenleitung im Rahmen umfangreicher strategischer Planung zur ungünstigen Verteilung der schweren Seestreitkräfte, die deshalb monatelang im Schutze sicherer Ankerplätze liegen mußten. Die Entwicklung eines Kleinst-U-Bootes mit drei oder vier Mann Besatzung machte kaum Fortschritte. Churchills Memorandum an General Ismay für den Ständigen Ausschuß des Stabschefs war als dringende Forderung einzustufen:

»18. Januar 1942 – Ersuche um Meldung, was veranlaßt wird, um es den großen Erfolgen der Italiener im Hafen von Alexandria und ähnlichen Waffentaten gleichzutun.

Bei Kriegsbeginn machte Oberst Jefferis ein paar ausgezeichnete Vorschläge zu diesem Thema. Sie haben leider wenig Gegenliebe gefunden. Gibt es irgendeinen Grund, weshalb wir nicht zu gleichen, wohldurchdachten Angriffshandlungen fähig sein sollten, wie sie die Italiener durchgeführt haben? Man hätte sogar annehmen sollen, wir wären ihnen vorangegangen. Ich bitte um genaue Unterlagen.«[54]

Der damalige Befehlshaber der U-Boote, Sir Max Horton, erkannte daraufhin, wie dringend eine bald einsetzbare neue Unterwasserwaffe erforderlich war. Bis zur Frontreife des Kleinst-U-Bootes könnten die Torpedoreiter einstweilen entsprechende Aufgaben übernehmen, man brauchte das italienische SLC-Gerät nur nachzubauen. Englische Taucher hatten in Gibraltar ein solches Gerät geborgen, außerdem standen der Royal Navy genügend eigene Entwürfe zur Verfügung.[55]

Wie bei der »Decima« ritten zwei Männer in Taucheranzügen auf dem im Marinejargon »Chariot« (»Kutsche«) genannten Torpedo. Auch das englische Gerät besaß einen elektrischen Antrieb, einen Steuerknüppel zur Betätigung von Seiten- und Tiefenruder und natürlich Preßluftvorrat für die Tauchtanks. Wie beim italienischen Vorbild war für die Navigation die vorn »reitende« »Nummer Eins« zuständig, während »Nummer Zwei« beim Durchbrechen von Netzsperren sowie bei der Befestigung des Sprengkopfes am Zielobjekt tätig werden mußte. Die Versuche der Engländer mit dem neuen Kampfmittel verliefen anfangs nicht besonders zufriedenstellend. Dennoch reifte bald der Plan, das im Asenfjord, einem Nebenarm des Trondheimfjords, liegende 40 000-t-Schlachtschiff »TIRPITZ« mit »Chariots« anzugreifen.

Dem Norweger Leif Larsen sollte dabei die Aufgabe zufallen, mit dem Kutter »ARTHUR« zwei »Chariots« in den Trondheimfjord zu schleppen. Es erwies sich aber als zweckmäßig, die Geräte zu beiden Seiten unterhalb der »ARTHUR« zu zurren. Die wochenlange Ausbildung der beiden Besatzungen wurde Ende Oktober 1942 abgeschlossen. Das Übungsgebiet der Shetlands schien der norwegischen Realität am ehesten zu entsprechen, vor allem was die Unterwassernavigation in den Schären betraf.

Aber nachdem alle Gefahren und Unwägbarkeiten glücklich überstanden waren, blieb den Männern die unvorstellbare Enttäuschung nicht erspart, daß die »Chariots« kurz vor ihrem Ziel aus den Halterungen gerutscht und im Fjord versunken waren. Damit war das »TIRPITZ«-Unternehmen kläglich gescheitert. Der Besatzung blieb nun nur noch die unauffällige Versenkung des Kutters übrig und der Versuch, zu Fuß durch Norwegen die schwedische Grenze zu erreichen. Die Flucht nach Schweden verlief nicht ohne Opfer.[56]

Bereits im Oktober 1942 plante die Admiralität, eine Gruppe von fünf »Chariot«-Mannschaften auf Hafen und Werft von Palermo (Sizilien) anzusetzen. In erster Linie sollten die Sprengsätze unter dem im Bau befindlichen leichten Kreuzer »ULPIO TRAIANO« (3300 BRT) und anderen Schiffen Verwendung finden. Zubringerdienst hatten die U-Boote »THUNDERBOLT«, »TROPPER« und »P 311« zu leisten.

Die drei U-Boote nahmen am 2. Dezember 1942 von Southampton Kurs auf Malta. Das Unternehmen »Principle« sollte in der Nacht vom 2./3. 1. 1943 durchgeführt werden.

»P 311« erreichte nie sein Zielgebiet, und mit der U-Bootbesatzung gerieten 10 Charioten (3 Besatzungen, 4 »Dresser«) in Verlust. Kaum hatten die fünf anderen Chariots die Zubringerboote verlassen, da verloren sich die Männer bei dem schweren Seegang aus den Augen. Die Befehle sahen vor: »In den Hafen von Palermo eindringen; dort Ziele nach besonderem Plan angreifen; zu einer vereinbarten Position zurücklaufen, wo das Mutter-U-Boot bis 4.30 Uhr am nächsten Morgen wartet; bei unvorhergesehenen Zwischenfällen nach eigenem Ermessen handeln und sich so verhalten, ›wie es sich gehört und nicht gegen die Disziplin der Marine verstößt‹.«[57])

Die Probleme, denen sich die Einzelkämpfer unter Wasser ausgesetzt sahen, waren auf beiden Seiten die gleichen. Vieles hing von der Improvisationsfähigkeit ab.

»Nun wußten sie, was die harte Ausbildung für einen Sinn gehabt hatte. Da schwammen sie mutterseelenallein in stockfinsterer Nacht auf dem Wasser. Kein Trimmungstauchen, um die Auftriebsfähigkeit der Maschine in Gewässern zu überprüfen, die ungewöhnlich schwere oder leichte Schichten enthalten mochten. Nichts von den anderen Chariots zu sehen.«[58]

Einer der beteiligten Torpedoreiter berichtete später: »Wir hatten höllische Schwierigkeiten, durch das U-Bootsabwehrnetz zu kommen. Es war für unseren Geschmack viel zu groß und lag auf dem Meeresboden in Falten. Wir versuchten es anzuheben, aber ohne Erfolg. Schließlich brachten wir die Nase der Maschine unter eine Falte und bliesen uns plus Netz an die Oberfläche. Ich war erstaunt, daß unser Auftrieb dafür ausreichte. Als wir uns der Wasseroberfläche näherten, glitt ich schleunigst aus dem Sitz unter unser Streitroß, um nicht aufgespießt zu werden.«[59]

Der Angriff auf den italienischen Kreuzer gelang mit einigen Schwierigkeiten, doch er wurde ebenso wie der als Truppentransporter verwendete 8500 BRT-Frachtdampfer »VIMINALE« nur beschädigt.[60]) Allerdings war »ULPIO TRAIANO« aufgrund der Schäden bis Kriegsende nicht mehr einsatzbereit. Die erfolgreichen Tropedoreiter gerieten in Gefangenschaft, die übrigen blieben verschollen.

In Nordafrika näherte sich die Achte Armee Tripolis. Deutscherseits waren zur Sperrung der Hafeneinfahrt Blockschiffe vorbereitet worden, die den Nachschub über See behindern konnten, was sich nachteilig für die englischen Operationen auswirken müßte. Deshalb sollten nach den Vorstellungen der britischen Marineleitung diese Blockschiffe in der Nacht vom 18./19. Januar 1943 mit zwei bemannten Torpedos angegriffen werden. Die »Chariots« übernahm wieder das U-Boot »THUNDERBOLT«. Mit roten Leuchtkugeln markierte die Royal Air Force bis 23.00 Uhr die Hafeneinfahrt.

Eine »Chariot« mußte wegen Versagens der Tiefensteuerung aufgegeben werden, bevor die Ziele erreicht waren. Die Blockierung des Hafens vermochte auch die zweite Mannschaft nicht zu verhindern. »Nummer Zwei« hatte sich am Abweiser der »THUNDERBOLT« den Taucheranzug aufgeschlitzt, was die Unternehmung von Anfang an beeinträchtigte. Als Ausweichziel wählte die Mannschaft ein kleines, verlassenes Handelsschiff. Die beiden Engländer gerieten schließlich in Gefangenschaft, jedoch gelang es ihnen später, sich im Vatikan unter den Schutz des Papstes zu begeben. 1944 konnten sie nach England zurückkehren. Ihre beiden Kameraden waren schon bald nach dem fehlgeschlagenen Einsatz und der Flucht aus Gefangenschaft über Malta in die Heimat gelangt.

Von den 26 nach Malta gebrachten Charioten blieben nur noch 8 Mann übrig. Acht Offiziere und zehn andere Dienstgrade waren gefallen, vermißt und in Gefangenschaft geraten.[61])

Januar 1943 begann ein neuer Lehrgang in Gosport mit der Ausbildung. Die Übungen im tieferen Wasser von Loch Cairnbawn führten zu ähnlichen Zwischenfällen wie im Vorjahr. Die Verluste betrugen sieben Offiziere und sechs Mannschaften. 72% beendeten die Ausbildung. Am 16. April 1943 wurde eine Gruppe von vier Offizieren und zehn sonstigen Dienstgraden für die Verlegung nach Malta ausgewählt.

Da die Landung der Alliierten auf Sizilien bevorstand, sollten bemannte Torpedos Aufklärungsarbeit an den in Aussicht genommenen Landungsplätzen leisten. Die erste erfolgreiche Erkundung am 31. Mai erbrachte durchaus exakte Erkenntnisse über die Wassertiefen in Strandnähe.

Eigenmächtige Pläne der Charioten, Minentransporte im Kanal von Korinth durchzuführen, fanden höheren Orts keinerlei Beachtung, so daß die Einzelkämpfer der Royal Navy zunächst arbeitslos blieben.

»Ende Juni kamen weitere sechs Besatzungen, was den ›Alten‹ bei der ohnehin herrschenden Arbeitslosigkeit völlig verrückt schien. Offenbar hatten die Ankömmlinge wilde Gerüchte über den Erfolg der ersten Gruppe gehört und wollten nun bei dem Spaß und den Unternehmungen mitmachen.«[62])

Eine größere Operation wurde dann für Ende August geplant. Italienische Schlachtschiffe in Tarent standen auf dem Programm. Die Wahl fiel u. a. auch wieder auf Brewster und Brown, die sich bereits im Herbst 1942 dicht an die »TIRPITZ« herangepirscht hatten, zuletzt aber im Trondheimfjord ihre »Chariots« verloren. In Albanien, so plante man, sollten sich die Torpedoreiter diesmal nach dem Einsatz verborgen halten und die Invasion abwarten.

»Ich war von der Begeisterung und dem Angriffsgeist der beiden U-Boote und der vier Reiter bei diesem gewagten Unternehmen tief beeindruckt«, schrieb der Flottillenchef der 10. Flottille, »besonders nachdem das U-Boot ›TRAVELLER‹ im gleichen Seegebiet aus nie geklärter Ursache verloren gegangen war.«[63])

Doch zwei Tage vor dem geplanten Beginn der Aktion wurde das Unternehmen vom Oberbefehlshaber Mittelmeer abgesagt. Die Besatzungen kehrten tief enttäuscht nach Malta zurück, wo der Grund für die Entscheidung später offenbar wurde, als eins der in Aussicht genommenen Ziele zur Übergabe erschien.

Bald darauf erfuhren die Engländer interessante Einzelheiten über die Decima Flottiglia MAS, und zwar direkt von Capitano Ernesto Forza, dem einstigen Chef der bemannten Torpedos. Nach dessen Aussagen hatten die Italiener vor dem britischen Chariotenangriff im Hafen von Palermo keine Ahnung von der Existenz englischer Torpedoreiter. Aufmerksam vernahm der von Anfang an für die Chariots zuständige Korvettenkapitän G. M. Sladen, daß ein auf Scapa Flow geplantes Unternehmen nur durch den Waffenstillstand nicht mehr zur Ausführung kam. Die sensationellste Information betraf das Geheimnis von Algeciras auf der anderen Seite der Bucht von Gibraltar. Die Italiener hatten nämlich ein angeblich wegen fehlender Ersatzteile vor Anker liegendes Handelsschiff heimlich in einen Tender verwandelt. Man baute Werkstätten ein und installierte unter der Wasserlinie eine Öffnung zum Start für die Torpedoreiter. Daß dieses Konzept »so gut wie nichts« eingebracht haben soll,[64] dürfte nach Darstellung Grabatschs nicht zutreffen. Außerdem erschiene der Wunsch des Chefs der 10. britischen U-Boot-Flottille unverständlich, wenn er hinsichtlich des Handelsschiffes vor Algeciras schrieb: »Wie schade, daß man nicht früher etwas davon erfuhr. Die Vernichtung des Dampfers durch britische, von Gibraltar aus operierende Reiter wäre ein interessantes Unternehmen gewesen. Die Spanier hätten kaum dagegen Einspruch erheben können.«[65]

Die größten Erfolgsaussichten für bemannte Torpedos schienen sich nach Auslieferung der italienischen Flotte in Fernost zu bieten. Aus dem Grunde hatte die Marineleitung das gesamte Personal britischer Kleinkampfmittel nach Schottland zurückbeordert. Kritisch merken die Autoren des Buches »Above us the Waves« hierzu an: »Was als ein Wagnis begonnen hatte, das vermutlich voll aufregender Erlebnisse und lohnender Angriffe stecken würde, hatte mit monatelanger nervenzermürbender und schmerzlicher Untätigkeit geendet. Fast alle Beteiligten hatten das Gefühl, *irgendein* besserer Einsatz ihrer Waffe hätte doch wohl möglich sein müssen.«[66]

Die gemeinsame britisch-italienische Operation gegen La Spezia in der Nacht vom 21./22. Juni 1944 (s. S. 38) mag bei den beteiligten Italienern zwiespältige Empfindungen ausgelöst haben: »Es schien noch gar nicht so lange her, seit Italien über die glorreichen Taten der tapferen Männer von der Decima Flottiglia MAS ... gejubelt hatte. Sie hatten die britische Flotte in Alexandria und Gibraltar angegriffen; sie waren die Avantgarde der italiensichen Offensive zur See gewesen. Und was geschah jetzt? Die italienische Marine

44

brachte Männer der britischen bemannten Torpedos zum Angriff auf zwei italienische Kreuzer – zugegeben, jetzt in deutscher Hand –, und der berühmte de la Penne[67]) fuhr sogar auf der ›GRECALE‹ mit, um gleichzeitig einen Angriff der ›Gamma‹-Jungen, der italienischen Froschmänner, in die Wege zu leiten. Das alles kam einem so komisch vor, und der italienische Leutnant hatte sich noch gar nicht recht daran gewöhnt, daß er nun in diesem merkwürdigen Krieg ›auf der anderen Seite‹ kämpfte.«[68])

Ausgerechnet im Stützpunkt der italienischen Torpedoreiter sollten Italiener mit den neuen Waffengefährten die 10000-t-Kreuzer »BOLZANO« und »GORIZIA« angreifen.

Zwei »Chariots« machten sich auf den Weg. Bei der einen versagten Trimmung und Tiefenruder, so daß die Besatzung sich zur Aufgabe entschließen mußte und das Gerät mit Zeitzündereinstellung zurückließ. Im Bericht der anderen Besatzung (Causer/Smith), die ihr Ziel erreichte, heißt es: »Gleich darauf blickten wir nach oben und erkannten deutlich die Umrisse der ›BOLZANO‹. Ich fuhr weiter, bis nach meiner Schätzung der Horizontalabstand noch etwa 12 Meter betrug. Dann drehte ich nach Steuerbord ab und verringerte die Tiefe um etwa 1¹/₂ Meter. Gleich darauf schrapten wir an dem riesigen Rumpf entlang, stellten den Motor ab, setzten Haftmagnete an und zogen uns und die Chariot weiter, wobei wir jedesmal einen Magneten lösten. ... Die von den Magneten herabhängenden losen Enden befestigte ich am Gefechtskopf. ... Smith war zu dieser Zeit auch vom Sitz geklettert und überzeugte sich von der sicheren Anbringung des Gefechtskopfes. ... Da es auf 4.30 Uhr ging, als wir zufrieden waren und als Beweis dafür pathetisch die Daumen nach oben hielten, drehte ich den Griff der Zeitzünder-Einstellung, bis ich es zweimal deutlich knacken hörte. Das bedeutete zwei Stunden. ... Dann zog ich an dem Hebel, der die Ladung von der Chariot freigab.«[69])

Berey und Lawrence, die wegen technischer Defekte unverrichteter Dinge hatten an Land schwimmen müssen, sahen am anderen Morgen die »BOLZANO« als Wrack seitlich auf Grund liegen. Es gelang übrigens beiden Mannschaften, sich zu Partisanengruppen durchzuschlagen. Causer beschrieb später den Untergang der »BOLZANO«:

»Genau 6.23 Uhr ging unsere Sprengladung hoch. Das Zusehen

machte uns höllisches Vergnügen. Zunächst schossen zwei Riesenfontänen in die Luft, eine auf jeder Seite der BOLZANO, eben hinter der Brücke. ... Wenige Minuten später schien jedes kleine Boot im Hafen in Bewegung. Ganze Trauben ruderten im Kreise ... Nicht lange, dann begann der Kreuzer sich schwer auf den Bug zu legen. Bald war das ganze Heck aus dem Wasser, und man konnte die Schrauben sehen. Als der Vorsteven ganz verschwunden war, sah es aus, als solle nun Ruhe eintreten, weil vermutlich das Schiff vorn auf Grund lag. Plötzlich aber rollte es mit entsetzlichem Planschen über und sank. Wie wohl das tat! Nun war nur noch die Steuerbordseite zu sehen. Es war mittlerweile 7.30 Uhr geworden. Eine Stunde und fünf Minuten hatte die ›BOLZANO‹ gebraucht, um zu sinken.«[70])

Die Einsatztätigkeit britischer Torpedoreiter war mit der Aktion in La Spezia praktisch beendet. Bis Kriegsende wirkten bei den Operationen in Europa und im Fernen Osten nur die englischen Kleinst-U-Boote vom Typ X-Craft mit. Ende September 1943 schleppten die britischen U-Boote »TRASHER«, »TRUCULENT«, »STUBBORN« und »SCEPTRE« die Kleinst-U-Boote X-5, X-6, X-7 und X-10 vor den Altafjord, die dann in den Kaafjord eindrangen, um an das durch Netzkasten gesicherte Schlachtschiff »TIRPITZ« heranzukommen. Fast gleichzeitig konnten die Kommandanten von X-6 und X-7 ihre Spezialminen am Rumpf der »TIRPITZ« anbringen. Durch die Explosionen wurde das Schlachtschiff so stark beschädigt, daß die Reparaturen volle fünf Monate in Anspruch nahmen. Der Ausfall der »TIRPITZ« war von erheblichem militärischen Nachteil, aber mit dem Angriff auf das größte Schlachtschiff war zum erstenmal der deutschen Führung die Effektivität von Kleinkampfmitteln wirklich bewußt geworden.

Entstehung und Organisation der deutschen Kleinkampfverbände

Als ein geradezu klassisches Beispiel für den fortwirkenden Erfolg weniger Einzelkämpfer wird im Geleitwort zur deutschen Ausgabe des Buches »Above us the Waves« die Angriffsoperation britischer X-Boote gegen das mächtige Schlachtschiff »TIRPITZ« bezeichnet. »Ich kann mir keinen besseren Beweis für die strategische Wechselwirkung des Einsatzes von Kleinkampfmitteln auf die Lage zur See vorstellen.« Mit dieser Feststellung würdigte Hellmuth Heye, Vizeadmiral a.D. und seinerzeit »Admiral der Kleinkampfverbände der Marine«, später Wehrbeauftragter des Deutschen Bundestages, den großen Erfolg der britischen Einzelkämpfer.[71] Er bescheinigt außerdem der englischen Führung Weitblick, wenn sie nach dem Grundsatz handelte, den Kampfwillen ihrer Einzelkämpfer trotz Überlegenheit der eigenen Seestreitkräfte einzusetzen, »um stärkere Kräfte des Gegners zu binden und an Nebenfronten festzuhalten«.[71]

Das TIRPITZ-Beispiel veranschaulicht die Auswirkungen in besonders eklatanter Weise. Die umfangreichen Reparaturarbeiten bedingten eine monatelange Inanspruchnahme von über 1000 Mann hochwertigen Werftpersonals, das aus der Heimat abgezogen werden mußte. Die Ersatzteilbeschaffung konnte nur unter Zurückstellung anderer Nachschubwünsche erfolgen. Aus Furcht vor weiteren Feindoperationen verstärkte man die Luftverteidigung der deutschen Seestreitkräfte. Divisionen der Küstenbewachung mit erheblicher Artillerie, Vorpostendienst, Überwachung der Minensperren, Luftaufklärung über See und Tätigkeit der Küstensignalstationen, wurden an die bewegungsunfähige »TIR-

PITZ« gebunden. Somit lagen Kräfte im hohen Norden fest, die an den Schwerpunkten der Entscheidung später fehlen sollten. Dies alles hatten Einzelkämpfer des Gegners mit der Operation »Source« am 22. September 1943 geschafft. Nur wenige Seeleute verloren dabei das Leben.

Großadmiral Karl Dönitz förderte die Aufstellung deutscher Kleinkampfverbände (K-Verbände) und plante sie bereits vor der Operation »Source«. Denn bald nach seiner Ernennung zum OBdM, schon Anfang Februar 1943, wünschte Dönitz, Konteradmiral Heye mit dieser Aufgabe zu betrauen.

Derartige Kleinkampfmittel – Kampfschwimmer, Kleinst-U-Boote, Torpedoreiter, Sprengboote und ähnliche Waffen, die mit geringem materiellen Aufwand und personellen Einsatz unter Umständen beachtliche Erfolge erringen konnten – gab es in der deutschen Marine bisher nicht.

Dönitz hielt den ideenreichen Admiral Heye für geeignet, sich der neuen Aufgabe anzunehmen. Doch weil er als Chef des Stabes des Flottenkommandos gebraucht würde, schlug der Personalchef der Marine, Konteradmiral Baltzer, an seiner Stelle für die Aufstellung der K-Verbände den Vizeadmiral Weichold vor. Dieser hatte sich als Leiter der Marine-Akademie und Erster Admiralstabsoffizier im Flottenstab bewährt. In den ersten Kriegsjahren wies er als Verbindungsoffizier zur italienischen Marine immer wieder auf die strategischen Probleme des Mittelmeerraumes hin, da er die entscheidende Bedeutung der Seeverbindungen nach Nordafrika und im Zusammenhang damit die strategische Bedeutung einer Besetzung Maltas klar erkannte. Bei seiner neuen Aufgabe beschränkte sich Vizeadmiral Weichold im wesentlichen auf die theoretischen Grundlagen zur Aufstellung von K-Verbänden. Ungünstigerweise bestand zu dieser Zeit noch nicht die enge Verbindung zwischen dem OKM und dem Rüstungsminister Speer und der Industrie, »die sich später für den praktischen Aufbau der Kleinkampfmittel als besonders vorteilhaft erwies«.[72]

Das Kriegsjahr 1943 neigte sich dem Ende zu, als die praktische Aufstellung der K-Verbände begann. Großadmiral a.D. Dönitz schreibt darüber:

»Als nach dem Verlust der »SCHARNHORST« die Aufgaben des Flottenkommandos weiterhin eingeschränkt wurden, beauftragte

ich endgültig den bisherigen Chef des Stabes des Flottenkommandos, Konteradmiral Heye, mit der praktischen Aufstellung der Kleinkampfverbände. Er meisterte diese Aufgabe sowohl was die Bereitstellung der materiellen Mittel anbelangte als auch hinsichtlich des personellen Aufbaus der Truppe. Organisatorisch ebnete ich ihm alle Wege. Er war gleichzeitig Frontbefehlshaber und Referent im Oberkommando der Kriegsmarine für seine Frontaufgabe. Diese Lösung war einmalig und widersprach an sich jedem organisatorischen Grundsatz. Es war aber in diesem Sonderfall notwendig, so zu verfahren, um im Kriege rasch einen ganz neuen Kampfverband mit neuartigen Kampfmitteln aufzustellen. Verdiente Offiziere, hauptsächlich bisherige U-Bootkommandanten, wurden als Flottillenchefs Admiral Heye zugeteilt. Das Personal bestand nur aus Freiwilligen aller Dienstgrade und Waffengattungen der Marine und vom Ende des Jahres 1944 an zu einem erheblichen Teil aus jungen Offizieren der U-Bootwaffe.
Die materiellen Mittel des deutschen Kleinkampfverbandes waren der ›Einmanntorpedo‹, das Sprengboot, das tauchfähige ›Einmann-Boot‹ und später das von zwei Mann besetzte Kleinst-U-Boot, der ›Seehund‹. Der Geist und die Einsatzbereitschaft waren bei den Besatzungen dieser Kleinkampfmittel ebenso wie bei den ›Kampfschwimmer‹-Gruppen über alles Lob erhaben. Obwohl dieser Verband beachtliche Erfolge erzielte, die (so bei den ›Seehunden‹) zum Teil erst nach dem Kriege festgestellt werden konnten, litt auch er unter der schnell zunehmenden Übermacht des Gegners, vor allem der feindlichen Luftwaffe, die seine Einsatzmöglichkeiten beschränkte.«[73])
Vizeadmiral a.D. Hellmuth Heye selbst urteilte:
»Es wird für mich immer ein besonderes Erlebnis bleiben, daß ich innerhalb der deutschen Wehrmacht und in einer Zeit, in der das Verhängnis des verlorenen Krieges für die Kundigen immer sichtbarer wurde, einen Verband bilden konnte, der im Gegensatz zu den überlieferten militärischen Formen viel größeren Wert auf die persönliche Initiative und das Verantwortungsgefühl jedes einzelnen legte als auf die Abhängigkeit vom Befehl. Dienstgrad und Dienststellung erhielten bei uns erst dann ihren Wert, wenn sich die Autorität nicht nur auf das Gesetz, sondern vor allem auf die Persönlichkeitswerte stützte.

Als Ideal schweben dem Verband die Gedanken Nelsons vor: ›A band of brothers‹, eine Gemeinschaft von Brüdern zu sein. Es ist verständlich, wenn dieses Ideal bei den schwierigen Verhältnissen des letzten Kriegsjahres, bei der eingeengten Auswahl von Führungspersönlichkeiten und den steigenden Anforderungen der harten Kampfeinsätze nur teilweise erreicht wurde. Trotzdem bin ich auch heute noch der Auffassung, daß dieses persönliche und in mancher Beziehung neuartige soldatische Klima ein wesentlicher Faktor für die unerhörte Einsatzbereitschaft der K-Männer und ihre dadurch erzielten Erfolge gewesen ist.«[74]

In den persönlichen Aufzeichnungen des verstorbenen Admirals Heye ist zu lesen:

»Bei der Kriegslage im Winter 1943/44 kam für uns auf See nur die Defensive in Frage. Es war bekannt, daß ich aus diesem Grund vielen und kleinen Schiffen und Kampfmitteln den Vorzug vor großen Einheiten gab. Großadmiral Dönitz hielt mich daher für die besondere Aufgabe der Schaffung neuartiger Kleinkampfgeräte aufgrund meiner eigenen Ansichten für geeignet. Zu meiner Unterstützung in diesem Beginnen wurde, zunächst noch zum Flottenkommando, der Korvettenkapitän Frauenheim kommandiert. Ich holte noch den Kapitänleutnant der Reserve Obladen und kurz darauf den Korvettenkapitän Bartels zu mir, weil ich beide gerade für diese Aufgaben für besonders geeignet hielt.

Natürlich waren der Neuaufbau eines Verbandes und die Herstellung völlig neuartiger Waffen im 5. Kriegsjahr außerordentlich schwierig. Zudem sollte alles sehr schnell gehen. Lange Entwicklungszeiten und Erprobungen waren nicht möglich. Ich ließ mir vom Oberbefehlshaber größere Vollmachten geben, um lange und bürokratische Wege zu vermeiden. So konnte ich unmittelbar mit allen Dienststellen der Seekriegsleitung und, was besonders wichtig war, mit der Industrie verkehren. Das habe ich auch ausgenutzt; sonst wäre die Aufstellung und Ausrüstung des Verbandes nicht möglich gewesen.

Bei der Industrie fand ich viel Verständnis und Unterstützung, auch deshalb, weil einsichtige Männer in der Fortführung der bisherigen Schiffbaupolitik keine Erfolgsmöglichkeiten mehr sahen. Im übrigen regten gerade so kleine und neue Waffen den in jedem Menschen steckenden Erfindergeist an. Nicht nur die Ingenieure, sondern auch die Arbeiter waren mit besonderem Interesse bei der Sache und halfen mir, wo sie nur konnten.

Wir selbst hatten keinerlei praktische Erfahrung in dieser Art Kriegsführung. Wir wußten nur ganz allgemein, daß die Italiener verschiedene Kleinkampfmittel hatten, und wir kannten auch einige englische Unternehmen dieser Art. Von den japanischen Angriffen mit Kleinst-U-Booten erfuhren wir nicht die geringsten Einzelheiten. Kommando-Unternehmungen, die, genau wie von englischer Seite, auch von unserem Flottenkommando zum Beispiel gegen feindliche Wetterstationen geplant worden waren, scheiterten stets am Mangel an Fahrzeugen und geeigneten Soldaten.

Unsere Absichten waren zunächst folgende:

1. Entwicklung, Bau und Ausbildung von Spezial-Kleinst-U-Booten nach britischem Muster; Einsatz für Einzel-Unternehmungen, z. B. Eindringen in feindliche Häfen etc.

2. Ausbildung von Marine-Einsatz-Kommandos (Stoßtrupps), ebenfalls nach englischem Vorbild, um mit ihnen von kleinen Schiffen und U-Booten aus Angriffe auf feindliche Küsten, gegen wichtige Punkte (Radar-Stationen, Geschützstellungen etc.) durchführen zu können ...«[75])

Somit trug die Entwicklung des K-Verbandes der Kriegsmarine alle Anzeichen hektischer Improvisation in letzter Stunde. Es galt, innerhalb kürzester Zeit geeignete Soldaten aus unterschiedlichsten Einheiten zu gewinnen, und zwar ohne jede bürokratische Erschwerung.

Zur Jahreswende 1943/44 fanden sich in Heiligenhafen an der Ostsee etwa dreißig Offiziere und Mannschaften ein. Noch gab es kein bestimmtes Ziel, allein das Bewußtsein, zu etwas Besonderem ausgewählt zu sein, ließ hier bald eine verschworene Gemeinschaft entstehen.

Es war auf jeden Fall erstaunlich, wie aus einfachsten Anfängen innerhalb weniger Wochen und Monate Kleinkampfmittel entworfen und entwickelt, konstruiert und erprobt werden konnten, mit denen die scharenweise herbeieilenden Freiwilligen nach harter Ausbildung an den Geräten in einen nicht mehr zu gewinnenden Kampf geworfen wurden.

Im Ausbildungslager Heiligenhafen

Als der Personenzug am Abend des 21. Dezember 1943 den Lübecker Hauptbahnhof verlassen hatte, dachte Oberfähnrich Alfred Vetter von der 4. Schnellbootflottille Rotterdam noch einmal über alles nach. Eigentlich fühlte er sich bei seiner Einheit in Rotterdam sehr wohl, außerdem war ihm zugesagt worden, als 2. Verwaltungsoffizier bei der Flottille bleiben zu können. Dann mußte er kürzlich mit Entsetzen ein Fernschreiben zur Kenntnis nehmen, das seine rätselhafte Abkommandierung enthielt: »Oberfähnrich (V) Vetter ist abkommandiert zur I/M.E.A.« Was bedeutete das? Man vermutete in Rotterdam zunächst eine Marine-Ersatz-Abteilung, man dachte an Landkommando mit schlechter Verpflegung und sonstigem Unerfreulichen. Eine Rückfrage ergab dann, daß die »I/M.E.A.« eine Marine-Einsatz-Abteilung in Heiligenhafen sei. Dennoch wußte niemand recht etwas anzufangen mit dieser Bezeichnung. Selbst die Deutung als Strafeinheit ließ sich nicht ganz ausschließen.

Ungeduldig registrierte Oberfähnrich Vetter die vielen Bahnstationen, bis der Zug endlich in Heiligenhafen eintraf. Inzwischen war es stockdunkel, nur eine einzige Lampe vom »Bahnhofsgebäude« warf ihren schwachen und trüben Schein auf den einzigen Bahnsteig. Über holpriges Kopfsteinpflaster strebte der Mariner zur Kaserne. Jeder Vergleich mit Rotterdam hatte etwas tief Deprimierendes.

Am Kasernentor wurde Vetter zur Offiziersbaracke verwiesen, in der sich der Stab niedergelassen hatte. Leutnant Horst Busske, der Adjutant, führte den Neuankömmling auf eine Stube, die er mit einem anderen Oberfähnrich bewohnen sollte. Von diesem ließ Vetter sich mit den wichtigsten Angelegenheiten vertraut machen, soweit er sie wissen mußte oder soweit er davon Kenntnis haben durfte. Die Abteilung war nur gastweise in der Kaserne untergebracht. Ihr gehörten zunächst 4 Offiziere, 4 Oberfähnriche und ungefähr 150 Mann an. Jeder tat sehr geheimnisvoll, anscheinend ohne zu wissen, was wirklich anlag. Von seinem Stubenkameraden erfuhr Vetter, daß sie nunmehr einer ganz geheimen und erst in der Aufstellung begriffenen Einheit angehörten, die später besondere Aufgaben zu erfüllen hätte. Der Chef würde von einer

Dienstreise zurückerwartet und dann wohl noch weitere Einzelheiten bekanntgeben. Wegen der absoluten Geheimhaltung sollte es nach Weihnachten, mit Beginn der eigentlichen Ausbildung, für keinen Angehörigen des Kommandos noch »Landgang« geben.

Trotz solcher Aussichten schien Vetter der Gedanke tröstlich, nicht bei einem »simplen Ersatzhaufen« gelandet zu sein, hatte er doch schon einmal beim Versuch, zu einem Frontkommando abkommandiert zu werden, negative Erfahrungen machen müssen. Die Verpflegung war reichlich und gut.

»Im Laufe des Abends lerne ich die übrigen Messemitglieder kennen: Meinen neuen Verwaltungsoffizier (V) Tralau, im Zivilberuf Regierungsrat, und Leutnant zur See Sowa, ebenfalls Reservist und von Beruf Sportlehrer, sowie drei weitere Oberfähnriche: Franz Beck, Rudi Drescher und Hans Gericke. ... Dieser kleine Kreis macht einen fast familiären Eindruck, und ich fühle mich in ihm von vornherein nicht fremd.«[76])

Am folgenden Tag machte sich Vetter mit den Aufgaben vertraut, die ihn hier in seiner Eigenschaft als 2. Verwaltungsoffizier erwarteten. Es sah alles noch nicht allzu einladend aus, wie es bei einer im Aufbau befindlichen Dienststelle kaum anders zu erwarten ist. Gegen Abend kehrte der Chef, der Kapitänleutnant beim Stabe, von der Reise zurück, während der Kommandeur, Korvettenkapitän Hans Bartels, seinen Dienst überhaupt noch nicht angetreten hatte. Über seine Begegnung mit dem Chef beim Stabe schrieb Vetter:

»Kapitänleutnant Obladen ist der Typ eines Offiziers, der vom ersten Augenblick seines Erscheinens sowohl durch sein Äußeres wie sein ganzes Auftreten einen hervorragenden Eindruck auf mich macht und einen starken Einfluß ausübt. Er erkundigt sich eingehend nach meiner bisherigen Verwendung und zeichnet mir dann in wenigen Sätzen auf, was er über die Abteilung zu wissen für mich für richtig und notwendig hält. Und dann kommt noch eine besonders erfreuliche Überraschung: Ich kann morgen früh auf vierzehn Tage in Urlaub fahren! Also bin ich nicht nur Weihnachten, sondern auch Sylvester zuhause.«[77]) Die Wiedersehensfreude im Kieler Elternhaus wurde jedoch getrübt durch eine für Alfred Vetter außerordentlich schmerzliche Nachricht:

»Mein treuer Freund und Kamerad Günter Wald, mit dem ich

53

schon das ABC gemeinsam erlernte und durch ungezählte Kindheits- und Jugenderinnerungen eng verbunden war, ist am 22. November 1943 im Mittelabschnitt der Ostfront gefallen. Fünfmal war er von seinen Verwundungen genesen, nun hat er sein Leben dem Vaterland gegeben. Diese Nachricht wühlt mich zutiefst auf, und ich schäme mich nicht der Tränen, als seine Eltern mir ein Päckchen in die Hand drücken, das ihren einzigen Sohn nicht mehr lebend erreichte.«[77])

Der Urlaub mußte vorzeitig nach Altjahrsabend abgebrochen werden, denn schon am 1. Januar 1944 wurden alle Offiziere und Oberfähnriche im Standort zurückerwartet, um die sofortige Aufnahme des Dienstes nach Rückkehr der beurlaubten Soldaten vorzubereiten und sicherzustellen.

Soweit es seine verwaltungsmäßige Tätigkeit zuließ, nutzte Obfhr. Vetter die Möglichkeit zur Teilnahme an der nun anlaufenden Ausbildung, ohne dazu verpflichtet zu sein.

Verpflichten mußten sich indes alle zu strengster Geheimhaltung, zur Ausgangs- und Urlaubssperre, zum Verzicht auf jeglichen zivilen Kontakt. Über das Schicksal seiner Angehörigen erfuhr Vetter nach einem schweren Luftangriff auf Kiel nur durch Befragung eines Kielers, der später eintraf und ihm mitteilen konnte, welche Wohnbezirke besonders stark betroffen waren. Jeder, der dem Kommando angehörte, verpflichtete sich zum Einsatz seiner ganzen Person, nicht zur Selbstaufopferung, doch zur Entfaltung der vollen körperlichen und geistigen Leistungskraft.

Dieser Forderung entsprach das vielseitige Ausbildungsprogramm. Infanteristen und Pioniere mit Rußlanderfahrung verbürgten eine zuverlässige Ausbildung der künftigen MEK.s (Stoßtrupps der Marine-Einsatzkommandos). Für hartes körperliches Training sorgten Sport-, Schwimm- und Jiu-Jitsulehrer, insbesondere im Hinblick auf Selbstverteidigungsmaßnahmen der künftigen Einzelkämpfer.

Damit jeder K-Mann möglichst universell ausgebildet wurde, um notfalls für den anderen einspringen zu können, mußten Kraftfahrzeugmeister und Funkspezialisten entsprechende Fertigkeiten vermitteln.

Und selbstverständlich mußten K-Männer den Umgang mit Tauchrettern und Sauerstoffgeräten beherrschen. Diesen Teil der

Unterweisung hatten Tauchspezialisten zu übernehmen. Sprachlehrer wiederum achteten auf das Erlernen soldatischer Kraftausdrücke in fremden Sprachen. Übersetzungen englischer Ausbildungsvorschriften für »Commandos« wurden ebenso studiert wie Navigationslehre. Dazu gehörte der Umgang mit dem Kompaß, der Übung verlangte.

Die meisten Teilnehmer hatten keine Ahnung, auf welche Eignung hin sie überprüft würden. Nur wer charakterlich für einwandfrei und körperlich tüchtig befunden wurde, durfte bis zu einem gewissen Grad eingeweiht werden. Der einzelne konnte sich dann freiwillig entscheiden, ob er bei der Einheit bleiben wollte, sofern er die Eignungsprüfung bestanden hatte. Über die Art der künftigen Aufgaben herrschte bis dahin noch immer Unklarheit.

Als Vizeadmiral Heye im März 1944 aus dem Flottenkommando ausschied und den neugegründeten K-Verband als Befehlshaber übernahm, wurden die sportlich Tüchtigsten in einer Kaserne in Lübeck mit dem Tarnnamen »Steinkoppel« zusammengefaßt, bevor sie den einzelnen Kommandos und Flottillen zugewiesen wurden. Das Hauptquartier des K-Verbandes lag in Timmendorfer Strand (»Strandkoppel«). Ein anderes großes Lager in Lübeck-Schlutup erhielt den Tarnnamen »Blaukoppel«.

Anläßlich seines Besuches in der »Blaukoppel« umriß Vizeadmiral Heye die Aufgaben, die der Abteilung gestellt seien. Deutschland, so führte Heye aus, stünde vor einem längeren Zeitraum, in dem es in die Defensive gedrängt wäre, bevor es durch neue Waffen wieder in die Lage versetzt würde, den Entscheidungskampf zu führen. Auf Befehl des Führers käme es darauf an, diese Zeitspanne dadurch zu überbrücken, daß versucht würde, mit geringstem Aufwand an Menschen und Material den Gegner hinzuhalten und ihm möglichst hohe Verluste beizubringen. Einen Beitrag hierzu sollten die K-Männer durch den Einsatz von Kleinkampfmitteln liefern. Diese »schwere und opfervolle, aber fürwahr ehrenvolle und mannhafte Aufgabe«[78]) sollte jeden mit Stolz erfüllen, der damit betraut werde. »In diesem Augenblick« war Obfhr. Vetter klar, daß er »nicht am Schreibtisch verweilen kann, sondern selbst Einzelkämpfer werden muß.«[78])

Der charakterlichen Prüfung wie den erforderlichen Geheimhaltungsmaßnahmen diente die totale Isolation. Nur einmal in der

Woche war es den Soldaten vergönnt, geschlossen ins Kino geführt zu werden, so daß die Bevölkerung den Eindruck gewann, es müsse sich bei dieser Kolonne um irgendeine Strafeinheit handeln. Die Führung rechnete offenkundig mit einer alliierten Invasion und schien dem K-Verband im bevorstehenden Abwehrkampf eine besondere Rolle zugedacht zu haben. Darauf deuteten auch die im Hafen liegenden erbeuteten englischen Klein-U-Boote hin, mit denen Probefahrten durchgeführt wurden. Die Rede war auch von Überwasserfahrzeugen, die mit einer Sprengladung auf Ziele gelenkt werden sollten.

Eigentlich war Obfhr. Vetter als 2. Verwaltungsoffizier nach Heiligenhafen abkommandiert worden. Nachdem er jedoch einen Teil des Ausbildungsprogramms freiwillig absolviert hatte, wandte er sich an Kpt.-Lt. Obladen mit der Bitte, auf den zu erwartenden Fronteinsatz mit vorbereitet zu werden. Im Gegensatz zum Verwaltungsvorgesetzten zeigte Obladen Verständnis und stellte Vetter in Aussicht, in die erste zur Aufstellung kommende Flottille aufgenommen zu werden.

Zur Ausbildung gehörten von Anfang an harte Wehrertüchtigungsübungen. Korvettenkapitän Bartels, der schon beim Norwegenfeldzug aufgrund höchster persönlicher Tapferkeit das Ritterkreuz erworben hatte, führte sich als Chef des Lehrkommandos der Kleinkampfverbände auf besonders originelle Weise ein:

Eines Nachts wurde Alarm gegeben. Alles raus! Jeder mußte zu seiner grauen Uniform rasch noch einen Mantel in Empfang nehmen und in der Waffenkammer mit Stahlhelm, Gasmaske, Gewehr, Koppel und Patronentaschen ausrüsten lassen. Schließlich gelangten noch einige Kompasse zur Verteilung, und ohne Rücksicht auf Dienstgrade erfolgte der allgemeine Abmarsch in stockfinsterer Nacht über sumpfiges Gelände. Das leise Rauschen der Ostsee brachte endlich die Gewißheit, daß man sich in unmittelbarer Nähe der Steilküste befand. Den Nachtmarschierern wurde jetzt eröffnet, der Kommandeur wäre eingetroffen und wünschte noch alle unten am Wasser zu begrüßen. Es galt eine kleine Mutprobe zu bestehen! Jeder einzelne mußte bei dieser völligen Dunkelheit an die Steilküste treten und sich ohne Kenntnis der tatsächlichen Tiefe des Abhangs, das Gesicht der Landseite zugewandt, einfach fallen lassen. Als Obfhr. Vetter an der Reihe war, ver-

spürte er auf dem Stahlhelm einen harten Schlag, der zum Über-
gewicht nach hinten verhalf. »Ich stürze einige Meter durch das
Leere, kriege Grund unter die Füße, überschlage mich jedoch und
sause unter laufenden Purzelbäumen weiter abwärts, um schließlich ziemlich durchgeschüttelt am Strand liegenzubleiben. Ich krie-
che etwas beiseite, denn schon wieder höre ich ein Bündel herun-
terpoltern. Vorsichtig betaste ich meine Knochen, aber es ist alles
heil, und nur die Haut hat etwas gelitten. Nach einigem Suchen
finde ich auch mein Gewehr wieder, das mir bei der überschnellen
Bewegung trotz aller guten Vorsätze davongeflogen ist.«[78]) Alle
150 Mann wurden auf diese Weise die Steilküste hinuntergejagt.
Zum Schluß sprang Kpt.-Lt. Bartels selbst nach, um die angekün-
digte Begrüßung am Wasser vornehmen zu können. »Bis auf angeblich drei ausgekugelte Arme, einige Verstauchungen und eine
größere Zahl von Abschürfungen und blauen Flecken hat sich wi-
der Erwarten niemand etwas zugezogen.«[78])
Die körperliche Abhärtung und Ausschaltung eines gewissen
Angstgefühls erfolgte auf verschiedene Art, gelegentlich mit bedenklicher Methode, um den Körper widerstandsfähiger zu machen. Eine andere »Mutprobe« verlief nämlich weniger glimpflich.
Da sollten sich 26 Fähnriche der Marineartillerie mit den stahl-
helmgeschützten Köpfen nach innen sternenförmig im Kreis hinle-
gen, in dessen Zentrum eine Handgranate abgezogen wurde. Die
Folge war, daß von 26 Mann 13 Splitterverletzungen davontru-
gen, einer so schwer, daß er erst nach dem Kriege aus dem Lazarett
entlassen werden konnte. Derartig unverantwortliche »Übungen«
blieben künftig untersagt.
Den Berichten anderer K-Männer ist zu entnehmen, daß später, als
im September 1944 die Aufstellungs- und Bereitschaftsabteilung
von Lübeck nach Kappeln an der Schlei in ein ehemaliges Ausbildungslager der Sperrschule verlegt wurde, ein ausgesprochenes
»Härtelager« entstanden war. Während z.B. eine Gruppe mit einem Kutter von Kappeln auf der Schlei nach Schleswig pullte, begab sich gleichzeitig eine andere Kolonne zu Fuß mit Gepäck auf
den Marsch. In Schleswig erfolgte der Wechsel; Die Wanderer gaben ihre Tornister an die Ruderer ab, und so ging es zurück nach
Kappeln, die Wanderer rudernd, die Ruderer wandernd. Damit
nicht genug, lud eine Sporthalle zur weiteren Betätigung ein. Das

»Ärztliche Kriegstagebuch des Kommandos der K-Verbände« verzeichnet unter dem 13. 9. 1944 lediglich: »Die Tauglichkeitsuntersuchungen finden dementsprechend von jetzt ab in Kappeln statt und die dazu notwendigen fachärztlichen Untersuchungen im Marinelazarett Flensburg-Mürwik.«[79])

In der Ausbildungszeit der ersten K-Flottillen wurden noch »andere Dinger gedreht« (Vetter). Beim »Überfall« auf den Sperrbootshafen wäre es fast zu einer wirklichen Schießerei gekommen, als die Wache bemerkte, daß man es auf sie abgesehen hatte.

Ausbildungslager Kolberg

Auch am Stadtrand von Kolberg gab es ein Barackenlager der Aufstellungsabteilung für K-Verbände. Oberbootsmaat Frank Gorges gehörte mit zu den ersten, die dort Ende 1943 in kleinen Gruppen eintrafen. Drei Jahre zuvor hatte er die Ausrüstung des Panzerschiffes »ADMIRAL SCHEER« in Gotenhafen mitgemacht und danach die sechsmonatige Feindfahrt durch Atlantik und Eismeer miterlebt, auf der insgesamt 152 000 BRT feindlichen Schiffsraums versenkt wurden. Nach der Rückkehr im April 1941 war Gorges zunächst nach Flensburg abkommandiert worden, um Fähnrichen eine infanteristische Grundausbildung zu vermitteln. In den Jahren 1942/43 leistete er als Seemännische Nummer Eins Dienst auf dem Minensuchboot »MEERSBURG«. Über den Sinn seiner Abkommandierung an die pommersche Küste nach Kolberg war sich Gorges ebensowenig im klaren wie Alfred Vetter, als er nach Heiligenhafen in Marsch gesetzt wurde. Die Vermutung schien nicht abwegig zu sein, Einheiten der Kriegsmarine würden zur Panzerbekämpfung für den Einsatz an der Ostfront vorbereitet. Denn als Ausbilder wirkten Heeresoffiziere, die z. T. acht oder neun Panzerabschüsse auf dem Ärmelstreifen aufweisen konnten. Auch ein kriegsbeschädigter Major mit nur einem Arm sorgte in Kolberg für die infanteristische Ausbildung der künftigen K-Flottillen. »Die haben uns«, berichtet Frank Gorges, »20 km pullen lassen am Strand und anschließend dieselbe Strecke durch den Sand zurückgejagt. Die Stiefel voll Sand, sind wir im Barackenlager reihenweise zusammengebrochen.«

Am anderen Tag wurde Gorges zum Chef befohlen, der schwerste Vorwürfe erhob:

»Sie sind ja ein nettes Schwein!« tönte es dem Verdutzten entgegen. »Die eigenen Kameraden bestehlen, ist wohl das Letzte, was es bei der Marine gibt! Sie haben sich durch Ihr Verhalten zum Abschaum der Marine gemacht und werden die Konsequenzen zu tragen haben!«

Gorges, angesichts des normierten Verhältnisses gegenüber Vorgesetzten vollkommen eingeschüchtert, war zunächst sprachlos. Er wurde entlassen und fühlte sich vernichtet. Als er seine Fassung wieder erlangt hatte, geriet er jedoch in Wut. Zornig suchte er den Vorgesetzten erneut auf, fest entschlossen, eine Klarstellung zu erwirken.

»Na, Gorges, nun beruhigen Sie sich erst einmal. Wir wollten Sie ja gar nicht beleidigen. Natürlich wissen wir, Sie haben sich nichts zuschulden kommen lassen. Uns kam es einzig darauf an, einmal Ihre charakterliche Haltung zu prüfen und zu sehen, ob Sie sich derartige Anschuldigungen bieten lassen.«

Zur Beruhigung wurden anschließend Schnäpse gereicht. »Mit solchen Tricks haben die gearbeitet«, berichtete Gorges. »Dem hätte ich beinahe das Genick umgedreht, aber als ich ihm an den Hals wollte, da war ich gerettet.«

Auch die Ausbildung steigerte sich in einer Weise, daß die »Panzerknacker«-Version als einzige Zukunftsaussicht gelten mußte. Panzerattrappen dienten dazu, das Anbringen von Haftminen üben zu lassen. Und zur Abwechslung hetzte man die Marinesoldaten durch dichte Lärchenwälder, daß die bis nach unten reichenden Äste genügend Schürfwunden verursachten. »So haben die uns täglich drangsaliert!« (Gorges)

Die Anlauf-Geschichte der »Sprengboote«

Anfang März 1944 – nur drei Monate vor Beginn der alliierten Invasion – nahm die Aufstellung der ersten mit Sprengbooten auszurüstenden K-Flottille allmählich Formen an. Zwei Tage später erfolgte in Surendorf die Aufstellung einer weiteren K-Flottille, deren Kampfmittel der Einmanntorpedo sein sollte. Wie Kpt.-Lt. Obladen es ihm versprochen hatte, wurde der 2. V.O. Alfred Vetter von den bisherigen Aufgaben freigestellt und zusammen mit etwa 30 Kameraden in das Ausbildungslager »Blaukoppel« abkommandiert. Hinter diesem Tarnnamen verbarg sich unweit einer Travebucht im Forst Hohemeile bei Lübeck-Schlutup das bereits erwähnte Barackenlager der K-Verbände. Hier stand ihnen eine wochenlange harte Ausbildungszeit zur Vorbereitung für künftige Sprengbooteinsätze bevor.

Die Bezeichnung »Sprengboot« ist erst später aufgekommen. Über dieses Kampfmittel mit der Tarnbezeichnung »Linse« war kaum etwas bekannt, denn nicht die Kriegsmarine, sondern die Division »Brandenburg«, eine Spezialeinheit der deutschen Abwehr, hatte die Waffe entwickelt und erprobt. Von den »Brandenburgern«, deren Erprobungsstelle in Langenargen am Bodensee lag, übernahm der K-Verband die ersten 20 Boote. Admiral Heye konnte sich mit seiner Forderung bis in die höchste Führung durchsetzen: »Militärische Aufgaben zur See dürfen nur von der Kriegsmarine ausgeführt werden!«[80])

Zwar bewährten sich die »Küstenjäger« der Division »Brandenburg« auf dem ruhigen Bodensee, doch blieb abzuwarten, wie es um die Brauchbarkeit der Sprengboote auf offener See stand. Die »Küstenjäger«, wie die »Brandenburger« ihre Sprengbootfahrer nannten, setzten das Kampfmittel hautpsächlich zur Sprengung von Brücken und wichtigen militärischen Anlagen ein. Ihr Führer war zugleich der Erfinder dieser Waffe, Major Goldbach, den die Marine später als Korvettenkapitän übernahm. Major Goldbach hatte bereits im ersten Weltkrieg Versuche mit ferngesteuerten Einsatzmitteln durchgeführt.

Die ersten 6 Sprengboote trafen eines Nachts per Eisenbahntransport auf dem Bahnhof Schönberg ein, wo sie die K-Flottille, auf LKW verladen und unter Planen versteckt, in Empfang nahm. Das waren die ersten Ausbildungsboote, noch mit Ruderpinne versehen und oben offen. Ausbildungsleiter Oberleutnant Taddey konnte mit der praktischen Arbeit beginnen.

Parallel zu diesem Ausbildungsvorhaben wurde Leutnant Max Becker mit 20 Marinesoldaten nach Eisenach entsandt, wo eine

60

Panzereinheit existierte, die ihre Panzer über Funk im UKW-Bereich fernsteuerte. Es handelte sich um ziemlich große Kettenfahrzeuge, die z. B. Sprengladungen von etwa 400 kg vor feindlichen Bunkern »ablegen« und anschließend wieder zurückfahren konnten. Man darf diese Kettenfahrzeuge nicht mit dem bekannten

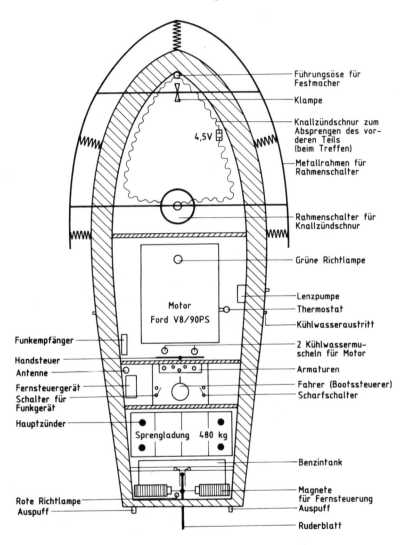

Führungsöse für
Festmacher

Klampe

Knallzündschnur zum
Absprengen des vor-
deren Teils
(beim Treffen)

4,5V

Metallrahmen für
Rahmenschalter

Rahmenschalter für
Knallzündschnur

Grüne Richtlampe

Lenzpumpe
Thermostat
Kühlwasseraustritt

Motor
Ford V8/90PS

Funkempfänger

2 Kühlwassermu-
scheln für Motor

Handsteuer
Antenne

Armaturen

Fernsteuergerät
Schalter für
Funkgerät

Fahrer (Bootssteuerer)
Scharfschalter

Hauptzünder

Sprengladung   480 kg

Benzintank

Magnete
für Fernsteuerung
Auspuff

Rote Richtlampe
Auspuff

Ruderblatt

Sprengboot der deutschen K-Verbände

»Goliath« verwechseln. Denn dieses kleine und wesentlich leichtere Kettenfahrzeug wurde über einen sich abspulenden Draht ferngesteuert und mit der Explosion der Sprengladung selbst vernichtet.

In Eisenach sollten die Marinesoldaten bei dieser Panzereinheit mit dem Funkfernsteuerungssystem vertraut gemacht werden. Es beruhte auf demselben Prinzip, nach dem heutzutage Flug- oder Schiffsmodelle ferngesteuert werden.

In dem Panzer, der keine Kanone besaß, befand sich ein Funkempfänger mit angeschlossenem Steuergerät. Das Lenkgerät war mit einem UKW-Sender ausgestattet, der folgende Signale (Kommandos) an den Empfänger im Panzerfahrzeug übermittelte:

– Motor anlassen
– Motor schneller laufen lassen
– links- bzw. rechtsdrehen
– Sprengladung ablegen
– rückwärtsfahren
– in Notfällen: Fahrzeug mit Sprengladung explodieren/vernichten lassen.

Empfänger und Steuergerät im Panzer bewirkten, daß die Signale vom Sender mittels Relais umgesetzt und ausgeführt wurden.

Die Unterweisung der Marinesoldaten dauerte 14 Tage. Im April 1944 wurden auch in Kolberg diejenigen Marinesoldaten zusammengezogen, die für die erste Sprengbootflottille vorgesehen waren. Die Gruppe aus Eisenach kam hinzu. Mit der Aufstellung war Oberleutnant Seipold beauftragt.

Technisches Prinzip und Angriffssystem der »Linsen«

Das aus Holz konstruierte Sprengboot wies eine Länge von 5,50 m auf, war 1,50 m breit und 51 cm hoch. Als Antrieb diente ein Ford V8/90 PS-Motor mit 3300 Umdrehungen Direktübertragung auf die Schraubenwelle. Die Sprengladung, in vier Eisenbehältern untergebracht, betrug insgesamt 480 kg.[81]) In dem Boot befand sich ein UKW-Empfänger (7-m-Band, Fa. Blaupunkt) mit einem Steuergerät, das, genau wie bei den erwähnten Panzern, die Signale bzw. Kommandos vom Sender eines Kommandobootes in »Befehle« mittels Relais im Sprengboot umsetzte. Der Funkstrahl des Senders – Hochfrequenz – wurde mit verschiedenen Tönen – Niederfrequenz – moduliert. Jeder Ton bedeutete ein Kommando. Im Sprengbootempfänger wurden die Töne durch Tonkreise herausgefiltert und zu verschiedenen Relais gegeben. Diese wiederum gaben dann eine Steuerspannung an die einzelnen Aggregate ab, z. B. an das Ruder. Unter solchen Voraussetzungen konnte das Sprengboot in der entscheidenden Einsatzphase unbemannt ins Ziel gesteuert werden.

Folgende Kommandos konnten vom Sender übermittelt und von der »Linse« ausgeführt werden:

- Motor anstellen
- Motor schneller laufen lassen (bis 30 sm)
- Motor langsamer laufen lassen
- Motor abstellen
- Ruder Steuerbord
- Ruder Backbord
- Eigensprengung des Bootes in Notfällen

Auf dem Anmarschweg wurde das Sprengboot durch einen Fahrer (Bootssteuerer) per Handsteuerung geführt, wie es bei den Sturmbooten der italienischen »Decima Flottiglia« der Fall war.

Das Kommandoboot unterschied sich von der Sprenglinse weder in Holzbauweise und -typ noch in der Antriebsart. Nur anstelle der Sprengladung verfügte die Kommandolinse über einen UKW-Sender, dem zwei Steuergeräte (Lenkgeräte) angeschlossen waren. Auf diese Weise war es möglich, zwei Sprengboote unabhängig voneinander und gleichzeitig einzusetzen. Das Kommandoboot steuerte ein Fahrer, während zwei weitere Besatzungsmitglieder die Fernsteuerung bedienten.

Ein Kommando- oder Führungsboot und zwei Sprengboote bildeten zusammen eine Rotte. Es gehörten also jeweils drei Boote zur kleinsten Kampfeinheit von 5 Mann Besatzung mit folgender Aufteilung:

a) im Kommandoboot:

  - ein Rottenführer (in der Regel ein Offizier oder Portepeeunteroffizier, der auch das 1. Sprengboot zu lenken hatte)
  - ein zweiter Mann zur Fernsteuerung (Lenkung) des 2.

Sprengbootes

– ein Bootssteuerer (Fahrer)

b) im 1. Sprengboot: ein Fahrer (Bootssteuerer)

im 2. Sprengboot: ein Fahrer (Bootssteuerer)

Der Ausdruck »Pilot« fand nur in der Presse Verwendung. Bei den K-Verbänden war er nicht üblich.

Vier Rotten bildeten eine Sprengbootgruppe: 4 Kommandoboote und 8 Sprenglinsen. Eine Flottille bestand aus 4 Gruppen mit insgesamt 16 Kommandobooten und 32 Sprengbooten.

Auf dem Marsch in den Einsatzraum fuhren und operierten Gruppen wie Rotten selbständig. Es war in der Praxis unmöglich, eine ganze Flottille von 48 »Linsen« übersichtlich zu führen, schon wegen der fehlenden Sprechverbindung, von dem Motorenlärm ganz abgesehen. Bei den Übungsfahrten mußte man sich mit Megaphonen und bescheidenen Lichtsignalen behelfen.

Da gegnerische Sicherungsstreitkräfte und Flugzeuge Tageseinsätze überhaupt nicht zuließen, kamen nur »Linsen«-Einsätze bei Nacht in Frage. Um in der Dunkelheit noch eine Funksteuerung zu ermöglichen, waren auf jedem Sprengboot, etwa 40 cm über Deck, vorn eine grüne und hinten eine rote Richtlampe angebracht, die nur nach achtern leuchteten. Mit dem Einschalten der Funkfernsteuerungsanlage wurden zugleich die Richtlampen eingeschaltet. Diese erfüllten gewissermaßen die Funktion von Kimme und Korn, denn der hinter dem Sprengboot fahrende Rottenführer brachte durch entsprechende Funksignale die grüne und rote Lampe so zur Deckung, daß sie mit dem Ziel eine Linie bildeten. Jede Abweichung nach Steuerbord oder Backbord konnte unverzüglich per Funkanweisung ausgeglichen werden, um den Kurs der Sprenglinse zu korrigieren.

Wie wurde aber der Angriff eingeleitet?

Wenn eine Rotte sich den feindlichen Schiffen bis auf 2 oder 3 sm genähert hatte, ließ der Rottenführer zunächst das erste Sprengboot vorrücken und vor dem Kommandoboot fahren. Der Sprengbootfahrer brachte die »Linse« dann auf Höchstgeschwindigkeit und schaltete den Funkempfänger mit Fernsteuerung ein. Außerdem betätigte er den Scharfschalter für die Sprengladung, bevor er sich seitwärts nach hinten ins Wasser fallen ließ. Das scharfe Boot »übernahm« jetzt der Rottenführer mit dem Lenkge-

64

rät. Ursprünglich sah die Theorie zumindest vor, den Sprengbootfahrer auf das Kommandoboot einfach übersteigen zu lassen.
Doch das erwies sich bei Höchstfahrt und unter Einsatzbedingungen als unmöglich.

Alle Besatzungsmitglieder waren mit Schwimmwesten, Nachtret-
tungsleuchte und Einmann-Schlauchboot ausgerüstet, später auch
mit Schaumgummianzügen gegen Wasserkälte. Zur Navigation
standen eine leuchtende Seekarte und ein Armbandkompaß zur
Verfügung. Im Einsatz trugen die Besatzungen Stahlhelme, vor allem Fallschirmjägerhelme. Um sich dem gegnerischen Abwehrfeuer leichter entziehen zu können, war zur Sicherheit auf dem
achteren Kommandoboot eine Schnellnebelanlage installiert, die
innerhalb weniger Sekunden eine 30 m breite Nebelwand erzeugte, hinter der das Führungsboot und notfalls das 2. Sprengboot ablaufen konnten.

Wie wirkte die Sprenglinse?

Der Bug des Sprengbootes war mit einer sog. Knall- oder Detona-
tionszündschnur ausgestattet und diese an einen Glockenzünder
angeschlossen, der mit einem federbelasteten Metallrahmen um
das Vorderteil des Bootes herum gesichert war. Spiralfedern sorgten für einen Abstand von 15 cm von der Oberkante. Beim Aufprall auf das Ziel wurde der Glockenzünder betätigt, indem der
Rahmenschalter die Knallzündschnur einschaltete und die an-
schließende Detonation das vordere Drittel der »Linse« zerfetzte,
während das schwere Achterteil mit Motor und 480-kg-Sprengla-
dung sofort absank. Durch diese erste Sprengung trat gleichzeitig
der Hauptzünder der Hauptladung mit einem einzustellenden
Verzögerungssatz von 3, 5 oder 8 Sekunden in Aktion, so daß die
Explosion unmittelbar neben oder unter dem feindlichen Schiff erfolgen konnte. Die Tiefeneinstellung der Hauptladung richtete
sich natürlich nach Größe und Fahrt des Feindschiffes.

Nach dem Angriff mußte der Rottenführer seinen im Wasser treibenden Sprengbootfahrer bergen und dann mit Höchstfahrt versuchen, den Verfolgern zu entkommen.

Auf dieses System der Linsen-Angriffe wurden die K-Männer in
der Lübecker Bucht, auf dem Plöner See wie auf dem Müritzsee
vorbereitet.

Blaukoppel und Grünkoppel

Von den 30 Mann, die im Ausbildungslager Blaukoppel Anfang März 1944 mit den praktischen Vorbereitungen beginnen sollten, verfügte kaum jemand über seemännische Kenntnisse. Verwaltungsoffizier Vetter mußte sich mit Motorenkunde, Funktechnik und Navigation vertraut machen, denn für eins der sechs Boote war er nunmehr verantwortlich. Zunächst wurde das Lenken der Boote von Land aus geübt, und zwar noch nicht mit Funkfernsteuerung, sondern – wie beim »Goliath« – mit einfacher Drahtsteuerung. Noch auf dem Müritzsee in Mecklenburg fuhren die Linsen mit Drahtsteuerung; die Funkausstattung mit den beiden Positionslampen konnte erst später in der Lübecker und Kieler Bucht erprobt werden.

Als nächster Schritt schloß sich die Lenkübung von der Kommandolinse an, allerdings saß vorsichtshalber im Fernlenkboot immer noch ein Mann, der im Notfall die Handsteuerung bediente.

Es galt bei all diesen Übungsfahrten mehr als eine Schwierigkeit zu meistern. Die Wasserkühlung des Motors funktionierte z. B. nur, wenn das Boot mindestens 20 Meilen lief. Die Höchstgeschwindigkeit betrug ungefähr 30 Meilen, was an Land etwa 56 km/h entspräche. Dieses beachtliche Tempo auf dem Wasser mußte durch geschicktes An- und Auskuppeln reguliert werden. Ein Rückwärtsgang existierte nicht. Es gab mitunter aufregende Momente, wenn eine Linse mit AK auf den Steg zubrauste und außer Kontrolle zu geraten drohte. Andererseits erinnert sich Frank Gorges: »Wir sind ja aber auch über die Wellen geflitzt, das war eine reine Freude, das war ja Sport!«

In den persönlichen Aufzeichnungen Alfred Vetters ist zu lesen: »Von morgens früh bis 22 Uhr gab es nur eine kurze Mittagspause zwischen Fahrdienst, Bootspflege, Fernlenken von Land und später von Bord aus und theoretischem Unterricht. Übungsfahrten mit unseren zunächst sechs Booten führten bis über die Lübecker Bucht hinaus und brachten, insbesondere bei Nacht und schwierigen Witterungsverhältnissen, manche kritische Situation mit sich, zumal unsere Mindestgeschwindigkeit seinerzeit immerhin etwa 20 Knoten betrug.

Ein besonderes Erlebnis war es für uns, als im Torpedoschießge-

66

biet vor Neustadt ein scharfes Boot auf einen alten Fischdampfer gelenkt wurde und dieser innerhalb weniger Minuten von der Wasseroberfläche verschwunden war. Die Wirkung auf die anwesenden Herren vom OKM war so nachhaltig, daß alsbald eine große Serie in Auftrag gegeben wurde.

Nicht minder günstig für die ›Stimmung der Truppe‹ war die Tatsache, daß Admiral Heye, nunmehr als Befehlshaber an die Spitze der zwischenzeitlich personell stark ausgeweiteten und in ›Kommando der Kleinkampfverbände‹ (KdK) umbenannten Abteilung getreten, Anfang April die Landgangssperre aufhob und wir sogar über Ostern einige Tage nach Hause fahren durften.

Inzwischen hatte sich auch Korvettenkapitän Bartels in der Blaukoppel eingefunden, um den ersten ›Biber‹, ein Einmann-U-Boot, persönlich zu testen und einzufahren. Auch erlebten wir die erste Fahrt eines ›Torpedoschlittens‹, die mangels Sicht nach vorn an einem Kompensierpoller mitten auf der Trave endete. Nach weiteren Mißerfolgen wurde dieses Kampfmittel endgültig zu den Akten gelegt.

In der zweiten Aprilhälfte stellte sich hoher Besuch ein: Großadmiral Dönitz erschien mit etlichen Flagg- und Stabsoffizieren zur Besichtigung und äußerte sich sehr befriedigt über den erreichten Ausbildungsstand.«

Anfang Mai 1944 erfolgte die Verlegung nach »Grünkoppel« in Mecklenburg. An einem Nebensee des Müritzsees fand das »Lehrkommando 200« der K-Verbände in einem früheren RAD-Lager die für die Aufstellung der ersten Sprengbootgruppen wohl äußerst günstigen Bedingungen. Damit das Sprengbootfahren sowie die Technik des Herausspringens bei voller Fahrt unbeobachtet exerziert werden konnten, durften Zivilpersonen das Gebiet nicht betreten. Die Absperrung war insofern sichergestellt, als dieser Teil des Langhagener Forstes unter Einschluß der Nebenseen das größte Wildgehege bildete, das zu den Revieren Hermann Görings gehörte. Frank Gorges erinnert sich an Wisentzucht und Wildpferdherden und fügt humorvoll hinzu: »Wenn wir da morgens zum Frühappell angetreten waren, stand meistens ein Reh am linken Flügel.«

Ganz in der Nähe lag die kleine Ortschaft Speck, nur wenige Häuser zählend, deren Bürgermeister seine kommunistische Einstellung keineswegs verleugnete. Die K-Männer ließen sich von ihm gelegentlich verwöhnen, wenn er sie einlud mit den Worten: »Kommt, Jungens, ich gebe euch was zu essen. Aber den Krieg verliert ihr doch!«

Dabei lebten sie innerhalb des Wildgatters, auch in Anbetracht des Fischreichtums, »wie die Fürsten«.

Oberfähnrich Vetter wurde mit der Bildung einer Sprengbootgruppe beauftragt und konnte sich seine 24 Mann auswählen. Nach und nach erhielt die Gruppe Vetter 12 Boote zugeteilt, denn die 6 Boote der Erstausstattung wurden bald durch 50 Neuzugänge ergänzt. Eine Flottille sollte schließlich aus 60 Booten bestehen – 40 Sprenglinsen und 20 Führungsbooten – und mußte voll landmotorisiert werden, um sie auf dem Landwege an den jeweiligen Einsatzort transportieren zu können. Sechs bis acht oder gar zehn Boots- und Jachtwerften von Flensburg bis Ostpreußen bauten für die Kriegsmarine die Sprengboote: in Berlin-Grünau, bei Elbing, in Rostock, in Stralsund (Kröger-Werft, später Rendsburg), an der Elbe, an der Weser. Das spätere Programm sah monatlich die Aufstellung und Ausbildung einer kompletten Linsenflottille vor.

Aus einem Fernschreiben des OKM vom 16. Juli 1944, dem allerdings erste Fronterfahrungen mit K-Verbänden zugrunde lagen, ergibt sich die eindrucksvolle Auflistung des weiteren »Zubehörs«:

»Bezug Besprechung Chef OKW – ObdM am 12. 7. über Kfz.-Gestellung für K-Verbände ... Zusammengefaßte Forderungen:

1. Gesamtbedarf für Motorisierung K-Verbände:
   52 S-Kräder, 75 B-Kräder, 60 PKW, 244 LKW 3 to, 126 LKW 5 to, 20 Kom., 23 Krkw., 12 Betriebsstoffkesselwg., 23 Wasserkw., 10 Werkstattkw., 23 Feldküchenkw., 61 Funk-Kw., 3 Abschleppkw., 30 Mg-Kw., 10 Flak-Kw., 60 Radschlepper, 19 Zgkw. 8 to, 5 Zgkw. 18 to, 54 Anhänger 3 to, 52 Anhänger 5 to, 12 Betriebsstoff-Anh.

2. Durch weitgehende Auskämmung Mar.Kf.-Einheiten und Abstoppen Sfz.-Nachschub für Einheiten seit Mai 44 wird Kfz.-Ausrüstung K-Verbände bis auf folgende bereitgestellt:
   31 B-Kräder, 40 LkW. 3 to, 40 LKW. 5 to, 7 Betriebsstoff-Kw., 15 Wasser-Kw., 51 Funk-Kfz. (Kfz. 15 oder 17), 30 Mg-Kfz.,

10 Flak-Kw., 30 Radschlepper, 12 Zgkw. 8 to, 5 Zgkw. 18 to, 25 Anhänger 3 to, 20 Anhänger 5 to, 5 Betriebsstoffanhänger.

3. Anlieferung ... Rest-Kfz.-Ausrüstung durch OKW am 1. 8. und 15. 8. zu je 50% erforderlich.

4. Notwendigkeit obiger Forderung ist von mir überprüft worden.

5. Aufstellung besonderer Kraftwageneinsatzeinheiten für K-Verbände notwendig wegen Sonderausbildung Personals im Ausladen und Zuwasserlassen der Kampfmittel, sowie Ausführung anfallender Reparaturen durch fahrbare Werft. ...
....

7. Überprüfung hat ergeben, daß Gestellung des notwendigen geschulten Personals für diese Kraftwageneinsatzeinheiten ohne Heranziehung Kraftfahrer der 2. M.Kw.A. nicht möglich ist. Daher erbitte ich sofortige Freigabe des Marinepersonals dieser Abteilung.   gez. Dönitz Großadmiral«[82])

Doch zunächst zurück zum Ausbildungslager »Grünkoppel«. Von hier aus wurden zwei Gruppen mit der Überführung der angekündigten 50 Linsen beauftragt, die zur Auslieferung in einer Berliner und in einer Königsberger Werft bereitlagen. Vetter entschied sich für die Fahrt nach Berlin-Grünau, was er nach dem Kriege insofern bedauerte, als er damit die letzte Möglichkeit verpaßt hatte, in das noch unzerstörte Königsberg zu gelangen. Sein Vorschlag, die neuen Boote auf dem Wasserwege heranzutransportieren, konnte wegen der Tieffliegergefahr nicht realisiert werden. Es kam nur der Bahntransport in Frage. Obwohl der Lagerkommandant jeden Landgang in der Reichshauptstadt strengstens untersagt hatte, ließ sich Vetter dazu bewegen, seinen Leuten »Urlaub auf Ehrenwort« zu erteilen. Infolge eines schweren Luftangriffs auf Berlin fehlte ein Mann, als die Gruppe zur vereinbarten Zeit auf dem Gelände der Engelbrecht-Werft in Grünau bei Köpenick eintraf. Der Vermißte erschien später allerdings doch noch, nachdem er sich mühsam zur Gruppe durchgeschlagen hatte.

Auf dem Müritzsee wurden nunmehr Nachtfahrten geübt sowie Zielübungen auf zusammengebundene Flöße durchgeführt. Die Ausbildung dauerte bis etwa Mitte Juli.

Inzwischen hatte am 6. Juni 1944 die erwartete Invasion der Alliierten in der Normandie begonnen. Die deutsche Führung plante einen ersten Linsen-Einsatz und setzte den einsatzfähigen Teil der K-Flottille 211 nach Le Havre in Marsch. Das Unternehmen sollte sich als katastrophaler Auftakt erweisen.

Der bemannte Doppeltorpedo – Verlegenheitsidee und Improvisationsprobleme

Als Wachoffizier auf U-81 hatte Oberleutnant zur See Johannes (»Hanno«) Krieg unter dem erfolgreichen U-Bootkommandanten Friedrich Guggenberger am 13. November 1941 die Versenkung des englischen Flugzeugträgers »ARC ROYAL« und harte Atlantik-Schlachten miterlebt. Wenige Tage, nachdem der gegnerische Rundfunk ihm als Kommandanten eines eigenen U-Bootes beste Wünsche übermittelt hatte, wurde Anfang März 1944 das Boot im Hafen von Pola durch Fliegerbomben schwer getroffen und auf Grund gesetzt. Nach dem Kriege ließ Tito das Wrack heben und als erstes U-Boot der jugoslawischen Marine neu in Dienst stellen. Für Hanno Krieg erwirkte jener Zwischenfall Heiratsurlaub in Ludwigsburg. Doch die sonntägliche Ruhe des stellungslosen U-Bootkommandanten störte ein dienstlicher Anruf. Fregattenkapitän Frauenheim ließ wissen, Krieg sollte am folgenden Montag zu einer wichtigen Besprechung unter Vorsitz von Großadmiral Dönitz in das OKM nach Berlin kommen. Den Andeutungen nach war sogar ein neues Kommando zu erwarten. Aber rätselhaft blieb die Eilbedürftigkeit.
Montag, 13. März 1944. Etwa 20 Admirale hatten sich um einen runden Tisch im OKM versammelt, darunter Admiral Heye und Fregattenkapitän Frauenheim. Neben Großadmiral Dönitz saß ein bescheiden wirkender Zivilist im dunklen Anzug, Ingenieur Richard Mohr von der Torpedoversuchsanstalt (TVA) Eckernförde, der seit einer Reihe von Jahren mit allen Torpedoentwicklungen vertraut war. Ingenieur Mohr erläuterte anhand einer vorliegenden Konstruktionszeichnung seine – wie noch zu zeigen sein wird – aus einer gewissen Verlegenheit heraus entstandene Idee. Die Konstruktion war nämlich denkbar einfach: Zwei gewöhnliche Torpedos hatte der Konstrukteur durch Halterungen vorn und

70

achtern miteinander verbunden. Der Abstand mochte etwa 7 cm betragen, und die beiden Torpedos hingen gemäß Frontansicht vertikal untereinander. Bei diesem Doppeltorpedo handelte es sich im unteren Fall um einen bei der Kriegsmarine üblichen, elektrisch angetriebenen Gefechtstorpedo vom Typ G 7 E. Der obere Trägertorpedo besaß lediglich anstelle des Gefechtskopfes einen Hohlraum, der als Kabine einem Mann Platz bieten konnte. Mit dem Kopf schaute der »Pilot« aus der oberen Einstiegsluke frei heraus. Bedienungshebel ermöglichten das Ein- und Abstellen der E-Maschine, die Seitensteuerung und schließlich das Abschießen des unteren scharfen Torpedos, indem dessen E-Maschine angeworfen wurde.

Nach den technischen Erläuterungen des Erfinders führte Großadmiral Dönitz aus, Marinekonstruktionsamt und Seekriegsleitung betrachteten die zahlreichen Ideen und Konstruktionsvorschläge an sich mit gesunder Skepsis. Doch dies sei etwas völlig anderes, denn Erprobtes und Bewährtes werde hier in anderer Form verwendet. Mit diesem »Ein-Mann-Torpedo« würde die Baukapazität nicht besonders belastet. Vor allem aber sei dieses Kampfmittel zur »intensiveren Kriegführung« geeignet, nachdem die deutsche Seekriegsleitung in die Defensive gedrängt worden wäre. Seit einem Jahr würden unsere U-Boote vorzeitig geortet und zum Tauchen gezwungen, so daß die feindliche Abwehr die Angriffsaussichten immer mehr zunichte machte. Es käme darauf an, die Zeit der Krise mit Waffen zu überbrücken, die gleichsam unerkannt an feindliche Schiffsziele herangeführt werden könnten. Natürlich konnte dieser Doppeltorpedo wegen des geringen Aktionsradius nur im Küstenvorfeld zum Einsatz gebracht werden, z. B. in einem zu erwartenden Invasionsgebiet. Wenn beide Torpedos unter Wasser liefen und nur der Fahrer mit Kopf und Schultern sichtbar ist, müßte das Überraschungsmoment, so hoffte man, den Erfolg sichern.

In Italien stand zu dieser Zeit die Front noch südlich von Rom. Mit weiteren alliierten Landungen im Rücken der Front mußte gerechnet werden. Die von Truppen entblößten langen Küsten waren stark gefährdet, und wenn es dem Gegner gelingen sollte, einen neuen Brückenkopf zu bilden und den Nachschub auf zahlreichen Schiffen heranzutransportieren, könnte dies eine günstige Gelegenheit für den Einsatz von Einmanntorpedos sein.

Oberleutnant zur See Hanno Krieg befürchtete, den Doppeltorpedo würden die Wellen auf die Seite werfen und umkippen lassen. Diesen Bedenken trat Ing. Mohr mit dem Hinweis entgegen, das Gerät sei wegen der Batterien gewichtsstabil. Als Krieg trotzdem skeptisch blieb, ordnete Dönitz kurzerhand an: »Dann fahr mal nach Eckernförde und probier's aus, Hanno!« – »Darf ich fragen, Herr Großadmiral«, erwiderte Krieg, »wie viele Einmann-Torpedos schon fertiggestellt sind?«

»Überhaupt noch keiner, vorläufig ist das nur eine Idee. Bevor die Doppeltorpedos in größerer Stückzahl gebaut werden, muß die Sache erst einmal ausprobiert werden. Also, Hanno, mach das mal!«

»Jawohl, Herr Großadmiral!«

So war das also: Knapp drei Monate vor Beginn der Invasion in Frankreich gab es den Einmann-Torpedo nur als Konstruktionszeichnung und – ein Einzelexemplar – als Versuchstorpedo.

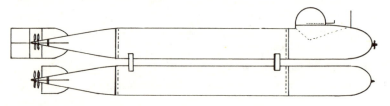

Deutscher bemannter Torpedo Typ »Neger«
L 7,65 m   D 2,7 m³
B 0.53 m   12 PS ETO-Motor   4 Kn

Noch in der Ankunftsnacht erprobte Hanno Krieg, unterstützt von Ingenieur Mohr, das Eckernförder Versuchsmuster. »Es war etwas abenteuerlich«, berichtet er 36 Jahre später, »weil wir die Geschwindigkeit nicht gedrosselt hatten und das Gerät mit 30 Knoten ungefähr 50 km/h (30 mal 1,852 km) durch das Wasser lief.« Daraufhin wurde die Batterie von 110 Volt Normalspannung auf 25 Volt umgeklemmt, so daß die Geschwindigkeit beim zweiten Versuch auf etwa 15 Knoten gedrosselt blieb. Aber auch das erwies sich als viel zu schnell, und die kleinste Welle nahm dem Fahrer vorübergehend jede Sicht. Bald riß zudem die provisorische Schutzdecke. Daß der erste bemannte Torpedo bei diesen Versuchen nicht unterging, schien wie ein Wunder. Schließlich hatte man die Voltstärke der Batterie noch mehr verringert, bis eine annehmbare Geschwindigkeit von etwa 4 Knoten erreicht war.

Nach den ersten Experimenten dieser Nacht stand fest, daß es ohne bessere Absicherung keine Aussicht auf Verwertbarkeit der Erfindung geben würde. Man müßte das Prinzip der Klepperfaltboote übernehmen, deren Spritzdecke bekanntlich den Kopf des Fahrers durch eine Halskrause freiließ. Auch mußte die Steuerung verbessert werden. Der Fahrer bediente zur Kursbestimmung mit Seitenruder einen Steuerknüppel, ähnlich wie in einem Flugzeug. Es wurde jedoch auch ein Tiefenruder benötigt, damit die »Schnauze« aus dem Wasser kam und achtern die Schraube, um der besseren Wirkung willen, möglichst tief lag. Schwierigkeiten bereitete ferner die Kompaßfrage, weil ein Magnetkompaß wegen des elektrischen Antriebs nicht in Betracht kam. Einen Kreiselkompaß einzubauen, war zu aufwendig, auch in dieser Größenordnung damals wohl kaum in kurzer Zeit erreichbar.

Das Steuerproblem wurde ähnlich wie beim Paddelboot gelöst, nämlich mit Seitenruderpedalen und einem Steuerknüppel, der auf die Schwanzflossen wirkte und somit die Tiefenlage des Hecks bestimmen konnte. Die Steuerorgane des normalen Gefechtstorpedos, der ja ebenfalls Tiefen- und Seitenruder besaß, brauchten nur durch ein einfaches Blech, an die bisherigen Ruder angeschweißt, vergrößert zu werden. Die gegenläufigen Doppelschrauben erreichten im Unterschied zum Trägertorpedo beim Gefechtstorpedo immerhin die erwähnte Geschwindigkeit von 30 kn, was nicht ohne Einfluß auf die Steuerorgane blieb.

Die wegen der geringen Voltzahl ermöglichte Schleichfahrt des Einmanntorpedos forderte andererseits natürlich weitere Überlegungen heraus. Es mußte mit einer langen Laufzeit gerechnet werden, die vermutlich ca. 17 Stunden betragen würde. Multipliziert mit 4 Knoten, entspräche dies einer maximalen Laufstrecke von 68 Seemeilen. Für den Anmarschweg wären andere Bedingungen gegeben, solange der Gefechtstorpedo noch belastete. Tatsächlich wurden später nur Geschwindigkeiten von 3,2 kn mit untergehängtem Torpedo erreicht. Ohne Gefechtstorpedo steigerte sich das Tempo geringfügig auf 3,6 kn. Oblt. z.S. Krieg und die Techniker der TVA errechneten, daß man, unter Berücksichtigung einer genügenden Reserve, mit dem Doppeltorpedo ein Ziel angreifen könnte, das 15 bis 18 sm entfernt lag. Die Stromreserve mußte unbedingt für den Rückweg ausreichen.

Ingenieur Mohr wußte zunächst noch keine Patentlösung, wie der Gefechtstorpedo am Trägertorpedo befestigt werden sollte. Seine Idee sah vor, die Gefechtstorpedos in Haken einzuhängen und sie beim Abschießen mit eigener Kraft aus dieser Haltevorrichtung herauslaufen zu lassen.

Das Ergebnis der praktischen Erprobungen brachte in zweierlei Hinsicht völlige Klarheit:

1. Die angebrachte Klepper-Spritzdecke genügte nicht den Anforderungen. Der Fahrer mußte notwendigerweise durch eine Kuppel geschützt werden.

2. Die Einrichtung einer solchen Kuppel aus Plexiglas bedingte den Einbau einer Lufterneuerungsanlage. Zu prüfen wäre, ob mit Hilfe eines Schlauches das Atmungsproblem gelöst werden könnte. Bei vollkommen geschlossener Kuppel müßten genügend Sauerstoff sowie Bindungsmittel für das ausgeatmete Kohlendioxyd im Gerät vorhanden sein.

Keine Lösung des Problems boten Versuche, mit einem Atemschlauch zur Außenluft zu arbeiten. Die Schlauchwege waren zu lang und führten deshalb zu akutem Frischluftmangel.

Daraufhin entschied man sich für Sauerstoffzugabe, die nicht automatisch geregelt war, sondern vom »Piloten« selbst geregelt werden mußte, und Bindung des Kohlendioxyds durch Kalipatronen, wie sie auf U-Booten Verwendung fanden.

Zur Materiallage sei an dieser Stelle noch angemerkt:

Die Einmanntorpedo-Idee beruhte einzig auf der Überlegung, wie die Torpedo-»Halde« sinnvoll zu nutzen wäre. Nach den großen Tonnageerfolgen der U-Bootwaffe war nämlich die Torpedoproduktion in Erwartung eines stärkeren Bedarfs 1942/43 enorm angestiegen. Da infolge der Wende in der Atlantik-Schlacht ab 1943 zu wenig Torpedos verschossen wurden, hatte sich ein großer Vorrat angesammelt. Die Batterien bedurften regelmäßiger Pflege, die der TVA oblag, und wurden außerdem mit der Zeit unbrauchbar. Setzte man dieses Material in Form von sogenannten Einmanntorpedos ein, d.h. stellte man es aus Gründen der Wirtschaftlichkeit in den Dienst eines neuen Kampfmittels, dann bedeutete das zugleich eine Entlastung der TVA, die ihren Wartungsverpflichtungen schon jetzt nicht mehr nachkommen konnte. Die TVA war selbst keine Produktionsstätte für Torpedos, diese wurden vielmehr in Rudolstadt (Thüringen) hergestellt.

Das »Erprobungskommando« in Eckernförde stand vor einem weiteren, dem wohl schwierigsten Problem: Wie ist der Doppeltorpedo ins Wasser zu bringen, da er a) ein hohes Eigengewicht aufwies und b) eine sperrige Last darstellte? Die geringe Reichweite des Gerätes machte es erforderlich, die Waffe so nahe wie möglich auf dem Landwege an den Gegner heranzutransportieren und von der Küste aus auf Selbstfahrlafette ins Wasser gleiten zu lassen. Die Zeit drängte, es galt daher, zu improvisieren und auf bereits vorhandenes Material zurückzugreifen. Bei der Suche nach einer geeigneten Selbstfahrlafette kam man auf den Gedanken, die großen Reifen zu verwenden, mit deren Hilfe gewöhnlich Seeflugzeuge aus dem Wasser an Land gezogen wurden. Diese äußerst breiten (60 cm) und 1,20 m hohen Räder schienen wegen der günstigen Auflagefläche besonders geeignet zu sein, auch tieferen Strandsand zu überwinden. Zwar konnten einige dieser Reifen sofort aufgetrieben und telefonisch vom Seefliegerhorst Lübeck angefordert werden, doch damals lag das Problem in der Transportfrage. Da half immer nur der »Befehl von oben«. Über Fregattenkapitän Frauenheim und Admiral Heye führte der »direkte Draht« zu Großadmiral Dönitz, dessen Fernschreiben bestimmte, welche Belieferungen vorrangig waren. Und die Vorrangstellung galt hinsichtlich der Kleinkampfmittel für die Betriebsstoffbeschaffung ebenso wie für sämtliche Material- und Ersatzteilwünsche. Die TVA war angewiesen, das Einmanntorpedo-Projekt nach besten Kräften zu fördern. Um aller bürokratischen Schwierigkeiten enthoben zu sein, verfügte Oblt. Z.S. Krieg später sogar über ein Fernschreiben des Großadmirals, das die Anweisung enthielt: »Seine Wünsche sind als meine Befehle aufzufassen.«

Aus Geheimhaltungsgründen führte Krieg die Erprobungsfahrten in Eckernförde nur nachts durch. Noch existierte keine besondere Typenbezeichnung für das Doppeltorpedo-Gerät, aber es fand sich bald eine.

»Herr Mohr«, wandte sich Hanno Krieg eines Tages an den Konstrukteur, »Sie haben sich das ausgedacht, da sollten wir das Ding doch *Neger* nennen.«

Über Frauenheim gelangte dieser Vorschlag an Admiral Heye, und als auch Großadmiral Dönitz die neue Bezeichnung akzeptierte, erhielt das Gerät künftig offiziell die Tarnbezeichnung »Neger«.[83])

Gleichzeitig konnte die Einweisung und Ausbildung der künftigen »Neger«-Fahrer des K-Verbandes in die Planung einbezogen werden. Die Zahl der Freiwilligenmeldungen war inzwischen sprunghaft gestiegen, insbesondere drängten viele Leute aus den Schreibstuben an die Front. Erstaunlicherweise galt auch 1944 das Frontverlangen vielfach noch als Selbstbestätigung.

In gesundheitlicher Hinsicht waren bei diesem Kleinkampfmittel besonders strenge Maßstäbe unverzichtbar. Auf die Schwierigkeiten des langen Einsatzes bei unbeweglichem Sitzen in engster Kabine mußte besonders Rücksicht genommen werden. Nur kerngesunde Anwärter kamen in Frage, und als Voraussetzung galten neben der zu überprüfenden Seetauglichkeit gute Auffassungsgabe, Reaktionsvermögen und vorzügliche Sehschärfe. Das Gehör sollte druckunempfindlich sein, die Körpergröße 1,85 m nicht überschreiten.

Für das Einfahren und die bloße technische Erprobung der ersten Geräte stellte die TVA einen abgelegenen Schuppen zur Verfügung. Nach etwa zehn Tagen (23./24. März 1944) war man sich über die technischen Erfordernisse generell einig.

Inzwischen gelang es durch Zufall, die Plexiglaskuppel mit den gewünschten Abmessungen ausfindig zu machen. In Friedrichshafen am Bodensee lagerten bei der Flugzeugfirma Dornier Heckschützenkuppeln in großer Stückzahl, die offenbar für den Flugzeugbau keine Verwendung mehr fanden. Der Durchmesser dieser Kuppeln betrug ungefähr 52 cm, so daß an ihrer Eignung für Marinezwecke kein Zweifel bestand und nur die Frage der Arretierung einer Klärung bedurfte. Merkwürdigerweise stellte dies aber ein kompliziertes technisches Problem dar. Die TVA-Abteilung entschied sich für einen von innen zu betätigenden Bajonettverschluß. In Gefahrensituationen ließ sich die erste Einmanntorpedo-Kuppel daher nicht von außen öffnen, jedenfalls nicht ohne

Gewalteinwirkung. Später konnte die Kuppelverschlußfrage in der Weise gelöst werden, daß eine Öffnung von innen wie von außen möglich war.

Die nächsten Schwierigkeiten stellten sich bei den ersten Probeschüssen ein. Mit Hilfe zweier Gleitschienen wurde ein Übungstorpedo am Trägertorpedo befestigt. Da die Gleitschienen viel zu lang waren, löste sich der Übungstorpedo jedoch nicht und riß, 30 Knoten Eigengeschwindigkeit entwickelnd, den erschrockenen »Torpedoreiter« mit. Die Gewalttour verlief zum Glück noch einmal glimpflich. Die Gleitschienen mußten nach weiteren Probeschüssen ständig mehr verkürzt werden, bis ihre Länge nur noch 4−5 cm betrug und sie eher als Haken wirkten.

Doch damit nicht genug:

Der Gefechtstorpedo wurde mit einem Seilzug angeworfen. Er setzte sich mit hoher Geschwindigkeit in Bewegung, indem seine Kreiselsteueranlage ansprang und den Kurs beibehielt. Die Eigenart aller bisherigen Torpedos, in der Abschußphase zunächst nach unten zu neigen und das Heck zu heben, ehe sie auf die eingestellte Tiefe einpendelten, konnte für den »Torpedoreiter« gefährlich werden. Traf die ungeschützte Schraube des Torpedos den oberen Trägertorpedo, bestand Verletzungsgefahr für den »Piloten«. Hanno Krieg hatte beim Probeschießen Glück, sein Übungstorpedo schrammte nur leicht. Aber die Erfahrung lehrte, daß die Gefechtstorpedos der »Neger« anders als die normalen vorprogrammiert werden mußten. Dieser nicht einfachen Aufgabe hatte sich die TVA zusätzlich anzunehmen, während Krieg mit den fünf bereitgestellten Übungstorpedos die Schulung der ausgewählten K-Männer beginnen konnte, allerdings nicht im zu kleinen TVA-Schuppen.

Die Ausbildung der künftigen Einmanntorpedofahrer lief ebenfalls in der »Blaukoppel« bei Lübeck-Schlutup an, und zwar in drei Gruppen:

1. Ausbildung am Gerät zur Erlernung der Fahrtechnik,
2. mußte eine Torpedoschießlehrausbildung absolviert werden, um Spezialkenntnisse über Vorhalt und Eigenschaft der Gefechtstorpedos zu erwerben,
3. mußte eine Dauerbelastungsausbildung betrieben werden. Die Fahrer mußten über genügend Energie verfügen, im Extremfall

20 Stunden lang regungslos im Torpedo sitzen zu können, ohne zu ermüden oder gar einzuschlafen. Wer einschliefe, würde seine Sauerstoffanlage nicht mehr bedienen und sich selbst am eigenen Kohlendioxyd vergiften.

Zur Unterstützung ihres Stoßes auf Rom waren die Alliierten Ende Januar 1944 südlich der Albaner Berge im Raum Anzio–Nettuno gelandet und hatten dort einen Brückenkopf gebildet. Zwar geriet der alliierte Vormarsch ins Stocken, aber der Hafen von Nettuno war unversehrt in die Hand des Gegners gefallen, und bereits am Tage nach der Einnahme konnten 36 034 Mann und 3069 Fahrzeuge ausgeladen werden.[84])
Für einen ersten »Neger«-Einsatz schien das Landungsgebiet von Anzio/Nettuno günstige Voraussetzungen sowie lohnende Ziele zu bieten. Die Zeit drängte, und Oblt. z.S. Krieg wußte von den Absichten des OKM.
Aber noch immer nicht war die Frage geklärt, wie die neue Waffe durch den Strandsand zu Wasser gebracht werden könnte. Zu den geeigneten Reifen fehlten außerdem die Achsen. Aus dem gesamten Reich sammelte der K-Verband die breiten Seefliegertransportreifen zusammen, aber bis 90 Stück verfügbar waren, verging kostbare Zeit. Wegen der erforderlichen Geheimhaltung löste die hektische Suchaktion ohnehin viel Erstaunen aus (»Die Marine ist völlig verrückt, was will die mit den schweren Reifen?«).
In Eckernförde erhielten verwunderte Schlosser den Auftrag, für das Gerät eine Lafette zu konstruieren, und »die war wohl das Primitivste, was jemals im Kriege eingesetzt worden ist« (Krieg). Reifen auf Achse, ohne Kugellager, ein paar Verstrebungen, eine Zugstange, darauf der hinten ungeschützte Torpedo: eine äußerst primitive Konstruktion, die keinerlei Verdacht erregte. Daß die K-Verbandsmänner damit in den Kampf ziehen wollten, war den mit der Fertigung beauftragten Schlossern gewiß nicht in den Sinn gekommen.
Auf diesen seltsamen Lafetten versuchte man die Geräte ins Wasser zu fahren, das bei Eckernförde relativ flach ist. Die Helfer – aus Geheimhaltungsgründen ausschließlich eigene Leute – wateten in kalter Märznacht, nur mit Badehose bekleidet, tapfer in die Ostsee. An jeder Seite zogen 15 Mann ein Tau und brachten den Dop-

78

peltorpedo mit Lafette ins Wasser, bis dieses an die Brust, bei einigen an den Hals reichte.

Die Praxis sah wiederum anders aus als die rein theoretische Planung. Gemäß Plan sollte der »Neger« mit eigener Kraft aus der Lafette ablaufen. Die großen Reifen entwickelten jedoch einen derartigen Auftrieb, daß nur der untere Torpedo unter Wasser geriet, der obere indes zur Hälfte auftauchte und folglich keine Fahrt aufnehmen konnte. Da half nur eins: Der Doppeltorpedo mußte samt Lafette in geringerer Tiefe – bei etwa 1,30 m – umgekippt und in waagerechter Lage (für den Fahrer nicht sonderlich bequem!) weiter ins Wasser gezogen werden, bis die Torpedos aus eigener Kraft aufschwammen. Dieses Verfahren eignete sich zum Exerzieren: In See fahren mit dem Gerät auf Lafette, bis das Wasser den Bauchnabel erreicht, den Doppeltorpedo umkippen und im gekippten Zustand weiterziehen, schließlich, wenn das Wasser zur Brust reicht, dem waagerecht in der engen Kabine liegenden Fahrer durch einen Klaps auf die Plexiglashaube das Klarzeichen geben. Weil das mit eigenen Männern bestens funktionierte, meldete Krieg stolz, die Zuwasserbringfrage könnte als einigermaßen gelöst betrachtet werden, wenn bestimmte Voraussetzungen erfüllt wären. Bedingung wären: direkter Zugang zum Strand, eine möglichst schnell zu erreichende Wassertiefe von 1,50 m sowie einigermaßen »feste« Strandverhältnisse, die das Einsinken der Reifen weitgehend verhinderten.

Die Chronik einer erstaunlichen Improvisation umfaßte rund 15 Tage, in denen parallel zur Ausbildung die technischen Schwierigkeiten einer befriedigenden Lösung zuzuführen waren. Acht Tage dauerte die Erprobung des Prototyps, acht Tage die Erprobung des Zuwasserbringens. Während der »zweiten Halbzeit« waren die »Piloten« schon dabei. Sie alle hatten sich freiwillig für einen besonderen Einsatz gemeldet und die harte Schule des Kapitänleutnants Obladen bereits hinter sich. Nun mußten sie sich mit den Bedingungen der Nachtfahrt vertraut machen. Auf Verkehrsbooten fuhren sie mit den Geräten Tag und Nacht in die Eckernförder Bucht hinaus, ließen sich am Kran ins Wasser setzen und schossen die Übungsaale auf Scheiben ab.

Oft litten die »Piloten« unter CO_2-Vergiftungen, denn das Problem der Lufterneuerung blieb noch ungelöst. Allein die stundenlangen Sitzproben verursachten Übelkeit, längere Fahrten führten zu Kopfschmerzen und Brechreiz. Es kam vor, daß ein mit der Ohnmacht ringender K-Mann im letzten Moment die Kuppel öffnete, wobei der »Neger« Wasser schöpfte und sank. Taucher standen bereit, um in solchen Situationen ihren ohnmächtigen Kameraden zu retten. Daß kein einziger Fahrer während dieser Zeit dem chronischen Luftmangel zum Opfer fiel, war den umsichtigen Wachen auf den Begleitbooten zu verdanken.

Eine Tagebucheintragung kennzeichnet die Lage:

»22. März: Tag für Tag warten wir sehnsüchtig auf die neuen Kali-Atemgeräte von Dräger, die immer noch nicht eingetroffen sind. Zwar betäuben wir alles Mißtrauen durch eine fast religiöse Beziehung zu unserem Neger. Aber trotz allen guten Willens: Ohne die Atemgeräte geht es nicht! Wir können doch nicht halb ohnmächtig angreifen ...«[85]

Acht Tage zuvor war in Berlin beim OKM die Meldung eingetroffen:

»Erprobung Ein-Mann-Torpedo zufriedenstellend verlaufen. Umgebauter G7E erfüllt die Erwartungen als Träger-Torpedo. Krieg.«[86]

Die Mängel und Nachteile forderten eine Reihe von Änderungen, wie gezeigt worden ist, bis das kaum fronttaugliche Gerät einer zumal für den Fahrer nicht zu simulierenden Belastung ausgesetzt werden konnte.

Als das Panzerschiff »Deutschland« im Juni 1934 zu einer Norwegen-Reise ablegte, verbreitete sich trotz Geheimhaltungsvorkehrungen unter der Wilhelmshavener Bevölkerung die Kunde von der Anwesenheit Adolf Hitlers an Bord des Schiffes. Niemand konnte damals ahnen, daß zehn Jahre später das an Mannschaftsaufgaben orientierte Operationsdenken der Marine die Einzelkämpferidee aufgreifen würde. Auch in Hitlers Buch »Mein Kampf« sucht man das Stichwort vergebens. Hitlers Kritik an der Tirpitzschen Flottenbaupolitik gipfelt vielmehr in der lapidaren Feststellung: »Noch viel weniger aber ist es denkbar, eine Überlegenheit bei kleinerem Deplacement gegenüber einem größeren zu erzielen.« (S. 299)
(Foto: Archiv Gerhard Bracke)

Kreuzer LÜTZOW, vormals Panzerschiff DEUTSCHLAND, nach einer Postkarte aus dem Jahre 1943
Hitler, der am 23. März 1939 an Bord dieses Schiffes im Hafen von Memel eintraf, befahl vier Jahre später die Außerdienststellung der schweren Schiffe. Doch Großadmiral Dönitz widersetzte sich dem »unabänderlichen Beschluß« des Führers, so daß LÜTZOW zusammen mit anderen Marineeinheiten in die Endkämpfe um Ostpreußen und Pommern eingreifen konnte. Die Schiffsartillerie leistete dem Landheer wirkungsvolle Unterstützung. Obwohl am 25. April 1945 vor Swinemünde von 18 Lancastern der RAF mit Spezialbomben schwer getroffen und mit Schlagseite auf Grund gelegt, feuerte die LÜTZOW weiterhin gegen den sowjetischen Feind. Der vordere 28 cm Turm und die Mittelartillerie blieben auch nach dem englischen Luftangriff noch feuerbereit.
(Foto: Archiv Gerhard Bracke)

Vizeadmiral Hellmuth Heye
9. 8. 1895–10. 11. 1970
Admiral Heye nahm als Kommandant des schweren Kreuzers »Admiral Hipper« entscheidenden Anteil am Norwegenfeldzug. Gemeinsam mit deutschen Großkampfschiffen führte er bis September 1940 mehrere Unternehmungen im Skagerrak, nach Drontheim, in den Seeraum von Harstad und nach Spitzbergen durch. Für seine Erfolge wurde er am 18. 1. 1941 mit dem Ritterkreuz ausgezeichnet.
Im letzten Kriegsjahr war Heye Admiral der Kleinkampfverbände, in den 60'er Jahren Wehrbeauftragter des Deutschen Bundestages.

(Foto: Alfred Vetter)

Leutnant Vetter mit seiner Gruppe im Ausbildungslager »Grünkoppel« an der Müritz (SO-Mecklenburg).

(Foto: Alfred Vetter)

ine Linsenrotte in Fahrt, im mittleren Boot Frank Gorges. (Foto: Alfred Vetter)

ugansicht einer Linse bei hoher Fahrt. (Foto: Fritz Böltz, via Helmut Bastian)

Sprengboote einer Rotte: In der Mitte die Kommandolinse mit drei Mann Besatzung, rechts und links die Ladungsli
sen. Deutlich sichtbar sind der Rahmenschalter für die Knallzündschnur, der Metallrahmen für den Rahmenschalt
die grüne Signallampe (am Stab beim Rettungsring) sowie die Funkantenne für die Fernsteuerung. Die Besatzung
haben Tauchretter angelegt. (Foto: Fritz Böltz, via Helmut Bastia

Ein Sprengboot in voller Fahrt. Der zur Seite gelegte Richtlampenständer (vor dem Fahrer) verdeutlicht, daß die Lin
sich auf einer Übungsfahrt befindet. Einsatzaufnahmen existieren begreiflicherweise nicht. (PK-Aufn.: Fritz Bö

Die Besatzungen dieser Linsenrotte tragen Fallschirmjägerhelme. Links im Bild die Kommandolinse, rechts eine Langslinse.
(PK-Aufnahme: Horst Grund)

Ein Sprengbootfahrer bereitet sich auf den Absprung vor!
(PK-Aufnahme: Fritz Böltz)

Blick auf ein Sprengboot von der Fahrer-position aus. (Foto: Fritz Böltz)

Unten links: Leutnant Max Becker war der Flottilleningenieur der K-Flott. 220. Er entwarf die Skizze zu der technischen Zeichnung (S. 61). (Foto: Max Becker)

Unten rechts: Torpedokonstrukteur Ingenieur Richard Mohr (Jahrgang 1899) kam am 19. 7. 1926 zur Torpedo-Versuchsanstalt (TVA) Eckernförde. Ab Herbst 1940 bis Kriegsende wirkte er beim OKM, Amt Torpedowaffe, in Berlin. Nach dem Kriege war er (seit 1957 bis 1962) als Torpedospezialist für das Bundesministerium für Verteidigung tätig, wo er wiederum mit Fregattenkapitän Hanno Krieg zusammenarbeitete. Richard Mohr war zuletzt Oberregierungsbaurat. (Privatfoto: Ilse Mohr)

In der TVA Eckernförde wird ein Doppeltorpedo »Neger« zu Ausbildungszwecken startklar gemacht.

(Foto: Kriegsberichter Fritz Böltz/via Walther Gerhold)

Der »Pilot« besteigt die enge Kabine des Einmanntorpedos.

(Foto: Böltz/Gerhold)

Vom Begleitboot aus wird der Einmanntorpedo am Haken zu Wasser gelassen, im unteren Bild im Hintergrund die TVA Eckernförde.

(Fotos: Böltz/Gerhold)

itterkreuzträger Walther Gerhold – die Aufnahme entstand nach dem Seinebucht-Einsatz – vor einem Start. Der auchretter ist bereits angelegt.

(Foto: Böltz/Gerhold)

ie Rückseite des Originalfotos vom Juli 1944 ist mit folgendem Text versehen: »Einmanntorpedo. Die Waffe des Ein-
elkämpfers gegen die feindliche Invasionsflotte.
lar zum Start gegen die Feindflotte. Der ›Neger‹ – so nennen sich die Einmanntorpedo-Kämpfer humorvoll wegen ih-
er seltsamen Vermummung – steigt in seinen Trägertorpedo ein. Eine Atemmaske führt ihm frische Luft zu, wenn die
lexiglaskuppel geschlossen ist.« –
(Foto: Böltz/Gerhold) Zwei Angaben stimmen nicht!

Der »Pilot« hat die Atemmaske aufgesetzt und die Kopfhaube übergezogen, ein Helfer bringt die Plexiglaskuppel
deren deutliche Gradmarkierungen sichtbar sind. (Foto: Böltz/Gerh(

Einmanntorpedo während der Fahrt in der Ostsee: nur Kuppel und Zielstachel ragen aus dem Wasser.
(Foto: Böltz/Gerh(

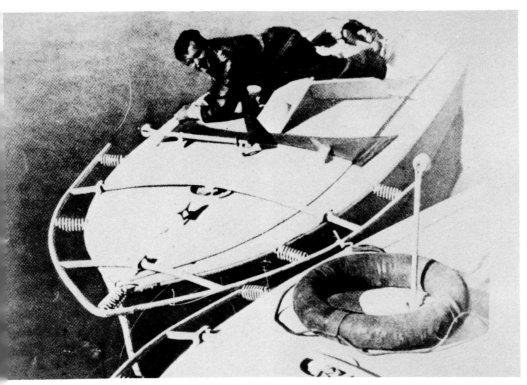

Sprenglinse »im Päckchen«. Auf dem rechten, nur teilweise sichtbaren Boot erkennt man im Rettungsring das vordere Deckpeilungslicht.

(Foto: Ulrich Kolbe)

Der Flottillenchef der K-Flottille 211 mit dem Flottilleningenieur in Le Havre (Juni 1944).

(Foto: Ulrich Kolbe)

Kapitänleutnant Ulrich Kolbe, Chef der K-Fl. 211 Juni 1944 (Le Havre)
(Foto: Ulrich Kolbe)

Kapitänleutnant Hanno Krieg, Chef der K-Fl. 361, maßgeblich beteiligt an der Erprobung der Einmanntorpedos, leitete deren Einsatz in Italien (Anzio/Nettuno).
(Foto: Hanno Krieg)

FLOTTILLENCHEFS DER K-VERBÄNDE

Kapitänleutnant Helmut Bastian, als Nachfolger Kolbes Chef der K-Fl. 211, leitete deren Einsätze in der Seine-Bucht und bis Kriegsende im Hollandraum.
(Foto: Alfred Vetter)

Die im Zuge des Pacht- und Leihgesetzes an die Royal Navy gelieferte Fregatte H. M. S. TROLLOPE wurde am 6. 7. 1944 von Einmanntorpedo-Fahrer Walther Gerhold torpediert.
(Foto: Imperial War Museum)

Am 20. 7. 1944 wurde der englische Zerstörer HMS »ISIS« vor der Normandy versenkt, »probably mined« nach den Angaben in dem britischen Werk »Ships of the Navy«. Dagegen wird in der »Chronik des Seekrieges 1939—45« von Rohwer/Hümmelchen der Versenkungserfolg den Einmanntorpedos zugesprochen. In den Akten wie in der Aufstellung der Einsätze von K-Mitteln (S. 230) fand diese Annahme allerdings keine Stütze. Demnach hat am 20. 7. überhaupt kein Marder-Angriff stattgefunden.
(Foto: Imperial War Museum)

Ritterkreuzverleihung an Schreibobgefr. Walther Gerhold durch Admiral Heye. (Foto: Walther Gerho

Großadmiral Dönitz beglückwünscht Walther Gerhold zu seinem Erfolg. (Pk-Aufn., via Gerho

Fahrer einer Marder-Flottille während der Einsatzbesprechung. (PK-Aufnahme: Archiv Gerhard Bracke)

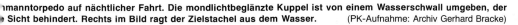

nmanntorpedo auf nächtlicher Fahrt. Die mondlichtbeglänzte Kuppel ist von einem Wasserschwall umgeben, der
Sicht behindert. Rechts im Bild ragt der Zielstachel aus dem Wasser. (PK-Aufnahme: Archiv Gerhard Bracke)

Einmanntorpedo-Fahrer Fritz Polz aus Landeshut (Schlesien), der nach Spitfire-Beschuß am 8. Juli 1944 in der Seinebucht in englische Gefangenschaft geriet. An Bord des Bojenlegers »GILSAY« wurde der Verwundete sogleich ärztlich versorgt. Fritz Polz lebt heute in Wien. Von den 21 Marderfahrern jener Einsatznacht kehrte keiner zurück.

(Foto: Fritz Polz)

Eine Marderkuppel im Mondlicht mit deutlich erkennbarer »Wasserglocke«, die dem Fahrer die Sicht erschwerte.

(PK-Aufnahme: Archiv Gerhard Bracke)

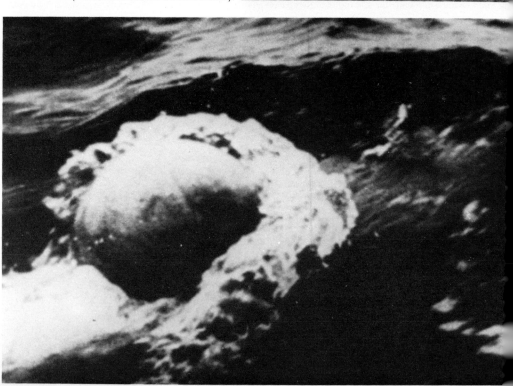

Erster »Neger«-Einsatz bei Anzio/Nettuno

In einer Besprechung mit Hitler, die am 18./19. Januar 1944 im Führerhauptquartier Wolfsschanze stattfand, trug Großadmiral Dönitz u.a. auch seine Pläne hinsichtlich der Kleinkampfmittel vor. In der Niederschrift über die Besprechung des »Ob.d.M. mit dem Führer« ist festgehalten:
»Mit dem Bau von 50 Kleinst-U-Booten nach dem vorgelegten Plan ist der Führer einverstanden. Er hält die Entwicklung des Typs sowohl mit Mine wie mit Torpedo für richtig. Mit dem Bau von Einmanntorpedos, die nach dem Vortrag des Ob.d.M. vornehmlich als Defensivwaffe bei Feindlandungen eingesetzt werden sollen, ist der Führer einverstanden.«[87])
Hitler wurde über den geplanten Einmanntorpedo-Einsatz in Italien offenbar erstmalig anläßlich eines Besuches des Ob.d.M. im FHQu Wolfsschanze am 20./21. März 1944 unterrichtet. Der Niederschrift ist zu entnehmen:»A. Der Obd.M. hatte mit dem Führer mehrere persönliche Aussprachen unter vier Augen.
Außerdem trug der Ob.d.M. dem Führer vor:1.) Einsatz von Kampfmitteln, auch der Kleinkampfmittel, auf dem Wasser könne nur durch Kriegsmarine erfolgen; dies gilt deshalb auch für die Ladungsschnellboote. Bei Nettuno sei Einsatz des Kleinkampfmittels ›Mohr‹ beabsichtigt.
Der Führer stimmte dem zu.«[88])
Bei den erwähnten »Ladungschnellbooten« handelte es sich um die Sprengboote der Küstenjäger. Daß ursprünglich an ein kombiniertes Unternehmen beider Kleinkampfmittel gedacht war, geht aus einem Fernschreiben der SKl vom 12. April 1944 hervor:

»Betr.: Unternehmen Neger und Einsatz Fernlenkzug Küstenjäger Abt. Div. Brandenburg.

Gem. Weisung OKW WFSt Op (H) Süd 3040/44 Gkdos. v. 23. 3. (auch an Gruppe Nord/Flotte) soll Einsatz Ladungsschnellboote unter Führung Kriegsmarine in Abstimmung mit Unternehmen Neger erfolgen. Zur Vermeidung Gefahr vorzeitiger Kompromittierung Einsatz Fernlenkzug erst dann, wenn ausreichende Zahlen Ladungsschnellboote am Einsatzort vorhanden und einsatzfähig. Dt. Mar. Kdo. Italien prüft Einsatzbereitschaft unter Berücksichtigung Weisung OKW WFSt und führt bei positiver Beurteilung Einsatz dieses Kampfmittels in Abhängigkeit Unternehmen Neger durch.«[89])

Doch meldete der Einsatzstab Strandkoppel (Timmendorfer Strand) am 15. 4. 44:

»Nach hiesigen Unterlagen verfügen Küstenjäger neben Ladungsbooten über nur zwei Kommandoboote, d. h. ein Einsatz ist immer nur mit vier ferngelenkten Booten durchzuführen. Ein solcher Einsatz erscheint wenig erfolgversprechend, da verzettelnd, und birgt die Gefahr der Bloßstellung der Waffe in sich.«[90])

Anderer Auffassung war der Befehlshaber des Deutschen Marinekommandos Italien (Fernschreiben vom 16. April 1944):

»Absicht Durchführung Neger sobald Wetterlage – ruhige See, sternklare Nacht – erlaubt, etwa 18. bis 20. April. Anschließend noch in Neumondperiode Einsatz Ladungsschnellboote ab Terracina gegen Feindverkehrswege bei Pontinischen Inseln. Einsatz auch nur von 4 Ladungsschnellbooten, je zwei geführt durch ein Kommandoboot, erfolgversprechend, da immer Ziele vorhanden und Überraschungsmoment gegeben, hinzu kommt laufende Unterrichtung durch Beobachtungsstelle »Zinshahn« auf Cap Circeo. Ausschlaggebend für Einsatz neben Versenkungserfolgen ständig wachsende Beunruhigung Gegners und Bindung seiner Seestreitkräfte zur Sicherung Landekopfnachschubs. Deshalb nicht nur einmaliger, sondern bei jeder Gelegenheit wiederholter Einsatz geplant. Einsatzleitung am Ort durch Kapitän z. S. Düwel unter Führung Dt Markdo Italien.«[91])

Die Seekriegsleitung teilte solchen Optimismus nicht und entschied am 17. 4. 44 kurzerhand:

»Vorläufig kein Einsatz Ladungsschnellboote.

Geringe Zahl einsatzklarer Boote und vor allem Stand der taktischen Ausbildung rechtfertigt nicht Inkaufnahme Gefahr vorzeitiger Kompromittierung. Erster Einsatz soll nach Ergänzung Ausbildung mit möglichst großer Zahl erfolgen, um Überraschungsmoment wirkungsvoll auszunutzen.«[91])

Die taktische Planung des Neger-Einsatzes bei Nettuno oblag Kapitänleutnant Hanno Krieg, der es als großen Vorteil empfand, unter den ersten »Piloten« einige Fähnriche mit U-Boot-Ausbildung zu wissen. Ein erfahrener U-Boot-Leutnant wurde direkt mit der Fahrerausbildung beauftragt, so daß dem Einsatzleiter Krieg genügend Zeit blieb, den Gesamteinsatz zu planen und im einzelnen zu organisieren.

Es galt zunächst die Frage zu klären, wie 30 Einmanntorpedos am zweckmäßigsten nach Italien zu transportieren, an die Küste und schließlich ins Wasser zu bringen wären. Die Piloten mußten auf die ozeanographischen und örtlichen Bedingungen vorbereitet und in Navigationshilfen eingewiesen werden. Das Problem der sicheren Rückkehr unmittelbar hinter der Frontlinie bedurfte ebenso der Klärung wie die Frage des Rücktransportes der Geräte.

Wie konnten die behelfsmäßigen Lafetten überhaupt nach Italien gebracht werden? Nach Lage der Dinge kam allein der Eisenbahntransport in Betracht. Doch die Züge verkehrten nur noch bis Rom. Die entscheidende und schwierige Frage stellte sich mit den restlichen 30 Kilometern Straßentransport. Da konnte nur das Heer helfen, das über geeignete Tiefladetransporter verfügte. Eine Anfrage ergab, daß zu der Zeit das Heer in ganz Italien lediglich 24 dieser Transportfahrzeuge besaß, die im Frontgebiet ständig zur Bergung von Panzern benötigt wurden. Deshalb mußte Hitler persönlich um Entscheidung ersucht werden, da das OKW sich aus verständlichen Gründen sträubte. Hitler entschied zugunsten der Marine und gab Weisung, alle verfügbaren Tieflader für den Sondereinsatz-Transport zur Verfügung zu stellen.

Da die alliierten Schiffe im Einsatzraum vor Anker lagen, brauchte die Torpedoschießausbildung schließlich auf Vorhaltprobleme keine Rücksicht zu nehmen. Es mußte aber auf der Kuppel eine Zieleinrichtung markiert werden, und das geschah mit den primitivsten Mitteln: zuerst mit einem Fettkreidestrich. Vorn wurde ein 30 cm hoher Stab als »Zielstachel« angebracht, dessen Spitze mit

Phosphorfarbe kenntlich gemacht war. Weil sich dies als unzureichend erwies, markierte man auch die Kuppelstriche mit Leuchtfarbe.

Die Einsatzplanung mußte dem Umstand Rechnung tragen, daß wegen der ungünstigen Sicht nur im Morgengrauen angegriffen werden konnte: Anfahrt bei Dunkelheit, Angriff in der Morgendämmerung. Natürlich war die Gefahr des Entdecktwerdens dann besonders groß. Man rechnete mit dem Verlust der Geräte, die die Fahrer nach ihrer Rückkehr direkt hinter der eigenen Kampflinie sprengen sollten.

Nachdem die Transportfrage einigermaßen geklärt war, setzte sich die K-Flottille 261 mit ihren »Negern« Anfang April 1944 von Deutschland aus in Marsch und erreichte nach ca. 4 Tagen den Einsatzraum Nettuno. Die Ausladung mußte schon nördlich von Rom erfolgen, weil die Zufahrtswege unterbrochen waren.

Am 9. April 1944 meldete der Einsatzstab Strandkoppel (AdK) – »Geheime Kommandosache/Chefsache! Nur durch Offizier!« –: »Unternehmen ›Neger‹ (im Einsatz Kdo 75) Italien.

1. Transporte entladen seit 6. 4. im Raum Florenz. Bahntransportlage (Feindeinwirkungen) läßt südlicheres Entladen nicht zu.
2. Geräte im LKW. Nachtmarsch Einsatzort.
3. Eintreffen erster Hälfte dort etwa 10. 4.
4. M.V.O. Beim Ob. Südwest teilt auf Befragen mit, daß mit allen Mitteln versucht wird Gesamtzahl Geräte (40) beschleunigt an Einsatzort zu transportieren.
5. Einsatz soll möglichst nicht später als 15. 4. erfolgen.«[92])

Außer 8 Tiefladern hatte das Heer schwere LKWs mit Kranwagen für das Transportunternehmen seltener Art bereitgestellt. Pro Tieflader brachte man 2 Geräte unter, die übrigen 14 »Neger« wurden kurzerhand und in abenteuerlichster Weise auf LKW geladen. Sämtliche Geräte trafen unversehrt am Zielort ein. Nördlich Nettuno, etwa 5 km hinter der eigenen Front, bot ein bei Pratica di Mare gelegener kleiner Pinienwald mit dichten Baumkronen geeigneten Sichtschutz. Nach dem Ausladen der Waffen und Geräte entstanden in kurzer Zeit einfache Unterstände und kleine Schutzbunker. Wegen des massierten Sprengstoffs wurden die Fahrer allerdings woanders untergebracht und vom Flottillenarzt medizinisch betreut, vom Einsatzleiter taktisch unterwiesen.

Die nahen Anhöhen eröffneten den Blick auf die vor Anker liegenden Geleitfahrzeuge des Anzio-Brückenkopfes. Es waren 5 bis 7, manchmal auch 9 Frachter auf Reede, die mit Landungsbooten und Fährprähmen die alliierten Truppen versorgten. Ebenso gut einzusehen war der Ausladeplatz, der Hafen von Anzio.

Die günstigste Strandstelle, bei der nach 20 bis 30 m Entfernung tiefes Wasser zu erreichen war, lag jedoch 18 Seemeilen vom Ankerplatz des Gegners entfernt. Dagegen betrug die Entfernung zur deutschen Front nur 9 Seemeilen. Die Fahrtstrecke von 30 sm reichte gerade aus, was die Leistungsfähigkeit der Batterien betraf. Die Piloten sollten nach dem Einsatz ihre Geräte noch im tiefen Wasser versenken und zur Sprengung vorbereiten, um zu verhindern, daß dem Gegner im seichten Wasser Beutestücke in die Hand fielen.

Jedoch erwies sich der Strandsand als gefährlich weich, deshalb mußten beschlagnahmte Baustahlmatten wegweise ausgelegt werden. Sie stellten die direkte Verbindung zwischen den Badesommerhäuschen wohlhabender Römer und dem Meer her. Die Badehäuser besaßen die richtige Länge als vorzügliches Torpedo-Versteck. Es brauchten nur die Vorder- und Rückseiten herausgesägt und wieder angelehnt zu werden.

Als aber vier Tage vor dem Einsatz die Torpedos in das vorbereitete Versteck überführt werden sollten, gab es buchstäblich die ersten Pannen. LKW zogen die Selbstfahrlafetten auf den verhältnismäßig schlechten Wegen, und in kürzester Zeit verursachten scharfe Steine drei »Plattfüße«. Die Reifen waren für Seeflugzeuge auf der Betonpiste konstruiert, nicht jedoch für italienische Feldwege. Es blieb keine Wahl: Die spitzen Hindernisse mußten schnellstens beseitigt werden. Alle verfügbaren italienischen Männer der Umgebung erhielten den Auftrag, die Wegstrecke vom Pinienwald bis zum Strand mit den angesägten Badehäuschen – insgesamt 3 bis 4 km – sauberzufegen. Die zum Straßenfegen Eingeteilten hatten natürlich keine Ahnung, welchem Zweck die »Schikane« der verrückten Deutschen dienen mochte. Auf diese kuriose Weise gelang es den K-Männern, sämtliche Geräte ohne Reifenschaden in die schützenden Badehäuschen zu fahren. Die Alliierten verfügten zu der Zeit in Italien über eine recht ausgiebige Luftaufklärung, doch blieb ihnen dieses Geheimnis verborgen, während Techniker unter Anleitung des Konstrukteurs Mohr letzte Überprüfungen an den Torpedos durchführen konnten.

Als Angriffstermin wurde die Neumondnacht vom 20. auf den 21. April 1944 vorgesehen. Die Wettervoraussage kündigte eine sternklare Nacht an, weshalb die Kenntnis des Sternenhimmels ein entscheidendes Navigationsmittel zu werden versprach.

Zwecks zusätzlicher Navigationshilfe sollten deutsche Soldaten in vorderster Frontlinie gegen Mitternacht einen Schuppen in Flammen aufgehen lassen. Nach übereinstimmenden Aussagen der Rückkehrer war dies in der Tat das beste Navigationsmittel. Außerdem sollte eine deutsche Flak-Batterie Leuchtgranaten in Richtung Anzio schießen, die alle 20 Minuten als Richtungsorientierung von Nutzen sein konnten.

Die Schiffsbewegungen des Feindes wurden seit Tagen sorgfältig beobachtet. Die Voraussetzungen für einen erfolgreichen Neger-Einsatz schienen erfüllt, nachdem am Morgen des 20. April ein neuer Geleitzug gesichtet worden war. Die eigene Luftaufklärung hatte eine Reihe von Liberty-Schiffen gemeldet.

Problematisch wurde das Zuwasserbringen der Doppeltorpedos; in Eckernförde hatten es 30 Mann geschafft, die italienischen Strandverhältnisse forderten mit Sicherheit 50 Mann pro Gerät, und dazu reichten die eigenen Kräfte nicht aus. Wieder blieb die K-Flottille auf die Heeressoldaten angewiesen. Der entsprechende Befehl lautete sinngemäß, für eine Sonderaufgabe geheimer Art hätte das Heer der Marine für die Nacht vom 20./21. April 500 junge, kräftige Soldaten am Strand vor Anzio zur Verfügung zu stellen.

Einzelheiten durften vorher selbstverständlich nicht mitgeteilt werden. Unmittelbar vor dem Start bemühte sich Hanno Krieg, die Heeressoldaten davon zu überzeugen, daß es für sie nichts Besseres gäbe, als nackt in das feindliche Meer zu ziehen »und hintendran noch ein wunderschönes Gerät der Marine. Die Verlockung, daß die ›Wundermänner‹ dann aber die Schiffe draußen versenken würden, die das ganze Kriegsmaterial auslüden, das ihnen so viel zu schaffen machte, verhalf doch zu einer gewissen Begeisterung.« (Krieg)

Der erste Versuch, 10 Doppeltorpedos ins Wasser zu bringen, ge-

lang vorzüglich. Doch dann kehrten 500 nackte, frierende Soldaten zurück und sollten die nächsten 10 Neger in Marsch setzen.
Die Aprilnächte sind auch in Italien recht kühl, und da auch die
Vorgesetzten sich nackt und ohne Schulterstücke durch das Gelände bewegten, keiner seinen »eigenen Haufen« kannte, sie alle
sich in diesem Zustand bei Dunkelheit gegenseitig fremd erschienen, haperte es mit der Befehlsübermittlung. Jedenfalls leisteten
für die nächste Welle höchstens noch 100 Heeressoldaten Hilfe,
die anderen waren irgendwo in der Dunkelheit verschwunden.
»Man sah ab und zu mal Gestalten und versuchte sie anzuheuern,
aber das war alles sehr, sehr schwierig.« (Krieg) Nur noch 7 Einmanntorpedos konnten starten, wobei auch ein Unfall mit Todes-
folge zu beklagen war. Eine Helfergruppe hatte ihren Einmanntorpedo im flachen Wasser vorschriftsmäßig umgekippt, dann
aber nicht mehr weitergezogen, so daß der Wellengang das Gerät
in den Sand wühlte und der hilflose Fahrer am anderen Morgen,
als die Tragödie erst bemerkt wurde, nur noch tot geborgen werden konnte.
Drei Einsatzgruppen waren gebildet worden. Die erste, geführt
von Oberleutnant Koch, hatte den Auftrag, um das Kap vor Anzio
in die Bucht von Nettuno vorzudringen. Die zweite Gruppe unter
Führung Leutnants Seibicke hatte Befehl, die Schiffe auf der Reede
vor Anzio anzugreifen. Die übrigen 5 Neger unter Oberfähnrich
Potthast sollten im Hafen von Anzio ihre Torpedos verschießen.
Die Nettuno-Gruppe mit dem weitesten Weg war zuerst gestartet.
Bis 2 Uhr nachts mußte südlicher Kurs gesteuert werden, anschließend die Wendung nach Osten erfolgen.
Bei ruhiger See und Windstärke 1 bis 2 zog in dunkler Nacht die
erste Neger-Flottille dem Feind entgegen, insgesamt 17 Fahrer.[93])
Einer der wenigen Piloten, die navigatorische und seemännische
Kenntnisse besaßen, Oberfähnrich Hermann Voigt von der An-
zio-Reede-Gruppe, berichtete später:
»Während der ganzen Zeit hielt ich scharf Ausguck, obwohl
meine Sicht nicht weit reichte. Ich rechnete aber damit, ein sich
näherndes Schiff an einem nicht ganz abgeblendeten Licht oder
sonstigen Anhaltspunkten ausmachen zu können. Meine Schatten-
riß-Tabelle hatte ich griffbereit neben mir liegen.
Je mehr ich mich Anzio näherte, desto angestrengter lauschte ich

auf Geräusche im Wasser, vor allem Detonationen. Etliche Kameraden waren vor mir gestartet und mußten eher als ich am Ziel sein. Trafen sie ein Schiff, so konnte ich mich nach der Detonation richten. Ferner nahmen wir an, daß die feindlichen Sicherungsfahrzeuge zum Schutz der Schiffe in unregelmäßigen Abständen Wasserbomben werfen würden. Auch solche Detonationen mußte ich jetzt eigentlich hören, wenn mein Kurs richtig war. Kurz nach 1 Uhr beschloß ich, als ich nichts dergleichen hörte, den neuen Ostkurs schon jetzt einzuschlagen. ...

Um 01.25 Uhr entdeckte ich an Steuerbord voraus ein kleines Schiff, das mich in etwa 300 Meter Abstand passierte. ... Gegen 01.45 Uhr sichtete ich ein zweites Kriegsschiff, das aber still lag. Ich stellte die E-Maschine ab, damit der Bewacher mich weder sichten noch horchen konnte, und ließ mich vorbeitreiben. Meinen Torpedo auf ihn abzuschießen, war mir zu schade. Hinter ihm vermutete ich die Landungs- und Transportschiffe, konnte aber noch keine Silhouette entdecken.

Kurz nach 2 Uhr war ich so dicht unter Land, daß ich Einzelheiten unterscheiden konnte: eine Mole, einzelne Gebäude, einen Leuchtturm oder Kirchturm. Ich sichtete noch ein kleines Motorboot, das ich daran erkannte, daß es einen Morsespruch abgab ... Gegen 02.40 Uhr hatte ich immer noch kein Ziel gefunden. Ein oder zwei Minuten später hörte ich das Rollen einer Detonation durchs Wasser. Ich konnte nicht feststellen, woher es kam, und sah auch keinen Feuerschein. Dagegen sah ich von einem Schiff, nicht weit von mir, eine Leuchtkugel aufsteigen. Es mußte einer der Bewacher sein, den ich bisher nicht entdeckt hatte, weil er mir seinen Bug zukehrte. Ich sah ihn auf mich zukommen und wendete sofort scharf nach Backbord, um mich von seinem Kurs abzusetzen. Der Bewacher schwenkte jedoch leicht herum, so daß er mir seine Breitseite zukehrte. Ich nahm an, er warte noch auf ein Signal von Land, das ihn über die Detonation aufklärte.

Diese günstige Gelegenheit wollte ich mir nicht entgehen lassen. Ich drehte wieder auf den Feind zu, bis ich Schornstein und Brücke in meiner Visierlinie hatte. Die Entfernung betrug nach meiner Schätzung 400 Meter, als ich den Schußhebel durchdrückte und auf die Uhr sah. Der Torpedo löste sich sofort wie vorgesehen und traf nach einer Laufzeit von 65 Sekunden. Es sah aus, als bräche das getroffene Schiff auseinander. Mehrere farbige Leuchtkugeln wurden abgeschossen. An Land blitzten zwei Scheinwerfer auf und suchten den Himmel ab. Mehr konnte ich nicht beobachten, weil ich abdrehte und mit nordwestlichem Kurs davonfuhr.«[94]) Voigt gelang der Überraschungserfolg vollkommen. Nun galt seine Sorge den durch die langen Suchfahrten strapazierten Batterien, als er ziemlich weit voraus den vereinbarten Feuerschein gewahrte. Um 5.20 Uhr glaubte Voigt die deutsche Linie erreicht zu haben und den Einmanntorpedo wegen der drohenden Tieffliegergefahr bei anbrechender Helligkeit schleunigst verlassen zu müssen. Er löste die Verriegelung der Plexiglaskuppel und betätigte den auf 3 Minuten eingestellten Zünder der Sprengladung. Beim Aussteigen geriet Wasser in die Kabine, und das Gerät sank rasch in die Tiefe.

Getragen von seinem Tauchretter, erreichte Voigt nach 15 Minuten schwimmend die Küste, wo er, zwei Kilometer hinter der Front, von überraschten Soldaten in Empfang genommen wurde.

»Neger« konnten nicht in Gruppen geführt werden, Übersicht und Orientierungsvermögen erwiesen sich als zu begrenzt. Oberfähnrich Karl-Heinz Potthast unternahm den vergeblichen Versuch, durch eine Blaulicht-Signallampe Kontakte zu den Kameraden zu halten. Deren Kuppeln gerieten indes bald außer Sicht. Potthast erreichte schließlich den Hafen von Anzio, ging auf halbe Fahrt und bemerkte auf dem Molenkopf einen Posten, an dem er knapp 30 m entfernt vorbeiglitt. Da ansonsten nur ein kleiner Küstendampfer im Hafenbecken anzutreffen war, schoß der Oberfähnrich seinen Torpedo auf dieses unbedeutende Ziel ab. Der Torpedo brauchte eine Mindestlaufstrecke von 300 m, bevor die Zündpistole scharf wurde. Potthast aber hatte es eilig, er machte sofort kehrt, ohne die Wirkung des »mit ohrenbetäubendem Lärm« detonierenden Torpedos beobachten zu können.[95]) Offenbar herrschte an Land große Verwirrung. Schüsse peitschten durch die Nacht und Schweinwerfer suchten den Himmel ab. Die Rückkehr empfand Potthast als den anstrengendsten Teil seines Einsatzes.

Obergefreiter Walther Gerhold gehörte als Startnummer 3 der Gruppe Koch an. Mit geübtem Griff schloß er die Atemmaske an die Kopfhaube, deren Aussehen die Bezeichnung »Piloten« für

Negerfahrer nahezulegen schien. Die Plexiglaskuppel wurde aufgesetzt und von innen verriegelt, dann bereitete sich Gerhold auf den Start vor. Nachdem der Einmanntorpedo Fahrt aufnehmen konnte, surrte die ETO-Maschine gleichmäßig, während das Wasser – eine optische Täuschung – rasend schnell an der Kuppel vorbeizugleiten schien. Kurskontrollen, Luftzufuhr-und Manometerüberprüfung führte er in regelmäßigen Abständen durch, sonst gab es nichts zu tun als angestrengt in die Dunkelheit und nach den Sternen zu starren.

Um 01.07 Uhr hatte Gerhold Kap Anzio bereits hinter sich und ging auf Ostkurs. Je tiefer er in die Bucht von Nettuno eindrang, desto angespannter suchten seine Augen. Die See schlug gleichmäßig gegen die Kuppel, sonst war alles ruhig. Plötzlich bemerkte der Obergefreite, der einst an harten Gefechten an Bord von Vorposten- und Torpedobooten, zuletzt auf T 20 unter Korvettenkapitän Reitsch teilgenommen hatte, ein Torpedoboot, das mit aufschäumender Bugwelle auf ihn zulief. Für einen sicheren Torpedoschuß reichte die Entfernung noch nicht, und mit dem Abdrehen des Gegners schwand die einmalige Chance. Als Gerhold sich der Molenspitze näherte und einen Posten vor einem Schnellfeuergeschütz ausmachte, war auch schon die Gegenseite aufmerksam geworden. Leuchtgranaten und aufblitzende Scheinwerfer brachten den deutschen Einmanntorpedo in äußerst schwierige Situationen. Gerhold versuchte durch ständigen Kurswechsel dem Inferno zu entrinnen. Als das Molengeschütz für einen Moment direkt vor dem Zielstachel erschien, zog der Pilot kurzentschlossen den Abfeuerungshebel, während die feindlichen Geschosse dicht über die Kuppel hinwegzischten oder in unmittelbarer Nähe einschlugen. Durch Hartruder ließ er den Trägertorpedo herumgehen. Unmittelbar darauf erfolge eine gewaltige Detonation, mit der zugleich die Bereitschaftsmunition auf der Mole hochging. 350 Kilogramm hochexplosiven Sprengstoffs zeigten ihre verheerende Wirkung, wenngleich sie für ein ganz anderes Ziel bestimmt waren.

Gerhold erreichte um 05.41 Uhr den Strand, wo sich eine deutsche Küstenbatterie seiner annahm. Als der Flottillenchef eintraf, machte er kurz Meldung:

»Obergefreiter Gerhold von Feindfahrt zurück. Kein Schiff gesichtet. Torpedoschuß in Molenkopf Nettuno.«

Kein Schiff gesichtet … Das Ergebnis des Einsatzes bereitete angesichts der hohen Erwartungen allgemeine Enttäuschung. Der große Schlag war ausgeblieben. Sechzehn zum Einsatz gekommene Torpedoreiter hatten insgesamt lediglich zwei Bewacher und einen Transporter versenkt sowie ein Geschütz ausgeschaltet. Den Transporter torpedierte Oberfernschreibmeister Herbert Berrer.

Die Funkhorchabteilung Südost hatte in der Einsatznacht Funksprüche aufgefangen, denen zufolge die Feindschiffe ungelöscht nach Gaeta zurückgelaufen waren. Wahrscheinlich ist feindlichen Agenten der Aufwand der K-Männer mit den Startbahnen und das Massenaufgebot von Heeressoldaten am Strand aufgefallen. Jedenfalls verließen die Alliiertenschiffe offenbar erst gegen Mitternacht die Ankerplätze. Hanno Krieg erklärte dazu:

»Wir nehmen an, daß der Einsatz verraten worden ist, wahrscheinlich durch die Straßenfegeaktion. Der Nachrichtendienst der Alliierten funktionierte in Italien bestens.«

Bis auf zwei kehrten alle Fahrer wieder zurück. Die meisten hatten, da sie keine Schiffsziele fanden, ihre Torpedos befehlsgemäß in den Hafen von Anzio geschossen.

Von dem Unglücksfall beim Zuwasserbringen wurde bereits berichtet. Der zweite Verlust trat dadurch ein, daß ein Gefreiter seine Sauerstoffanlage nicht zuverlässig bediente und infolge Kohlendioxydvergiftung starb. Der Einmanntorpedo wurde zufällig am anderen Morgen von einem alliierten Schiff entdeckt und an Bord gehievt. Über eine schwedische Zeitung, die auch ein Foto veröffentlichte, erhielt der K-Verband davon Kenntnis. Damit war das Geheimnis dieses Kampfmittels nach dem ersten Einsatz gelüftet, der Überraschungseffekt verlorengegangen.

Am 21. April meldete das Kommando der K-Verbände aus »Strandkoppel« per Funk:

»20. 4. 2230 Uhr bis 0015 Uhr Neger zu Wasser gebracht. 3 Neger auf Hintransport ausgefallen. Von 37 zu Wasser gebrachten 23 glatter Start. 14 auf Sandbänken steckengeblieben. Kap Circeo meldet 0505 starke Detonationen mit großer Stichflamme. Bald darauf 3 bis 4 weitere Detonationen. Bis 1000 nach Norden zurückgekehrt:

1. Fhr. Potthast 2. Btsmt Domke 3. Mech Ob Gefr. Hacker

4. Mtr. Lehmann, Werner.

Angriffsräume waren erreicht, Schiffsziele nicht angetroffen. Rückkehrer haben vorher und nachher weitere Detonationen im Hafen beobachtet. Fhr. z.S. Pettke wegen Ausfall Batterie kurz hinter engl. Linie gelandet. In Dunkelheit durch engl. Vorposten durchgeschlagen und verletzt deutsche HKL erreicht. Mit weiteren Rückkehrern auch im Süden wird gerechnet.«[96])

Am selben Tage ging ein Fernschreiben der 1. SKl an das Deutsche Marinekommando Italien sowie an den Stab in der Strandkoppel »zur Bekanntgabe an bei Unternehmung Anzio beteiligte Soldaten«:

»Habe mich über Anfangserfolg besonders gefreut, er beweist mir, daß die neue Truppe vom richtigen Angriffsgeist beherrscht ist. Weiter auf diesem Wege. Großadmiral Dönitz«

Konteradmiral Heye hielt am 28. April 1944 Vortrag vor dem Ob.d.M. über »Sonderkampfmittel ›Neger‹« und zog dabei folgende Bilanz:

»T.V.A. übernimmt für 2 Monate den Bau von ›Negern‹, später werden die ›Deutschen Werke Kiel‹ monatlich 50 Stück liefern. Der Bau von 200 ›Negern‹ ist befohlen.[97]) Es ist beabsichtigt, die ›Neger‹ zu 50 in einer Flottille zusammenzufassen und 10 ›Neger‹ als Reserve zuzuschlagen.

Ob.d.M. sieht einem Vorschlag für Anerkennung des Stabs-Ing. *Mohr*, Schöpfer des ›Negers‹, entgegen. Mohr hat sich nicht nur in der Planung, sondern auch in der praktischen Erprobung des ›Negers‹ besondere Verdienste erworben.

Zu den bisherigen praktischen Erfahrungen meldet Konteradmiral *Heye*, daß die Hauptschwierigkeit darin liegt, die ›Neger‹ ins Wasser zu transportieren. Diese Transportfrage muß noch verfolgt werden.

Der ›Neger‹ hat als Fahrzeug seine Einsatzbereitschaft bewiesen, geringe Verbesserungen sind noch notwendig; vor allem ein brauchbarer Kompaß. Bei dem Einsatz vor Anzio haben die Bootsführer nach Sternen gesteuert und eine wesentliche Unterstützung durch von der Luftwaffe ausgelegte Leuchtbomben[98]) bekommen. Nach dem durchgeführten Einsatz sind jetzt noch 29 ›Neger‹ vorhanden.«[99])

Weiter heißt es in der Niederschrift:

»3. Ladungsschnellboote der Küstenjäger (Sprengboote):
Das Deutsche Marinekommando Italien hat beantragt, die Boote
jetzt schon einzusetzen. Konteradmiral *Heye* spricht sich dagegen
aus, weil das Personal noch ungenügend ausgebildet ist, z. B. fehlt
eine Ausbildung gegen fahrende Ziele, und weil erst 6 (handschr.
verbessert: 12) Boote einsatzklar vorhanden sind. Admiral Heye
schlägt vor zu warten, bis 12 (24) Boote zur Verfügung stehen, um
die Erfolgschancen zu vergrößern. Ob.d.M. ist mit diesem Vorschlag einverstanden.
4. ›Gamma‹-Schule:
Es handelt sich um eine italienische Erfindung. Taucher im Taucheranzug schwimmen mit einer Mine, die bisher eine Ladung von
5 kg hatte und später eine Ladung von 30 kg haben soll, an das
Schiff heran und bringen die Mine direkt an den Schiffsboden an.
Die Taucher können bis zu 9 Std. unter Wasser schwimmen. Sie
müssen von einem U-Boot oder S-Boot in die Nähe der Ziele her-
angebracht werden. Bei einem Einsatz auf Gibraltar sind alle Taucher nach Anbringung ihrer Minen wieder zu ihrem U-Boot zurückgekehrt. Das Verfahren hat sich also bewährt. Zur Zeit sind
zwei Schulen vorhanden, eine ital. Schule bei Padua, eine deutsche
Heeresschule bei Venedig. In Vorbereitung ist eine Schule bei Bad
Tölz und eine vierte am Veldeser See. 1000 Taucheranzüge sind
bestellt.
Admiral Heye beurteilt die Aussichten dieser Unternehmung als
gut und hat deshalb den weiteren Aufbau betrieben.
5. Italienische Sturmboote:
Der Bau der italienischen Ein- und Zweimann-Sturmboote ist
durch Aufträge an verschiedene italienische Firmen ... angekur-
belt worden. Es bestehen gute Aussichten, bald zahlreiche Boote
dieser Art zur Verfügung zu haben. Zur Zeit setzt das Deutsche
Marinekommando Italien diese Boote einzeln an, für die Zukunft
wird aber massierter Einsatz angestrebt.
SKl. muß eine Aufschlüsselung der angelieferten Boote auf die
deutschen und italienischen Kommandos durchführen.
Von den italienischen Besatzungen sind nur die ehemaligen
M.A.S.-Seeleute gut zu beurteilen, während das übrige Personal
einen nicht sehr zuverlässigen Eindruck macht.
6. Unter Konteradmiral Heye ist eine ›Unterkommission Sonder-

kampfmittel‹ in der Schiffbaukommission gebildet worden.

Ob.d.M. ist mit der Entwicklung der Sonderkampfmittel zufrieden und wird sie weiter fördern. Zur Entscheidung verlangt er aber in jedem Einzelfalle genaue Angaben, welche Einschränkungen des Schiffsbauplans an anderer Stelle die Sonderkampfmittel bedeuten.«[100])

Einen Tag später hielt Kapt. z. S. Düwel Vortrag beim Ob.d.M. Er erwähnte die Schwierigkeiten des Zuwasserbringens der Neger beim Nettuno-Einsatz, gab die Zahl der Helfer mit »600 Mann Fallschirmjäger« an und führte aus, wie die Schwierigkeiten der Navigation »überwunden wurden«:

»a) Es genügt Sternenhimmel.

 b) H.K.L. hatte Haus angesteckt, so daß Kontrolle während der Fahrt.

 c) Wesentlichstes Hilfsmittel war starker Luftangriff auf Anzio. Dieser hat allen Negern sehr geholfen.

Gesamteindruck: Lösung aller Schwierigkeiten ist möglich; Einsatz hat Erfolgsaussichten.

Kap. z. S. Düwel hält nur für notwendig, daß ein älterer Offizier als Einsatzleiter im Raum ist, gewisser Dienstgrad ist wegen Zusammenarbeit mit Heer und Luftwaffe nötig. K. Adm. Heye hat entsprechenden Offizier angefordert.

Das Personal war sehr gut.

Material läuft ab Mai an mit monatlich 50 Stück; Zurückbringen von Negern nicht gelungen. Z.Zt. deshalb kein Übungsmaterial da.«[101])

Weniger optimistisch klang die Meldung des OKW/WFSt/Op (M) an das OKM vom 3. Mai 1944:

»Aus Heeresfunkaufklärung vom 21./22. 4. über eigenen Sonderkampfmittel-Einsatz werden nachstehende Erkenntnisse übermittelt:

5. Armee   Landekopf Nettuno/VI. am A.K.

Im Landekopf am 21. und 22. 4. weiterhin nur schwacher Funkverkehr. Aus dem geringen Spruchanfall ergeben sich keine neuen Erkenntnisse.

Über ein am 21. 4. durchgeführtes deutsches Unternehmen auf See werden folgende Sprüche abgesetzt:

0720 Uhr: An alle Schiffe. Nachr. an ›Winevat‹. Sofort. Werfen Sie weitere Wasserbomben in kurzen Abständen.

0720 Uhr: Von ›P 558‹ (= Patrouillenboot). Was es ist ... scheint ein Torpedo zu sein ... 8 km von Anzio.

12.30 Uhr: Veranlassen Sie, daß die Art.(illerie) des Heeres ihr Feuer nach dort, wo ›P 651‹ hin will, einstellt.

Eine Kriegsberichtermeldung vom 22. 4. über dieses Unternehmen lautet:

Der gestrige sinnlose Versuch der Deutschen, mit menschlichen Torpedos Schiffe im Hafen von Anzio anzugreifen, bildet den Hauptgesprächsstoff der alliierten Truppen. Die Deutschen hätten das Unternehmen kaum schlimmer verpfuschen können. I.A. gez. Aßmann«[102])

Muß das Nettuno-Anzio-Unternehmen daher als einziger Fehlschlag betrachtet werden?

Trotz der verständlichen Enttäuschung über *diesen* Ausgang hatte sich das neue, erst wenige Wochen alte Kleinkampfmittel »Neger« im Grunde durchaus bewährt. Polizeihauptkommissar Walther Gerhold faßt sein Urteil so zusammen:

»Wenn auch der Einsatzerfolg nicht groß war, so hatten wir wenigstens doch eines erreicht: Wir hatten bewiesen, daß man mit diesen Geräten auch zur See fahren und unter günstigeren Bedingungen sogar Erfolge erzielen konnte.«

In diesem Zusammenhang sind auch die Bemerkungen Herbert Berrers, der bei Anzio einen Treffer erzielte, aufschlußreich: »Ich halte den Einsatz deswegen nicht für einen Fehlschlag, weil ja der Einsatz, wenn Sie so wollen, das erste praktische Training war, das überhaupt stattgefunden hat. Bislang hatte man ja nur hier in der Bucht ein bißchen Seefahren geübt mit dem Ding, und insofern kann es, taktisch gesehen, natürlich kein Fehlschlag sein. Und wenn die 3 Schiffe nur torpediert (und nicht versenkt) sind! Jetzt waren die Leute wenigstens trainiert. Denn alles, was so ein Einsatz bedeutet, kann man ja gar nicht simulieren. Die ganze psychologische Basis können Sie doch nirgends simulieren. Es ist ein Unterschied, ob ich da neben mir einen Prahm herfahren lasse oder ob ich in einem feindlichen Seegebiet einen Auftrag zu erfüllen habe. Die psychische Belastung, in dem Ding zu sitzen, hin und zurück, das ist etwa Unbeschreibliches. Während des Trainings haben wir nie eine so ausdauernde Seefahrt gemacht. Da hat man äußerstenfalls eine dreiviertel Stunde Fahrt gemacht. Aber das ist gar nichts, gemessen an dem, was der tatsächliche Einsatz bedeutet, wenn Sie in ein Seegebiet vordringen, wo Sie alles in allem 20 Meilen zu durchkreuzen haben, unter entsprechenden Feindeinwirkungen und mit all den Unwägbarkeiten, was See, Ströme usw. anbelangt. Und dann die Tatsache, daß man eben mutterseelenallein da drin hockt ...«

Natürlich mußten Angstzustände überwunden werden. Berrer erinnert in diesem Zusammenhang daran, daß bei den späteren Einsätzen in Frankreich von den zu Wasser gelassenen Einmanntorpedos, wie es hieß, ca. 25% gar nicht weit »rausgekommen« seien. »Die haben alle angebliche Schäden gehabt, sei es, daß sie Grundberührung auf Sandbänken hatten oder sonstige Störungen melden mußten. Man spricht ja nicht darüber ... Es gab da z.B. einen großsprecherischen Offizier, der ist zwei- oder dreimal zu Wasser gebracht worden, aber über keine Sandbank hinausgekommen. Man will ja den Menschen nicht nahetreten, doch war eine solche Einheit gerade dadurch gekennzeichnet, daß alles von dem ganz auf sich allein gestellten Menschen abblätterte. Wer allein stundenlang unterwegs war mit diesem primitiven Gerät, der mußte mehr als einmal einen inneren Schweinehund überwinden. Das ist doch ganz klar.«

In der Beurteilung des Kleinkampfmittels »Neger« läßt Herbert Berrer keinen Zweifel: »Das Kriegsgerät selbst war dürftig, dürftiger geht es gar nicht, das kann man ohne Übertreibung sagen. Alle Kleinkampfmittel waren im Grunde ausgesprochen dürftig.«

Dem Ergebnis des Nettuno-Unternehmens kaum angemessen, folgte für die K-Flottille eine Einladung des deutschen Oberbefehlshabers in Italien, des Generalfeldmarschalls Kesselring. Die Ehrung durch diesen Empfang im Berg-Hauptquartier wirkte auf die Einzelkämpfer der Marine ebenso als Kontrast wie der zuvor in Rom durchgeführte Besuch vornehmer Restaurants, die den ziviltragenden K-Männern kraß die gegensätzlichen Lebensformen im Kriege darboten.

Ende April 1944 verlegte die K-Flottille zurück nach Deutschland, wo die Nettuno-Fahrer an der Ausbildung ihrer 60 neuen Kameraden beteiligt werden sollten. Es mußte aufgrund der negativen Erfahrungen alles besser organisiert und insbesondere die Transportfrage entscheidend anders geregelt werden. Anzustreben war eine wirklich straßenfähige Lafette zur Bewältigung größerer Strecken im LKW-Schleppverfahren. Man dachte an Zwillingsreifen und Auflaufbremse, was von der Technik relativ schnell geplant, von der Fabrikation dagegen nur schwierig bewältigt werden konnte. Die Firma Opel, für die Herstellung des Dreitonners »Opel-Blitz« bekannt, leistete wertvolle Hilfe, wenn auch die Lieferfristen kriegsbedingt kaum einzuhalten waren.

Zu vervollkommnen galt es zunächst die Ausbildung der Fahrer, weil mit Sicherheit der nächste Einsatz nicht im ruhigen Mittelmeer zu erwarten war. Als Anti-Invasions-Waffe würde der Einmanntorpedo ganz andere Küstenverhältnisse zu bestehen haben. Die deutsche Führung rechnete im Invasionsfall mit 60 Geräten und einem Fahrzeugpark der Flottille von 90 Kraftfahrzeugen, die zum Einsatz bis dicht hinter die eigene Front fahren müßten.

Neue Einsatzvorbereitungen und Tauchversuche mit dem »Marder«

Als mögliche Landungsplätze für ein alliiertes Invasionsunternehmen zog die deutsche militärische Führung an der französischen Küste fast sämtliche Regionen in Betracht, nur den später tatsächlich akuten Abschnitten der Normandie wandte sie die geringste Aufmerksamkeit zu. Sie ließ sich dabei von der Überlegung leiten, daß Steilküsten den Vormarsch nur behindern würden und deshalb für die gegnerische Landung nicht in Frage kämen.

Zur Vorbereitung eines »Neger«-Einsatzes war die Frage der örtlichen Bedingungen im Landungsgebiet keineswegs sekundär, mußte doch den unterschiedlichen Wasserdichten Rechnung getragen werden. Ohne Berücksichtigung des unterschiedlichen Torpedoauftriebs ging es nicht. Ein im Mittelmeer eingesetzter Doppeltorpedo benötigte ungefähr 20 l Auftrieb, während dasselbe Geräte im Atlantik mit 20 kg Untertrieb sofort absacken würde. Es war vor allem unerläßlich, das Gerät für das örtliche Seegebiet vorher genau auszuwiegen. Dazu mußte die wechselnde Wasserdichte in dem betreffenden Seegebiet zu den bestimmten Jahreszeiten unter bestimmten örtlichen Verhältnissen bekannt sein. Jeder U-Bootfahrer kannte das Problem, weil es beim Tauchen immer wieder zum Trimmen veranlaßt und man das Bootsgewicht durch Trimmzellen verändern kann. Bei dem geringen Auftrieb von 15 bis 20 kg müßte der Einmanntorpedo mit dem Fahrer – dieser wäre verpflichtet, sein Körpergewicht konstant zu halten – exakt ausgewogen sein. Das konnte nur durch praktische Versuche im Salzwasser ermittelt werden, und dazu waren 3 bis 4 Zentner Salz zu lösen, um die Bedingungen in einem künstlichen

Becken zu schaffen, unter denen die richtige Seewasserdichte des späteren Seegebietes erprobt werden mußte. Damit stellten sich erneut Beschaffungsprobleme, denn das Becken für derartige Erprobungen im künstlich hergestellten Salzwasser mußte aus Eisenplatten konstruiert werden. Allein die Salzbeschaffungsfrage nahm, wovon später noch zu berichten ist, geradezu groteske Züge an.

Natürlich würde sich ebenso die Frage der Navigation im Atlantik schwieriger als vor Anzio gestalten. In der Seinebucht war mit Strom zu rechnen, was eine sorgfältige Ausbildung der Fahrer im Torpedoschießen bedingte. Diesmal galt es den Vorhalt zu beherrschen. Außerdem war mit Seegang zu rechnen, weshalb strenge Anforderungen im Hinblick auf die Seetüchtigkeit der Einmanntorpedofahrer eine Selbstverständlichkeit darstellten. Zu diesem Zweck mußte jeder künftige Pilot eine Kutterausbildung bei Seegang absolvieren. Wer diesen Test nicht bestand, schied von vornherein aus.

Schließlich mußte die Lufterneuerung noch verbessert werden, »sonst konnte das Gerät so übernommen werden, mit allen Vorbehalten, daß es nur eine provisorische Angelegenheit war« (Krieg).

Das zweite Gerät wurde dann umbenannt in »*Marder*«, nachdem die Kompromittierung der Waffe im Verlauf des Italien-Einsatzes die deutschen Stellen dazu gezwungen hatte, forciert zu versuchen, die Tauchfähigkeit des Einmanntorpedos zu erreichen. Technisch lag kein Problem vor, man brauchte lediglich vor dem bisherigen Bug des Trägertorpedos, also vor der Pilotenkabine, eine kleine Kammer von rd. 20 bis 24 Litern Inhalt anzubringen, etwas mehr, als die Kuppel verdrängte, die sonst nur den einzigen Auftrieb des Gerätes bildete. Diese Kammer könnte der Fahrer im Bedarfsfalle fluten, so daß sie augenblicklich den Auftrieb der Kuppel verdrängte und das Gerät unter Wasser kam. Dazu mußte das Gerät so genau ausgewogen sein, daß es entsprechend dem Wassergewicht schwebte. Hierin bestand die eigentliche Schwierigkeit, weil auch das Wassergewicht ständigen Änderungen unterworfen ist, wodurch wiederum Änderungen des Auftriebs bedingt sind. Die vordere Tauchzelle brauchte daher eine gewisse Reserve. Das Entfluten erfolgte durch Preßluft. Die mitgeführten Preßluftflaschen ermöglichten ein fünf- bis sechsmaliges Auftauchen, erhöhten allerdings das Gesamtgewicht. Bei aller Primitivität funktionierte die Technik des Tauchens nach Auskunft von Hanno Krieg bestens. Schwierigkeiten bereitete es, den Menschen unter Wasser ein Gefühl für die Lastigkeit zu vermitteln. Wasserwaagen schienen wegen der erforderlichen Beleuchtung wenig geeignet, wie Versuche zeigten. Einfacher gestalteten sich die Erprobungen für ehemalige U-Bootfahrer, die ein instinktives Gefühl entwickelt hatten und spürten, ob ein Boot vor- oder hecklastig ist, d. h. ob es mit Lastigkeit nach unten oder oben liegt.

Eine weitere Schwierigkeit bereitete die Tauchtiefe. Wie tief durfte der »Marder« getaucht werden, und wie konnte die ermittelte zulässige Tauchtiefe erkennbar gemacht werden? Die dritte Frage lautete: Wie findet man sich unter Wasser ohne Kompaß zurecht? Die zumutbare Tauchtiefe lag zwischen 30 und 40 Metern, andernfalls hätte das Drucklager der Schrauben verstärkt werden müssen. Zur Navigation erwies sich der Magnetkompaß nicht uneingeschränkt als geeignet. Er zeigte jede Richtungsänderung des Torpedos unzureichend an; die Drehung nach links oder rechts wurde registriert, unklar blieb nur, welcher Kurs dann jeweils tatsächlich anlag. Eine Erklärung für dieses Phänomen lieferte wahrscheinlich der Umstand, daß mit jeder Kursänderung das Magnetfeld des eigenen Fahrzeugs zum Erdmagnetismus eine Änderung erfuhr. Der Kompaß stellte daher für den Einmanntorpedo eine vage Navigationshilfe dar, der Unsicherheitsfaktor betrug etwa 15 Grad nach jeder Seite.

Die auch von Hanno Krieg selbst erprobten tauchfähigen »Marder« sind – soweit bekannt – jedoch nicht zum Fronteinsatz gekommen. Andererseits ist die Bezeichnung »Marder« nicht unbedingt mit Tauchfähigkeit zu koppeln. Der Name »Neger« für Einmanntorpedo hatte im Marinesprechverkehr einen zu großen Bekanntheitsgrad erlangt, daß die Umbenennung aus Tarnungsgründen zweckmäßig erschien.[103]) In einer Auflistung der Seekriegsleitung über den zahlenmäßigen Einsatz der K-Flottillen und Dackel vom August 1944 werden sogar »rückwirkend« die bei Anzio/Nettuno eingesetzten »Neger« einfach als »Marder« bezeichnet.[104])

Wegen der überraschend einsetzenden Invasion wurde die Ausbildung der K-Flottille 361, die ihre ursprüngliche Bezeichnung bei-behielt, Anfang Juni 1944 forciert. Die erdrückende Luftüberle-genheit der Alliierten bereitete zusätzliche Probleme in Verbin-dung mit der schwierigen Bereitstellungsraumfrage. Diesmal mußte der nächtliche Einsatz nämlich direkt vom Unterstellplatz aus erfolgen.

Größere Probleme warfen außerdem die Strömungsverhältnisse an den Landungsstellen sowie in der Nähe der ankernden Feind-schiffe auf. Es war bekannt, welche enormen Stromunterschiede hier bei Ebbe und Flut herrschten. Der Strom bewegte sich entlang der Seinebuchtküste mit teilweise 4–4$^{1}/_{2}$ Knoten. Ihm waren die Geräte mit einer Eigengeschwindigkeit von 3$^{1}/_{2}$ Knoten völlig ausgeliefert. Ein Einsatz käme also nur in Frage, wenn die »Mar-der« durch den Strom zur Invasionsflotte getrieben würden, bei Stillwasser ihre Torpedos schießen könnten und mit dem Strom wieder zurückgetrieben würden. Nach den Berechnungen wären diese günstigen Bedingungen nur an 4 Tagen im Monat gegeben. Aber an diesen vier Tagen müßte auch noch ein Seegang herr-schen, der den Einsatz gerade eben zuließ: geringer als Seegang 3, d. h. nicht mehr als Windstärke 4–5. Im Grenzbereich solcher Be-dingungen ließen sich die Geräte wohl noch einsetzen, doch war die Sicht der Fahrer erschwert, da jede Welle über die Kuppel schlug. Kein Mensch erträgt dies 10 oder 20 Stunden lang. Somit war die Einsatzmöglichkeit an der Invasionsküste der Normandie auf ganz wenige Tage überhaupt beschränkt. Unter Berücksichti-gung der Mond- und Sonenaufgangszeiten war eine genaue Be-stimmung durchaus möglich, trafen jedoch die genannten Fakto-ren nicht optimal zusammen, mußte der Einsatztermin um einen ganzen Monat verschoben werden! Viel hing von den herrschen-den Wetterverhältnissen ab.

Die schwierige Ablauffrage konnte nur in Zusammenarbeit mit Pionieren des Heeres gelöst werden. Um die an der Küste erforder-lichen Ablaufbahnen herzustellen, mußte die beauftragte Pionier-einheit vorher genau informiert werden. Nach den Erfahrungen von Anzio/Nettuno schien eine sorgfältige Koordinierung unver-zichtbar. Das Heer hatte der K-Flottille den Raum zuzuweisen, die reibungslose Zusammenarbeit mußte unbedingt sichergestellt sein. Die Verbindung zum Heer oblag dem Einsatzleiter Kapitän z.S.

Friedrich Böhme, dem einstigen Kommandanten von »Z 23«, der als Kommandeur der Kleinkampfmittel in Frankreich großes Geschick bewies.

Die Neuaufstellung der K-Flottille 361 erfolgte in Rudolstadt (Thüringen), wo auch die Einmanntorpedos zusammengebaut wurden (die TVA Eckernförde war keine Produktionsstätte). Die Männer des K-Verbandes sollten aus Geheimhaltungsgründen nur ganz kurze Zeit in Rudolstadt erscheinen, hauptsächlich um die Salzwassererprobung im eigens dafür konstruierten Becken durchzuführen. Bereits in Italien trugen die Marinesoldaten aus Tarnungsgründen Khakiuniformen, für den bevorstehenden Normandie-Einsatz wurde Feldgrau mit den Abzeichen der Infanterie gewählt.

Allein das Auswiegen der für den Trimmversuch erforderlichen Salzmenge entwickelte sich im 5. Kriegsjahr zu einem komplizierten Problem. Es gab nicht genügend Salz, mit dem man das nötige Wassergewicht der Seinebuchtverhältnisse herstellen könnte. Hanno Krieg schickte deshalb seine Leute in Dutzende von thüringischen Dörfern mit dem sonderbaren Auftrag, dort von Kaufmann zu Kaufmann zu gehen und pfundweise das Salz aufzukaufen, bis die benötigten Zentner zur Verfügung standen.

An dieser Stelle muß einmal die gewaltige Materialüberlegenheit der Alliierten zum Zeitpunkt der Invasion zahlenmäßig veranschaulicht werden.

Am 10. April 1944 übergab Admiral Ramsay allen Marinebehörden seinen endgültigen Plan für das Unternehmen »Overlord«, dessen britischer Anteil den Decknamen Operation »Neptun« erhielt. Dabei fielen den Seestreitkräften die Aufgaben der Geleitsicherung, des Minenräumens sowie der Artillerieunterstützung der Armee zu. Von zwei großen amphibischen Verbänden, der Eastern und der Western Naval Task Force, sollte der eigentliche Angriff unternommen werden. Den ersten Verband sollte Konteradmiral Sir Philip Vian führen, der an drei Abschnitten (»Sword«, »Juno«, »Gold«) für die Landung dreier Divisionen der britischen 2. Armee westlich der Orne zuständig war. Konteradmiral Kirk, USN, wurde die Western Task Force unterstellt, die in zwei Abschnitten (»Omaha« und »Utah«) die amerikanische 1. Armee an Land zu bringen hatte. Truppentransporter und Nachschubschiffe sollten ständig Material und Verstärkungen heranschaffen.

Der Operation »Neptune« wurden insgesamt 1213 Kriegsschiffe zugeteilt, von schwerbestückten Schlachtschiffen bis zu Kleinst-U-Booten. 107 Schiffe wurden für die Beschießung deutscher Stellungen bestimmt, 286 Zerstörer, Fregatten und Korvetten für den Geleitdienst. Mit Ausnahme der amphibischen und Landungsfahrzeuge waren die beteiligten Kriegsschiffe meist britisch oder kanadisch (79%), die US-Navy stellte 16,5%, andere alliierte Marinen 4,5% aller Schiffe. Die amphibischen Fahrzeuge umfaßten Landungsschiffe verschiedener Konstruktion mit einer Unzahl von Funktionen. Bestimmte Einheiten transportierten Panzer, Geschütze und motorisierte Fahrzeuge der Armee, wieder andere waren mit Flak oder Raketenabschußgestellen ausgerüstet, um den Soldaten beim Sprung an die Küste Feuerunterstützung zu geben (sog. LCG = Landing Craft Gun). Die Alliierten verfügten über Spezialfahrzeuge für das Einnebeln, um Betonhindernisse wegzuräumen und Landminen zu räumen, über Amphibien-Panzer, über Werkstatt- und Dockschiffe. »Insgesamt repräsentierten die Landungseinheiten der Operation ›Neptune‹ die ganzen, in vier langen Jahren von Briten und Amerikanern gesammelten Erfahrungen für eine moderne amphibische Kriegführung.«[105])

Insgesamt setzten die Alliierten 4126 solcher Landungsschiffe und -boote ein, davon 2493 unter amerikanischer Flagge. Allerdings war die Mehrzahl der unter britischer Flagge laufenden Einheiten ebenfalls in den USA gebaut und bewaffnet und im Zuge des Pacht- und Leihprogramms nach Großbritannien geliefert worden. Für die Unternehmung wurden außerdem Hunderte von Handelsschiffen requiriert. Es galt minenfreie Wege mit Bojen zu markieren, beschädigte Schiffe abzuschleppen, Kabel zu verlegen sowie Teile zur Errichtung der künstlichen Häfen, der sog. »Mulberry«-Häfen, über den Kanal zu schleppen. Darüber hinaus mußten die vor der Küste im Einsatz stehenden Kriegsschiffe ständig mit Treiböl, Kohlen, Wasser und Munition versorgt werden.

Sofern die Zahlenangaben Admiral Schofields zutreffen, bestanden die im Kanalgebiet zur Invasionsabwehr sofort verfügbaren deutschen Marineverbände aus fünf Torpedoboot-Flottillen[106]) in Le Havre, 23 Schnellbooten (8 in Boulogne und 15 in Cherbourg), 116 Minensuchern, zwischen Dünkirchen und St. Malo verteilt,

44 Vorpostenbooten (21 in Le Havre, 23 in St. Malo) und 42 Artillerie-Fahrprähmen (16 in Boulogne, 15 in Fecamp und 11 in Ouistreham/St. Vaast). Zwischen Brest und Bayonne lagen fünf Zerstörer, 146 Minensucher, 59 Vorpostenboote und 1 Torpedoboot. Außerdem waren zur Abwehr der Invasion nach diesen Angaben 49 U-Boote bereitgestellt; 24 in Brest, 2 in Lorient, 19 in St. Nazaire und 4 in La Pallice. Davon waren nur 9 Boote mit Schnorchel ausgerüstet, am Invasionstag selbst nur 35 auslaufbereit.[107])
Andere Zahlen nennt Großadmiral Dönitz:
»Die deutschen leichten Seestreitkräfte standen einem weit überlegenen Gegner gegenüber. Wir hatten 30 Schnellboote, 4 Zerstörer und neun Torpedoboote, die Angloamerikaner dagegen 700 bis 800 Kriegsschiffe im Seegebiet der Invasion zusammengezogen. Darunter befanden sich 6 Schlachtschiffe, 2 Monitore, 22 Kreuzer, 93 Zerstörer, 26 Geleitzerstörer, 113 Fregatten und Korvetten, weitere Schnell- und Kanonenboote sowie andere Kriegsfahrzeuge.
Die deutschen Seestreitkräfte taten ihr Bestes und errangen sogar Erfolge. Sie wurden aber bald durch den übermächtigen Gegner zur See und aus der Luft am Einsatz gehindert oder außer Gefecht gesetzt.«[108])
Hinsichtlich der eingesetzten U-Boote ist bei Dönitz zu lesen:
»Welches war das Gesamtresultat des U-Bootkampfes im Seegebiet der Invasion vom 6. Juni bis Ende August 1944?
Nacheinander waren 30 Boote mit ›Schnorchel‹ in 45 Unternehmungen eingesetzt worden, 20 waren hierbei in Verlust geraten. Wir hatten annähernd 1000 Mann verloren, von denen 238 gerettet worden waren.«[109])

Le Havre –
Der gescheiterte erste Linsen-Einsatz

Das KTB der Seekriegsleitung vermerkt am 15. Juni 1944:
»Der erste schwere Rückschlag, den die eigenen Seestreitkräfte im Verlauf der Invasion erlitten haben, ist durch den besonders starken Luftangriff hervorgerufen, der in den Abendstunden des 14. 6. und in den frühen Morgenstunden des 15. 6. auf Le Havre zur ausdrücklich bekundeten Bekämpfung unserer S-Boote durchgeführt wurde.«[110])

Der erste Angriff erfolgte um 22.30 Uhr (bis 22.55 Uhr) durch 120 Liberators,[111]) die mit Bomben aller Kaliber einschließlich Phosphorbomben schwerste Schäden anrichteten. An etwa 7 Stellen im Hafen breiteten sich Brände aus. Der zweite Angriff um 01.00 Uhr verursachte ebenso in der Stadt schwere Schäden. Gruppe West meldete bis 06.00 Uhr folgende Verluste:

›FALKE‹, ›JAGUAR‹ gesunken. ›MÖWE‹ schwer, T 28 leicht beschädigt. V 1505, 207, 3 Boote B-Gruppe beschädigt.

M 3855, RA 9 gesunken, M 3800 und 3801 geringe, 3853 schwere Schäden. Alle übrigen RA-Boote beschädigt, unterfangen und schwimmend.

R 182 und ein Boot 4. Rfl. quer vor Bunker gesunken. Einfahrt bei Niedrigwasser blockiert. Bunkerdecke 2-mal durchschlagen. Einige Boote Bombenschaden.

S-Bootsverluste noch nicht bekannt. Personalverluste mäßig.«[112])

Diese vorläufige Verlustmeldung wurde um 11.10 ergänzt:
»1. ›MÖWE‹ gesunken,
2. S-Boote 9 Totalverluste. 1 auf Strand, 1 Vorschiff abgerissen, 1 im Dock umgefallen und zerstört. 1 beschränkt KB, 1

KB.[113]) Bisher 20 Mann vermißt, Mirbach und 2 Kommandanten verwundet. Von Chef 5. Tfl. noch keine Nachricht, da
während Angriffs wahrscheinlich auf T-Boot.«[114])
»Mit dem Verlust zahlreicher S-Boote in Le Havre«, heißt es an
anderer Stelle, »ist die Einsatzlage dieser bisher so erfolgreichen
Waffe wesentlich eingeschränkt. Nach Feststellungen bei SKl ergibt sich für 15.00 Uhr folgende KB-Lage:

Cherbourg:	9. Sfl. 3 Boote KB,	
	5. Sfl. S 112 fahrbereit	4
Le Havre:	Von 9. Sfl. S 167 KB,	
	S 144 beschränkt fahrbereit.	2
Boulogne:	2. Sfl. 2 Boote KB,	
	4. Sfl. 2 Boote KB,	4
Ostende:	2. Sfl. 2 Boote KB,	
	8. Sfl. 3 Boote KB.«	5

»Der unter großem Aufwand durchgeführte Angriff auf Le Havre
beweist, wie empfindlich dem Gegner die Verluste durch unsere
Seestreitkräfte geworden sind.«[115])
Doch stiegen die Personalverluste noch erheblich. Um 20.15 Uhr
wurden sie mit etwa 80 Toten bzw. Vermißten und 70 bis 80 Verwundeten angegeben. Zu den Gefallenen zählten auch die Kommandanten von »JAGUAR« und »FALKE« sowie der 1. W.O.
»JAGUAR«. Das ganze Ausmaß der Katastrophe zeichnete sich
gegen 23.30 Uhr noch deutlicher ab: »Bisherige Marineverluste
etwa 200 Tote, 100 Verletzte. Chef 5. Tfl. vermißt.«[116])
Wie Kapitänleutnant Hanno Krieg wurde auch Kapitänleutnant
Helmut Bastian infolge eines Luftangriffs zum Flottillenchef beim
K-Verband, der eine durch den Verlust seines U-Bootes im Hafen
von Pola, der andere, Kommandant des Torpedobootes
»MÖWE« von der 5. Tfl., durch den Verlust seines Schiffes am
14./15. 6. 44 in Le Havre. Während Hanno Krieg bereits seit April
Chef der K-Flottille 361 (»Neger«/»Marder«) war, sollte Helmut
Bastian später seinen ehemaligen Crewkameraden Kapitänleut-
nant Ulrich Kolbe in der Führung der K-Flottille 211 (»Linsen«)
ablösen. Der erwähnte schwere Luftangriff auf Le Havre traf die
5. T-Flottille, die sog. »Kanalarbeiter«, übrigens kurz vor dem
Auslaufen. Bastian war von der alten 5. Tfl. der einzige überlebende Kommandant. Nach seinen Angaben wurden 44 Einheiten

der Marine versenkt. Verschont blieb nur T 28, das Boot des Flottillenchefs Heinrich Hoffmann.

Mit der Hafenstadt Le Havre steht auch der erste geplante Linsen-Einsatz unter Führung Kapitänleutnants Ulrich Kolbe in schicksalhafter Beziehung.

Am 24. Juni 1944 meldete der A.d.K., daß 11 Linsen »heute 23.00 Uhr« einsatzbereit im Raum Le Havre wären. Gleichzeitig sollte ein »Biber«-Kleinst-U-Boot gegen die Brücke im Orne-Kanal angesetzt werden. Das Auslaufen der K-Flottille 211 war jedoch am 24. 6. »wegen Schleusenschwierigkeiten nicht möglich«. (Meldung des Kdo. der K-Verbände am 25. 6. 44 0310 Uhr)

»Ende nächster Woche werden weitere 20 Linsen vom Müritz-See in die Seine-Bucht nachgeschoben. Die beiden ersten Gruppen der Negerflottille sind noch auf dem Weg. Ihr Einsatz ist im Raum Honfleur–Trouville beabsichtigt. 3. Gruppe folgt. Die Dislozierung der nächsten Flottille in etwa 14 Tagen soll sich nach dem Erfolg der ersten Flottille richten.«[117]

Zu dieser Zeit, knapp 3 Wochen seit Beginn der Invasion, lag der Schwerpunkt der Ereignisse im Endkampf um Cherbourg auf der Halbinsel Cotentin. Eine Meldung der Kampfgruppe v. Schlieben vom 25. 6. (1209 Uhr) lautete: »Feindliche Materialüberlegenheit und Luftherrschaft überwältigend. Mehrzahl eigener Batterien verschossen oder zerschlagen. Gruppe seit 6. 6. stark abgekämpft und mit Meer im Rücken auf engstem Raum gedrängt, ... 2000 Verwundete ohne Abtransport-Möglichkeit ...« 19.47 Uhr traf von der Kdo.-Stelle Schlieben noch dieser Funkspruch ein: »Letzter Kampf um Cherbourg entbrannt. General kämpft bei der Truppe. Es lebe Führer und Deutschland!«[118]

An eben diesem Tage beobachtete die eigene Funkaufklärung sehr regen Nachschubverkehr des Gegners, da eine Reihe von Meldungen über Geleite, Ausladungen, Fährboote sowie über organisatorische Maßnahmen anfiel: »Eine Stelle S.O. Ferry Control meldete vom 22. und 23. 6. 1800 Uhr 2243 to Nachschubgüter, 2966 Fahrzeuge und 14 012 Mann. Für die nächsten 24 Stunden bis 24. 6. 1800 h 5309 tons Vorräte, 1896 Fahrzeuge und 7879 Mann ausgeladen.«[119]

Angesichts solcher Zahlenverhältnisse und wegen der argen Dezimierung der leichten Seestreitkräfte setzte die deutsche Führung ihre Hoffnung in die Kleinkampfmittel.

Ein erster Einsatz der K-Flottille 211 sollte in der Nacht zum 26. 6. 1944 durchgeführt werden. Doch als am 26. 6. die Lagebesprechung beim Ob.d.M. stattfand, lag die Hiobsbotschaft bereits auf dem Tisch:

»In Le Havre ist ein Ladungsboot Linse explodiert. Dabei sind 2 Kommando-Boote, 2 Ladungsboote und ein R-Boot gesunken.«...

»Der Verband K-Flottille 211, der am 25. 6. 2300 Uhr ausgelaufen war, hat wegen Unklarkommens der Schleppverbindung kehrtgemacht und ist eingelaufen. Der Einsatz ist also nicht zustande gekommen.«[120])

Wie erklärt sich die Katastrophe?

Die Sprengboote der »Küstenjäger« waren nur mit Brennstofftanks für eine Fahrtstrecke von 20 sm ausgerüstet. Die mittlere Entfernung von Le Havre zu den Anlandeplätzen der Alliierten betrug 25 sm. Deshalb mußten die »Linsen« im Schlepp anderer Fahrzeuge ihren Zielen nähergebracht werden. Die für Schlepphilfe vorgesehenen Minenräumboote lagen mit den Sprengbooten zusammen an der Pier, und diese gaben kurz vor Einbruch der Dunkelheit »am falschen Objekt eine Probe der geballten Kraft, die in ihnen steckte. Einzelne Fahrer von Sprenglinsen waren gerade damit beschäftigt, die Zündleitungen ihrer Boote elektrisch durchzuproben, als plötzlich eine gewaltige Detonation das Hafenbecken und alle darin liegenden Schiffe erschütterte.«[121])

Innerhalb weniger Minuten versank ein Räumboot. Später fand man an Land Reste des explodierten Sprengbootes. »Einer der verwundeten R-Boot-Matrosen gab später an, Sekundenbruchteile vor der Detonation die heftig hervorgestoßenen Worte: ›Ach du Scheiße!‹ gehört zu haben. Daraus schloß man, daß einer der K-Männer, der mit seiner Linse an der Bordwand des versenkten R-Bootes lag, vor dem Probezünden vergessen hatte, die Sprengladung von der Zündleitung abzuschalten ...«[122])

Als ehemaliger Flottillenchef gibt Ulrich Kolbe zu dem mißlungenen Linsen-Einsatzversuch aufschlußreiche Hintergrundinformationen:

»Nach den Unterlagen des Naval Document Centre vom 1. Juni 1948 wurde ich am 26. März 1944 von der 5. Schnellbootsflottille, in der ich seit dem 27. September 1942 als Kommandant und

124

Rottenführer meist von Cherbourg aus im Einsatz gewesen war, zum Kommando der Kleinkampfverbände (KdK) nach Timmendorfer Strand versetzt.

In der Dassower Wik (›Blaukoppel‹) lagen ca. 10 ›Linsen‹. Ich erhielt von Adm. Heye den Auftrag, eine Taktik zu entwickeln, wie diese Boote an der Kanalküste gegen eine erwartete Invasion der Alliierten eingesetzt werden könnten, und Personal für den Einsatz mit den Booten auszubilden.«[123])

»Von Anbeginn an forderte ich, daß Bootsanhänger angefertigt werden müßten, damit die Boote vom Strand aus ins Wasser gebracht werden könnten. Denn ihr Einsatzradius betrug nur 8–10 sm. Darüber hinaus ist in der Seine-Bucht, wo die Invasion erwartet wurde, selbst bei geringen Windstärken meistens so kabbelige See, daß ein Einsatz der sehr kleinen und sehr flachen Boote über längere Seestrecken nicht in Frage kam.«[123])

»Das erste Ausbildungslager sollte ich in List auf Sylt einrichten. Es wurden junge, meist der Seefahrt unkundige Marinesoldaten zusammengezogen, die sich freiwillig zu diesem Einsatz gemeldet hatten. In den Kasernen des Fliegerhorstes kamen die Männer unter. Aber es zeigte sich bald, daß weder das Wetter noch die Seeverhältnisse noch auch die hohen Brücken für einen planmäßigen Ausbildungsbetrieb geeignet waren.

Diese Verhältnisse waren in der ›Grünkoppel‹ bei Waren an der Müritz besser. Als ich Anfang Mai dort hinkam, bestand das Lager schon, hatte festes Stammpersonal und niedrige Stege im sehr stillen See, und es lagen ca. 60 Boote zum Üben bereit. Was die Kommando- und Ausrüstungsverhältnisse anbetraf, herrschte allerdings ein erhebliches Durcheinander. Dennoch konnte ich regelmäßig und planmäßig ausbilden.

Zunächst mußten die unerfahrenen Matrosen, Sanitäter, Schreiber u. ä. lernen, mit einem Boot umzugehen, sich darin zu bewegen und zu steuern. Wir haben uns dazu eine Art Slalomstrecke zwischen Schilfinseln und Holzbojen gebaut. Dann mußte das Aussteigen in See und das Aufnehmen geübt werden. Es wurde abends und nachts geübt. Zuletzt kam das Zielen an die Reihe. Dazu hatten wir ein Schilffloß gebaut, das man noch auf ca. 500 m im Dunkeln ausmachen konnte.

Anders als Bekker schreibt, sollten die beiden Rottenboote auf ein

Signal mit der Klappbuchse an dem gestoppt liegenden Führerboot langsam vorbeifahren, bis die Lenker die Deckpeilung von hinten einsehen konnten. Dann sollten die Linsenfahrer aussteigen und gleich aufgenommen werden; während der Fahrer des Führerbootes den Linsensteurer ins Boot holte, sollten die Fernlenksteurer die Sprenglinsen ins Ziel steuern. Mit den Besatzungen einiger Rotten klappte es auf dem See auch schon ganz gut.

Der Brennstoff für die Motoren war knapp, und bei der Reparatur der Boote und der technischen Ausrüstung mußte ständig improvisiert werden. Bootsanhänger zum Abslippen der Boote gab es noch nicht. Sie blieben nach dem sehr mühsamen Ausladen und Zu-Wasser-Bringen an den kleinen Brücken im See liegen.«[123])

Bald nach Invasionsbeginn erhielt Kapitänleutnant Ulrich Kolbe Befehl von Admiral Heye, mit 48 Booten[124]) an die Kanalküste zum Einsatz zu gehen. Dazu sein Bericht:

»Ich wies zwar darauf hin, daß ohne Bootsanhänger die Boote nur durch Kräne, also in Le Havre zu Wasser gebracht werden konnten und damit der Anmarsch gegen die ca. 15 sm entfernte Invasionsflotte zu weit sei, daß darüber hinaus der Ausbildungsstand noch sehr unvollkommen sei. Es war aber schon die entsprechende Anzahl von Lastwagen mit Lastwagenanhängern in der ›Grünkoppel‹ angekommen. Die Boote wurden also wieder mit großer Mühe auf die Anhänger geladen und festgezurrt. Je Boot ein Anhänger, und ab ging's im Konvoi nach Lübeck.

Admiral Heye verabschiedete die Männer der Flottille auf dem Güterbahnhof, nachdem die beladenen Lastwagen verladen waren. Er rief uns dazu auf, wie die ›Winkelriede‹ zu kämpfen.«[123])

Hinsichtlich der Vorgänge in Le Havre stimmt Ulrich Kolbe der Darstellung C. Bekkers im wesentlichen zu. »Es muß aber hinzugefügt werden, daß ich vom Stadtkommandanten von Le Havre und von dem Einsatzleiter Kpt. Böhme energisch gedrängt wurde, so schnell wie möglich einzusetzen, weil bei der vollständigen Luftherrschaft der Alliierten und der fast lückenlosen Spionage im Hafen die Ankunft der Flottille weitere schwere Bombenangriffe auf den Hafen und die Stadt befürchten ließ.

So kam ich auf den ›verzweifelten‹ Gedanken, die Linsen von Räumbooten, die für kurze Zeit in den Hafenbunkern Schutz gesucht hatten, bis in die Nähe (ca. 5 sm) der Invasionsflotte schleppen zu lassen. Hinter ein Räumboot sollten jeweils drei bemannte Linsen (eine Rotte) gehängt werden. Der Flottillenchef dieser Boote war mein Crewkamerad Wilhelm Anhalt.«

»Das Unglück im Hafen vor dem Einsatz beschreibt C. Bekker richtig. ... Der unvorsichtige Linsenfahrer hatte, wie es geübt war, sein Boot zur Probe ›scharf‹ gemacht, aber gegen die Vorschrift nicht darauf geachtet, daß der Zündbügel am Bug des Bootes auf keinen Fall gegen einen festen Gegenstand stoßen konnte. Die Boote lagen im ›Päckchen‹ an der Hafenpier. Das ›scharf‹ gemachte Boot dümpelte gegen ein anderes und explodierte.«[123]) Als das furchtbare Unglück geschah, befand sich Frank Gorges mit seiner 2. Rotte der 2. Gruppe K-Fl. 211 gerade an der gegenüberliegenden Hafenbeckenseite, etwa 100 m von der Explosion entfernt. Der Wasserstand war extrem niedrig, so daß die Boote tief im Hafenbecken lagen, nur über eine lange Treppe erreichbar. Gorges schildert den Hergang so:

»Wir waren gerade damit beschäftigt, die Boote probeweise scharf zu machen, da gab es, durch die hohen Beckenwände höllisch verstärkt, einen mordsmäßigen Knall. Ich rief meinen Leuten zu: ›Haltet die Boote auseinander!!‹ Die scharfen Boote durften auf keinen Fall 80 kg Druck ausgesetzt werden. Aber durch die Detonation ausgelöst, raste eine mächtige Druckwelle auf unsere gefährdeten Linsen zu.« Im rheinländischen Dialekt-Originalton fügt Gorges hinzu: »Da ha'm wir uns auf die Boote draufjeschmissen, vorn mit Füßen und Händen die Dinger auseinanderjehalten. Wie dat überhaupt jutjegangen hat, weeß ik heut noch nich.«[125]) Ihm bedeutet es »heute noch ein Rätsel, daß wir nicht auch mit hochgeflogen sind. Das war ja die Aufregung: Die Boote scharf, und da kommt die Welle auf uns zu! Wir wußten ja gar nicht, was passiert war.«

Infolge der Witterungseinflüsse kam es häufig zu Kurzschluß in den elektrischen Zündleitungen der Sprengboote. Es wurde auch nach Frank Gorges' Erinnerung als mögliche Ursache des Explosionsunglücks ein solcher Kurzschluß vermutet, da die Hauptladung scharf geworden sein mußte. Andernfalls hätte die Auslösung der Zündung nur den vorderen Bootskörper weggesprengt.

»Das war unser erster Bombenerfolg, ein deutsches Räumboot!« R 46 von der 4. Räumflottille sank mit 32 Mann Besatzung. »Ich bin«, berichtet der ehemalige Oberbootsmaat weiter, »als die Boote wieder ruhig lagen, raus aus dem Becken und auf die Pier gelaufen. Da habe ich noch gesehen, wie die Vorreiber der Decksluken von innen geöffnet werden sollten.« Aber die verzweifelten Versuche der Eingeschlossenen waren leider vergeblich. Die Luken ließen sich von innen nicht öffnen, und von außen konnte keine Hilfe geleistet werden.

Das Hafenunglück löste einen grauenvollen Nebeneffekt aus, da der Explosionsdruck zahlreiche Leichen, die seit dem schweren Bombenangriff vom 14./15. 6. unter den Molen und Kaimauern festhingen, hochtrieb. Bei den z.T. furchtbar entstellten, zerrissenen und aufgedunsenen Toten handelte es sich vorwiegend um vermißte deutsche Seeleute. Zur Bergung dieser Luftkriegsopfer mußten Spezialtrupps mit Gummianzügen aus Le Havre angefordert werden.

Einige Tage darauf wunderten sich Gorges und seine Kameraden über eine Schar auffällig um den Molenkopf kreisender Möwen. Der Leuchtturm[126]) hatte doch sonst nicht so viele Möwen angezogen. Auf diese Weise kam es zur nächsten grausigen Entdeckung: Man fand die Überreste des verunglückten Sprengbootfahrers. »Da hatte es den Leutnant an die Wand geklatscht wie eine Zeitung, der Rest war runtergefallen«, schildert Frank Gorges den schrecklichen Fund. »Nur die Form eines Menschen war noch erkennbar. Erinnern Sie sich an das Plakat mit dem Schattenmann ›Pst! Feind hört mit!‹? So sah das aus, so war der an die Wand geklatscht und runtergefallen.«

Planmäßig startete die K-Flottille 211 zum Einsatz in der Nacht des 25. Juni, geschleppt von den Räumbooten. Darüber berichtet Ulrich Kolbe:

»Ich hatte an sich den Befehl, selber nicht an einem Einsatz teilzunehmen. Da aber das Ablegen in einem großen Hafen, das Festmachen an den Schleppleinen der Räumboote und das Geschlepptwerden nicht geübt waren, stieg ich dennoch in ein Führerboot, um meine Leute nicht allein zu lassen.

Das Auslaufen aus dem Hafen ging gut. Als aber die Räumboote hinter der Ansteuerungstonne ihre Marschfahrt (ca. 10 sm) aufnahmen, zeigten sich bald die Schwierigkeiten. Die sehr niedrigen Boote, die fast ungedeckt waren, nahmen schon in der Hecksee der in Kiellinie fahrenden Räumboote so viel Wasser, daß einzelne Fahrer ihre Boote loswarfen, weil sie nicht zugleich ausösen und steuern konnten. Andere Linsen rammten sich beim Schleppen oder wurden durch die See gegeneinander gedrückt. Der Wind wehte aus Südost bis West mit Stärke 2–3, die Nacht war dunkel und leicht diesig. Vor allem vor der Seine-Mündung herrschte recht kabbelige See.«[123])

Manche Linsen schöpften so viel Wasser, daß Kurzschlüsse im elektrischen Leitungssystem auftraten. »Eine so stark mitgenommene Flottille, deren Boote jeden Augenblick infolge eines neuen Defekts selbst in die Luft fliegen konnten, eignete sich kaum zum Angriff auf die Invasionsflotte.«[127])

»C. Bekker schreibt, es seien einige Rotten bis zum Einsatz geschleppt worden. Das stimmt nicht. Zur Erleichterung der Räumbootsfahrer gab ich nach ca. 3/4 Stunden Marschfahrt den Befehl, den Einsatz abzubrechen, die beschädigten Boote zu versenken, die Leute auf die Räumboote zu übernehmen und nach Le Havre zurückzukehren. Feindliche Gegenwehr erhielten wir nicht. Wir hatten auch keine weiteren Verluste, da wir immer nahe genug an der Küste waren, daß auch die Linsen, die sich losgeworfen hatten, wieder an Land kamen, allerdings eine Anzahl am Strand westlich der Seine-Mündung.

Am nächsten Tag erhielt ich den Befehl, so schnell wie möglich zur Berichterstattung nach Timmendorfer Strand zurückzukommen. Ich überließ Kpt. Böhme die weitere Abwicklung und fuhr mit meinem Fahrer und meinem Aufklarer, einem 18jährigen Berliner, der mich im Lager an der Müritz ›angefleht‹ hatte, er wolle so gern mitkommen, in ca. 24 Stunden ohne Aufenthalt und ohne Licht zurück.

Meine Berichterstattung erfolgte am nächsten Tag. Ich forderte für einen möglichen neuen Einsatz sowohl Bootsanhänger zum Einsatz vom Strand in der Nähe der Ziele aus, eine gründlichere Ausbildung und Übung der Linsenfahrer nicht nur auf einem Binnensee, einen Einsatzplatz ohne die Notwendigkeit, die Boote zu schleppen.

Den ganzen Einsatz über hatte ich durch Gelenkrheumatismus stark geschwollene Kniegelenke. So ging ich nach der Berichterstattung zur Kur.«[123])

Am 28. Juni bestanden für die K-Flottille 211 infolge schlechter Wetterlage keine Einsatzmöglichkeiten. Ebenso meldete das Kommando der K-Verbände am 29. 6., »daß K-Flottille 211 wegen Seegangs 4 noch nicht eingesetzt werden könnte.«[128])

Inzwischen hatte die von Kapitänleutnant Hanno Krieg geführte K-Flottille 361 (s. nächstes Kapitel) mit Gruppe A ihren Bereitstellungsort 20 km südlich Trouville am 28. 6. erreicht. Gruppe B wurde dort am 29. erwartet. Der Einsatz sollte nicht von Honfleur, sondern von Villers aus erfolgen.

Durch Sonderunternehmen mit »Biber« oder »Meereskämpfern« (sog. »Froschmännern«) sollte nach Auskunft des Kommandos der K-Verbände eine im Bau befindliche Eisenbrücke über den Orne-Kanal zwischen Bennouville und Blainville zerstört werden. Das Heer legte jedenfalls größten Wert auf die Sprengung der Flußbrücke.

Der Seekriegsleitung wurde am 30. 6. 44 »betr. Einsatz Kdo. Böhme Le Havre« abschließend gemeldet:

»Erster Einsatz erfolgte in der Nacht zum 26. 6. mit 8 Kommando- und 9 Ladungslinsen. 4. Räumflottille war zu anfänglicher navigatorischer Führung mit Schleppen der Geräte abgestellt. Infolge Bedienungsfehler detoniert eine Ladungslinse längsseit R 46. Dieses Boot, 2 Kommando-und eine Ladungslinse sind gesunken. Personalverluste sind eingetreten. Der Einsatz wurde wegen Unklarkommens der Schleppverbindungen für die übrigen noch klaren Kampfmittel aufgegeben.

Bei erneutem Einsatzversuch in der Nacht zum 30. 6. waren 2 Ladungslinsen vor Aufgabe unklar. Auf Anmarsch haben sich 2 Linsen gerammt und sind gesunken. Von übrigen 4 Kommando- und 5 Ladungslinsen hat eine Linse Anschluß verloren, eine weitere ist gesunken. Eine Linse ist wegen aufkommenden Seegangs in Orne-Mündung gesunken. Wegen technischen Versagens der beiden übrigen Linsen hat auch der Rest kehrtgemacht und ist in Trouville eingelaufen.«[129])

Für Admiral Heye und seine K-Verbände, für die gesamte Marineleitung ergab das eine wahrhaft düstere Bilanz. Auf die jungen »Winkelriede«[130] konnte sie nicht gerade ermutigend wirken. Besaßen die Kleinkampfmittel überhaupt eine Chance gegen die mächtigen Flotten zweier Weltmächte?

Die Marder- und Linsen-Einsätze gegen die Invasionsflotte

Die K-Flottille 361 sollte von Rudolstadt aus in Marsch gesetzt werden. Damit wenigstens 60 LKWs zum Abtransport der Geräte zur Verfügung stünden, mußte angesichts der schwierigen Lage wiederum ein Führerbefehl die Beschaffungsnöte beseitigen helfen. Der Konvoi setzte sich schließlich aus 12 verschiedenen Fabrikaten zusammen, Fahrer stellte die Marine. Im übrigen wurde Hanno Krieg die Führung des Transports sowie die gesamte taktische Einsatzleitung übertragen. Dem Kapitänleutnant war indes völlig »schleierhaft«, wie man einen solchen Transport mit endlich 92 Kraftfahrzeugen durchzuführen hatte. Auf Anforderung stellte man ihm einen Fähnrich zur Seite, der eine Ausbildung als Kraftfahrzeugoffiziersanwärter vorweisen konnte. Die zusätzliche Anforderung zweier Kradmelder löste wohl etwas Erstaunen aus, doch die Transportkolonne verfügte lediglich über einen Funkwagen, mit dem der Einsatzleiter zwar Berlin und Paris erreichen konnte, aber keinen Kontakt zu den eigenen Leuten unterwegs herzustellen vermochte. .

Wertvolle Unterstützung erhielt der einstige U-Bootskommandant durch 12 ihm zugeteilte Skorzeny-Leute, Angehörige der Waffen-SS, »altgediente Haudegen mit viel Kriegserfahrung«, die ihm »in diesen Tagen ausgesprochen gut geholfen haben. Sie benahmen sich der Marine gegenüber absolut loyal.«[131]) Erst nach dem Kriege ist bekannt geworden, daß diese SS-Männer »Bewährungseinsatz« wegen irgendwelcher Delikte »bekommen« hatten. Der Einsatz in den K-Verbänden galt für sie als Bewährungseinsatz. Dagegen legte die Marine auf charakterlich einwandfreies Verhalten ihrer Leute Wert. Fünf Tage verschärften Arrests reichten aus, einen Bewerber für die K-Verbände abzulehnen. Nun mischten sich jedoch Kameraden unter die Marine-Einzelkämpfer, die zu drakonischen Strafen abgeurteilt waren, die teilweise bei 10 Jahren Zuchthaus gelegen haben sollen. Zwischen Admiral Heye und Oberst Skorzeny hat es wegen dieses Bewährungsverfahrens, über das die Marine zunächst nicht informiert wurde, ernsthafte Auseinandersetzungen gegeben. Die SS-Männer unterzogen sich auch der Ausbildung als Einmanntorpedofahrer und kamen später so zum Einsatz.

Nachdem die Torpedos mit ihren Fahrern in Rudolstadt ausgewogen worden waren, lautete für die Flottille der Auftrag: nach Paris fahren, dort Verbindung aufnehmen mit den zuständigen militärischen Dienststellen und sodann den noch zu bezeichnenden Ort in der Nähe der Invasionsfront aufzusuchen. Dieser Ort sollte nicht weiter als 15 km von der möglichen Einsatzstelle entfernt sein und außerdem Unterstellplätze für die Torpedos sowie Regelmöglichkeiten bieten, da letztere durch den langen Straßentransport Erschütterungen ausgesetzt sein würden und daher noch einmal gründlich »durchgeregelt« werden müßten. Es würde mindestens 5 bis 6 Tage in Anspruch nehmen, bis alle 120 Torpedos, davon 60 mit Sprengstoff, genau überprüft wären, denn die umfassende Wartung dauerte pro Torpedo ein paar Stunden. Kapitänleutnant Hanno Krieg spezifizierte aus diesem Grunde die Anforderungen hinsichtlich der Unterstellmöglichkeit in Frontnähe dahingehend, daß die Unterstellräume nicht einsehbar sein dürften und von möglichst geringer Gefährdung durch Luftangriffe zu sein hätten. In der Normandie boten sich Gutshöfe an, die teilweise mit großen Stallungen versehen waren und deren Remisen auch Fahrzeugen zugänglich schienen, so daß die Hoffnung bestand, dort mit den verhältnismäßig unhandlichen Torpedos Unterkünfte zu finden. Von oben mußte eben alles recht unscheinbar aussehen.

Kapitän Böhme fand in der Nähe von Trouville einen solchen verlassenen Gutshof mit alten Pferderemisen in größerer Zahl, die sich für die Unterbringung als günstig erwiesen.

Mit über 90 Kraftfahrzeugen und 2 Kradmeldern erreichte die Kolonne in einem Tagesmarsch die Stadt Trier. Ziel des nächsten Tagesmarsches sollte Paris sein, und um die Gefahr des Zerschlagenwerdens bei ständiger Tieffliegergefährdung möglichst gering zu halten, teilte Kapitänleutnant Krieg seine Einheit in drei Gruppen ein. Je 20 Torpedos und ein Drittel der dazugehörigen Begleitfahrzeuge – bis auf die Kombüse war alles dreifach vorhanden, diese marschierte im mittleren Pulk mit – wurden zu einer Gruppe zusammengefaßt. Der in solchen Manövern ungeübte Kapitänleutnant ging von der Vorstellung aus, ein Abstand von 30 Minuten würde das Zusammentreffen aller drei Gruppen sicher verhindern. Aber irgendwo in den Vogesen sah man sich bei der ersten größeren Steigung wieder; in kürzester Zeit rückten sämtliche Fahrzeuge dicht aneinander, als auch schon ein Verband von 48 amerikanischen Lightnings auftauchte. Über den Leichtsinn des Tagesmarsches nachzudenken, blieb jetzt allerdings keine Zeit mehr. Der kompletten K-Flottille 361 drohte die Vernichtung vor Erreichen ihres Einsatzortes. Es gibt jedoch Situationen, in denen gerade der Leichtsinn den Bedrohten als »ein Rettendes« (Hölderlin) zugute kommt. Denn der Gegner hielt es offenbar für ausgeschlossen, daß bei seiner starken Luftüberlegenheit die Deutschen einen wertvollen Transport auf die Straßen schicken könnten. Möglicherweise dachten die Lightning-Piloten an deutsche Flakfallen, die zu der Zeit »erfunden« worden waren: LKWs mit aufgebauter Vierlingsflak, zunächst getarnt als »normale« Wehrmachtstransportfahrzeuge, bereiteten ahnungslos angreifenden Jabos auf diese Weise unangenehme Überraschungen aus sämtlichen Rohren.

Als die Formation der doppelrumpfigen Feindjäger jetzt am Himmel erschien, konnte Hanno Krieg nur noch den Befehl geben: »Alle volle Deckung!«

Jeder sprang von seinem Fahrzeug und erwartete atemlos den bevorstehenden Angriff, der nur im Inferno enden konnte. Stattdessen geschah nichts. Die Feindmaschinen flogen einen großen Bogen und noch einen halben, um das ungewöhnliche Aufgebot in sicherer Entfernung zu mustern. Offensichtlich erschien ihnen der Angriff zu riskant, denn sie detachierten eine Maschine, die einen einzeln fahrenden PKW wenige Kilometer hinter der Kolonne zusammenschoß. Anschließend verschwanden sämtliche Flugzeuge Richtung Straßburg. Das »Kriegsglück« – wie soll man es sonst anders nennen? – entschied diesmal zugunsten der Deutschen, vermutlich weil der Gegner die LKWs für eine Ansammlung von Flakfallen hielt.

Im Laufe der Nacht des zweiten Marschtages traf die Transportkolonne in Paris ein, das nicht umgangen werden konnte. Um jedoch in der Stadt nicht unnötig Aufsehen zu erregen, kam Krieg auf die Idee, den einzigen Richtung Rouen durch einen Berg führenden Straßentunnel durch quergestellte LKWs vorn und hinten zu sperren. Das verdroß nicht nur die Pariser, weil morgens der Verkehr zu den Arbeitsstätten verhältnismäßig stark gestört war, sondern ebenso den deutschen Stadtkommandanten. Dem von der Stadtkommandantur entsandten Offizier, der die sofortige Freigabe des Tunnels befahl, hielt Krieg ein Fernschreiben des Großadmirals Dönitz entgegen, demzufolge der Einsatzleiter »im geheimen Auftrag des Führers« in einer dringenden Mission handelte. Die Wünsche des Oberleutnants seien deshalb als seine (des Großadmirals) Befehle aufzufassen. Der Flottillenchef machte außerdem klar, daß er mit dem abgesandten Offizier über den Inhalt seiner Mission nicht verhandeln könne, er müsse dazu den Stadtkommandanten persönlich sprechen, nachdem er mit der Marinegruppe West weitere Einzelheiten geklärt hätte. Im übrigen könnte der Stadtkommandant sich auch mit dem Befehlshaber der Marinegruppe West direkt auseinandersetzen.

Der requirierte Tunnel bot eine absolute Sicherheit, auch hinsichtlich einer möglichen Gefährdung der Bevölkerung durch die Sprengstoffansammlung.

Bei der Marinegruppe West traf Krieg mit Kapitän zur See Böhme zusammen, der die Vorbereitungen an der Küste erklärte und auch das Unterstellquartier für die Torpedos anweisen konnte. Die Planung der Anfahrt blieb Sache des Flottillenchefs. Es wurde entschieden, nur noch nachts und ohne Licht zu fahren, zumal wegen der schlechten Ausbildung der Fahrer eigentlich nur Einzelauftragstaktik zu betreiben war. So erhielt jeder Fahrer seine Landkarte und die Ankunftszeit mitgeteilt, um sich auf eigene Faust durchzuschlagen. Die Auftragstaktik hat sich gut bewährt, hinzu kam das unwahrscheinliche Glück, denn alle Geräte erreichten den befohlenen Einstellungsplatz und konnten bei Nacht noch untergebracht werden. Während der gesamten Einstellungszeit erfolgte außerdem kein Fliegerangriff. Am Einstellungsplatz selbst

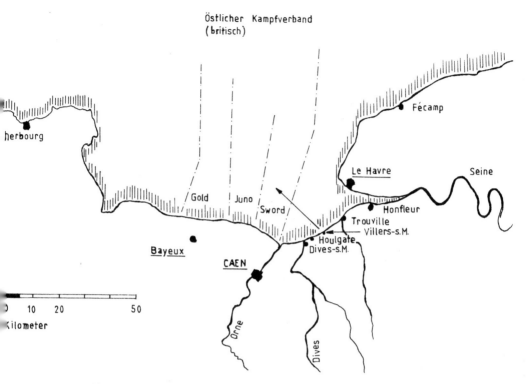

Die Angriffe der K-Flotillen in der Seinebucht (Juli/August 1944) richteten sich gegen den britischen Kampfverband der Invasionsflotte, primär im Landungsabschnitt »Sword«. Bei Villers-sur-Mer zwischen Houlgate und Trouville wurden die Geräte zu Wasser gebracht.

war es den Leuten strikt verboten, sich bei Tage sehen zu lassen. Keiner durfte den Hof betreten, jeder mußte den ganzen Tag über in dem Gebäude bleiben, in dem er sich bei Morgengrauen aufhielt. Diese Vorsicht machte die Vorbereitung der Fahrer für den Einsatz äußerst schwierig, die ohnehin nur nachts erfolgen konnte. In der Nähe von Trouville gewährte eine Seebrücke günstige Aussicht. Man sah von hier aus in nicht weiter Entfernung die gewaltige Invasionsarmada, ein imposantes Bild. Hunderte von Schiffen lagen da vor Anker mit emsigem Verkehr von Landungsbooten. Mehrere Reihen von Bewachungsfahrzeugen umringten das Ganze: große Kreuzer, Zerstörer, Korvetten und Fregatten, in der Nähe der Landungsflotte schließlich noch die Schnellboote und die Minensucher. Diesem Massenaufgebot sollten 60 Torpedos entgegengeschickt werden, die allenfalls zwei oder drei Dutzend Schiffe torpedieren könnten. »Da konnte einem schwindlig werden angesichts der Machtverhältnisse!« (Krieg)

Bereits am 23. Juni 1944 hieß es in einem zusammenfassenden Bericht des Marinegruppenkommandos West über den bisherigen Invasionsverlauf (6.–20. 6. 44):

»Wirkliche entscheidende Schläge gegen den Feind zur See sind mit den Mitteln der Marine jedoch nicht denkbar. Der Feind ist tagtäglich mit mehreren Schlachtschiffen, Dutzenden von Zerstörern, bis zu 15 Kreuzern und einer Unzahl von kleinen Fahrzeugen vor dem Landungsraum tätig. Er unterstützt die Landkämpfe mit schwerster Artillerie, gelegentlich auch mit Kreuzer- und Zerstörerartillerie. ... Da es für die Luftwaffe und die Marine bei der absoluten Luftherrschaft des Gegners am Tage ausgeschlossen ist, dagegen einzusetzen, bleibt zur Bekämpfung der Großschiffe kein anderes Mittel als die Mine und Kleinkampfmittel.«[132])

»Daneben sind K-Mittel des A.d.K. im Anrollen, die von Le Havre und dem Südufer der Seine aus gegen die Großkampfschiffe vor der Orne zum Ansatz gelangen sollen.[133]) Die geographischen Gegebenheiten, die technischen Eigenarten der Kampfmittel und die Tatsache, daß sich die großen Feindeinheiten bei Nacht zurückziehen – bei Tage ist wegen der Feindluft Überraschung kaum zu erwarten – lassen die Erfolgsaussichten der Kleinkampfmittel nicht allzu günstig erscheinen.«[134])

Die Erfolgsaussichten gegen Schiffsansammlungen von Le Havre

aus wurden von der Seekriegsleitung am 3. Juli 1944 »hoch veran-
schlagt«,[135] unter der Voraussetzung, daß die gegenwärtige Situation anhielte. Bei der Bereitstellung und Zuführung der K-Mittel
erschien daher große Eile geboten. Die »Lage Westraum« stellte
sich am 4. Juli wie folgt dar: »Nach Funkaufklärung meldete SO
Ferry Control zwischen 2. und 3. 7. bis 18.00 Uhr Entladung von
6280 Mannschaften, 5336 ts Nachschubgütern und 1291 Fahrzeugen. Im Landegebiet wurde die Ankunft von 5 Geleitzügen erfaßt, die in den verschiedenen Landungsabschnitten eintrafen ...
, Eigene Luftaufklärung hat aus dem Invasionsraum keine Aufklä-
rungsmeldungen abgegeben. ... Kommando Kampfverbände beabsichtigt Einsatz K-Flottille 361 mit 30 Negern für 5. 7. Für Rest-
flottille ist Einsatz mit 20 Geräten am 7. 7. oder 8. 7. vorgesehen.«[136]
Die Alliierten konnten in der Zeit vom 3. bis 4. Juli 18.00 Uhr weiterhin entladen: 3804 Mannschaften, 5496 ts Wirtschaftsgüter und
1102 Fahrzeuge. Allein vor der Orne-Mündung wurden am 4. um
2200 Uhr 14 Kriegsfahrzeuge gemeldet, darunter ein Schlachtschiff.[137]
An diesem Tage lag Hanno Krieg schwer verwundet und ohne
Bewußtsein in einem Feldlazarett, so daß er den geplanten Einsatz
der K-Flottille 361 gar nicht selbst leiten konnte.
Krieg hatte seine Torpedoreiter auf der erwähnten Seebrücke bei
Trouville eingewiesen. Nacht für Nacht war er mit 2 bis 3 PKW
(Kübelwagen) dort hingefahren, bis alle seiner K-Männer die Einweisung erhalten hatten. Die Zivilbevölkerung war ihnen nicht
böse gesinnt, Partisanen traten nirgendwo in Erscheinung. Der
ehemalige Flottillenchef berichtet: »Bei der letzten Einsatzbespre-
chungsfahrt mit den Torpedofahrern, die 2/3 Tage vorher absolut
Ruhe haben sollten, bin ich selber dann mit einem Kübel in der
Kurve durch LKW-Berührung verunglückt. Mein Fahrer konnte
nachts schlecht sehen, wir hatten die Scheibe heruntergeklappt. In
einer Kurve begegneten wir dem LKW, dessen Fahrer ebenfalls mit
dem Kopf seitwärts zum Fenster hinausschaute. Ich riß noch meinem Fahrer das Steuer aus der Hand, kurvte nach links und wieder
nach rechts und hielt dabei meinen Kopf nach rechts hinaus, um
zu sehen, ob das noch klarginge. Dabei erwischte mich die Pritsche
des LKW am Kopf, die hatte ich nämlich übersehen. Von da ab

fehlen mir eigentlich 14 Tage vollkommen.«[138])

Mit schwerer Kopfverletzung kam Kapitänleutnant Krieg in ein frontnah gelegenes Feldlazarett, wo er, da nicht transportfähig, 14 Tage verbleiben mußte. Die Schädelknochen der rechten Kopfseite waren gebrochen. Nach der Verlegung in das Großlazarett Evreux erfuhr Hanno Krieg vom behandelnden Augenarzt, daß ein prominenter Patient präzis die gleiche Verletzung, nur auf der anderen Kopfseite, erlitten hätte: Generalfeldmarschall Erwin Rommel, der bei einem Autounfall wegen eines Tieffliegerangriffs verwundet wurde.

Die Flottille war somit drei Tage vor dem Einsatz führungslos geworden. Durch Funkspruch verständigte der Flottillenarzt den Admiral Heye (Strandkoppel) und bat um Ersatz. Einstweilen übernahmen ein Leutnant und die anwesenden Oberfähnriche die Führung. Admiral Heye setzte Oberleutnant zur See Leopold Koch in Marsch, dem unterwegs zwei Kraftfahrzeuge zusammengeschossen wurden.[139]) Als Koch in Trouville eintraf, war der Einsatz praktisch bis ins letzte vorbereitet.

In der ersten Einsatznacht vom 5./6. Juli 1944 startete die Hälfte der Fahrer, die andere Hälfte sollte nach der ursprünglichen Planung in der darauffolgenden Nacht zum Einsatz kommen. Aus nicht näher bekannten Gründen legte die Flottille jedoch eine Pause ein, um die zweite Gruppe erst in der übernächsten Nacht (7./8. 7. 44) einzusetzen. Möglicherweise mußten die Rampen noch erst verbessert werden. In der Nacht vom 5. auf den 6. Juli starteten 26 »Marder«, 11 kehrten nicht zurück. In der Nacht vom 7. auf den 8. Juli starteten 21 »Marder«, von denen keiner zurückkehrte.[140])

Der Marder-Einsatz in der Seine-Bucht
am 5./6. 7. 1944

Kapitän zur See Böhme hatte den kleinen Badeort Villers-sur-Mer, etwa 10 km südwestlich von Trouville, als Startplatz ausgesucht. Zwei Pioniereinheiten bereiteten den Strand so vor, daß ein einwandfreies Zuwasserbringen gewährleistet war. Dabei kam es darauf an, in das dichte Gewirr von Stacheldraht, Strandhindernissen und Minen geeignete Breschen zu schlagen. Die somit freigelegten Wege führten zu zwei Buhnen, die sich bei Ebbe weit ins Meer hinein erstreckten, bei Hochwasser dagegen überflutet wurden. Die Pioniere sorgten für hölzerne Ablaufpritschen, die von den Buhnen ins Meer führten. Auf diese Weise konnten die Lafetten mit den Torpedos bei Hochwasserstand ohne Schwierigkeiten ins Wasser gerollt werden. Die Lafetten mußten hinterher wieder geborgen werden, weil sonst ein zweiter Einsatz von derselben Stelle nicht möglich wäre. Tagsüber verdeckten Tarnnetze die Startbahnen, die der alliierten Luftaufklärung tatsächlich verborgen blieben.

Das Zusammentreffen aller Faktoren ließ die Voraussetzungen für den Angriff in den ersten Julinächten günstig erscheinen. Zwischen 22 und 23 Uhr trat Hochwasser ein, so daß die Unterstützung des mitlaufenden Ebbstroms ebenso gewährleistet war wie die schützende Dunkelheit. Die Marder konnten in wenigen Stunden zu den Liegeplätzen der feindlichen Schiffe vordringen und zur Stillwasserzeit den Angriff ausführen, bevor die einsetzende Flut ihnen die Rückkehr zur deutschbesetzten Küste erleichterte.

»Die Annahme bewahrheitete sich vollauf, daß die Stärke der Neger im Überraschungsangriff liege. Die Überraschung und eine gewisse Hilflosigkeit der Alliierten dauerten eine Nacht; schon in der zweiten Nacht waren sie weder überrascht noch hilflos, sondern sie hatten ihre Abwehr formiert. Die Erfolge der Neger waren beachtlich, obwohl sie gegen den Gesamtschiffsraum der Invasionsflotte nur wie Nadelstiche wirken konnten. Doch sie wurden erzielt von Einzelkämpfern, die sich ... gegen die stärkste Flotte warfen, die die Welt je gesehen hatte«, urteilte Cajus Bekker.[141])

Oberfähnrich zur See Karl Heinz Potthast, der bereits im April am Anzio-Unternehmen beteiligt war, berichtete:

»Unaufhörlich beschossen britische Kriegsschiffe die Stellungen unserer schwer kämpfenden Landser vorn an der Front des Invasionsbrückenkopfes. Unser Einsatz hatte wahrhaftig einen Sinn, nämlich den, diese Batterien zum Schweigen zu bringen. Im Dunklen sahen wir uns die feuerspeienden Berge auf See an. Es waren Schlachtschiffe, Kreuzer und Zerstörer in dichter Reihe – da mußte ja was umfallen! Ich schätzte die Erfolgsmöglichkeiten hier viel günstiger ein als vor Anzio, wo wir den Feind nicht fanden.«[142])

Aber Potthast mußte umkehren wegen Wassereinbruchs in seinem Gefechtstorpedo, der das Gerät bald in eine senkrechte Lage brachte und den Piloten zum »Aussteigen« zwang.

Der als erster Soldat des Mannschaftsstandes der Kriegsmarine mit dem Ritterkreuz ausgezeichnete Schreiber-Obergefreite Walther Gerhold, über dessen Nettuno-Einsatz ebenfalls berichtet wurde, erzielte diesmal seinen großen Erfolg. Seine Eindrücke und Erinnerungen sind in einem ausführlichen Bericht festgehalten, von solcher Unmittelbarkeit, wie sie nur persönlich Erlebtem anhaftet:[143])

»›Mal herhören!‹ rief der stellvertretende Flottillenchef in die Gruppe der Einmann-Torpedo-Fahrer, die in einem Wäldchen bei Trouville, nicht weit hinter der deutschen HKL und von der geplanten Einsetzstelle entfernt, im Grase hockten oder lagen. ›Uhrenvergleich!‹ ...

So verschieden die hier versammelten jungen Soldaten der Kriegsmarine ... auch sein mögen, in einem sind sie alle gleich: in dem Willen, sich mit ihrer ganzen Kraft und Person und der in ihre Hände gegebenen Waffe rücksichtslos für den Erfolg des Unternehmens einzusetzen.

Gegen 21.30 Uhr wurde es im Walde lauter. Hier und da warf man LKW-Motore an, damit sie warm liefen und nicht kurz vor dem Start eine unangenehme Verzögerung eintrat. Mechaniker und Hilfspersonal hielten sich schon längere Zeit in Trouville auf und hatten umsichtig die nötigen Vorbereitungen getroffen. Mit Einbruch der Dunkelheit sollten die ersten Apparate zu Wasser kommen. Bis dahin mußte noch viel geschafft werden. Trotzdem hieß es abwarten, bis völlige Dunkelheit herrschte, sonst hätten Jabos alles Verdächtige am Strand sofort erspäht und angegriffen. Als es dunkel war, wurde es am Strand von Trouville lebendig. Nackte Gestalten schleppten Bojen, Seile und Anker, rollten Knüppeldämme von der Strandseite über den Sand hinab zum Wasser und rammten sie mit Pflöcken fest; sie planierten Unebenheiten und huschten auf leise Kommandos hierhin und dorthin. Der Einsatz lief an! Ohne diese Kameraden hätte der beste Fahrer nichts vollbracht.

140

Im Walde wurden die Startnummern verteilt, damit die Lastwagen mit den Apparaten auf den Ladewagen dahinter schon in der Startfolge anfahren konnten und ein langwieriges Manövrieren auf der Strandstraße vermieden wurde. Einer nach dem anderen sprang in seinen LKW und fuhr los. An den Kreuzungen und Kurven standen Posten mit abgeblendeten Taschenlampen und gaben die Richtung an. Auch wir fuhren ohne Licht. Ich hatte die Startnummer 9 und kam ohne Schaden, trotz der engen Hohlwege, gut in Trouville an. Vor mir warteten schon die Kameraden mit den Nummern 1 bis 8. Ich meldete mich sofort mit Startnummer beim Führer der Bodenstaffel. Trotz seiner Sorge strahlte er über das ganze Gesicht. Hier rollte seine Organisation ab. Ich ging zum Knüppeldamm, um das Einsetzen zu beobachten. Gerade wurde der erste Apparat auf die Rollbahn geschoben. Die Plexiglaskuppel war schon dicht. Ich konnte aber noch das Gesicht von Leutnant Jäger erkennen und klopfte abschiednehmend auf die Kuppel.

An seinem Ladewagen hingen links und rechts nackte Gestalten, Kameraden der Bodenstaffel, die das Gefährt langsam über den Knüppeldamm hinunter ins Wasser schoben. Selbst im Wasser liefen oder schwammen sie noch ein Stück daneben her, bis der Apparat vom Ladewagen aufschwamm und sich selbständig machte. Ladewagen um Ladewagen rollte auf dem gleichen Wege heran, bis eine Stimme verhalten rief: ›Startnummer 9.‹ Ich eilte zur Straße. ... Ich stieg auf meinen Ladewagen, den man inzwischen vom LKW gelöst hatte, und von dort aus in meinen Apparat. Noch einmal reckte ich mich und schaute gegen den sternklaren Nachthimmel. Dann hängte ich mir den Tauchretter um, befestigte ihn zwischen den Beinen durch, rückte das Luftkissen zurecht und setzte mich. In den Rücken legte ich die beiden kleinen Reserveluftflaschen. Dann zog ich meine Haube fest um die Ohren und befestigte daran die Atemmaske. ... Die mir gereichten Hände konnte ich gar nicht alle drücken, denn die Kuppel wurde von hinten aufgesetzt. Noch einmal prüfte ich den Sitz der Gummidichtung und drehte dann mit dem Steckschlüssel die Kuppel ganz fest. Während ich die Luftmanometer prüfte, den Luftschlauch mir um den Hals legte, das Wischtuch bereit hängte und die Atemmaske aufsetzte, merkte ich, wie mein Ladewagen langsam ins Rollen kam. Dann wurden die Befestigungsschrauben gelöst, und ich spürte, daß mein Apparat schwamm und vom Wasser getragen wurde. Er pendelte leicht hin und her. Da tauchte ganz nah ein Gesicht an meiner Kuppel auf. Es war unser torpedotechnischer Offizier, Leutnant Walther. Die Haare hingen ihm naß in die Stirn. ›Alles dicht und klar?‹ las ich von seinem Mund ab. Ich hob die Hand und zeigte: ›Klar!‹ Er klatschte mit der Hand auf meine Kuppel und gab mir den Start frei.

Langsam zog ich den Motorhebel nach hinten. Der Motor brummte auf. Ein Zittern lief durch den Trägertorpedo, und links und rechts sah ich das Wasser an meiner Kuppel vorbeistreichen. Erst heil durch die Minensperren kommen, dachte ich. Diese Minensperren, ein Teil der Küstensicherung, konnte man schon bei Tage nicht sehen, viel weniger in der Nacht. Aber die Berechnungen des Flottillenchefs und des Einsatzleiters mußten stimmen. Und wenn ich jetzt pünktlich und richtig die Kursänderungen einlegte, würde ich gut hindurchkommen.

Überhaupt liegt jetzt alles, was geschieht, in meiner Hand. Komme ich ungesehen und unerkannt in den Angriffsraum, liegt es an mir; finde ich die anzugreifende Invasionsflotte, liegt es an mir; kann ich meinen Gefechtstorpedo, der unter meinem Trägertorpedo befestigt ist, gut gezielt abschießen und treffe ich, liegt es an mir; passiere ich danach unbeschädigt die Abwehrriegel und Sperren und finde ich den Weg zurück, liegt es allein in meiner Hand. Und würde das alles nicht so sein, wer hätte die Schuld? Ich ganz allein. Ein Fehler ließe sich nicht wieder gutmachen. Er könnte meinen Tod bedeuten, mindestens aber Gefangenschaft. Was aber noch schlimmer wäre: er könnte den Erfolg des ganzen Einsatzes in Frage stellen und anderen Kameraden das Leben kosten.

Die Minensperre habe ich gut hinter mich gebracht. Orientieren und den befohlenen Kurs aufnehmen, muß jetzt meine erste Aufgabe sein. Also: Nordstern, wo bist du? – Großer Wagen dort – untere Achse fünfmal nach oben verlängert – da steht er ja, der treueste Freund und Helfer der Einmann-Torpedo-Fahrer. Das sind grob 360 Grad, befohlener Kurs ist 310 bis 320 Grad. Also etwas nach Backbord drehen – eine einfache Berechnung. Aber ich will ja gar nicht auf diesen Kurs! Ich will ja ca. 350 Grad steuern. Warum? ... In ca. 350 Grad soll gemäß unseren Erkundigungen bei einem Artillerie-Beobachtungsstand eine größere Kriegsschiffeinheit liegen, die tagsüber die deutschen Stellungen an der Orne fast dauernd mit Artillerie belästigt – sicher ein lohnendes Ziel! Allerdings ist es fast unmöglich, ein größeres und moderneres Kriegsschiff mit einem einzigen Torpedo zu versenken. Aber weshalb sollte es nicht gelingen, einen Treffer anzubringen, der das Schiff zwang, für längere Zeit in die Werft zu gehen?

....

Die Einsatzbedingungen in dieser sternenklaren und mondhellen Nacht sind günstig. Die See hier draußen ist zwar etwas grob, und die Strömung, die immerhin noch drei Meilen beträgt, wirft ununterbrochen ihre Wellen gegen meine kleine Plexiglaskuppel. Ich sehe dadurch wenig. Außerdem beschlägt die Kuppel durch die Körperwärme immer wieder. Ich muß sie fast ohne Unterbrechung innen abwischen und kann das Wischtuch gar nicht aus der Hand lassen. Rums! Klatsch! so schlägt es draußen an meine Kuppel, und das ablaufende Wasser ist mir wegen der behinderten Sicht gar nicht angenehm.

Es wird Zeit, daß ich meinen Kurs kontrolliere und verbessere. Alle Viertelstunden muß das geschehen. Mondkompaß in die Hand – dort steht der Mond – einstellen und gegenhalten. Da steht der Nordstern! Wie ich es schon dachte, bin ich stark nach Backbord gekommen. Eine kurze Ruderlage nach Steuerbord bringt mich wieder auf den richtigen Kurs.

Verdammt! Was ist das an Backbordseite? Wischen! Gerade jetzt wieder eine Welle! Wischen! Nichts – ich scheine mich getäuscht zu haben, als ich einen Schatten zu sehen glaubte. Ich wische nochmals und reibe mir die Augen – aber es ist nichts! An Steuerbordseite auch nichts. Ringsum nur bewegte See, darüber der sternenklare Himmel. Also doch wohl eine Täuschung. Es ist aber auch noch zu früh. Und doch könnte es eine amerikanische Korvette oder ein englisches Schnellboot gewesen sein, die nachts das Seegebiet um die Invasionsflotte durchkämmen und abpatrouillieren.

Alle 15 Minuten mache ich meine Kurskontrollen und -verbesserungen. Die große Fliegerarmbanduhr mit Leuchtzifferblatt und die abgeblendete Taschenlampe kommen mir dabei sehr gelegen. Besonders gründlich kontrolliere ich die Luftzufuhr und die Manometer. Ab und zu muß ich auch diese regulieren, da sich die Einstellung, anscheinend durch das Schaukeln und Stampfen, löst. Ich muß dabei mit der linken Hand unter dem rechten Knie durchgreifen. ...

Der Luftzufuhrschlauch liegt mir um den Hals, und die entweichende Luft zischt leise. Das gibt ein beruhigendes Gefühl. Dazu höre ich den Motor meines Trägertorpedos brummen. Das sind neben dem steten Rums und Klatsch die einzigen mich begleitenden Geräusche.

Aber das alles kann mich keine Sekunde davon abhalten, die See vor und neben mir schärfstens zu beobachten.

Wozu habe ich eigentlich saure Bonbons, Kaugummi und Dextrotabletten in der Tasche? Atemmaske hoch und hinein mit einem Bonbon und noch ein Kaugummi hinterher. Das erfrischt und nimmt den Gummigeschmack fort, den die neue Maske noch in sich hat.

Da – an Backbordseite eine Kuppel! Eine Kuppel wie meine! Da – jetzt wieder. Ich sehe sie weiß schimmern. Ein Kamerad! He! – schreie ich unwillkürlich in meine Maske; aber das kann er ja doch nicht hören... Jetzt erblicke ich sie wieder. ... Sie verschwindet. ... Ich bin nicht allein! Auch die Kameraden sind unterwegs – ein schönes Gefühl. ›Die Rückkehr steht hinter dem Erfolg!‹ Das ist unsere Losung. –

Ich schaue auf meine Armbanduhr: 02 Uhr 20 Minuten.

Jetzt heißt es noch schärfer aufpassen. Noch öfter wischen. Bald muß ich in den Angriffsraum kommen.

Ich kontrolliere nochmals meinen Kurs und muß wieder verbessern. Da! Das ist keine Täuschung! An Backbordseite taucht ein Fahrzeug auf. Vorläufig sehe ich aus meiner niedrigen Perspektive nur den Gefechtsmast und einen Teil der Brücke. Nach einer kleinen Kursverbesserung nach Backbord steigt die Brücke langsam höher. Meine Stirn hängt an der kalten Innenseite der Kuppel, und die rechte Hand hält fest den Steuerknüppel. Ich fahre herab, da scheint es, als ob das Schiff vor mir aus dem Meer stiege. An den Aufbauten erkenne ich, daß es sich um einen Zerstörer handelt. Ich schätze jetzt 800 bis 1000 Meter Abstand. Aber dahinter taucht noch ein Fahrzeug auf! Hart Steuerbord, damit ich nur ja nicht zu nahe herankomme. Ich reibe mir die Augen – denn immer

144

mehr Schiffe tauchen auf. Vier Zerstörer, nein, fünf sehe ich jetzt, und dahinter noch einen. Das Herz schlägt mir zum Halse heraus. Die Zerstörer scheinen vor Anker zu liegen. Bald bin ich so weit herangefahren, daß ich den sechsten Zerstörer backbord – querab habe. Auf ca. 500 Meter hat mich die See herangedrückt. Ob ich einen von diesen schieße? Die Versenkung eines Zerstörers bedeutet doch für einen einzelnen Mann einen ganz schönen Erfolg. Aber wäre das nicht auch ein billiger Erfolg? Habe ich darum den gefahrvollen und beschwerlichen Hinweg gut hinter mich gebracht, um gleich auf das erste Schiff zu schießen, das mir begegnet? Nein! Weshalb liegen hier überhaupt sechs Zerstörer? Das muß die erste Sicherung sein. Wenn aber sechs Zerstörer hier liegen, dann muß sich ein dickes Schiff oder eine große Kriegsschiffeinheit dahinter verbergen, daß eine so starke Sicherung lohnt. Dahin muß ich! Eben will ich um den sechsten Zerstörer herumbiegen, da taucht an Steuerbordseite, wo die offene See liegt, noch ein siebenter Zerstörer auf, der anscheinend im Zickzackkurs läuft. Jetzt hält er direkt auf mich zu. Ich steuere hart Backbord, und er kommt mir direkt von achtern aus auf. Hoffentlich hat er mich nicht entdeckt! Das wäre mein Ende. Aber noch habe ich einen Vorsprung. Was aber dann vor mir langsam aus dem Horizont wächst, erscheint mir als die ewigen Jagdgründe der Einmann-Torpedo-Fahrer. Sieben oder acht große Handelsschiffe liegen vor mir! Dahin muß ich! Denn wenn mich der Zerstörer entdeckt haben sollte, kann er mir nicht folgen und mich auch nicht beschießen. Noch ehe ich den ersten großen Dampfer an Steuerbordseite liegen habe, sehe ich, daß der Zerstörer wieder in die offene See abbiegt. Er hat mich also nicht gesehen. Die Handelsdampfer scheinen alle leer zu sein; denn sie liegen hoch im Wasser. Durch diesen Pulk schlängele ich mich kreuz und quer hindurch. Links und rechts ragen die eisernen Schiffswände einer ganzen Transportflotte. Fast komme ich mir vor wie in einer Falle. Nur schnell wieder hier heraus – ist mein Bestreben. An einigen großen Schiffen liegen kleinere Schiffe längsseit. Festen Kurs zu steuern, ist unmöglich. …

Kaum habe ich Steuerbord den letzten Dampfer passiert, da erkenne ich Backbord voraus und Backbord querab – diese etwas entfernter – eine große Anzahl, es mögen 25 bis 30 Stück sein,

Landungsboote oder Korvetten. Da muß ich hindurch! Zurück
kann ich nicht mehr. Und es gelingt mir! Unbewußt bin ich in meinem Träger ganz in mich zusammengekrochen.

Ich reibe mir die Augen, wische die Kuppel ganz blank. Was liegt
denn da vor mir? Ich wische ununterbrochen. Das ist doch ———
Näher ran! Meine Augen brennen, ich presse den heißen Kopf gegen das kalte Glas. 02 Uhr 51 Minuten – zeigt meine Uhr. Größer
und größer wächst das Schiff vor mir herauf. Jetzt erstmal stop!
Zum erstenmal stoppe ich meinen Motor ab. Motorhebel nach
vorn! Mein Apparat pendelt leicht hin und her.

Was dort vor mir liegt, ist ein Kreuzer! Mensch, Walther – sage ich
zu mir, das ist deine Chance! Für den bist du hierher gefahren; für
den hast du deinen Torpedo verwahrt! Erst zwinge ich mich einmal zur Ruhe und Überlegung. Die Entfernung schätze ich auf 600
bis 700 Meter. Dann ziehe ich einen Bleistiftstummel aus meiner
Tasche und zeichne auf die Rückseite der Vorhaltetabelle den
Schattenriß des Schiffes grob auf. Im Schein des Mondes kann ich
die Silhouette ganz deutlich erkennen. Lang ist das Vorschiff, wie
abgehackt die Brücke; dann ein kleiner Zwischenraum und dahinter der vordere Mast. Am Mast scheint sich ein Scheinwerferstand
zu befinden. Die Aufbauten mittschiffs erscheinen mir unwahrscheinlich hoch; genau kann ich es aber nicht erkennen. Achtern
steht wieder ein massiger Turm. Auf dem Vorschiff wie auch achtern hat er übereinander zwei Geschütztürme.

Inzwischen ist es 03.00 Uhr geworden. Wir haben bei der Einsatzbesprechung Befehl bekommen, in der Zeit zwischen 05.00 und
06.00 Uhr zu schießen. Dann wechseln die Gezeiten, und es
herrscht hier Stillwasser. Während dieser Zeit ist die Gefahr, daß
der abgeschossene Gefechtstorpedo durch die Strömungen abgetrieben wird, fast ausgeschaltet. Aber kann und darf ich so lange
warten? Wie leicht könnte ich in der Zwischenzeit entdeckt oder
aus dieser günstigen Position abgetrieben werden. Vielleicht geht
es anderen Kameraden ebenso. Nach diesen kurzen Erwägungen
entschließe ich mich zum Schuß. Meinen Entschluß werde ich verantworten, wenn ich zurückkehren sollte.

03.02 Uhr. Für einen sicheren Schuß ist die Entfernung noch zu
groß. Die Strömung beträgt meiner Schätzung nach immer noch
zwei bis drei Meilen. Der Kreuzer liegt mit dem Bug in der Strö-

146

mung, so daß das Wasser an ihm vorbeitreibt. Diese Überlegungen schießen mir blitzartig durch den Kopf.

Motorhebel zurück – ich muß näher 'ran. Ich bin jetzt ganz ruhig und völlig konzentriert, obwohl ich weiß – oder vielleicht gerade darum –, daß von den kommenden Minuten alles abhängt. Sie sind die wichtigsten und entscheidendsten des ganzen langen Einsatzes. Gehorsam hat mein Apparat wieder Fahrt aufgenommen. Ich halte stur Kurs auf den vor mir liegenden Kreuzer. Mit dem Kopf hänge ich wieder vorn in der Kuppel. Das linke Auge zugekniffen, ziele ich mit dem rechten über die Markierung in der Kuppel und Zielstange auf den Bug des Kreuzers. Wenn ich in dieser Lage schieße, wird der Torpedo durch die Strömung auf die Mitte des Schiffes versetzt, und da soll er treffen. Noch ist aber die Entfernung etwas weit. Ich schätze 100 Grad Gegnerlage, und die Entfernung mag jetzt ca. 450 Meter betragen. Die Tabelle zur Errechnung des Vorhaltewinkels benutzte ich nicht. Es muß auch so gelingen. 03.04 Uhr ist es, und noch mache ich Fahrt auf den Bug des Gegners. Jetzt ist die Entfernung gut. Das Herz scheint mir wieder in den Mund zu wollen. Mit beiden Knien halte ich den Steuerknüppel fest. Die rechte Hand tastet nach dem Abfeuerungshebel. Fest nehme ich ihn in die Hand und schiebe vorsichtig die Sicherungskapsel nach unten. Mit dem Kopf wische ich die Kuppel frei und stoße dann den Abfeuerungshebel kräftig nach vorn durch. Mit einem Aufheulen seines Motors löst sich der Gefechtstorpedo von meinem Träger. Dieser macht im gleichen Augenblick – wie von einer Last befreit – einen kleinen Sprung. Fünf bis sechs Meter vor mir taucht der Torpedo noch einmal kurz aus dem Wasser und geht aufklatschend auf die eingestellte Tiefe. Unter mir gurgelt das vom Wirbel seiner Schrauben aufgepeitschte Wasser. Im Augenblick des Abfeuerns habe ich die Stoppuhr meiner Armbanduhr gedrückt und auch den Motor des Trägers abgestoppt. Herz und Stoppuhr ticken um die Wette. Ich reibe die Kuppel ganz blank. Anfangs höre ich noch das leiser werdende Motorgeräusch des sich schnell entfernenden Torpedos, dann aber wird es ganz still. Mein Träger schaukelt leise hin und her, vor meinen Augen liegt in seiner ganzen Länge ahnungslos das Schiff. Fünfundzwanzig Sekunden vergingen seit dem Abschuß – ich fange an zu schwitzen – 40 Sekunden Laufzeit schon!

Da zerreißt eine ungeheure Detonation die drückende Stille. Aus dem achteren Drittel des Kreuzers schießt eine Stichflamme, hoch und massig wie ein Kirchturm. Ich brülle in meine Maske – was? – ich weiß es nicht mehr. Im selben Augenblick aber wird mein Träger ruckartig aus dem Wasser gerissen und hochgeschleudert. Mein Kopf schlägt hart an die Hinterseite der Kuppel. Der Knall zersprengt mir fast das Trommelfell, und in meinem Magen scheint ein Ziegelstein zu liegen. Nach mehrmaligem Eintauchen spielt sich mein Träger wieder in seine normale Lage ein. Dann erfolgt noch eine, diesmal schwächere Detonation. Wahrscheinlich sind die Kessel explodiert. Um meine Kuppel herum schlagen klatschend große und kleine Teile ins Wasser. Nach der ersten Detonation war das Schiff in gelben Qualm gehüllt, jetzt quillt weißer Rauch aus dem Wrack. Der Bug steigt langsam aus dem Wasser, das Achterschiff scheint losgebrochen zu sein. Gebannt schaue ich dem grausigen Schauspiele zu. Ich will, um meines Erfolges ganz sicher zu sein, sehen, wie das Schiff sinkt. Aber nicht lange bleibt es so still. Jäh erwacht die Abwehr der übrigen Schiffe, Scheinwerfer blitzen auf, tasten wie lange Finger unruhig hierhin und dorthin und suchen den Himmel ab. Wie auf Kommando verlöschen sie, um nach kurzer Zeit erneut aufzuflammen. Aber jetzt richten sie sich auf die See, und dann greifen die Feuerwaffen ein. Rote und gelbe Leuchtspurgranaten ziehen ihre unheilvollen Bahnen, klatschen aufs Wasser und steigen wieder hoch wie bunte Bälle. Immer mehr Einheiten reihen sich ein in dieses tolle Inferno. Die Korvetten hinter mir rasen wie toll umher. Und von dort, wo die Küste sein muß, braust ein Zerstörer auf den sinkenden Kreuzer zu. Aber dem ist nicht mehr zu helfen. Hoffentlich kann der Zerstörer recht viele Überlebende aufnehmen! Der Bug des Kreuzers ragt schon mit einem Winkel von fast 45 Grad aus dem Wasser. Er wird nicht mehr lange zu kämpfen haben.«
Unterbrechen wir an dieser Stelle den Erlebnisbericht Walther Gerholds, der berechtigte Gründe zu der Annahme hatte, die Versenkung eines englischen Kreuzers als Erfolg verbuchen zu können. Was Gerhold erst 36 Jahre später erfahren sollte, ist die Tatsache, daß sein Torpedo damals, worauf bereits Cajus Bekker hinwies, keinen Kreuzer traf, schon gar nicht den Kreuzer »DRAGON«, der erst am 8. Juli 1944 verlorenging, sondern die briti-

sche Fregatte »TROLLOPE«.

Immerhin konnte Gerhold das Auseinanderbrechen des torpedierten Kriegsschiffes beobachten, und diese Wahrnehmung findet ihre Bestätigung in den Akten der britischen Admiralität. Denn über Einsatz und Verlust der »H.M.S. TROLLOPE« in der Nacht vom 5./6. Juli 1944 liegt ein ausführlicher Bericht vor, den der dienstälteste überlebende Offizier der Fregatte, Lieutenant Richard Pitt am 8. Juli 44 verfaßte.[144]) Darin heißt es: »H.M.S. TROLLOPE fuhr um 20.30 Uhr am 5. Juli 1944 Patrouille im Abschnitt ›Tunny North‹, um als Radarkontrollschiff zusammen mit H.M.S. STEVENSTONE und Motorbooten die Sicherung durchzuführen.

Beim Erreichen des Kontrollabschnittes begaben sich die Besatzungsmitglieder auf ihre Gefechtsstationen, aber ein Teil der Geschützbedienung ruhte sich in den Unterkünften aus, und die nicht wachehabenden Offiziere begaben sich zur Nachtruhe unter die Brücke. Ich selbst hielt mich im Ruderhaus in der Kabine des Kommandanten auf.

Gegen 01.10 Uhr schrillten die Alarmglocken, und ich rannte auf die Brücke. Soweit ich es beurteilen konnte, schien das Schiff nur einen einzigen Radarkontakt zu haben, nämlich den einer Gruppe unbekannter Schiffe, 30 Grad Backbord, Bugabstand 7000 Yards, bei denen es sich vermutlich um Schnellboote handelte. Unser Schiff wurde bei ungefähr 15 Knoten Fahrt 120° gesteuert, wobei H.M.S. STEVENSTONE auf zwei Kabellängen Abstand in Kielllinie folgte. Ich selbst konnte die Bewegungen des Feindes nicht wahrnehmen. Kurz danach, ungefähr um 01.20 Uhr, wurde das Signal gegeben, die Geschwindigkeit auf 18 Knoten zu erhöhen. Kurz nach Bekanntgabe des Durchführungssignals wurde das Schiff von einem Torpedo getroffen. Keine H.E.-Warnung (Ortungsgerät) des A/S (Anti-Submarine) Horchpostens war erfolgt, ebensowenig wurde eine (Torpedo-)Laufspur gesichtet.

Ich selbst wurde, im hinteren Teil der Brücke stehend, durch die Gewalt der Explosion in die Luft gewirbelt und landete auf Deck. Zu dem Zeitpunkt, als ich wieder das Bewußtsein erlangte, wies die Brücke Schlagseite von über 20 Grad auf. Dort schien niemand mehr am Leben zu sein. Ich stieg zum Flaggdeck hinab und versuchte ein Carley-Floß klarzumachen. Aber das Schiff neigte sich noch mehr zur Seite, und ich erkannte, daß es in kürzester Zeit sinken würde. Deshalb begab ich mich hinunter zum B-Geschütz-Deck und befahl der B-Geschütz-Bedienungsmannschaft, das kleine Schlauchboot über Bord zu lassen. Es schien aber niemand auf dem Geschützdeck zu sein, daher eilte ich hinunter zum Vorderdeck. Doch als ich dort ankam, war die Steuerbordseite des Vorderdecks schon unter Wasser, und ich befahl den wenigen übriggebliebenen Leuten, auf das Floß zuzuschwimmen, und ich stieg selbst ins Wasser, um mich schwimmend vom Schiff zu entfernen. Nach ungefähr fünf Minuten kletterte ich auf ein Carley-Rettungsboot und paddelte, nachdem ich alle Seeleute, die ich in der Nähe erblicken konnte, aufgefischt hatte, zurück zum Heckteil des Schiffes und kletterte an Bord. Das Carley-Rettungsfloß befahl ich zum Motorboot der H.M.S. STEVENSTONE zurückzubringen, das dann ungefähr 10 Yards entfernt war.

Es hat den Anschein, daß nach dem Torpedotreffer die Bugteile des Schiffes vom Schornstein an abbrachen und umkippten, dabei weiterhin schwammen, 4 Fuß aus dem Wasser ragend, bis sie einige Zeit später durch Geschützfeuer von H.M.S. STEVENSTONE versenkt wurden. Nach Meinung der meisten Matrosen des Vorderdecks hat die Zeit vom Torpedotreffer bis zum Umkippen des Vorderteils etwa ein und eine halbe Minute betragen.

Unmittelbar nach dem Torpedotreffer stoppte H.M.S. STEVENSTONE, ließ sein Motorboot ... herunter und ging dann dazu über, den Feind anzugreifen. Später kam sie zurück, um die Boote aufzunehmen und das Achterschiff der H.M.S. TROLLOPE in Schlepp zu nehmen.

Als ich an Bord kletterte, fand ich den Technischen Offizier, Lieutenant (E) D.S. Kennedy, R.N.R. auf dem Achterteil des Schiffes zusammen mit 46 Matrosen.

Der vordere Maschinenraum war geflutet, aber die Schottwand zwischen ihm und dem hinteren Kesselraum hielt und zeigte keine Anzeichen von übermäßiger Beanspruchung. Das Schiff schwamm gut und wirkte stabil und ragte in Höhe des vorderen Maschinenraums etwa 3 Fuß über der Wasserfläche.

In der Nähe von Boje 58 G wurde eine Schleppverbindung zum Schlepper JAUNTY hergestellt und Kurs Richtung Aromanches aufgenommen, wo das Schiff in seichten Gewässern unter den

150

Klippen nahe der Westseite des künstlichen Hafens (Mulberry) auf Grund gesetzt wurde.

... Es ist mit Sicherheit davon auszugehen, daß sich der Commanding Officer, Lieutenant Commander H. Westacott, zusammen mit 5 Schiffsoffizieren und dem Coastel Forces Central Officer, Lieutenant Commander Bailey, R.N.V.R., der für die Operation an Bord gekommen war, unter den Vermißten befanden.

Die Männer, die sich mit mir auf dem Heckteil des Schiffes aufhielten, waren von vorbildlicher Haltung und verrichteten ihre Aufgaben während der ganzen Zeit bereitwillig und freudig.

....

Ein Teil des Torpedos wurde auf dem Oberdeck gefunden und vom Kapitän dem Direktor des Marine-Nachrichtendienstes Portsmouth zum Zwecke einer weiteren Untersuchung zugeleitet. Es schien ein Stück des Luftkessels zu sein und trug die Aufschrift »... Stoff«.[145])

Dieser Darstellung entspricht ein offizieller Bericht des Kommandanten der »STEVENSTONE«.[146]) Demnach ist es in der Nacht zum 6. Juli 44 eine Stunde vor der Torpedierung der »TROLLOPE« zu einem Gefecht mit deutschen Schnellbooten und Minenräumbooten gekommen, was auch durch das KTB der Seekriegsleitung bestätigt wird. »Der Feind schoß Torpedos ab«, heißt es in dem Bericht, »uns knapp verfehlend, während wir selbst das Feuer eröffneten, und zog sich dann eingenebelt zurück.« Als später die »TROLLOPE« getroffen worden war, glaubte man zunächst, es handelte sich um eine Minenexplosion, »da kein H.E. gehört worden war, was vermutlich dadurch bedingt sein konnte, daß das Schiff sich in Kiellinie von H.M.S. TROLLOPE befand. Doch später wurde die Laufspur gesichtet, und bei Tageslicht fand man sogar ein großes Stück des Torpedos an Bord des übriggebliebenen Teils der ›TROLLOPE‹.« Die Zahl der an Bord »H.M.S. STEVENSTONE« aufgenommenen Überlebenden gibt dieser Bericht mit 58 an, von denen zwei Mann später Seebestattung erhalten mußten, 47 verblieben auf dem schwimmfähigen Achterteil von H.M.S. TROLLOPE. Nach Übernahme der Schleppverbindung durch den Schlepper JAUNTY wurden zehn Schwerverletzte an Bord eines Lazarettschiffes gebracht. Ausdrücklich hervorgehoben wird: »Offiziere und Mannschaften der H.M.S. TROLLOPE haben sich glänzend bewährt, besonders der First Lieutenant, Lieutenant Pitt, der, aus dem Wasser geborgen, trotz seiner Verwundung darauf bestand, an Bord der H.M.S. TROLLOPE zurückzukehren, wo er seine Leute organisierte und die Sicherung der Schleppverbindung beaufsichtigte.«[147])

Ungeklärt bleibt die Abweichung in der Uhrzeitangabe, und wenngleich die Engländer während der Rettungsaktion 3 deutsche Schnellboote und ein Minenräumboot beobachtet haben wollen, die gegen 01.32 erneut angriffen,[147]) so sprechen doch sämtliche Umstände für die sichere Annahme, daß H.M.S. TROLLOPE Gerholds Torpedo zum Opfer fiel.

»Rings um mich ist die Hölle los«, lesen wir im Fortgang des Gerhold-Berichts. »Schiffe erscheinen wie feuerspeiende Berge. Kriegsschiffe aller Art kreuzen wild durcheinander. Ein Teil flieht in die offene See; andere suchen Schutz im flachen Wasser und rasen auf die Küste zu. Viel ruhiger als ich selbst bin, schaukelt mein kleiner Träger in diesem Durcheinander, und nur manchmal wiegt er sich wild, wenn ein Fahrzeug allzu dicht an mir vorbeirast. 03.00 Uhr 08 Minuten ist es geworden. Jetzt aber nichts wie hier heraus! An meiner Backbordseite liegt die Zerstörersicherung, im Rücken und an Steuerbordseite der Wirrwarr der anderen Schiffe, vor mir der sinkende Kreuzer. Die ruhigste Seite zum Entweichen scheint mir im Augenblick Backbord zu sein, dort, wo die Zerstörer liegen. Ich werfe den Motor an und nehme Kurs nach Backbord, um zu versuchen, zwischen den Zerstörern durchzuschlüpfen. Beim Näherkommen erkenne ich an ihrem Schraubenwasser, daß sie beim Anker-auf-Manöver sind. ...

Noch einmal schaue ich zurück und kann eben noch erkennen, wie der Bug des Kreuzers in einem mächtigen Strudel mit nachfolgendem Wasserschwall versinkt. Für immer. Das ist mein Erfolg! Stur muß ich geraden Kurs fahren, wenn ich nicht zu nah an den einen oder anderen Zerstörer herankommen will. Beim Hindurchfahren bleiben mir etwa 150 Meter Platz an jeder Seite. Auf den Oberdecks der Zerstörer ist es ungemein lebendig, ein Gerenne hin und her. Fast jeden einzelnen Mann kann ich erkennen.

Immer noch tobt hinter mir die ganze Wucht der Abwehr. ... Neue Detonationen beweisen, daß die Kameraden auch an der Arbeit sind. Auf einem Handelsdampfer am Horizont erkenne ich fast zur gleichen Zeit zwei Detonationen. Steuerbord-achteraus explodiert ein Schiff – soweit ich erkennen kann, handelt es sich um einen Zerstörer – und backbord-achteraus brennt ein Handelsschiff. In seinem Schein erkenne ich ein auseinanderbrechendes Landungsfahrzeug. Das ist das Werk der Kameraden! Auch in diesem grausigen Hexenkessel bin ich nicht allein.

...

Immer noch fahre ich stur meinen Kurs. Jeder Meter, den ich zwischen mich und die Zerstörer bringen kann, ist kostbar. Jeden Augenblick können sie heranbrausen und ihre Serien von Wasserbomben werfen. ... 1500 Meter mögen zwischen ihnen und mir liegen, als ich erkenne, daß sie größer werden, was bedeutet, daß sie Fahrt aufgenommen haben. Jetzt sehe ich auch ihre Bugwellen. Anfangs sind es nur zwei, dann gesellt sich ein dritter dazu. Da höre ich auch schon das bekannte Wumm-wum-wum! die erste Serie Wasserbomben! Noch reagiert mein Träger nicht darauf... Die drei kommen genau hinter mir auf. ... Wum-wum-wum! Die zweite Serie! Jetzt macht mein Träger schon einen kleinen Hopser... Die Entfernung hat sich inzwischen auf 400 bis 500 Meter verringert. Da sehe ich, daß die beiden äußeren Zerstörer nach links bzw. nach rechts abbiegen, und nur der mittlere bleibt noch. Ich sehe keine Bugwelle und schließe daraus, daß er gestoppt liegt und mit seinem Horchgerät die Gegend abhorcht. Um keine Geräusche zu machen, stoppe ich auch. ... So gut es geht, behalte ich ihn im Auge und sehe nach einigen Minuten, daß er wieder eine Bugwelle bekommt und Fahrt macht. Ich ziehe den Motorhebel nach hinten und nehme ebenfalls wieder Fahrt auf. Aber kaum bin ich etwa 200 Meter gefahren, da stoppt er wieder. Ich merke das an seiner kleiner werdenden Bugwelle und stoppe ebenfalls. Inzwischen ist er ganz bedenklich in meine Nähe gerückt. Mehr als 150 Meter beträgt die Entfernung nicht. Als er stoppt, dreht er gleichzeitig nach Backbord ab und zeigt mir seine ganze Breitseite. So liegen wir uns gegenüber. Ich weiß nicht, was ich von dem ganzen Manöver halten soll, und überlege, ob ich nicht besser aussteige und hinüberschwimme, ehe er mich wie auf dem Schießstand abknallt. Ganz deutlich erkenne ich die Bedienungen an den Geschützen und das Brückenpersonal – hoffentlich die mich nicht! Mir ist eigenartig zumute. Hier ein kleiner deutscher Einmanntor-

pedo und dort vielleicht einer der modernsten englischen oder amerikanischen Hochseezerstörer. Aber noch gebe ich mich nicht geschlagen. Da blitzen mittschiffs seine beiden Scheinwerfer auf, richten sich gegen die See und gleiten langsam darüber hinweg. Ich hänge mir das weiße Wischtuch über den Kopf und versuche, mich ganz klein zu machen. Ein paarmal tasten sie mich ab, unbewußt ducke ich mich noch mehr, und wenn ich wieder aufschaue, sind sie vorbei. Dabei bemerke ich, daß mich die Strömung langsam, aber stetig auf den Zerstörer zutreibt. ... Mit Motorkraft kann ich nicht mehr weg, sie würden mich unweigerlich bemerken und abschießen, ehe ich auch nur zehn Meter weiter gekommen wäre. Plötzlich, löscht der Zerstörer die Scheinwerfer. Ehe ich aufatmen kann, sprühen seine leichten Flakwaffen aus allen Ecken ganze Leuchtspurbündel über die See. Über mich hinweg ziehen die feurigen Kugeln, ... klatschen auf die See und steigen wieder hoch. Einige kommen mir unangenehm nahe. Der ganze Sektor an Steuerbordseite wird abgekämmt. Jetzt bin ich der See dankbar, daß sie mich so nahe an den Zerstörer getrieben hat, denn läge ich nur 50 bis 100 Meter weiter ab, hätte er mich erwischt. So aber befinde ich mich im toten Winkel. Noch liegt der Zerstörer dort und schießt, was er kann, und noch immer treibe ich langsam, aber stetig auf ihn zu.
Ich schwitze fürchterlich!
Im letzten Augenblick aber hört der Feuerzauber auf, und fast gleichzeitig nimmt er wieder Fahrt auf. Von seinem Schraubenwasser wird mein Träger noch einmal kräftig durchgeschüttelt, dann zeigt er mir sein Heck. Das ging noch einmal gut!
Meine Atemmaske muß ich kurz abheben – sie ist naß von Schweißwasser. Gleichzeitig schiebe ich mir eine halbe Apfelsine in den Mund.
Und jetzt – jetzt geht es mit ›Volldampf‹ nach Hause! Zuerst orientiere ich mich gründlich. Der Mond und der Nordstern sind mir treue Helfer dabei. Durch die Verfolgung ... bin ich ziemlich weit in die offene See geraten und muß, um auf Heimatkurs zu kommen, mit Hart-Steuerbord beginnen.
Von neuem setzt das monotone Klatschen gegen meine Kuppel ein. Noch steht die See gegen mich, sie hemmt etwas die Fahrt. Aber bald kommt Stillwasser, dann geht es besser. Das Luftma-

nometer zeigt genügenden Luftvorrat auch für eine unvorhergesehen lange Rückfahrt an. Der Motor brummt so gleichmäßig, daß ich während der Rückfahrt kaum mit unliebsamen Überraschungen zu rechnen brauche. ...
Wie auf der Hinfahrt mache ich auch jetzt regelmäßige Kurskontrollen und -verbesserungen. Die Strapazen des Einsatzes wirken sich aus, und zeitweilig muß ich mich gewaltig zusammennehmen. Im Osten graut schon der Tag. Als über die Kimm die Türme von Kap de la Heve aufsteigen, schießt zwischen ihnen der erste Sonnenstrahl hervor. ...
Wie ein Meerungeheuer betrachten mich die Landser, als sie mich gegen Mittag bei Honfleur aus dem Träger ziehen. ...
Da ich nicht genau zum Einsatzort zurückgekehrt war, meldete ich mich telefonisch beim Einsatzleiter zurück, der mich mit einem Beiwagenkrad abholen ließ. Meine Erfolgsmeldung löste größte Freude aus. Anhand von Schiffstypenkarten und Schattenrißtabellen konnte die Klasse des versenkten Kreuzers festgestellt werden. Mehrere Kameraden waren schon zurück, auch sie meldeten Erfolge. In Abständen kamen weitere Anrufe zurückgekehrter Kameraden, die auch sofort abgeholt wurden.
Mein Freund Walter war nicht dabei.«[148])
Die deutsche Funkaufklärung erfaßte eine Anzahl Funksprüche, die vermutlich durch den Angriff der Kleinkampfmittel auf den Schiffsverband vor der Ornemündung veranlaßt sein dürften. Um 04.30 Uhr wird die Bekämpfung eines »Klein-U-Bootes« mit Oerlikon und Wabos, 04.50 Uhr sogar das »Passieren bemannten Torpedos« gemeldet. Nach Angaben der Funkaufklärung gab S.O. Ferry Control um 17.03 Uhr an die alliierten Landungsfahrzeugverbände und B-Geschwader Weisung, daß je ein LCV (P) zurückzubehalten sei, »um das Schiff mit 5 Pfundladungen zu umkreisen, falls heute Nachtalarm befohlen wird. B-Geschwader hat 4 LCV (P) zu bestellen«. Die deutsche Marineleitung zog daraus den Schluß, es könnte sich »offenbar« »um Abwehrmaßnahmen gegen die bemannten Torpedos« handeln.[149]) In den Mittagsstunden des 6. Juli ergab sich aufgrund eigener Luftaufklärung für die Seekriegsleitung folgendes Bild:
»2 Landungsboote brennend, 2 LCG, 1 Zerstörer anscheinend versenkt, Schlachtschiff ›COURBET‹ auf Strand, daneben ver-

senkt oder auf Strand gesetzt 7 Frachter von 9000–3000 BRT, weitere 3 Hilfslandungsboote, 2 LCT 350 t, 2 LCP, 1 Frachter mit abgeschnittenem Heck...«[150])

Über den Einsatz eigener Seestreitkräfte in der Nacht zum 6. Juli wurde gemeldet:

»2. S-Flottille ist mit 6 Booten in 2 Gruppen 5/2330 Uhr aus Le Havre ausgelaufen und wurde ab Ansteuerungstonne von MGB beschattet. 1. Gruppe wurde von 2 mit Torpedosalve angegriffenen Zerstörern gejagt. Erneuter Angriff gegen 2 Zerstörer wurde ausmanövriert. 2. Gruppe wurde gleichfalls von Zerstörern gejagt. Wiederholte Torpedoangriffe blieben erfolglos.« ...[150])

Als »voller Erfolg« gewertet, fand dagegen der Einsatz von »26 Negern« in derselben Nacht seine Würdigung im KTB der Seekreigsleitung:

»Start erfolgte zwischen 2300 und 0100 Uhr planmäßig. Versenkt wurden 1 Aurora-Kreuzer, 2 Zerstörer, 1 D (7000 BRT), 2 LST (2000 BRT), torpediert 2 LST, 1 Zerstörer, 2 D. (zusammen 17 000 BRT), 1 Kreuzer.«[150])

Diese Angaben sollten sich nicht bewahrheiten. Der angeblich versenkte Aurora-Klasse-Kreuzer wurde jedoch seitdem Walter Gerhold, dem Ritterkreuzträger aus dem Mannschaftsstand, zugesprochen.[151]) Verschiedenen englischen Informationsquellen konnte die Leitung der K-Verbände entnehmen, daß die britische Admiralität den Verlust des 5000-Tonnen-Kreuzers H.M.S. DRAGON mit exilpolnischer Besatzung bedauerte. Der Kreuzer war nach einem Torpedotreffer als Wellenbrecher vor der Invasionsküste auf Grund gesetzt worden.[152])

Einsatzschilderung und skizzierte Silhouette des gewählten Zieles ließen nach den damaligen Erkenntnissen nur den Schluß zu, daß Gerhold den Erfolg verbuchen konnte. Die Tatsache, daß H.M.S. DRAGON erst gegen 4.40 Uhr am 8. Juli 44 getroffen worden war, sollte auf deutscher Seite erst lange Zeit nach dem Kriege bekannt werden. Cajus Bekker hielt die Versenkung des Minensuchbootes CATO durch Gerhold für »höchstwahrscheinlich«. Doch ebenfalls in der Nacht vom 5./6. Juli fiel englischen Angaben zufolge das Minenräumboot H.M.S. MAGIC einem »human torpedo« zum Opfer.[153]) Die Fregatte TROLLOPE erwähnt Cajus Bekker nicht, so daß erstmals mit größter Sicherheit Gerholds Versen-

156

kungserfolg die wahrheitsgemäße Identifizierung erfahren haben dürfte. Wenngleich die Propaganda »sich seiner bemächtigte« und Gerhold »stark gefeiert« wurde (Bekker), so steht doch sein großer Erfolg als Einzelkämpfer der Kriegsmarine außer Zweifel, unabhängig davon, daß er unter den erschwerten Bedingungen eines anstrengenden Nachteinsatzes die Fregatte mit einem Kreuzer der Aurora-Klasse verwechselte.

Der Gegner erkannte nach den vorliegenden Meldungen des B-Dienstes (Funkaufklärung) den Einsatz der Sonderkampfmittel:[154]) »0450 Human Torpedo passierte A 12 Ankerplatz BB-Seite mit Kurs 180 Grad«.

Eine andere B-Meldung vom 6. 7. um 13.30 Uhr hielt folgenden alliierten Funkspruch fest:

»Achten auf Unterwasserobjekt 090 in 61 Grad 3,5 Sm ab ›J 17‹«.

Vom Einsatz der ersten Gruppe K-Flottille 361 in der Nacht zum 6. 7. 44 sind von 26 Fahrzeugen 16 zurückgekehrt, 11 meldeten Erfolge, 4 Fehlschüsse bzw. vorzeitigen Ausfall.[155])

In dem Gefechtsbericht des Einsatzstabes Böhme wird eingangs noch einmal auf die Startschwierigkeiten der Unternehmung in der Nacht vom 5./6. Juli 1944 hingewiesen. Die Verlegung aus dem Wäldchen »Favrol« mußte um 22.45 Uhr noch bei Helligkeit erfolgen, da Hochwasser bereits um 22.51 Uhr einsetzte. Nach den Berechnungen war ein Zuwasserbringen aber nur bis 90 Minuten nach dem Hochwasserbeginn möglich. Außerdem sollten sich die Fahrzeuge noch vor dem Hellwerden vom Feinde absetzen können.

Da das von der 711. Division zur Verfügung gestellte Pionier-Bataillon 711 mit der Handhabung noch nicht eingeübt war, stieß das Zuwasserbringen zunächst auf Schwierigkeiten. Störungen blieben nicht aus.

Die Vorbereitungen der Ablaufstelle waren von den Pionieren laut Gefechtsbericht gut getroffen worden (Brücke über Panzergraben, Bau einer Ablaufbahn, Beseitigung von Landungshindernissen auf einer Breite von 60 Metern, Entschärfen der vor den Landehindernissen seewärts liegenden Minen, Auslegen von Schlauchbooten zur Befeuerung des Weges durch das Vorfeld).

Von 23.00 Uhr bis 01.17 Uhr konnten 27 Geräte zu Wasser gebracht, aber nur 26 in Marsch gesetzt werden, da das Gerät von

Oberfähnrich Schilling ausschied (die Maschine sprang nicht an). Zwei weitere Geräte mußten an der Klarmachstelle wegen Maschinenschadens zurückbleiben. Die Fahrer hatten Befehl, nach einer kurzen Strecke Nordkurs, um von den Strandhindernissen und Minen freizukommen, auf Kurs 330 Grad zu gehen. Nach den Berechnungen mußten die Geräte mit einer Eigengeschwindigkeit von 2,5 sm/h und einer Stromgeschwindigkeit von 2−3 sm/h in westlicher Richtung in der Zeit von 0300 Uhr bis 0500 Uhr die feindliche Landeflotte westlich der Ornemündung (Cap de la Heve 240 Grad 17,5 sm, 16 sm und 14 sm ab) erreichen. Bei der Kurswahl galt es darauf zu achten, daß die Geräte auf keinen Fall bei ablaufendem Wasser auf die Sandbänke der Ornemündung gerieten.

Oberfähnrich z.S. Potthast kehrte, wie erwähnt, bereits nach einer Stunde querab der Dives-Mündung um, »da sein Gerät Wasser machte und so stark achterlastig wurde, daß die Kuppel unter Wasser kam«. Potthast schoß den Gefechtstorpedo nach See zu ab, »setzte sein Gerät auf Strand, sprengte es und ging an Land«.[156] »Von den 25 Geräten sind 15 wieder zurückgekehrt und an der Küste Houlgate bis Couville nördlich Le Havre gelandet, in der Zeit von 0925 bis 1430 Uhr.

Die Aussagen der zurückgekehrten Fahrer ergaben folgendes Bild: In Höhe der Orne-Mündung beginnt der feindliche Sicherungsgürtel, bestehend aus S-Booten, Bewachern und Zerstörern. Nach Durchlaufen dieses Sicherungsgürtels stießen fast alle Geräte auf Landungsfahrzeuge (L.S.I. und L.S.T.), Dampfer und Kreuzer. Innerhalb dieser Einheiten eingestreut wiederum Zerstörer und Bewacher, teilweise zu Anker liegend.

Das Auffinden der feindlichen Landungsflotte wurde erleichtert bzw. überhaupt erst möglich durch das Flakfeuer bzw. zu späteren Uhrzeiten durch das Abwehrfeuer (Leuchtspur und Leuchtgranaten) gegen vorher eingetroffene eigene Geräte. Der Angriff konnte fast von allen Fahrern unbemerkt durchgeführt und der Torpedo auf Entfernungen von 300−600 m abgeschossen werden, so daß 80% Treffer erreicht wurden.

Im einzelnen sind folgende Ergebnisse erzielt:

0305 Uhr Schr.Ob.Gefr. Gerhold, Versenkung eines Kreuzers der ›Aurora-Klasse‹.

0350 Uhr Mtr.Hpt.Gefr. Breuer, 1 Zerstörer versenkt.

0353 Uhr Btsm. Zimmermann, 1 Zerstörer torpediert. Höchstwahrscheinlich gesunken.

0410 Uhr Mtr. eins Feddersen, Torpedierung eines Dampfers von 8000 t., Versenkung wahrscheinlich.

0415 Uhr Mtr. eins Schachinger, Versenkung eines Dampfers von 7000 t (Zusatz aus Handakte »Invasion«, RM 7/145, S. 225: (»Liberty), Versenkung höchstwahrscheinlich, wegen starker Abwehr aber nicht beobachtet«).

0450 Uhr Mtr. eins Schneider, Zerstörer torpediert, infolge zu geringer Entfernung keine Zündung.

0454 Uhr Mtr. eins Müller, Kreuzer der ›Coventry-Klasse‹ torpediert. Detonation unter dem vorderen Schornstein beobachtet

0510 Uhr Btsmt. Pause, Torpedierung eines Landungsfahrzeugs von 3000 t., Sinken wahrscheinlich.

0516 Uhr Btsmt. Schuldt, Torpedierung eines LSI, Typ ›Glengyle‹, Versenkung wahrscheinlich.

0528 Uhr M.A.Mt. Koeppe, Torpedierung eines Landungsfahrzeuges. Sinken wahrscheinlich.

0545 Uhr Mtr. Gefr. Berger, Torpedierung eines LSI, Typ ›Queen Emma‹, Versenkung höchstwahrscheinlich.

0620 Uhr Mtr. eins Weinhardt, Torpedierung eines Zerstörers. Detonation und Treffer zwischen Brücke und vorderen Schornstein beobachtet. – Masch.Mt. Freitag, Mtr.Ob.Gefr. Engler, Mtr. eins Kerschka, Fehlschuß auf Zerstörer bzw. Bewacher.

Folgende Beobachtungen wurden gemacht:

Von Land:

0300 Uhr Detonation und Stichflamme von Land aus gesehen.

Von eigenen Mitfahrern:

0353 Uhr Detonation gehört und gesehen.

0355 Uhr Detonation gehört.

0355 Uhr Detonation mit großer Stichflamme und Sinken des torpedierten Fahrzeuges beobachtet.

0440 Uhr Abwehrfeuer eines Zerstörers beobachtet.

0510 Uhr 0520 Uhr Detonation gehört.

0515 Uhr Detonation gehört und großen Rauchpilz beobachtet.

0525 Uhr 2 Detonationen unmittelbar hintereinander gehört.

0540 Uhr 0550 Uhr 0600 Uhr je 1 Detonation gehört.

Es wird ausdrücklich von allen Fahrern bestätigt, daß die oben gehörten Detonationen in keiner Weise mit Wasserbomben-Detonationen zu verwechseln waren.

Nach einer Torpedierung setzte regelmäßig starke Abwehr (leichte Flak, Wasserbomben, Leuchtgranaten) ein. Sie ist aber in allen Fällen der Zurückgekehrten nicht energisch und konsequent genug durchgeführt worden. In vielen Fällen sind die Geräte trotz geringster Entfernung nicht gesichtet worden. Es ist ein Beweis dafür, daß der Feind mit dem Einsatz dieser Waffe bei den starken Gezeitenströmen nicht gerechnet hat und der überraschende Angriff gelungen ist und zum Erfolg geführt hat.

Das Gerät als solches war dem Engländer von Anzio und Nettuno her bekannt, wo 4 derartige Geräte in seine Hand fielen. Ein weiterer Beweis, daß der Feind mit dem Einsatz derartiger Geräte nicht gerechnet hat, ist die Tatsache, daß am Vormittag des 6. Juli bei der Rückkehr bei vollem Tageslicht fast alle Geräte häufig von Jägern überflogen und umkreist wurden, ohne daß sie angegriffen wurden. Keiner der Fahrer der K-Flottille hat irgendwelche Schutzmaßnahmen, wie Torpedo-Netze, Balkensperre usw. innerhalb der Liegeplätze der Schiffe beobachtet.

Nicht hoch genug ist bei voller Würdigung des Angriffsgeistes die Umsicht, mit der die Angriffe durchgeführt wurden, und die geschickte Navigation, trotz primitivster Hilfsmittel, anzuerkennen. 7 von den Fahrern sind genau an derselben Stelle gelandet, wo sie abgefahren sind.

Zukünftige Angriffe versprechen meines Erachtens nur Erfolg bei Überraschungen bzw. bei Einsatz einer sehr großen Zahl von Geräten. Der Einsatz einer großen Zahl von Geräten bereitet Schwierigkeiten aus Gründen der Geheimhaltung und Tarnung, da der gesamte Küstenstrich von französischer Zivilbevölkerung noch friedensmäßig bevölkert ist und selbst die Hafenorte und früheren Badeorte nur unmittelbar am Strande evakuiert sind.

Für den Rückmarsch der Geräte, der am Tage erfolgen muß, ist stärkster Jagdschutz erforderlich. Zur Aufnahme in Seenot befindlicher Fahrer ist die Stationierung von Sturmbooten an der Küste erforderlich, die, mit eigenem Personal besetzt, jederzeit bereit sind, sich zur Rettung eines Kameraden einzusetzen und hierzu auch generell die Erlaubnis erhalten.

K-Flottille 211 auf dem Anmarsch nach Paris. Außer den Bootsbesatzungen gehörten zur Flottille
- ein Instandsetzungstrupp für Motoren und sonstige Aggregate
- ein Instandsetzungstrupp für die Funk- und Fernsteuerungsanlagen
- ein Sprengtrupp für die Sprengladungen
- ein Funktrupp für die Funkverbindung nach Timmendorfer Strand zum Stab
- ferner: Sanitätstrupp, Küche, Zimmermann, Kraftfahrer, Kradmelder, Flak auf Lkw usw.
Die Stärke der Flottille betrug etwa 250 Mann, die Länge des Güterzuges ca. 400 m.

Bildmitte oben und links unten: Flottilleningenieur Leutnant Max Becker. (Fotos: Max Becker)

Eine Kommandolinse mit äußerster Kraft bei einer Übungsfahrt (Ostsee, Lübecker Bucht, möglicherweise auch Plöner See).

(Foto: Helmut Bastian)

Links: Die Besatzung einer Kommandolinse. Hinter dem Fahrer der Rottenführer und sein Soziusfahrer mit den Funkfernsteuergeräten am Gurt.

(PK-Aufnahme: Fritz Böltz via Helmut Bastian)

Armbandkompaß der Sprengbootfahrer.

(Foto: Gerhard Bracke)

er Kameramann fuhr auf der rechten Sprenglinse mit und filmte die Linsenrotte auf dem Übungssee (möglicherweise Plöner See). Die Kommandolinse wird flankiert von den beiden Ladungslinsen. (PK-Aufnahme: Horst Grund)

ährend der Fahrer dieser Sprenglinse sich rückwärts ins Wasser fallen läßt, übernimmt die Kommandolinse das oot per Funkfernsteuerung. (PK-Aufnahme: Horst Grund)

Der englische Zerstörer HMS »QUORN« (Hunt-Klasse Typ I) »sunk 3. 8. 44 by explosive motor boat off Normandy«
(Foto: Imperial War Museum)

Oberbootsmaat Frank Gorges versenkte als Rottenführer einer Sprengbootrotte in der Nacht vom 2./3. August 1944 den englischen Zerstörer »QUORN«, der durch die Gewalt der Explosion auseinanderbrach.
(Foto: Frank Gorges)

e erste Rotte der 4. Gruppe K-Flott. 211 mit ihrem Rotten- und Gruppenführer Lt. (V) Vetter.   (Foto: Alfred Vetter)

(V) Vetters Kommandolinsefahrer Deppmeier.
(Foto: Alfred Vetter)

Der Soziusfahrer der Kommandolinse, Funkmaat Fischer, der das zweite scharfe Boot lenkte.
(Foto: Alfred Vetter)

Am 25. August 1944 wurde Lt. (V) Alfred Vetter als Führer der erfolgreichsten Linsengruppe das Ritterkreuz dur... Admiral Heye persönlich überreicht (Plön). (Fotos: Alfred Vett...

ach der Ritterkreuzverleihung schreiten Admiral Heye und Leutnant (V) Vetter die Front ab. Links im Bild der später benfalls mit dem Ritterkreuz ausgezeichnete Flottillenchef Kapitänleutnant Helmut Bastian. Eine halbe Stunde spä-r: Fliegeralarm!
(Foto: Alfred Vetter)

t. (V) Vetter mit den Trägern des Deutschen Kreuzes in Gold aus der K-Flottille 211. V. l. n. r.: Steffenhagen, Jakob retz (verst. 1977), Franz Kahle, Alfred Vetter, Frank Gorges, Voß, Fritz Podubrin (verst. 1973)   (Foto: Alfred Vetter)

Großadmiral Dönitz beglückwünscht erfolgreiche Einzelkämpfer der Kriegsmarine. Rechts im Vordergrund vermutlich Fritz Podubrin, daneben Frank Gorges. Hinter dem Ob. d. M. der Chef des Stabes beim Admiral der Kleinkampfverbände, Fregattenkapitän Fritz Frauenheim.

(Foto: Alfred Vetter)

Leutnant (V) Alfred Vetter, mit 21 Jahren der jüngste Ritterkreuzträger der Kriegsmarine.

(Foto: Alfred Vetter)

e bewährten Einzelkämpfer der Kriegsmarine werden dem Oberbefehlshaber Großadmiral Karl Dönitz vorgestellt.

(Foto: Alfred Vetter)

ireift unerschrocken an, und immer werdet ihr Erfolge erzielen!«
roßadmiral Dönitz, Fregattenkapitän Frauenheim, Chef des Stabes beim AdK, und Ritterkreuzträger Lt. Vetter.

(Foto: Alfred Vetter)

Großadmiral Dönitz mit seinen Einzelkämpfern. Neben dem Ob. d. M. die Ritterkreuzträger Berrer und Vetter, vorder
Reihe Mitte Frank Gorges.
(Foto: Alfred Vette

Lt. (V) Vetter im Gespräch mit Ob. Fs. Mstr. Berrer.
(Foto: Alfred Vetter)

ngehörige der K-Flottille 213 in Italien (Herbst 1944).   (Foto: Ulrich Kolbe)

Flottillenchef Kapitänleutnant Ulrich Kolbe wartet in Italien auf sinnvolle Einsätze. (Foto: Ulrich Kolbe)

Die Besatzungen einer Linsenrotte bei der Übungsfahrtvorbereitung mit Flottillenchef Kapitänleutnant Helmut Bastian (Mitte). Der Linsenfahrer rechts im Bild trägt einen Armbandkompaß.   (PK-Aufnahme: Horst Grund)

Flottillenchef Kapitänleutnant Helmut Bastian 1945   (PK-Aufnahme: Horst Grund)

pitänleutnant Helmut Bastian, Chef des Lehrkommandos 200 (Sprengboote), inspiziert in Begleitung seines Vaters
Imiral Max Bastian und des »Vaters der Sprengboote«, Korv. Kpt. Goldbach (Vordergrund rechts), das neue Lin-
nmuster. Die Fahrer tragen Fallschirmjägerhelme. (Foto: Helmut Bastian)

Imiral Max Bastian und Korvettenkapitän Goldbach, der Erfinder des Sprengbootes (rechts), der bereits im 1. Welt-
eg Versuche mit ferngesteuerten Einsatzmitteln durchführte. (Foto: Helmut Bastian)

Die neue Linsen-Version bot vor allem besseren Schutz gegen die gischtende See für den Einsatz im Herbst und i
Winter. Hinter dem Fahrer der K-Flottillenchef Helmut Bastian und Admiral Max Bastian, einst Befehlshaber der L
nienschiffe.   (Foto: Helmut Bastia

Die neuen Sprengboote in der Schleuse von Hellevoetsluis im Oktober 1944 beim Verlegen zum Einsatzort. Spren
boote mußten schließlich – ebenso Klein-U-Boote vom Typ »Seehund« – »zweckentfremdet« zur Versorgung der F
stung Dünkirchen Butter transportieren.   (Foto: Helmut Bastia

Kpt. Lt. Helmut Bastian, der mit dem Partisanenchef von Rotterdam aus humanitären Gründen ein »Agreement« traf.   (Foto: Helmut Bastian)

Oberleutnant Seipold, Chef der K-Flott. 220 (links), und Lt. Max Bekker (rechts).   (Foto: Max Becker)

Die Angehörigen der in Holland stationierten K-Flottillen gerieten am 10. Mai 1945 in britische Kriegsgefangenschaft. Zur Bewachung wurde ein kanadisches Regiment eingesetzt. **Lt. Becker (l) und Lt. Lehmann (r) als Kriegsgefangene.** (Foto: Max Becker)

V. l. n. r.: Stabsoberstückmeister Kretz, Flottillenarzt Dr. Jost, Lt. Becker und (von hinten) Oblt. Seipold in Kriegsgefangenschaft. Mai 1945 (Foto: Max Becker)

Trotz Anforderung von Seenotfahrzeugen wurde das Auslaufen abgelehnt mit der Begründung, daß ein striktes Verbot besteht, bei Tage wegen unweigerlichen Angriffs anglo-amerikanischer Jagdflieger auszulaufen.

Das Draufgängertum und die totale Einsatzbereitschaft haben im Verein mit der Überraschung einen Erfolg errungen, der im umgekehrten Verhältnis zu der Größe der eingesetzten Geräte steht.

Böhme Kpt.z.S. Chef des Einsatzstabes K.D.K.Verb.«[157])

Im letzten Teil des Gefechtsberichts werden die Aussichten für künftige Einsätze durchaus richtig eingeschätzt und mögliche Gefahren zutreffend genannt, wenngleich die Forderung nach »stärkstem Jagdschutz« angesichts der Lage im Invasionsraum illusorisch bleiben mußte.

Die Einsatznacht vom 7./8. 7. 1944 – Keiner kehrte zurück

Der nächste Sonderkampfmitteleinsatz in der Seine-Bucht, das Unternehmen der zweiten Gruppe K-Flottille 361, erfolgte mit 21 Geräten in der Nacht vom 7. zum 8. Juli 1944. Dem Gefechtsbericht »Einsatz K-Flottille 361 Gruppe C« sind folgende Daten zu entnehmen:

»Abmarsch Saalburg 24. 6. 1944. Eintreffen Paris 30. 6. 1944. Eintreffen Pont l'Eveque 5. 7. 1944 vormittags. Klarmachen Geräte 5. 7.–6. 7. abends. Marsch nach Favrol 6. 7. 1944. – Einsatz erfolgte 7. 7. Abmarsch Favrol 2245 Uhr. Hochwasser 2358 Uhr, Niedrigwasser vor Quistreham 0745 Uhr. Zuwasserbringen von 21 Geräten vollzog sich aufgrund Erfahrungen des 1. Einsatzes schnell und reibungslos. Erstes Gerät startete 2325, letztes 0021 Uhr. Wetter sehr günstig: Ruhige See, leichtes Wellengekräusel, Mond (1 Tag nach Vollmond) durch Wolken verdeckt, für Navigation nach Mondkompaß Beleuchtung ausreichend. Alle Boote kamen gut ab.«[158]) Im Laufe des Tages waren 10 neue Geleite im Landungsraum gemeldet worden. Die Funkaufklärung erfaßte vom 6. bis 7. 7., daß bis 1800 Uhr 2789 t Nachschubgüter, 1202 Fahrzeuge sowie 3147 Mann als entladen gemeldet wurden.

Informationen über Verlauf und Ergebnisse des Marder-Einsatzes konnten zunächst auch nur vom B-Dienst erwartet werden. Die alliierte Funkstelle Aromanches verbreitete von 0634 bis 1022 Uhr und von 2025 bis 2248 Uhr verschiedene Meldungen über Sichten bemannter Torpedos bzw. von Sehrohren. Weitere Funksprüche meldeten Vernichtungen bemannter Torpedos.[159]

»BSS Arromanches an Coastal Force 0452: Bemannter Torpedo versenkt durch Fahrzeug auf ›Trout‹-Line. Gut Ausschau halten.-«[160] B-Meldung vom 8. 7. um 0920 Uhr: »Funkstelle Arromanches gab an Coastal Force: 0700 ein bemannter Torpedo in 4926 12 NOO 1743 W (BF 3682) angegriffen und getroffen. Vermutlich gesunken. 0714 Senden Sie Unterstützung nach A 8 …« »0809 bemannter Torpedo in ›A 22‹ gesichtet.«[161]

Daß Einmanntorpedofahrer in Gefangenschaft gerieten, geht um 1000 Uhr am 8. 7. aus folgender B-Meldung hervor:

»6 ZFM (unbekannt) gab 0635 Uhr an 6. QD (unbekannt): Sende Gefangenen-Vernehmer zu Ihnen. -«[162]

Bis 15.30 Uhr war am 8. Juli noch kein Fahrer zurückgekehrt. Der B-Dienst registrierte letzte Sichtungen von »human torpedoes« durch Engländer um 0809 und 1022 Uhr. Erfolgsmeldungen lagen der Seekriegsleitung um 17.00 Uhr noch nicht vor.[163]

In einem Fernschreiben um 22.50 Uhr hieß es lediglich:[164]

»Einsatzstab Böhme meldet 21.20 Uhr: Bisher keine Fahrer zurück.« Ähnlich lautete die Aussage zur Invasionslage am 9. Juli 1944 um 08.00 Uhr:

»Bis 21.20 Uhr war kein der in der Nacht zum 8. 7. eingesetzten Fahrer zurückgekehrt. Neue Erkenntnisse über Erfolge liegen nicht vor außer von Battr. Houlgate gemeldeter Kreuzerversenkung. 2 weitere Treffer möglich.«[165]

Über Erfolge konnten Fahrer diesmal nicht berichten. Man war daher auf andere Beobachtungen angewiesen. Von der B-Stelle 3./H.K.A.A./-55 Houlgate wurde um 7.00 Uhr eine Detonation mit Rauchsäule, später eine zweite weiße Explosionswolke wahrgenommen. Nach dem Verziehen des Qualms wäre das Achterschiff bereits unter Wasser gewesen, der Bug hätte hoch aus dem Wasser geragt. Das Schiff könnte nach der Beschreibung der Beobachter »einwandfrei« als »Kreuzer, passend auf Kreuzer ›Belfast‹-Klasse«, identifiziert werden.[166]

Oberleutnant Wenzel und Leutnant Walther vom Einsatzstab sahen von Houlgate aus und hörten Detonationen um 02.21, 02.34, 04.41, 04.50, 04.51 Uhr. Weitere Detonationen beobachtete das Torpedo-Mechaniker-Personal von Villers P aus, und zwar um 05.36, 06.13, 06.14, 06.46, 06.51 und 06.52 Uhr.[166])
Für den Gefechtsbericht ergab sich die Schlußfolgerung: »Zweifelsohne wurden auch in dieser Nacht Erfolge erzielt auf größere Fahrzeuge.«[167]) Die Bekanntgabe der Verleihung des Ritterkreuzes an Ob.Gefr. Gerhold habe auf die Fahrer »solchen Eindruck gemacht, daß für jeden feststand: Nur Kreuzer oder Schlachtschiff.«[167])
Im übrigen mußte angenommen werden, daß beim Durchmarsch durch den dichten Sicherungsgürtel des Feindes schon erste Verluste eingetreten waren, da die Abwehr aufgrund der Erfahrungen des Angriffs vom 5./6. 7. und der Tatsache, daß das Auftreten der bemannten Torpedos erkannt wurde, mit Sicherheit erhöht worden war. Diesmal entfiel überhaupt das Überraschungsmoment. Feindliche Jagdflugzeuge griffen von 07.00 Uhr an in die Abwehr ein und beschossen alles, was auf dem Wasser schwamm. Die Fahrer hatten zuvor eindringlich Weisung erhalten, dicht unter der Küste zu fahren und sobald wie möglich an Land zu gehen. »Deutscher Jagdschutz«, heißt es im Gefechtsbericht, »konnte sich gegenüber feindlichen Jägern, etwa 40 bis 50 Flugzeuge verteilt auf einen Raum von 15 mal 15 sm, nicht durchsetzen.«[167])
Östlich der Orne-Mündung wurden zwischen 10.00 und 11.00 Uhr feindliche Schnellboote beobachtet, die einen Mann übernahmen. Aus der Tatsache, daß 10 Minuten später eine Wassersäule hinter den Booten aufstieg, schloß man, daß in diesem Falle ein Fahrer sein Gerät noch hat sprengen können.
Das Kommando der Kleinkampfverbände fand sich in seinen Überlegungen bestätigt:
»Als Lehre aus diesem Einsatz ergibt sich: Geräte müssen zu früheren H.W.-Zeiten (Hochwasser-) gestartet werden, so daß Niedrigwasser noch in Dunkelheit liegt. Da Geräte aber wegen Luftangriffen und Tarnung nur bei Dunkelheit und spätestens bis 2 Stunden nach Hochwasser ausgesetzt werden können, ist frühestmöglicher Zeitpunkt Hochwasser 2200 Uhr, spätestens Hochwasser 2245 Uhr. Einsatz ist also nur an 2 Tagen innerhalb von 14 Tagen

möglich.

Weiterhin muß angestrebt werden, größere Anzahl Geräte zur gleichen Zeit einzusetzen, um Abwehr zu zersplittern. – Einsatz Gruppe C mit Gruppen A und B war nicht möglich wegen späteren Eintreffens Gruppe C. Ich verspreche mir auch viel von einem kombinierten Angriff von ›Linsen‹ und ›Negern‹.«[168])

Somit ergab sich folgendes Bild:

1. Der Gegner hatte gegen die angreifenden »Marder« (»Neger«) einen starken Sicherungsdienst aufgezogen. Es war aber nicht mehr möglich, diese durch den B-Dienst übermittelte Tatsache den ablaufenden Einmanntorpedofahrern zur Kenntnis zu geben.

2. Zahlreiche B-Meldungen beweisen, daß von 03.00 Uhr bis nach 10.00 Uhr Feindberührung bestand.

3. Batterie Houlgate meldete die Beobachtung der Torpedierung eines Kreuzers mit 2 Schornsteinen, der mit hochragendem Bug gesunken sei. Um 07.12 Uhr wäre nur noch die Mastspitze sichtbar gewesen.

4. Nach einer B-Meldung forderte 05.33 Uhr eine unbekannte Einheit Schlepperhilfe nach unbekanntem Ort.

5. Einer B-Meldung war zu entnehmen, daß 07.14 Uhr Unterstützung nach unbekanntem Ort angefordert wurde.

6. Nach den vorliegenden Meldungen und erfolgter Kartenauswertung nahm der Admiral Kanalküste die sichere Versenkung eines Kreuzers an und zum mindesten die Beschädigung weiterer Fahrzeuge.

7. Die Einmanntorpedos wurden bei Helligkeit von Kleinfahrzeugen und Jägern systematisch gejagt. Eigener Jagdschutz konnte sich nicht durchsetzen, eigene Abwehr war praktisch nicht vorhanden.

8. Der Ablauf des Unternehmens bestätigte die Auffassung des AdK, daß nur der Masseneinsatz von Kleinkampfmitteln erfolgversprechend sei. Die Einsatzgruppen dürften jedenfalls nicht zu klein sein.

9. Erfolge waren auch am 7. und 8. sicher, wenn auch nicht benennbar. Die Verluste betrugen 21 Mann, von denen ein Teil in Gefangenschaft geraten sein dürfte.

Das Kommando der K-Verbände wies darauf hin, daß bei Fehlen

eigener Beobachtung aus der Luft auch bei künftigen Einsätzen sehr oft keine benennbaren Ergebnisse zu erwarten wären. Dennoch wurde der »Negereinsatz« weiterhin für erfolgversprechend gehalten, allerdings »bei größeren Einsatzbeständen bzw. zwischenzeitlichen Einsätzen anderer Mittel.«[169])

Welches Bild läßt sich nun aus den Akten der britischen Admiralität gewinnen?

Zunächst einmal bestätigen die 1972 zugänglich gemachten Unterlagen die vom deutschen B-Dienst aufgefangenen Sichtmeldungen, wonach die Engländer den Einsatz bemannter Torpedos bereits in der Nacht vom 5./6. 7. 44 zweifelsfrei erkannt hatten. Admiral Ramsay informierte am 7. 7. 44 General Eisenhower über das Unternehmen:

»Während des gestrigen Angriffs durch bemannte Torpedos zwischen 0300 und 0630 im SWORD-Abschnitt (britischer Landungssektor – der Verf.) wurden insgesamt 9 Sichtungen gemeldet. Zwei H.Ts. (Human Torpedoes – der Verf.) wurden mit Sicherheit versenkt, zwei weitere möglicherweise.«[170]) Daß H.M.S. RODNEY den Houlgate/Dives-Abschnitt wirkungsvoll unter Beschuß nahm, von wo der Angriff vermutlich gestartet worden ist, wird noch hinzugefügt.

Ob der in der Nacht vom 7./8. 7. 44 torpedierte Kreuzer H.M.S. DRAGON mit den Beobachtungen der Battr. Houlgate identisch ist, bleibt fraglich. Aber dies war einer englischen Meldung vom 8. 7. 44 zufolge klar: »Polish Ship DRAGON by Human Torpedo in D. 19 berth«. Auch das Minenräumboot M/S (=Minesweeper) PYLADES sank in dieser Nacht, »angeblich durch eine Mine, aber mit größerer Wahrscheinlichkeit durch bemannten Torpedo in Position A.8.«[171])

Ebenfalls am 8. 7. 44 sandte Admiral Ramsay folgenden Funkspruch an General Eisenhower:

»Der Feind griff diesen Morgen den östlichen Zufahrtsweg mit bemannten Torpedos an. Die ersten wurden 0330 gesichtet, und der Angriff dauerte bis zum Tageslicht an. Genaue Einzelheiten stehen noch nicht zur Verfügung, obwohl schließlich angenommen wird, daß 4 Gegner zerstört sind. Aber H.M.S. PYLADES sank und O.R.P. DRAGON wurde beschädigt.«[172])

In diesem Zusammenhang erscheint es unerläßlich, noch einmal auf die Darstellung bei Cajus Bekker einzugehen. Die Aussage seines Informanten Karl-Heinz Potthast, der in jener Nacht in englische Gefangenschaft geriet, nach englischen Angaben seien überhaupt nur zwei Torpedoreiter lebend geborgen worden, steht im Widerspruch zu den Akten der britischen Admiralität. Potthast selbst glaubte damals, einen Zerstörer torpediert zu haben, doch in England gratulierte ihm einer vom britischen Geheimdienst zur Versenkung eines Kreuzers (»Natürlich, er kam ihm gleich so groß vor als Zerstörer!«)[173]) So konnte Oberfähnrich Potthast die Überzeugung gewinnen, den Kreuzer DRAGON versenkt zu haben. Woher der englische Geheimdienst (»Wir haben uns genau erkundigt«) die Sicherheit nahm, unbedingt auszuschließen, daß möglicherweise ein anderer Einzelkämpfer, der vielleicht danach im Abwehrfeuer sein Leben verlor, das »Polish Ship« torpedierte, dürfte für immer sein Geheimnis bleiben.

Wie gründlich sich ansonsten der englische Geheimdienst mit Informationen versorgte, geht aus der bereits zitierten Meldung vom 8. 7. 44 hervor. Unter der unterstrichenen Überschrift »Human Torpedoes« sind nämlich auch erstaunliche Einzelheiten aufgeführt:

»Schätzungsweise 22 bemannte Torpedos griffen das Landungsgebiet zwischen 0340 und 0815 an. 7 Geräte wurden mit Sicherheit zerstört, 4 Gefangene eingebracht (1 Offizier und 3 Matrosen).

Einschließlich der von patrouillierenden Flugzeugen gesichteten Human Torpedoes wurden zwischen 0340 und 1130 in einem Gebiet 5 Meilen westlich Le Havre bis Position A. 25 insgesamt 31 gesichtet (21 waren indes nur im Einsatz – der Verf.).

Gefangenenbefragungen offenbarten Verstärkungen, die an den Startbahnen entlang der Küste westwärts Houlgate eingetroffen waren, ferner Ruhe- und Wiederauffrischungslager, eingerichtet in den Wäldern in sanft hügeliger Landschaft 15 bis 20 km von der Küste entfernt, wahrscheinlich von Houlgate aus. Die Besatzungen haben an allen deutschbesetzten Küstenabschnitten Befehle zu erteilen und dem Befehlshaber des Heeres zu melden. Alle Gefangenen haben ein intensives Sicherheitstraining absolviert.«[171])

In einer Aufstellung der Schiffsverluste während des 2. Marder-Angriffs in der Seine-Bucht sind verzeichnet:[174])

7. Juli   H.M.S. F.D.T. 216
8. Juli   H.M.S. »PYLADES«
8. Juli   M.T.B. 463

Offenbar bestand am 10. Juli immer noch Unklarheit hinsichtlich der Versenkungsursache: »PYLADES was sunk by human torpedo or mine«. Ein Offizier und 10 Mann fielen.[175]) Später bestätigte ein Konteradmiral: »Der Schaden erfolgte während eines Angriffs bemannter Torpedos, und es ist daher möglich, daß Torpedos die Ursache waren.«[176]) In dem Nachschlagewerk »Ships of the Royal Navy« (Vol.I) ist zu lesen: » »PYLADES« – Minesweeper, ›Catharine‹ class. Savannah Mcy 27. 6. 1943 on lend-lease. Sunk 8. 7. 44 by torpedo off Normandy«.

Außer H.M.S. DRAGON wurde noch ein leeres Handelsschiff nach eingetretenem Schaden auf Grund gesetzt. »Man bezweifelt allgemein, daß Minen als Ursache in Betracht kämen. Angesichts der zuvor gemachten Erfahrung und der Tatsache, daß ORESTES vier, wiederhole: vier bemannte Torpedos (vernichtet zu haben) beansprucht, bin ich nicht bereit, innerhalb der Grenzen der Möglichkeit mehr als einen Minen-Verlust in Betracht zu ziehen.«[175]) In diesem Fernschreiben wird vermutlich bestätigt, was aufgrund der Meldungen des deutschen B-Dienstes als Abwehrmaßnahme gegen Einmanntorpedos gedeutet wurde.[177])

In diesem Zusammenhang sind auch die Aussagen des Captain M/S X H.M.S. »AMBITIOUS« vom 10. Juli 1944 bemerkenswert:

»Das Schiff lag in Gewässern, die für starke Verminung bekannt waren und in denen noch Bewegung anzunehmen war.

Der Abschnitt war häufig geräumt worden, zuletzt am vorhergehenden Tage.

Es ist zu hoffen, daß die Besatzungen einiger bemannter Torpedos in der Nachbarschaft auf diese Detonationen dürftig reagiert haben mögen.

Die 18. M.S.F. handelte diesen Morgen höchst ehrenwert. Der dienstälteste an Bord der ORESTES befindliche Offizier kann vier Abschüsse für sich verbuchen, und der begleitende Markierbojenleger GILSAY beansprucht die Vernichtung eines fünften Torpedos, dessen Mann (crew) gefangengenommen wurde, nachdem er durch das Maschinengewehrfeuer eines Flugzeuges verwundet worden war.«[178])

Der Name dieses »fünften« Einmanntorpedofahrers wird noch an anderer Stelle in den englischen Akten erwähnt, und damit bot sich die Möglichkeit an, diesen Mann 36 Jahre später in Wien ausfindig zu machen. Bevor wir seinen Bericht und die Einzelheiten seiner Gefangennahme in die Darstellung einbeziehen, wenden wir uns zunächst H.M.S. PYLADES zu. Der entsprechende Aktendeckel im Londoner Record Office trägt den Vermerk: »Report of loss of H.M.S. PYLADES, 8. 7. 44 – Human Torpedo«.[179])

»Sir, ich habe die Ehre«, leitet am 8. Juli 1944 ein Leutnant des versenkten Schiffes die Berichterstattung ein, »Ihnen den folgenden Bericht über den Untergang von H.M.S. PYLADES in Position A. 7. Berth (annähernd) gegen 07.00 Uhr am Sonnabend, dem 8. Juli 1944, vorzulegen.

In Übereinstimmung mit Ihren Befehlen war ich im Begriff, etwa um 06.30 Uhr auf der Patrouille-Linie Stellung zu beziehen. Gegen 06.50 Uhr ereignete sich achtern eine Explosion, der etwa eine Minute später eine weitere, ebenfalls achtern, folgte. Zu diesem Zeitpunkt befanden sich die Begleitschiffe in folgender Position zu mir:

›COCKATRICE‹ hielt sich 110 Grad voraus, 3 Meilen entfernt.

›ORESTES‹ hielt sich backbord, 150 Grad, 2 Meilen entfernt.

›GILSAY‹ hielt sich steuerbord, 160 Grad, 2 Kabellängen entfernt (ungefähr).

›PYLADES‹ auf Kurs 120 Grad, Geschwindigkeit 7 Knoten.

Die Haupt-D.G.-Kabelwicklungen (Anlage eines magnetischen Minenzündgerätes – d. Verf.) waren eingeschaltet, die F.I., Q.I.-Kabelwicklungen waren ausgeschaltet, als das Schiff gerade den Kurs gewechselt hatte... Die A.S. (Anti-Submarine) Stationen waren besetzt. Captain und First Lieutenant auf der Brücke, Navigationsoffizier im Kartenhaus und der D.C. Kontrolloffizier auf dem Quarter-Deck.

Nach der zweiten Explosion befahl ich die Maschinen zu stoppen und die Feuerlösch- sowie Instandsetzungsgeräte nach achtern zu verlegen. Der First Lieutenant, der Electrical Lieutenant und der Technische Offizier begaben sich nach achtern, um die Schadenskontrolle durchzuführen. Das Schiff wurde zum Zeitpunkt der Explosion drei oder vier Fuß aus dem Wasser gehoben, kam aber

184

wieder gleichmäßig bei Geradeausfahrt in Kiellage. Die Brük-
ken-Oerlikons (Maschinengewehre) und der Standkompaß waren
aus dem Deck gerissen, und es herrschte ein heilloses Durcheinander von Metallgestänge, Stützen usw. Ich sandte einen Funkspruch
zur ›COCKATRICE‹ für Sie und wies den Funker an, ›COCKA-
TRICE‹ zu bitten, ihrerseits Vorbereitungen für einen Schleppzug
zu treffen (to take me in tow). Dann ging ich nach achtern, um zu
sehen, was sich dort abspielte.
Das Oberdeck wies in der gesamten Schiffsbreite über dem achteren Maschinenraum eine Wellung auf, war aber nicht gebrochen.
Die Winden waren aus ihren Lagern gerissen. Der First Lieutenant
meldete mir, daß der achtere Maschinenraum qualmte und rasch
flutete. Der Electrical Lieutenant berichtete, daß die Offiziers-
messe etwa zwei Fuß tief unter Wasser stand und nur langsam zu
fluten schien. Zu dieser Zeit glaubte ich, das Schiff würde
schwimmfähig bleiben, und der First Lieutenant sprach davon, die
Schleppverbindung vorzubereiten. ...
Inzwischen hatten der Steuermann und das Erste-Hilfe-Kom-
mando die Verwundeten ins Backbord-Mitteldeck gelegt sowie
mit Kleidung und angepaßten Schwimmwesten versehen. Ich ging
zur Brücke zurück und befahl den Umstehenden, die Carley-Flöße
herabzulassen und die Verwundeten hineinzulegen. Zwei Minuten
später sackte das Schiff über Heck ab und nahm dabei eine geringfügige Backbordschlagseite ein. ›COCKATRICE‹ kam dicht heran. Ungefähr drei Minuten später krängte das Schiff (legte sich auf
die Seite) langsam, aber beständig nach Backbord, bis es vollständig heckabwärts kenterte und der Stevenanlauf ungefähr dreißig
Fuß über der Wasseroberfläche stand. Wir sprangen ins Wasser
während des Umschlagens.
Alle Überlebenden wurden vom Motorboot der ›COCKATRICE‹,
mit Rettungsbooten oder Strickleitern geborgen.
Der Explosionsart nach zu urteilen, nehme ich an, daß das Schiff
zwei Minentreffer erhielt. Meine A.S.-Bedienung (Anti-Submari-
ne-Operator) hatte keinen Kontakt, und zu der Zeit hatte ich drei
A.S.-Schiffe um mich.
Sämtliche »Operation Neptune«-Unterlagen konnten sicherge-
stellt werden ...
Von den 7 Offizieren und 73 Matrosen, die aufgenommen wur-

den, sind 9 schwerverwundete Matrosen an Bord des Lazarett-schiffes ›ISLE OF JERSEY‹ gebracht worden, die übrigen 7 Offiziere und 64 Matrosen befinden sich an Bord der H.M.S. ›SOUTHERN PRINCE‹. Unter den Vermißten wurden Lieutenant A.E. Curry, R.N.V.R. sowie 5 Matrosen vom Quarterdeck geschleudert, 2 Matrosen wurden unter Deck getötet, und 3 Matrosen ertranken, als sie vom Schiff wegzuschwimmen versuchten. Haltung und Moral der Offiziere und Mannschaften waren in dieser Situation vollständig zufriedenstellend.«[180])

Noch am selben Tag, am 8. Juli 1944, informierte der Commanding Officer des Danlayers H.M.S. »GILSAY«, A. Coppock, Lieutenant R.N.V.R., den Gefechtsstand der Operation Neptun in Portsmouth handschriftlich über die Beteiligung seines Schiffes an der Abwehr. Der Bericht ist überschrieben:

»Sinking of Human Torpedo and Taking occupant prisoner« –[181])
»Versenkung eines bemannten Torpedos und Gefangennahme des Insassen.

Als ich am 8. Juli 1944 um 07.32 Uhr in der Nähe von 49° 25.5' N 00° 21' W 258° 18 Meilen von Le Havre die Blasenspur eines unter Wasser befindlichen Objektes, von dem nur eine durchsichtige Kuppel sichtbar war, erblickte, griff ich mit Oerlikons, Brownings und panzerbrechenden Gewehren an (Anti-tank rifles). Im Anfangsstadium des Angriffs leistete eine Spitfire Schützenhilfe (cooperated), indem sie zwei kurze Feuerstöße abgab. Sie überließ mir dann um 07.40 Uhr den Angriff.

Die langsame Geschwindigkeit des Torpedos und der Umstand, daß er sich abwechselnd backbord und steuerbord dem Ziel näherte, zwangen den Fahrer (driver), den Angriff abzubrechen, den Torpedo zu versenken und an der angegebenen Position um 07.50 Uhr an der Wasseroberfläche aufzutauchen.

Nach einer weiteren Suchaktion wurde der Gefangene von H.M.S. ›AMBITIOUS‹ aufgenommen, wo er ärztlich versorgt wurde. Später wurde er dem R.N. Commander von H.M.S. ›SOUTHERN PRINCE‹ mit seiner persönlichen Habe übergeben.

Die Mannschaft verhielt sich vorbildlich, besonders der Artillerieoffizier S/Lt H.A. Edwards, R.N.V.R., und der Steuermann C.P.O (2nd Hand) D.S. Smith, Lt. ..., der mich wirksam unterstützte, die Kampfhandlung zu einem erfolgreichen Ende zu führen, zu der es kurz nach dem Verlust von H.M.S. ›PYLADES‹ gekommen war.

Ich hätte es vorgezogen, den Angriff mit Wasserbomben durchzuführen, mußte jedoch in Ermangelung dieser und ebenso einer A/S-Ausrüstung die erwähnten Waffen verwenden.

Einzelheiten über den Gefangenen:

Fritz Poltz   geboren am 18. 1. 1925
Landes Hut   Name der Mutter: Malta (Marta)
Schlesien   Name des Vaters: Rudolph
Deutschland
Persönliche Habe:
1 Armbanduhr   1 Schwimmweste mit Tauchretter
3 Fotografien   1 Notizbuch
1 Taschenmesser   1 Taschenlampe
1 Drehbleistift
1 Spiegel und Kamm«

Durch eine Suchanzeige in der Landeshuter Heimatzeitung[182]) konnte die heutige Anschrift von Fritz Polz ermittelt werden, der als einer der vier Überlebenden des Einsatzes vom 7./8. 7. 1944 seinen persönlichen Bericht verfaßt hat. Dabei war ihm die englische Darstellung nicht bekannt.

Der jetzt in Wien lebende ehemalige Einmanntorpedofahrer schreibt über seinen Einsatz:

»Wir waren in Lübeck stationiert. Ungefähr 4 Wochen nach Invasionsbeginn bekamen wir den Marschbefehl. Mit LKWs fuhren wir nach Thüringen, um die restlichen Torpedos zu holen, die verladen und mit Planen getarnt wurden. In den berühmten Pilzkellern von Paris versteckten wir unsere LKWs mit den Torpedos, um weitere Befehle abzuwarten.

Unsere Flottille bestand aus ca. 54 Mann und war in 2 Halbflottillen eingeteilt. Ich gehörte zur zweiten.

In der Nähe der Seine-Mündung bezogen wir unsere Unterkünfte. Die 1. Halbflottille startete am selben Abend noch zum Einsatz. Wir waren komplett isoliert, es sickerte aber durch, daß vom ersten Einsatz nur einige Mann zurückgekommen wären, u. a. auch Obergefreiter Gerhold.

Bis zur Dunkelheit mußten wir noch warten, ehe wir zum Kanal gebracht wurden, wo unsere Torpedos einsatzbereit standen. Pioniere hatten alles vorbereitet.

Vor Mitternacht stieg einer nach dem anderen in seinen Torpedo. Ein letztes Händeschütteln, die Kuppel wurde von innen zugeschraubt, und ein paar Mann schoben uns ins Wasser. Jeder war sich nun selbst überlassen.

$1^1/_2$ Stunden fuhr ich dann einem bestimmten Stern nach, dann eine Wendung von 90° nach Backbord Richtung Feind. Damit wir uns nicht verfahren, ließ man in größeren Abständen (wahrscheinlich durch Heeressoldaten) Leuchtfeuer aufblitzen. Das Feuer mußte immer an Backbordseite sein. Nachdem ich das letzte Feuer passiert hatte, war ich nun ganz auf mich selbst angewiesen. Unsere Torpedos fuhren nur 3 Seemeilen. Tauchen konnten wir auch nicht, und unsere Kuppel wurde dauernd mit Wasser überspült.

Im Morgengrauen sah ich dann Rauchfahnen am Horizont und glaubte schon am Feind zu sein. Es war ein Geleitzug, der bald wieder verschwand.

Ich fuhr stur weiter und sichtete um ca. 03.00–04.00 Uhr morgens unzählige Schiffe. Ich wagte mich immer näher ran und konnte nun größere und kleinere Schiffe ausmachen. Während ich immer nach vorn Ausschau hielt, hörte ich auf einmal dumpfes Schießen, ohne zu wissen, woher es kam. Plötzlich sah ich neben mir kleine Wasserfontainen aufspritzen. Wieder erkannte ich nicht, von wo geschossen wurde, bis ich den Blick nach oben richtete, und da sah ich sie – eine Spitfire, wie sie nach oben jagte. Man hatte mich also von oben aus der Luft ausgemacht und beschossen. In Sekundenschnelle ging mir vieles durch den Kopf. Tauchen konnte ich nicht, umdrehen konnte ich auch nicht. Ich machte meinen Tauchretter klar, fuhr noch ein gutes Stück an die Schiffe heran und löste meinen Torpedo los. Ich sah noch, wie er kurz aus dem Wasser sprang und dann Richtung feindlicher Schiffe verschwand. Gleichzeitig löste ich meine Kuppel und versank mit dem Aal im Wasser. Ich wollte schnell aussteigen, blieb aber irgendwo am Torpedo hängen. Nach kurzer Zeit konnte ich mich aber befreien und stieg langsam nach oben.

Kaum, daß ich oben war, setzte die Spitfire zum Sturzflug an und wollte mich erledigen. Wie durch ein Wunder wurde ich von einer Welle aus der Schußlinie getragen und bekam nur einen Treffer in den rechten Ellenbogen. Gleichzeitig fuhr ein Vorpostenboot der

Engländer auf mich zu. An der Reeling standen Männer mit Gewehr im Anschlag. Da bekam ich das erste Mal Todesangst und schrie: ›Nicht schießen!‹

Das Boot trieb an mir vorbei und fuhr dann langsam an mich heran. Ein Tau hing über Bord. Ich hielt mich mit der gesunden Hand daran fest, und man hievte mich an Bord.

Kaum an Bord der Engländer angelangt, steckte man mir eine Zigarette in den Mund. Ich kam aus dem Staunen nicht heraus. In der Kombüse legte man mir dann trockene Kleider und einen Notverband an. Etwas später kam der Kapitän persönlich und gab mir einen Schnaps und eine Dose Zigaretten. Ich ziehe heute noch den Hut vor diesen Gentlemen.

Mit einem Posten wurde ich in einen Raum gesperrt und mußte mit ihnen den ganzen Vormittag auf Patrouille fahren. Meinen Namen mußte ich in Blockschrift angeben. Der Posten ließ mich ab und zu durch das Bullauge schauen und zeigte mir versenkte Schiffe, dabei mit der Hand auf mich zeigend. Ich tat ahnungslos und nickte nur.

Später wurde ich mit verbundenen Augen auf ein Lazarettschiff gebracht, wo die Fleischwunde am rechten Ellenbogen vernäht wurde. Man brachte mich dann zunächst an Land und sperrte mich in einer Viehkoppel ein. Zum Verhör geführt, wollte ein freundlicher, rotbärtiger und rothaariger Marineoffizier von mir wissen, wie wir hergekommen wären, ob mit der Bahn, dem Schiff oder dem Flugzeug. Ich verweigerte die Aussage. Er blieb freundlich, und wir sprachen noch über meine Heimat im Riesengebirge, das er sehr gut kannte. Er bedauerte nur, daß man ›Kinder‹ in den Krieg schickte.

Bei meinem zweiten Verhör kam ich zu einem Offizier, der mir sofort die Pistole unter die Nase hielt und mich anschrie, die Wahrheit zu sagen, da er mich sonst als Agenten behandeln würde, da ich keinerlei Ausweispapiere bei mir hatte (die Erkennungsmarke hatte ich zufällig vergessen). Mir war die Kehle zugeschnürt, und ich brachte keinen Ton heraus. Er gab mir 8 Stunden Frist, um dann wahr zu machen, was er mir angedroht hatte.

Was ich den Engländern noch hoch anrechne: Ich konnte am selben Tag eine Rote-Kreuz-Karte an meine Eltern schicken, so daß sie von meiner Gefangenschaft erfuhren.

Zurück in der Koppel, war ich am Tiefpunkt angelangt. Das Schicksal wollte es aber anders. Ringsum waren noch viele Koppeln mit Kriegsgefangenen, die sich in 50er Gruppen aufstellten und abmarschierten. Nachdem die Koppeln leer waren, sah mich ein englischer Wachtposten und winkte mir zu, mich der letzten Gruppe anzuschließen. Noch nie war ich so schnell auf den Beinen. Ich schloß mich der Gruppe an, und ab ging's zum Hafen. Auf dem Wege dorthin wurden wir von den Franzosen bespuckt und verhöhnt, bis ein Posten eine MP-Salve über ihre Köpfe jagte. Zu einem Verhör bin ich nicht mehr gekommen.«[183])

Per Schiff wurden die Gefangenen nach England und in einem Lazarettzug weiter nach Norden gebracht. Später kam Fritz Polz in das Camp Bowi nach Texas. Nach 18 Monaten betrat er erneut englischen Boden, um noch einige Zeit auf einer Farm zu arbeiten. Weihnachten 1947 in ein Lager nach Kärnten geschickt, erfolgte noch am 24. Dezember seine Entlassung.

Übrigens hat Polz in England erfahren, daß von der Halbflottille niemand zurückgekommen war. »Einige Kameraden wurden (schon am Strand) von Flugzeugen abgeschossen, die anderen kamen im Wasser um oder gerieten in Gefangenschaft. Ich traf auch noch kurz einen meiner Kameraden, der einen Schulterschuß erlitten hatte.« Soweit der Erlebnisbericht dieses ehemaligen Einmanntorpedofahrers.

Nachzutragen bliebe, was »The Captain (D)« in Portsmouth am 13. Juli 1944 auf den Bericht des Commanding Officer von H.M.S. »GILSAY« erwiderte. Der zitierte Bericht lag in Portsmouth auch dem Chef des Stabes des Marinebefehlshabers des Alliierten Expeditionskorps, Admiral Creasy, vor. An den Commanding Officer H.M.S. »GILSAY« wurden folgende Zeilen gerichtet:

»2. Weitere Einzelheiten über das Verhalten dieses Torpedos würden gern in Erfahrung gebracht:

  a) seine Geschwindigkeit,

  b) tauchte es zu irgendeiner Zeit vollständig?

  c) Besteht irgendein Grund zu der Annahme, daß der Fahrer in einem unabhängigen Träger sitzt?

  d) Irgendwelche, wenn auch noch so geringfügige, andere Details, die wahrgenommen worden sind.

3. Sie sind zu beglückwünschen wegen der Vernichtung einer

von diesen Wespen (You are to be congratulated on the destruction of one of these wasps)«.[184])

Eine »Top Secret«-Meldung vom 8. 7. 44 enthielt den Hinweis, daß ein an der Küste von Quistreham gestrandeter Torpedo eines bemannten Torpedos mit einer neuen Zündpistole ausgerüstet sei.[185])

An General Eisenhower übermittelte Admiral Ramsay am 8. Juli noch einen Funkspruch, in dem Einzelheiten über die Gefangennahme zweier Torpedoreiter mitgeteilt wurden: »... Einer rettete sich aus seinem Gerät, als es einen Defekt bekam und zu sinken begann, der andere, der seinen Torpedo auf ein Patrouillefahrzeug abschoß und das Ziel verfehlte, befand sich schon etwa eine Stunde auf dem Rückmarsch, als ihn ein Wasserbombenangriff zwang, das Gerät aufzugeben. Einer der Gefangenen hat an der Anzio-Unternehmung teilgenommen.«[186])

Der letzte Hinweis ist insofern bemerkenswert, als er sich auf Oberfähnrich Potthast beziehen könnte. Dann läge allerdings ein weiterer Widerspruch zu der Darstellung vor, die in Cajus Bekkers Buch gegeben wird (vgl. S. 182 f.).

Schließlich nimmt eine englische Meldung vom 9. 7. 44 noch einmal auf »human torpedo attack« zwischen 03.30 und 08.30 Uhr vom Vortage Bezug und gibt dabei 16 Oberflächensichtungen an, bei denen 5 Fälle mit Sicherheit zu den Versenkungen zu rechnen seien und in 9 Fällen von der Möglichkeit der Versenkung auszugehen sei. »Ein Flugzeug sichtete und griff annähernd 12 (Geräte) an, über Ergebnisse ist nichts bekannt. 4 Gefangene, darunter 1 Offizier, wurden eingebracht.«[187])

Damit dürfte feststehen, daß von den am 7. Juli 1944 zum Einsatz gekommenen Torpedoreitern 17 ihr Leben verloren haben. Welche Tragödien die Einzelschicksale besiegelten, wird niemals aufzuklären sein. Der Kriegsmarine war erst am 8. Juli 1944 in der »Weisung des Führers für die Kampfführung im Westen« befohlen worden:

»Aufgabe der Kriegsmarine bleibt es, in zähestem Einsatz aller verfügbaren Kampfmittel wie bisher die Nachschubwege des Gegners anzugreifen, seine Seestreitkräfte und Transportfahrzeuge, wo es auch immer sei, zu schädigen und durch Küstenbatterien und Sicherungsstreitkräfte neue Landungen des Gegners abzuwehren.«[188]) Die beiden »Marder«-Einsätze an der Seine-Bucht kamen natürlich auch am 9. Juli 1944 während der »Lagebesprechung des Ob.d.M. beim Führer« in der Wolfsschanze zur Sprache: »Bei Vortrag über die Bekämpfung der rückmarschierenden Neger durch feindliche Jäger nach dem Einsatz in der Nacht 7./8. 7. regt der Führer die Frage an, ob man den Negern nicht durch Vernebelung aus der Luft helfen könne.«[189]

PROBLEME DER »EINSATZMÄSSIGEN STEUERUNG«

Zuvor hatte Großadmiral Dönitz Vortrag gehalten über die Eigenschaften des neuen Langstreckentorpedos (hervorgegangen aus dem G 7 e LUT) und die Einsatzabsichten mit diesem Torpedo. Vorgesehen wäre, die Waffe von S-Booten etwa von Le Havre – Ansteuerungstonne aus in den Landungsraum an der Orne-Mündung abzuschießen. Die Idee stamme, betonte der Ob.d.M., »von einem mitdenkenden Angestellten der TVA.« Hitler äußerte sich befriedigt und regte die Prüfung an, »ob man diesen Torpedo nicht auch mit Torpedoreiter einsetzen könne«.[189])

Die unter der Bezeichnung »Dackel« bekannt gewordene G 7 e – Langstreckenläufer-Version mit LUT-Einrichtung besaß eine Länge von 10 m und entwickelte eine Geschwindigkeit von 9 sm. Die Laufstrecke betrug 57 km, die Laufzeit etwa 3,5 Stunden.[190]) Anfang Juli 1944 mußte aber noch geklärt werden, ob die »Pi 2« (Zündpistole) verwendbar wäre. Die Geschwindigkeit ließe sich auf 12 sm erhöhen bei einer Laufstrecke von 30 km (jedoch nicht umschaltbar). Der Fertigungsausstoß wurde für Juli 1944 mit 100 angegeben. Mitte Juli sollten pro Woche je 30 Stück aus Eckernförde abtransportiert werden.

Hinsichtlich der Einsatzarten ging man von folgenden Überlegungen aus: a) Von S-Booten nur bei gutem Wetter (wegen der großen Länge könnte es sonst Schwierigkeiten geben), b) von R-Booten, falls die Ausrüstung mit MZ-Rohren kurzfristig lösbar sei, c) weitere Möglichkeiten sollten in Erwägung gezogen werden.

Dieser Langstreckenläufer schien der Seekriegsleitung geeignet zum Einsatz gegen Schiffsansammlungen vor Landungsplätzen. Der Ob.d.M. hatte unverzüglich die Prüfung über Einsatzmög-

192

lichkeiten und Einsatzorganisation durch Gruppe West befohlen.
Zweckmäßig erschien der Einsatz durch F.d.Schn. (Führer der
Schnellboote).

Am 12. Juli 1944 verließ die 1. Halbflottille der K-Flottille 362
Rudolstadt, passierte am 14. die Reichsgrenze und traf am 16. 7.
im Raum Paris ein, von wo sie zur Front vorgezogen werden sollte.[191]) Zur selben Zeit verließ die 2. Gruppe der K-Fl. 362 Rudolstadt.

Die Marinegruppe West meldete am 18. 7. 44, daß der Einsatz von
Schnellbooten gegen die Invasionsflotte sehr schwer sei. Die Boote
kämen von Le Havre gegen die feindliche Sicherung von Artillerie,
Torpedo-, Schnellbooten und Zerstörern nicht durch. In der Frage
des Negereinsatzes bezeichnete der O.B.Mar.Gruppe West einen
neuen Einsatz »nur bei günstigen Verhältnissen« als möglich (Zuwasserbringen bei Dunkelheit, Ebbstrom für Hinweg, Flutstrom
für Rückweg). Diese Voraussetzungen träfen am 17. und 18. 7.
sowie am 2. und 3. 8. zu. Daher wurde der Antransport so beschleunigt, daß eine Flottille zu 30 Negern am 18. einsatzklar war.
Gruppe West vermutete jedoch, daß der Einsatzstab vom Admiral
der Kleinkampfverbände (A.d.K.) Befehl erhalten hätte, in Paris zu
bleiben. Damit wäre »durch Eingreifen von Heimatstellen der beabsichtigte Einsatz hinfällig geworden und frühester Einsatz erst
am 2. 8. möglich, falls Feindlage es noch gestattet.«[192]) Die
Gruppe West hielt es für erforderlich, daß die K-Flottille ihr ein-
satzmäßig durch Befehl der Seekriegsleitung unterstellt würde.
Nach einer entsprechenden Rückfrage beim A.d.K. antwortete der
Oberbefehlshaber der Marine, die Gruppe befände sich im Irrtum.
Der Negereinsatz wäre in der Nacht zum 19. zeitlich nicht möglich
gewesen, das Zurückhalten der Halbflottille in Paris hätte sich
deswegen als sachlich berechtigt erwiesen. Der A.d.K. hätte einge-
griffen, da Böhme nicht bei der Gruppe anwesend gewesen wäre.
Die K-Flottille erfordere als Sonderformation menschen- und waf-
fenmäßig eine eigens dafür vorgebildete und ausgerichtete Führung. Mit dieser Begründung lehnte Großadmiral Dönitz die bean-
tragte Unterstellung ab: »Gruppe besitzt einsatzmäßige Steuerung
der Kampfmittel über von AdK abgestellten Spezialeinsatz-
stab.«[192])

Für die günstige Einsatzzeit am 2./3. August wurden 60 »Neger«,

48 »Linsen« und 12 »Dackel« in Aussicht gestellt.

Gegen den Vorwurf des Irrtums wandte sich am 20. 7. Gruppe West, da sie »auch heute noch den Termin des 19. abends für erreichbar« hielt. Außerdem bat der Oberbefehlshaber der Gruppe West »um nähere Umreißung des Begriffs einsatzmäßige Steuerung«.[192] Admiral Heye schlug am 23. Juli vor, den ersten Dackeleinsatz mit dem beabsichtigten Einsatz der Kleinkampfmittel zu verbinden. Daher müßte die Steuerung dieses Einsatzes dem Einsatzstab Böhme überlassen bleiben. Keineswegs wäre die Einbeziehung der Dackel unter Einsatzstab beabsichtigt. Der A.d.K. hatte durchgesetzt, daß am 24. 7. 44 erstmalig 12 »Dackel« abrollten, von dem Zeitpunkt ab täglich 6, um zum Einsatz am 2. und 3. 8. rechtzeitig zur Stelle zu sein. Heye schlug außerdem vor, »daß Gruppe West Einsatzstab Böhme und FdSchn. (Führer der Schnellboote) für Dackel kurzschließt und gemeinsamen Einsatz und entsprechende Nachrichtenverbindung sicherstellt unter Zugrundelegung des Operationsvorschlages von AdK.«

Diesem Vorschlag stimmte Großadmiral Dönitz zu.[192]

Der kombinierte Marder- und Linsen-Einsatz vom 2./3. 8. 1944

Das Kommando der K-Verbände konnte am 2. August melden, daß auch die Verlegung der mit Sprengbooten ausgerüsteten K-Flottille 211 in den Absprungraum erfolgt sei.[193] Für die Nacht zum 3. August war erstmals ein kombinierter Sonderkampfmitteleinsatz in der Seine-Bucht vorgesehen. Es galt, den Feind zugleich mit verschiedenen, im Angriffssystem voneinander abweichenden Kampfmitteln zu verwirren und somit noch einmal einen Überraschungseffekt aufzubieten. Es trifft mithin nicht zu, wenn Cajus Bekker behauptet, ein gleichzeitiger Neger- und Linsen-Einsatz in der Seine-Bucht sei nur vorgetäuscht worden, er hat tatsächlich stattgefunden und ist aktenkundig.[194]

Die K-Flottille 211 war bekanntlich am Müritzsee auf diesen Einsatz vorbereitet worden. Am 24./25. Juli 1944 setzte sich der Transportzug von der Müritz in westlicher Richtung in Bewegung.

194

Vorbei am Harzrand, über Hannover – Osnabrück führte der Weg nach Holland, Belgien und Frankreich. Am Albert-Kanal mußte eine Notbrücke passiert werden. Leutnant Vetter war von dem Ausmaß der Zerstörungen durch alliierte Bomber tief beeindruckt. Auch in Frankreich mußte die Zivilbevölkerung unter den Bombenangriffen täglich leiden.

In Paris bezog die K-Flottille 211 Quartier in der »Sendestelle West« im früheren Rothschild-Palais. Das Gebäude glich mit Minengürtel, Stacheldrahtverhau und Sandsäcken einer kleinen Festung. Deutsche Soldaten durften nur bis 23 Uhr auf der Straße bleiben, denn nachts tauchten die Widerstandskämpfer aus dem Untergrund auf. Die K-Männer erlebten auch sogleich eine Maschinengewehrknallerei. Das Stammpersonal bemerkte dazu beschwichtigend, dies wäre nichts Ungewöhnliches, es käme jede Nacht vor, daß die Resistance ihre Feuerüberfälle inszenierte. Dann würde eben zurückgeschossen, daran hätte man sich inzwischen gewöhnt. Der Paris-Aufenthalt der Linsen-Flottille dauerte ein paar Tage. 60 LKWs in vier Kolonnen zu je 15 Fahrzeugen, bei denen es sich teilweise um englische Beutefahrzeuge handelte, standen ihr zur Verfügung. Um die Kolonnen aus der Hauptstadt herauszudirigieren, fungierten Kradmelder als Lotsen. Die Sprengboote waren unter Planen auf Spezialanhängern verladen. Es wurde in halbstündigem Abstand gestartet. Nachdem der zugeordnete Kradfahrer auf der Ausfallstraße die Kolonne sich selbst überlassen hatte (»kam längsseit, zeigte geradeaus, grüßte und verschwand«...), saß diese nach 5 Minuten schon fest, als ein Kreis den Weg nach mehreren Seiten freigab. Die K-Männer hatten Weisung, über St. Germain zu fahren. Zum Glück tauchten zwei LKW der Luftwaffe auf, die dasselbe Ziel ansteuerten. So konnte sich die Marine »anhängen«. Jedoch die Luftwaffe war zu schnell, so daß die Marine-Kolonne in den immer enger werdenden Nebenstraßen Mühe hatte mitzuhalten. An einem Bahnübergang mußten schließlich die Flieger mit Bedauern zugeben, den Weg verfehlt zu haben. Es blieb nichts weiter übrig, als die Anhänger abzukoppeln und jedes Fahrzeug wenden zu lassen. Dieses Manöver brachte etwa eine Stunde Zeitverlust ein. Doch dann trafen alle vier Kolonnen in St. Germain zusammen, was auch nicht vorgesehen war. Lt. Vetter stellte befriedigt fest, daß die anderen

Gruppen auch noch nicht weitergekommen waren.

Inzwischen setzte Helligkeit ein, als ein Auffahrunfall mit anschließender Notreparatur erneut eine Verzögerung verursachte. Die K-Flottille hatte insofern noch Glück, als der übliche Frühnebel eine Weile das Weiterfahren ermöglichte, bis das Ziel, ein 30 km von der Küste entferntes Waldstück, erreicht wurde. Hier mußte tagsüber Aufenthalt genommen werden. Die Kameraden mit den Einmanntorpedos waren bereits zur Stelle.

Da der Flottillenchef Oberleutnant Plikat auf dem Nachtmarsch zwischen Paris und Le Havre mit seinem PKW verunglückte und sich eine Gehirnerschütterung zuzog, übernahm der Anfang Juli 1944 von Admiral Heye für die Ausbildung von Sprengbootbesatzungen und Zusammenstellung von Linsen-Flottillen angeforderte und seitdem in Plön tätige Kapitänleutnant Helmut Bastian (vgl. S. 122) die Führung der K-Flottille 211.

»In einem Wäldchen bei der Orne-Mündung zwischen Houlgate und Trouville«, erinnert sich Helmut Bastian, heute Reedereibesitzer und Konsul für Ghana in Bremen, »haben wir zwei oder drei Tage gelegen. Und dann wurde der Einsatz für die Nacht vom 2. auf den 3. August befohlen. Wir konnten die Vorbereitungen nur spät abends treffen, weil laufend die Lightnings über uns kreisten und da man sich am Tage so gut wie gar nicht bewegen konnte. Wir haben dann in der Nacht vom 2. auf den 3. August den ersten Einsatz gefahren. ... Die Entfernung zur Seitensicherung der Invasionsstreitkräfte betrug etwa 8–10 Seemeilen. Ich konnte während der Nacht mehrere heftige Detonationen hören sowie sehr starkes Flakfeuer zeitweilig beobachten. Das waren alle Wahrnehmungen, ansonsten war ich abhängig von den Meldungen der zurückkehrenden Sprengbootfahrer.«[195])

Die Luftbilderkundung zwischen Orne und Cherbourg ergab am 2. August »über Erwarten große Schiffs- und Landungsbootsansammlungen«, die über eine Million BRT umfaßten.[196])

Am Einsatz der Kleinkampfmittel wurden 58 Marder, 12 Kommandolinsen und 20 Ladungslinsen beteiligt. Von den 58 Einmanntorpedofahrern kehrten in der Nacht vom 2./3. August 41 nicht zurück. Eine Kommandolinse kehrte ebenfalls nicht zurück.[197]) .

Um den Gegner zu irritieren, ließ man durch Linsenfahrer zusätzlich Marder-Attrappen (Kuppeln mit aufgemalten Köpfen, um Einmanntorpedos vorzutäuschen) aussetzen. Außerdem führte die 2. S-Flottille während des K-Mittel-Einsatzes einen Diversionseinsatz von Le Havre aus durch und geriet dabei in wiederholte Gefechtsberührung mit 3 MGB's (Maschinengewehrbooten). Nach Informationen der Funkaufklärung wurde ein MGB schwer beschädigt, sein Sinken galt als wahrscheinlich. Bei einem Gegner wurden Stichflamme und kurzer Brand beobachtet. S 167 (Schnellboot) erlitt durch Zusammenstoß eine Beschädigung, S 188 und 181 erhielten Treffer. Sämtliche Boote meldeten zahlreiche Splitter und MG-Durchschüsse.[196])

Nach den am Abend des 3. August vorliegenden Meldungen ging man davon aus, daß durch die Marder 2 Zerstörer, 2 Korvetten, 1 Frachter von 10000 BRT und 1 Frachter von 3000 BRT versenkt worden sind. Die Royal Navy verlor in jener Nacht an Kriegsschiffen indes nur einen einzigen Zerstörer (HMS »QUORN),«), von dem noch zu berichten sein wird.

Nur 17 Einmanntorpedofahrer kehrten zurück, von denen 10 Fehlschüsse bzw. keinen Erfolg meldeten.[196])

Die Linsen versenkten nach dem vorläufigen Ergebnisstand vom 3. 8. einen Transporter, einen »Frachter mit Gittermast« und 1 LCT (Landing Craft Tank). Von den zunächst 10 zurückgekehrten Kommandolinsen meldeten 7 den »Abschuß einer Ladungslinse« beim Anlaufen bzw. technischen Versager. Die gegnerische Abwehr hat demnach in Einzelfällen anlaufende Sprenglinsen vorzeitig abgeschossen und unschädlich gemacht.

In der Zeit von 02.30 bis 06.00 Uhr wurden zwei Beobachtungen von Land gemeldet, und zwar 7 Detonationen mit z. T. hohen Stichflammen und großen Rauchpilzen sowie eine weitere Reihe mehrerer starker Detonationen. Jedenfalls nahm der A.d.K. nach den ersten vorliegenden Meldungen und Beobachtungen an, daß außer den Kriegsschiffen 40–50000 BRT versenkt wurden. Wieder erfaßte die deutsche Funkaufklärung gegnerische Meldungen über die Bekämpfung von Kleinkampfmitteln.

Drei Offiziere der Marder-Flottille, ein Fähnrich, ein Unteroffizier und 5 Mann erklärten kurz vor dem Start, daß sie ihren Torpedo bis zur Vernichtung eines lohnenden Zieles ohne Rücksicht auf Aktionsradius und eigene Rückkehr an den Feind führen wollten.

Diese 10 Einzelkämpfer sind vom Einsatz alle nicht zurückgekehrt.[196])

Der Admiral der Kleinkampfverbände meldete am 3. August 1944 abends:

»Vor dem erfolgreichen Einsatz der letzten Nacht habe ich ein Anfeuerungs-FT an die eingesetzten Einzelkämpfer gemacht, in dem ich sie aufforderte, Winkelriede für die hart kämpfende Landfront zu sein. Kpt. z.S. Böhme meldet heute folgendes: ›Bei der Unternehmung verdienen besonders folgende, bisher nicht zurückgekehrte Soldaten erwähnt zu werden, die vor dem Start dem Flo-Chef gemeldet haben, ohne Versenkung eines großen Kriegsschiffes oder Transporters nicht zurückzukehren, und so den Namen Winkelriede verdienen: Oblt. z.S. Winzer, Oblt. Schiebel, Lt. z.S. Hasen, Ob.Fähnr. z.S. Pettke, Ob.Strm. Preuschoff, Strm.Mt. Schroeger, Masch.Mt. Guski, Mtr. Glaubrecht, Matr. Roth.‹ Wir sind überzeugt, daß gerade diese Männer an Erfolgen beteiligt sind, die wir vielleicht niemals mit ihren Namen verbinden können, da sie nicht zurückgekehrt sind. Abgesehen von den sichtbaren Erfolgen erscheint mir aber gerade der Geist, der aus diesen Männern spricht, als Ansporn und Beispiel, ein Zeichen der unbesiegbaren inneren Haltung der Kriegsmarine zu sein. Ich schlage deshalb vor, diese Namen im Marineverordnungsblatt als die besonders tapferen Männer zu erwähnen, sofern nicht auch eine Erwähnung im Zusammenhang oder im Anschluß an einen Wehrmachtsbericht zweckmäßig erscheint.«[197])

Der Ob.d.M. befahl daraufhin die Erwähnung dieser Männer im M.V.Bl.

Der Einsatz lief übrigens mit dem Start der 58 Marder an. Erst danach wurden die Sprengboote zu Wasser gelassen, so daß von der K-Flottille 211 nur die ersten drei Gruppen (12 Kommandolinsen und 20 Ladungslinsen)[198]) starten konnten, während die 4. Gruppe unter Lt. Vetters Führung zu deren Enttäuschung wegen beginnender Helligkeit von der »Sitzbereitschaft« zurückbeordert wurde. Sie kam in der Nacht vom 8./9. 8. 44 zum Einsatz.

Leutnant Alfred Vetter dachte unwillkürlich an ein kleines Erlebnis zurück, das ihn zuvor stark beeindruckt hatte. Auf dem Anmarsch zur Wasserstelle verfuhr sich der junge Offizier und stand unvermittelt vor einem weißen Lattenzaun, hinter dem im Mondschein ein Friedhof sichtbar wurde. Dieser schockierende Anblick mit unbezweifelbarem Symbolgehalt stimmte ihn doch nachdenklich.

So kehrte die 4. Gruppe in das Wäldchen zurück, ohne an den Feind gekommen zu sein. Im Laufe des Tages trafen die ersten Meldungen ein. Ein Kommandoboot war bei Le Havre eingelaufen, ein anderes war angeschossen worden, konnte aber noch die deutschbesetzte Küste erreichen.

Noch »rechtzeitig« zum Start kam Rottenführer Frank Gorges, der, wie erinnerlich, am mißglückten Le Havre-Unternehmen Ende Juni teilgenommen hatte. Die 1. Sprenglinse führte Werner Thybben, die 2. Sprenglinse übernahm Anton Villis. Horst Westphal, Fahrer der Kommandolinse, war erst 18 Jahre alt. Man hatte Gorges deshalb abgeraten, diesem Jungen die Kommandolinse anzuvertrauen. Als Westphal erfuhr, daß er für die Aufgabe zu jung sei und zurückstehen sollte, kamen ihm die Tränen. Da »erbarmte« sich Oberbootsmaat Frank Gorges seiner und nahm ihn mit. »Nachher war das so ein tapferes Kerlchen«, erinnert sich Gorges heute.

Durch das vor Houlgate gelegene Minenfeld führte eine schmale Durchfahrt. An beiden Seiten kennzeichneten auf Schlauchbooten hinausgefahrene Kameraden mit roten Lampen den Weg für die einzelnen Linsenrotten. Es herrschte eine sanfte Dünung, die den Sprengbooten nicht zu schaffen machte. Der Himmel war leicht bewölkt, und von Zeit zu Zeit schien der Mond durch die Wolkenlöcher. Frank Gorges berichtet:

»Wir haben erst gar nichts gesehen, hatten wir doch mit unseren Booten genug zu tun. Hin und wieder drosselten wir die Fahrt, um zu horchen. Plötzlich wurden voraus Leuchtkugeln sichtbar. Das konnten keine eigenen Boote sein, dort war offenbar etwas los! Dort mußten wir hin! Nach Kompaßprüfung nahmen wir Kurs Richtung aufsteigender Leuchtkugeln, die in Abständen immer wieder den Weg wiesen. Als wir nahe genug heran waren, ließ ich meine Rotte stoppen, um die Boote vollzutanken. An der Seite unserer Boote lagen 5 bis 10 Reservekanister mit 20 l Fassungsvermögen. Sollten feindliche Gun-Boote (Gorges sagte: »Jann-Boote«) die Jagd auf uns eröffnen, bliebe zum Tanken gewiß keine Zeit mehr.

Dann stießen wir weiter vor. Auf einmal huschten einige Schatten an uns vorbei, vermutlich Schnellboote. Sofort drosselten wir erneut die Fahrt; einen Haufen Angst hatten wir! Im nächsten Augenblick bemerkte ich die Zerstörer oder Fregatten, die nicht vor Anker lagen, sondern langsame Fahrt machten. Am Tage konnten wir die Invasionsflotte ja mit bloßen Augen von der Küste aus erkennen, aber nachts zogen sich die englischen Kriegsschiffe regelmäßig zurück. Deswegen mußten wir so lange fahren, um auf sie zu stoßen. Unser Vorteil war die Schnelligkeit.«

Einen der erkannten Zerstörer wählte Gorges für sein erstes Sprengboot aus, das Werner Thybben steuerte. Sogleich setzte sich die Sprenglinse an die Spitze der Rotte, gefolgt von der Kommandolinse, auf der Gorges das Kommandogerät einschaltete. Thybben brachte den Motor der Ladungslinse auf Touren, indem das Boot sich aufbäumte, schaltete die rote und grüne Richtlampe ein, betätigte die Zündung und sprang ab. Die Sprenglinse raste nun allein auf den Zerstörer zu.

»Ich hatte genau auf den Bug gehalten«, ergänzt Gorges seinen Bericht. »Die Sprengladung war auf 3 Sekunden Verzögerung eingestellt, und die Fahrt des Zerstörers reichte gerade aus, daß das Schiff so schön mitten auf die Sprengladung rutschte. Mittschiffs gab es eine Riesendetonation! Wir konnten beobachten, wie Bug und Heck in sich zusammensackten. Vermutlich hat die Hauptladung unter dem Zerstörer das Wasser verdrängt, so daß dieser vorn und achtern sozusagen ›auflag‹ und regelrecht durchbrach. Wir haben keinen Rettungsring und keinen Mann gefunden, wir haben überhaupt nichts gefunden. Als die Wolke verschwunden war, da rauschte das Wasser, und nichts war mehr zu sehen. Aber wir bekamen dermaßen Dampf, schon unmittelbar nach der Detonation! Und ich hatte meinen Sprengbootfahrer noch nicht gefunden, der mußte irgendwo herumschwimmen. Die schossen da wild durch die Gegend, plötzlich erhielten wir auch noch Feuer von hinten. Während wir im Scheinwerferkegel lagen, titschten die Leuchtspurgarben rechts und links von uns ins Wasser. Wir warfen Nebeltöpfe und liefen Zickzackkurs. Was wir da alles gemacht haben, weiß ich nicht mehr. Jedenfalls bewegten wir uns im Kreise, und in dem Tumult konnte ich mich um den eigenen Mann nicht kümmern: Scheinwerfer am Himmel, Scheinwerfer über dem

Wasser und die englischen Gun-Boote dazwischen!
Dann haben wir gesucht. Es wurde schon etwas hell, als jemand von uns durch das Glas schaute und rief: ›Mensch, da unten schwimmt was!‹ Ich hielt das schon für ein Gun-Boot, wir hatten dermaßen die Nase voll, wir hatten dermaßen Zunder gekriegt, wir konnten nicht einmal mehr sprechen. Uns hatte es die Sprache verschlagen. So mutig waren wir nämlich da nicht mehr!«[199])
Zum Glück fand die Rotte ihren Mann wieder und war froh, mit äußerster Kraft der Küste zubrausen zu können. Die 2. Ladungslinse lief mit zurück.
»Wir wußten trotz Armbandkompaß gar nicht, wo wir waren. Zunächst waren wir glücklich, unseren Mann gefunden zu haben. Jetzt hieß es auf Jabos aufpassen! Plötzlich wurde die Küste sichtbar! Land! Doch was war das nun? England oder Frankreich? Langsam hielten wir auf die unbekannte Küste zu. Schon glaubten wir alles überstanden zu haben, da legte sich mein Boot ganz schief! ›Verdammt, wat ist dat denn?‹« – Dem Leser sollte an dieser Stelle der Originalton nicht vorenthalten werden: »Kieke raus, da hänge ich mit dem Arsch auf einem Rommel-Spargel drauf!«
Die Besatzung der Kommandolinse erlebte bange Minuten im Bewußtsein, mit dem Boot auf ein überflutetes Strandhindernis mit befestigter Tellermine geraten zu sein, allgemein bekannt unter der Bezeichung »Rommel-Spargel«.

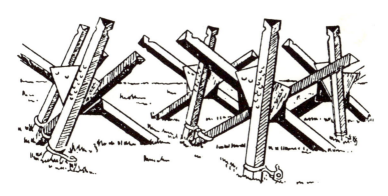

Englische Darstellung der »Rommelspargel«-Hindernisse am Strand der Invasionsküste: »German steel obstacles-hedgehog« (PRO – DEFE 2 43 X/P 09788)

»Gott sei Dank, daß die Hunde alle blind waren«, resümiert der ehemalige Einzelkämpfer der Kriegsmarine, »daß die nicht hochgegangen sind! Sonst wäre ich schon nicht mehr da. Die waren alle verrottet, die ganzen Minenfelder waren verrottet![200])

Wir haben uns langsam wieder runtergedrückt, mit welchen Gefühlen! Wir hatten ja sowieso Sprachschwierigkeiten. Wir konnten ja nichts mehr sagen, so erschrocken waren wir. Da haben wir uns langsam runtergedrückt und gemacht, daß wir an Land kamen.«

Das war die Wirklichkeit.

Wer Frank Gorges im Kreise der Marine-HJ anläßlich eines Empfangs erfolgreicher Einzelkämpfer der Kriegsmarine in Berlin vor der UFA-Wochenschau Nr. 684 seinen Einsatz schildern hörte, vernahm dagegen eine sarkastisch-humorvoll gefärbte »Understatement«-Darstellung.

Jedenfalls durfte die Rotte Gorges aufgrund der deutlichen Wahrnehmungen ihres Erfolges sicher sein. Der Untergang des getroffenen Schiffes mußte dermaßen schnell vonstatten gegangen sein, daß offenbar keine »survivor«-Berichte vorlagen wie in den Fällen HMS »TROLLOPE« und HMS »PYLADES«. Die Akten der britischen Admiralität, soweit im Record Office zugänglich, enthalten lediglich zwei kurze Notizen. Am 8. 8. 44 wurde eine Akte über den Verlust des britischen Zerstörers HMS »QUORN« angelegt mit dem Zusatz: »Human Torpedo or mine«. Diese Akte scheint jedoch nicht im Umlauf gewesen zu sein, während ähnliche Vorgänge durch eine Vielzahl von Paraphen und Dienststempeln (Date/Referred to…) gekennzeichnet sind. Der Vorgang QUORN landete sozusagen kommentarlos am 28. Juni 1948 im R.O. (Record Office).[201])

Der Aktendeckel (Deckblatt) enthält als erstes eine Meldung vom 3. 8. 44 um 0600 Uhr:[202])

»Emergency.

QUORN sunk by human torpedo or mine
in position 040 A 11.5«

Auffällig ist dabei das Fehlen einer Uhrzeitangabe für den Versenkungszeitpunkt.

Der zweite, den Verlust des Zerstörers QUORN betreffende Bericht, datiert am 4. 8. 44 – »From Ramsay signed Eisenhower« – hat folgenden Wortlaut:

»Wichtig

......

A. Bereich der Schiffsartillerie (Assault Area)
Der festgestellte Angriff wurde im Bereich B.A.A. durchgeführt von Schnellbooten, Sprengbooten (explosive motor boats) und bemannten Torpedos.
Die alliierten Verluste und Schäden betrafen QUORN und L.C.G. (Landing Craft Gun) 764, die beide gesunken sind. Zwei M.T. Schiffe, ein M.T.B. und zwei gesunkene (!) »Corncobs« wurden beschädigt.
Geschätzte Verluste des Feindes:
20 E.M.B.'s (Sprengboote: explosive motor boats)
30 bemannte Torpedos, 2 im Netz gefangen.
Ein Schnellboot sank, eins wurde beschädigt.
31 Gefangene von bemannten Torpedos und E.M.B.'s«[203])
In Wirklichkeit lagen die deutschen Verluste unter den Mardern höher (41), bei den Sprengbooten rechneten die Engländer offenbar sämtliche explodierten Ladungslinsen zu den Verlusten. Die deutschen Verluste standen jedenfalls in keinem verantwortbaren Verhältnis zu den von der Seekriegsleitung überschätzten Erfolgen, bei aller Tapferkeit deutscher Einzelkämpfer gegenüber einer erdrückenden Übermacht zur See. Das wird noch deutlicher, wenn man die mit gleicher Meldung gefunkten Entladungsziffern heranzieht:

	»Truppen	Fahrzeuge	Ausrüstung
Britisch	701 516	173 242	869 348
U.S.	945 714	177 618	929 540
insgesamt:	1 647 230	350 860	1 798 888«[203])

Es müssen spätere Anhaltspunkte ausschlaggebend gewesen sein, daß die ursprüngliche Vermutung, H.M.S. »QUORN« sei durch bemannten Torpedo oder Mine gesunken, der Gewißheit gewichen ist, wonach dieser englische Zerstörer der Hunt-Klasse einem Sprengboot zum Opfer fiel: »Sunk 3. 8. 44 by explosive motor boat off Normandy«.[204])
Es dürfte somit keinem Zweifel unterliegen: Den Zerstörer HMS »QUORN« versenkte Oberbootsmaat Frank Gorges mit seiner Linsenrotte. Dafür hätte er eigentlich das Ritterkreuz verdient,

denn »QUORN« war nach den englischen Unterlagen in der Einsatznacht 2./3. 8. 44 eine Art »Spitzenleistung« eines Einzelkämpfers der Kriegsmarine. Geehrt wurde Gorges mit dem Deutschen Kreuz in Gold und dem erwähnten Wochenschau-Auftritt (ohne Namensnennung), seine tapferen Männer erhielten das Eiserne Kreuz.

Unter den 58 Einmanntorpedofahrern wagte seit Anzio/Nettuno Oberfernschreibmeister Herbert Berrer die zweite Feindfahrt mit dem primitiven Gerät. Sein Torpedo traf auch diesmal das Ziel, aber der Einsatz wurde für Berrer zu einem gefahrvollen, unbeschreiblich strapaziösen »Abenteuer«. Kritiker verleihen diesem Begriff gern einen Sinn, an den in solchem Zusammenhang kein vernünftiger Mensch denkt. Berrers »Abenteuer« entbehrte denn auch aller romantisierungsverdächtigen Effekte und dürfte repräsentativ für eine Reihe ähnlicher Erlebnisse gewesen sein. Nur gehörte Berrer zu den wenigen, die überlebten.

»Das kann man überhaupt nicht schildern«, beginnt der gebürtige Stuttgarter seinen Bericht.[205] »Wir haben zwei Tage vorher und am Vortage die letzten Luftaufnahmen zu sehen bekommen. Was da an Invasionsflotte stand, das war ungeheuerlich. Von der Perspektive des Einmanntorpedos aus etwa bei der Dünung 4 ist die Masse der Schiffe überdimensional, das läßt sich nicht schildern! Natürlich suchte man möglichst das größte Objekt. Ich hatte noch das Glück, daß ich sehr zielgerade in das Seegebiet hineingesteuert bin. Das war aber mehr Zufall als Können, das ist keine Frage von Können. Die Luftwaffe ließ nachts ein Flugzeug aufsteigen, das für die wenig maritim veranlagten Leute eine Strecke abfliegen und einen Generalkurs angeben sollte, indem es kleine Leuchtfallschirme abwarf. Das hat auch dreimal prima geklappt, die Maschine hatte dabei eine Strecke von etwa 15 km abzufliegen. Damit war der Generalkurs zum Flottenverband erkennbar. Vermutlich hat sich dennoch der größte Teil der Leute verfranzt. Immerhin traf ich unterwegs zwei andere Torpedos, wir haben uns zu dritt gesehen, waren ungefähr 400 m auseinander. Es war eine Vollmondnacht, und man beobachtete scharf und hielt Ausschau nach patrouillierenden Schiffen, die einem entgegengekommen sind. Ich war körperlich unglaublich schlecht dran, hatte es mit Magenbeschwerden zu tun und vertrug die Pervitin-Tabletten nicht. Dazu kam die Erregung: mir krempelte sich alles hoch.

Ich war ziemlich zeitig da, vor 03.00 Uhr. Meine allergrößte Sorge galt der Gefahr, in dem Pulk von Schiffen vorzeitig entdeckt zu werden. Das war eine ganz große Angst, hervorgerufen durch die mangelnde Manövrierfähigkeit des Einmanntorpedos, der einen sagenhaften Radius hatte, bis er einmal herumkam. Dazu bestand die Sorge, irgendwo an eine Bordwand zu geraten. Dann habe ich gewartet bis um 03.00 Uhr und erhielt fünf Minuten später eine günstige Position. Vor mir lag ein Transporter, auf den ich meinen Torpedo abschoß. Die Explosion nahm ich wahr, konnte das Sinken jedoch nicht mehr feststellen. Es wäre natürlich möglich gewesen, doch versuchte ich zunächst einmal, von der Stelle wegzukommen. Und als ich einigen Abstand gewonnen hatte, war der Dampfer nicht mehr da – oder das Schiff, anders gesagt. Ich will lieber vorsichtig formulieren. Die haben damals, wenn ich mich recht erinnere, einen »Kreuzer« daraus gemacht oder irgend so etwas. Jedenfalls stand das Schiff nicht mehr da. Stattdessen bewegte sich eine ungeheure Kavalkade von anderen kleinen Fahrzeugen dort in Mordsaufregung, was ich als Erleichterung empfand.

Im Gegensatz zu der gewohnten Vorstellung bin ich anschließend nicht auf See hinausgegangen, sondern direkt unter Land gefahren. Zu meinem Pech begegnete mir in Küstennähe eine halbe Schiffsflottille, die mich beinahe überrollt hätte. Danach ging ich in einem Abstand von schätzungsweise 3–4 km zur Küste wieder Richtung Einsatzort. Aber dann zog es mich hinaus, ziemlich weit sogar, denn wir hatten noch ablaufendes Wasser. Plötzlich wurde ich von Flugzeugen beharkt, was ich aber erst bemerkte, als ich die Einschläge um mich herum sah. Die Plexiglaskuppel zersplitterte, und auch der Trägertorpedo mußte Treffer erhalten haben, er sackte jedenfalls immer weiter achtern ab. Schon betrug der Neigungswinkel mindestens 45°, so daß mir keine Wahl blieb, ich mußte aussteigen. Die feindlichen Jäger ließen aber nicht ab, die waren mindestens eine Dreiviertelstunde hinter mir her und schossen, was das Zeug hielt! Daß insgesamt 9 Flugzeuge über mir kurvten, ist von Land aus deutlich beobachtet worden. Es war ja im Morgengrauen, da spiegelten die Plexiglaskuppeln trotz starker Dünung verräterisch in der See.

Nach dem Aussteigen bin ich insgesamt knapp 6 Stunden im Wasser gewesen. Berücksichtigt man auflaufendes Wasser und Strömung über Grund und rechnet dazu, was man mittels Schwimmbewegungen noch zusätzlich leisten kann, dann läßt sich in etwa die Entfernung schätzen. Die Orne war HKL, das linke Ufer hielten die Alliierten besetzt, auf dem rechten Ufer standen wir. Das war ein außerordentlicher Glücksumstand, daß mich die Strömung auf die ›richtige‹ Seite zutrieb. Aber die erhebliche Dünung warf mich auf einen stacheldrahtumwickelten ›Rommelspargel‹, den ich ›in die Arme nahm‹. Es hat mich dann ungeheuer zusammengematscht auf dem Ding! Zeitweilig wurde ich ohnmächtig und kam dann wieder zu mir, als mich Infanteristen mit einem Boot abholten, die den Vorgang von einer schweren MG-Stellung aus beobachtet hatten. Erstaunlicherweise waren sie nicht einmal über unseren Mardereinsatz informiert worden.

Auf Kochs Veranlassung wurde ich vom Feldlazarett zum ›Haufen‹ gebracht, wo man mich mit der Frage empfing, wann ich denn geschossen hätte. Das ist genau fünf Minuten nach 03.00 Uhr gewesen. ›Dann muß der das gewesen sein!‹ hörte ich jemanden sagen, als mir schon wieder das Bewußtsein schwand.

Später erzählten sie mir, was da alles passiert sei und was da angeblich alles versenkt worden sei.«

Gegenüber dieser Skepsis aus der Rückschau ergaben die offiziellen Meldungen des Einsatzstabes Böhme seinerzeit natürlich ein wesentlich günstigeres Bild:

»Geheime Kommandosache!

E-Stab Böhme meldet.–

1) Ergänzung zur ersten Erfolgsmeldung gemeldeter Dampfer war Korvette. Im sinkenden Zustand verlassen. –

2) Weitere Marderergebnisse:
   Ob Fs Mstr. Berrer 10 000 tons Transporter versenkt. Btsm. Müller Treffer auf Zerstörer, Sinken wegen Abwehr nicht beobachtet. Matr. Adam Treffer auf Frachter 3000 tons mittschiffs, Sinken wahrscheinlich.

3) Einwandfreie Beobachtungen:
   0515 Detonation auf einem Zerstörer von Linsenfahrer beobachtet, Zerstörer gesunken. –
   0230 Uhr von Stützpunkt Houlgate Detonation und große

Stichflamme, nach 2 folgenden Detonationen Fahrzeug nicht
mehr gesehen. –
0535 Uhr Houlgate großer·Feuerschein, dann große Detona-
tionswolke, die über dem Objekt stehen bleibt. Bestätigt durch
Ob.Ltn. Wenzel, B-Stelle Ornemündung und mehreren Mardern. –
0520 Uhr von Linsenfahrer und B-Stelle Ornemündung Detonation mit riesigem Feuerball beobachtet. Um 0600 Uhr von
B-Stelle Ornemündung, von Mardern und E-Stab von Trouville
starke Detonation mit riesigem Feuerschein. Von allen glei-
chermaßen beschrieben als typisches In-die-Luft-fliegen Munidampfer. –
0514 Uhr Brand und anschließend starke Detonation beobachtet von HKAA 1255 und Ob.Ltn. Wenzel B-Stelle Orne-Mündung. Von gleichen Stellen beobachtet 0210 starkes Aufblitzen
mit nachfolgender starker Detonation. Ebenfalls 0527 Licht-
schein mit nachfolgender starker Detonation. In der Zeit von
0330 bis 0600 Uhr mehrere starke Detonationen von verschiedenen Stellen gehört und beobachtet. Von Marder Ob.Mt.
Pohling 0500 Uhr brennendes Fahrzeug gesichtet, das später
explodiert, Sinken nicht mehr beobachtet. –
4) Von 16 zurückgekehrten Mardern meldeten 10 Fehlschüsse
bzw. keinen Erfolg. Zwei Meldungen stehen noch aus. –
5) Erfolge Linsen:
0445 großer Transporter mittschiffs getroffen, riesige Stichflamme, Sinken wegen starker Abwehr nicht mehr beobachtet. -
0505 Fahrzeug mit Gittermast (kein großes Kriegsfahrzeug) in
Masthöhe getroffen. Detonation beobachtet, höchstwahrscheinlich gesunken. –
0515 Teffer auf LCT, Vorkante Brücke einwandfreie Detonation. Sinken wegen Beschuß nicht beobachtet. –
Von 12 Rotten bisher 10 zurückgekehrt. 7 melden Abschuß der
Ladungslinsen beim Anlauf bzw. technische Versager.«[206])
In den späten Abendstunden des 3. August erhielt die Seekriegsleitung noch ein Fernschreiben mit der Zusammenfassung der Erfolgsmeldungen. Demnach schien festzustehen:
»1. Versenkt: 1 Kreuzer (Fijiklasse) bzw. 10 000 Tons Dampfer, 2

Zerstörer, 1 großer Munidampfer (0600 Uhr), 1 Frachter 3000 Tons. –

2. Torpediert und wahrscheinlich gesunken: 1 großer Transporter, 1 mittleres Fahrzeug mit Gittermast, 1 Zerstörer, 1 Korvette.

3. Aufgrund von etwa 15 nicht unterzubringenden einwandfreien Beobachtungen voneinander unabhängiger Stellen ist das Sinken weiterer Fahrzeuge in der Zeit von 0230 bis 0700 Uhr sehr wahrscheinlich.

4. Es fehlen die Meldungen von 41 nicht zurückgekehrten Mardern und einer Rotte Linsen.«[207])

Ergänzt und teilweise korrigiert wurden die Angaben um 21.48 Uhr, wobei insbesondere die näheren Angaben zu Berrers Erfolg bemerkenswert erscheinen (»Die haben damals einen Kreuzer daraus gemacht«):

»1. Mündliche Vernehmung Ob.Fs Mstr. Berrer ergibt größte Wahrscheinlichkeit Versenkung eines Kreuzers der Fiji-Klasse.

Aussage lautet: Fahrzeug 10 000 Tons, große Brücke vor dem Mast, zwischen beiden Masten zwei Schornsteine, hinterer Mast Gaffel, Klippersteven. 0342 Uhr im sinkenden Zustand (Rückgratbruch) verlassen. Beobachtet außerdem 0339 Torpedierung und Untergang eines großen Zerstörers im Abstand von 700 m.

2. Zu Ziff. 5: Nach Eintreffen Ladungslinsenfahrer 0515 nicht Treffer auf LCT, sondern Zerstörer Achanti-Klasse. Sinken beobachtet. Außerdem um 0550 Uhr und um 0600 Uhr schwere Detonation und Sichtung Sprengwolke aus näherer Entfernung.«[208]

Punkt 2 bezieht sich offenkundig auf die Rotte Frank Gorges. Den Kreuzer nahm die deutsche Propaganda später allerdings wieder zurück, da diese Spekulation keine Absicherung durch den B-Dienst erfuhr. In der für das neutrale Ausland bestimmten Propaganda-Zeitschrift »Signal« hieß es: »Berrer torpedierte beim ersten Einsatz (Anzio/Nettuno – d. Verf.) einen Frachter von 3500 BRT. Das zweite Mal versenkte er einen 10 000 Tonner. Fragt man den heutigen Ritterkreuzträger, warum er sich freiwillig meldete, so antwortet er: ›Ich wollte dort sein, wo man ganze Kerle braucht.‹« Ähnlich lautete der Text unter Berrers Bild (Großaufnahme) in einem Werbeblatt des OKM: »Oberfernschreibmeister Herbert Berrer wurde für die Versenkung eines Transporters von 10 000 BRT als dritter Einzelkämpfer der Kriegsmarine mit dem Ritterkreuz ausgezeichnet.«

Übrigens erwähnte Berrer in seinem damaligen Bericht auch noch eine besonders bittere Erfahrung: Während er selbst hilflos stundenlang im Wasser trieb, brauste in etwa 50 m Abstand eine Rotte Sprengboote küstenwärts an ihm vorbei, vermutlich von der 3. Gruppe, die nicht mehr rechtzeitig das Einsatzgebiet erreicht hatte. Das war etwa um 06.00 Uhr. Diese Begebenheit empfand Berrer als besonders schmerzlich.

Auf die Frage, ob er selbst denn noch weitere Explosionen wahrgenommen hätte, erwiderte Berrer:

»Doch, reichlich sogar. Nur, um welche Art von Explosion es sich jeweils handelt, das kriegen Sie nicht mit. Im Marder kriegen Sie den Knall nur in sehr verdünntem Maße mit. Irgendwie unterscheidet man schon zwischen Artilleriefeuer und anderen Explosionen. In jener Nacht ist ja ungeheuer geschossen worden, und es wurde Leuchtspur verschossen, unbeschreiblich! Das ist wie ein Feuerwerk, wenn die mit ihrem Vierling da auf die See reinhalten. Das ist ganz ungeheuer, und Sie selbst sind ja in einem Erregungszustand, da ist die Wahrnehmung schon etwas arg getrübt. Denn, um es einfach zu sagen, die Muffe geht derartig 1:100000, das kann man gar nicht schildern.

Das Teuflische beim Einmanntorpedo ergab sich aus Windrichtung und Strömung. Sie müssen sich das so vorstellen: Wenn Sie Ihr Gerät in einer gewissen Fahrtrichtung hatten, dann herrschten auch noch relativ gute Sichtverhältnisse. Sobald Sie ein paar Strich nach Backbord gingen und Sie bekamen die Strömung nicht mehr von vorn, dann gingen Sie runter und hatten eine Wasserglocke vor sich hängen. Da war man todunglücklich und konnte nicht abwarten, wieder hochzukommen, um etwas zu sehen. Bis die nächste Welle einen wieder runterdrückte, war man geneigt, das ›Schiff‹ aus dem Kurs zu nehmen, um wieder ruhigere See zu haben, das ablaufende Wasser von der Seite und nicht direkt von vorn. Was heißt orientieren können? Überhaupt etwas zu sehen, war kompliziert genug, – unbeschreiblich!«[209])

Im Anschluß an den ersten Linseneinsatz in der Seine-Bucht ist noch eine Episode zu berichten, die ein wenig das Atmosphärische verdeutlichen kann.

Am 3. August mußte sich Leutnant Vetter mit einem Kommando um die Bergung eines auf Sand gesetzten Sprengbootes kümmern. Das war bei Tage ein durchaus riskantes Unternehmen, worauf das als Flakschutz auf dem zweiten Wagen bereitstehende Zwillings-MG hinwies. Einmal kreuzten feindliche Jäger auch die Straße, ohne jedoch anzugreifen. In Honfleur verstand ein nach der Kommandantur befragter Landser kein Wort Deutsch. Der Mann gehörte der russischen Wlassow-Armee an. Vetter sprach danach einen Feldwebel an, der nur auf sein Wappen am Ärmel deutete: ein Kroate. Es mußte erst eine Französin vorbeikommen, die lächelnd auf das Ortskommandantur-Schild hinter Vetters Rücken zeigte.

Nach der Meldung suchte das Bergungskommando die Strandbatterie auf. Nur der Batteriechef, ein Oberleutnant, einziger Reichsdeutscher, und der Batteriefeldwebel, ein Volksdeutscher, waren deutsche Soldaten, alle anderen, einschließlich der Geschützführer, waren Russen der Wlassow-Armee.

Erfreut stellen die K-Männer fest, daß die Kameraden das Boot den Steilhang bereits hochgehievt hatten. Nun halfen sie noch bei der Verlegung auf den mitgeführten Anhänger. Die Zigarettenpause bot Gelegenheit zu einer kurzen Unterhaltung. »Du serr jung. Wie alt?« wollte einer der Russen von Lt. Vetter wissen. Der Batteriechef instruierte die Marineangehörigen: »Merken Sie sich vor allem die Parole. Es sind einige Posten dabei, die können kein Wort Deutsch. Wenn die Sie anhalten, und Sie wissen die Parole nicht, dann schießen die sofort!«

An sich galt die Küstenstraße als Sperrgebiet, aber die Wehrmachtsfahrzeuge durften dort verkehren. Es dauerte gar nicht lange, als das Kommando von einer Doppelstreife mit MP zum Halten aufgefordert wurde. Wieder handelte es sich um Russen. »Paroll?« fragte einer von ihnen. Vetter antwortete »Großdeutschland«. Der Russe schlug die Hacken zusammen und sagte grinsend: »Härr Leitnant, Paroll nix Neues«, salutierte und ließ passieren. In der Nacht zum 4. August kehrte die K-Flottille 211 zurück nach Paris. Es hieß zunächst, die Flottille käme zur Auffüllung nach Deutschland und würde erst später erneut eingesetzt.

»Da waren wir natürlich furchtbar betrübt«, erinnert sich Alfred Vetter. »Unser Chef, Kapitänleutnant Bastian, hat es aber beim Einsatzleiter Böhme durchgesetzt, daß wir doch noch fahren konnten. So sind denn meine Gruppe, die Hälfte der 3. Gruppe und ein paar Versprengte, die nicht mehr zum Einsatz gekommen waren, insgesamt also knapp zwei Gruppen, in der Nacht vom 8. zum 9. August noch gefahren.«[210])

Der Linsen-Einsatz in der Nacht zum 9. August 1944

Bei günstigen Wetter- und Sichtverhältnissen – Seegang O, Mondschein ab 0100 Uhr, Sicht um 5 sm, keine Bewölkung – setzte die K-Flottille 211 in der Nacht vom 8./9. 8. 44 nochmals 12 Kommando- und 16 Ladungslinsen ein.

Von 0000 Uhr bis 0200 Uhr erfolgte der Abmarsch von 3 »geschlossenen Gruppen«[211]) auf dem befohlenen Marschweg. Vom Einsatzort Dives-Mündung führt die 1. Gruppe von Norden östlich umfassend den Angriff auf Schiffsansammlungen Bernie durch. Die 2. Gruppe führte ihren Angriff von Osten durch, die 3. Gruppe operierte von Süden her. Trotz massiver »Feindeinwirkung« durch Seezielartillerie und Fla-Maschinenwaffen meldete der Gefechtsbericht am 9. 8. um 10.00 Uhr: »Ziel voll erreicht«.[212])

Acht Feindschiffe galten als versenkt bzw. torpediert. Vier Kommandoboote kehrten nicht zurück, technische Versager waren nicht bekannt geworden. Die Haltung der Besatzungen nennt der Gefechtsbericht »vorzüglich«.

Zwei der vermißten Kommandoboote wurden kurz vor der Einfahrt von Trouville durch feindliche Jäger beschossen und vernichtet. »Versenkt bzw. torpediert wurden: 1 Einschornsteinzerstörer, 4 Einheitsfrachter (je 5000 to.), 1 Panzerwagenlandungsschiff, 1 Frachter, 2000 bis 3000 to, 1 Sicherungsfahrzeug. Weitere beobachtete Detonationen im gleichen Zeitraum lassen auch auf Erfolge der vermißten K-Boote schließen«, heißt es im Gefechtsbericht.[212]) Nachträglich wurde am 10. 8. zum Linsen-Einsatz die Versenkung eines weiteren beladenen Transporters von 8000 BRT gemeldet.[213])

Zu berücksichtigen ist die Tatsache, daß ebenfalls am 9. August (wie zuvor am 5. 8. und 6. 8. 44) zwischen 0350 und 0408 Uhr von 3 Schnellbooten aus Position Ansteuerungstonne Le Havre 10 »Dackel« (Langstreckentorpedos) geschossen wurden. »Kap de la Heve beobachtete zwischen 0130 und 0500 Uhr laufend Leuchtgranatenschießen und etwa 800 kurze Seezielfeuerstöße. 0450 Uhr wurde sehr starke Detonation in etwa 240° wahrgenommen. Sonderkommando Luftwaffe beobachtete 0425 Uhr Stichflamme NO-wärts Orne-Mündung und 0457 Uhr Stichflamme und Detonation nördlich Orne-Mündung.«[213])

Zur Beurteilung der »Dackel«-Einsätze in der Zeit vom 5. bis 11. 8. heißt es – wegen der Unterscheidung von den gleichzeitig durchgeführten K-Mittel-Angriffen – in einem Fernschreiben des F.d.Schn. (gkdos 4507):[214])

»Bei Einsatznacht 8/9/8. Dackel im Zielraum (vor Le Havre) im Anschluß an Kleinkampfmitteleinsatz. Starke Detonationen beobachtet zu Zeitpunkt, als K-Mittel-Einsatz vorüber. Beobachtungen in Raum, der nicht Haupt-Op-Gebiet K-Mittel war, jedoch bleibt Möglichkeit Erfolg nicht zurückgekehrter K-Mittel.« Die Zurückhaltung wurde noch deutlicher:

»FdSchn. daher, ohne abschließendes Werturteil über Dackeleinsatz zu fällen, gegenüber Mehrzahl gemeldeter Wirkungsbeobachtung skeptisch aus Mangel an wirklichen Untergangsbeobachtungen von Schiffen, und da vor allem Funkaufklärung keine Meldungen über Torpedierungen, Havarien, Untergänge usw. erbrachte.«[214])

Daß diese Vorsicht bei der Erfolgseinschätzung berechtigt war, findet eine Bestätigung in den englischen Akten. Darauf ist aber noch gesondert einzugehen, zumal die Engländer eine Reihe unerklärlicher Unterwasserexplosionen registriert haben, die mit den Linsen- und Dackeleinsätzen irgendwie in Verbindung stehen dürften.

Die Vorbereitungen zu diesem zweiten Linsen-Einsatz entgingen der Aufmerksamkeit des Gegners ebenso, obwohl die vom ersten Einsatz zurückgebliebenen leeren Anhänger, die infolge des Tidenhubs rasch versandeten und nur zu einem geringen Teil geborgen werden konnten, sich als verräterische Zeichen darboten. Natürlich galt wiederum »allerstrikteste Geheimhaltung«, wie Alfred Vetter berichtet. »Wir hatten den Wald gut getarnt und durften ihn nicht verlassen. Der Chef bekam bald einen Anfall, als er erfuhr, daß 20 Mann den benachbarten Obstgarten aufgesucht hatten. Aufklärungsflugzeuge erschienen, die in geringer Höhe über dem Wald kreisten. Wenn die etwas bemerkt hätten, wäre eine Stunde später der Wald ›umgepflügt‹ worden.«[210] Kapitänleutnant Helmut Bastian wußte aber zu genau, was ein massierter Luftangriff bedeutete!

Der Flottillenchef mußte durch das Los entscheiden lassen, wer von seinen Männern diesmal fahren durfte. Diejenigen, die bereits beim ersten Einsatz einen Erfolg erzielt hatten, sollten nun anderen die Chance lassen. »Die andern wollten ja auch mal drankommen«, erläutert Frank Gorges, der gern seine zweite Sprenglinse selbst übernommen hätte, das Losverfahren: »Die drängten auch darauf!« Gorges gab sein Sprengboot an eine andere Gruppe ab. Zwei Leutnante, die das erste Mal nicht mehr hatten starten können, knobelten um die Teilnahme am neuen Einsatz. Der Gewinner strahlte, kehrte aber später von dieser Feindfahrt nicht mehr zurück …

Leutnant Vetter führte seine 4. Sprengbootgruppe geschlossen in den Einsatz und berichtet darüber selbst:

»Zunächst ging es zügig los. Wir hatten unsere Kompaßzahl bekommen und dazu die Anweisung: Eine Stunde Kurs mit voller Kraft fahren, dann auf halbe Kraft drosseln mit anderem Kurs und sehen, wie sich die Sache entwickelte.«

Daß die letzte deutsche Luftaufklärungsmeldung vom 1. August stammte und diese Information die einzige Grundlage für das Unternehmen am 8./9. 8. 44 bildete, verdeutlicht die schwierigen Verhältnisse. Die drückende alliierte Luftüberlegenheit machte weitere Aufklärungsflüge bei Tage unmöglich.

»Die Einsatznacht war nicht ganz dunkel«, erinnert sich Alfred Vetter. »Bei der gewaltigen Schiffsmenge müßte man ja, so meinten wir, auf Fahrzeuge stoßen. Mit einem guten Nachtglas ausgerüstet, suchte ich von Zeit zu Zeit intensiv das Seegebiet ab. Da tauchten auch schon die ersten Silhouetten auf. Im nächsten Moment müssen die Schiffe gedreht haben, denn plötzlich wurden weiße Schnauzen sichtbar, und schon wurden Leuchtgranaten geschossen. Es war mit einem Mal taghell. Das grelle Licht blendete die an Dunkelheit gewöhnten Augen. Unmittelbar einsetzendes Abwehrfeuer ließ darauf schließen, daß der Gegner uns lange vorher gehört haben muß. Während der Ausbildungszeit hatte ich einmal den Krach unserer Boote aus 7 km Entfernung gehört, so laut dröhnten die Motoren.

Trotz des heftigen Abwehrfeuers fuhr die Gruppe noch eine Weile geschlossen dem Feind entgegen. Dann entließ ich die einzelnen Rotten zum selbständigen Operieren. Wir mußten uns auseinanderziehen, man hatte das Gefühl, irgendwie eingekesselt zu sein. Eins von den Sicherungsfahrzeugen griff ich aus einer Entfernung von ungefähr 600−700 m mit dem ersten Sprengboot an. Der Fahrer sprang zu weit seitwärts ab, so daß wir ihn nicht gleich fanden. Unsere Linse traf das feindliche Schiff. Wir haben die Detonation wahrgenommen, konnten aber ein etwaiges Sinken nicht mehr beobachten. Aufgrund der Beschreibung meinten Experten später, es hätte sich um ein amerikanisches Geleitboot mit Vierlingsbestückung gehandelt.

Wir drehten nach dem Erfolg sofort ab. Das feindliche Feuer konzentrierte sich auf einen Punkt, vermutlich auf ein Schlauchboot, wie es unsere Fahrer vor dem Absprung mit Preßluftflasche auf dem Rücken trugen. Dadurch konnten wir uns dem Abwehrfeuer zunächst entziehen. Als erneut mehrere Schiffe in der Nähe lagen, griff ich mit der zweiten Ladungslinse an. Nachdem auch dieses Sprengboot sein Ziel erreicht und die Detonation uns den Treffer angezeigt hatte, drehte mein Kommandobootsfahrer Helmut Deppmeier ab. Es wurde aber auch höchste Zeit, denn nun beharkten uns Artillerieschnellboote mit ihren gefürchteten Waffen. Leuchtspur und Wasserfontänen rückten unaufhaltsam immer näher. Noch strich die Leuchtspur über uns hinweg, aber die bedrohlich nahen Wassersäulen jagten uns Schrecken ein. Zu unserem größeren Schrecken bewegte sich eine Reihe weißer Schiffsschnauzen auf uns zu, die schneller waren als unser kleines Boot und offensichtlich das Seegebiet systematisch abkämmten. Ich hatte nur eine Maschinenpistole an Bord – für den Fall, daß wir genötigt wären, hinter den feindlichen Linien an Land zu gehen, hatte ich darauf gedrungen – und konnte notfalls mit geballter Ladung das Boot versenken. Vorsichtshalber ließ ich den Motor ab-

214

stellen. ›Wenn die rankommen‹, sagte ich meinen Kameraden, ›müßt ihr raus!‹. Wir hatten jedoch unwahrscheinliches Glück, denn das Flügelboot fuhr in höchstens 100 m Abstand an uns vorbei. Die Gunboote schossen wie die Wilden. Zum Glück blieben wir unentdeckt und brauchten nur abzuwarten, bis diese Gefahr vorüberzog.

Im Bogen setzten wir unsere Fahrt anschließend fort. Plötzlich wurden wieder Leuchtgranaten geschossen. Nur wenige hundert Meter entfernt lagen Riesendampfer mit dicken Schornsteinen. Uns ärgerte nun, beide Linsen schon verschossen zu haben. Inzwischen hörten wir andere Detonationen und wilde Schießereien in einiger Entfernung. Unser Angriff schien sich etwas verzettelt zu haben.

Auf dem Rückmarsch sollten wir Kurs 100 laufen. Bei günstiger Nordstern-Orientierung kam die Küste in Sicht, doch wir hatten das Gefühl, noch gar nicht lange gefahren zu sein, als ein weißes Licht auftauchte, das als verabredetes Zeichen im Hafen von Trouville identifiziert werden konnte. Andererseits kam uns die Küste hier so eingeschnitten vor, weswegen die Ornemündung zu vermuten war. Sollte das Licht uns in eine Falle locken? Der Zweifel ließ uns weiterfahren. Inzwischen nahm die Helligkeit zu, doch es herrschte Frühnebel, der uns einstweilen die Furcht vor plötzlich auftauchenden Jabos nahm. Auf einem kleinen Küstenvorsprung gewahrte ich Landser, zu denen ich hinüberbrüllte: »Wo ist das hier?«

Es stellte sich nun heraus, daß wir schon fast nach Honfleur gekommen waren. Als Gruppenführer wollte ich unter gar keinen Umständen in einen falschen Hafen einlaufen. Wir entschlossen uns, noch einmal 10 km zurückzufahren und dabei dicht an der Küste, unmittelbar am ›Rommelspargel‹ entlangzubrausen, um notfalls den Strand ansteuern und dort vor Jabos Deckung suchen zu können.«[210])

Die Hafeneinfahrt von Trouville erreichte die Rotte um 06.30 Uhr. Inzwischen war aber der Himmel aufgerissen, und als Vetters Kommandolinse gerade an einem gesunkenen Fischkutter vorbei den Hafen erreicht hatte, tauchten die Jabos mit den charakteristischen weißen Invasionsstreifen an Rumpf und Tragflächen auf. Die Jagdflugzeuge beschossen Boote der K-Flottille kurz vor der

Hafeneinfahrt. Leutnant Vetter und seine Kameraden mußten mit eigenen Augen sehen, wie die Insassen unter Beschuß ins Wasser sprangen und wie die Feindmaschinen weiterhin Anflüge auf die Schwimmenden unternahmen und mit allen Bordwaffen schossen.

Führer der Sprengboote ein Kieler

Leutnant Vetter

Berlin, 15. September.

Der Führer hat auf Vorschlag des Oberbefehlshabers der Kriegsmarine, Großadmiral Dönitz, das Ritterkreuz des Eisernen Kreuzes verliehen an Oberfernschreibmeister Herbert B e r e r für die in heldenhaftem Einsatz mit einem Ein-Mann-Torpedo erzielte Versenkung eines Transporters von 10 000 BRT. als dem dritten Einzelkämpfer der Kriegsmarine und an Leutnant der Marineverwaltung Alfred V e t t e r, Führer einer Sprengbootgruppe, die sechs Schiffe versenkte, als viertem Einzelkämpfer. Weitere zehn erfolgreiche Einzelkämpfer wurden mit dem Deutschen Kreuz in Gold ausgezeichnet.

Der 23jährige Stuttgarter Beret, der bereits früher vor dem Landekopf von Nettuno eine feindliche Korvette mit einem Ein-Mann-Torpedo versenkt hatte, torpedierte in der Nacht zum 3. August trotz starker feindlicher Sicherungen in der Seine-Bucht einen vollbeladenen 10 000-Tonnen-Frachter. Das Schiff explodierte und versank innerhalb kurzer Zeit.

Leutnant Vetter, der am 24. 6. 1923 in K i e l geboren ist, führte eine erfolgreiche Gruppe von Sprengbooten und versenkte selbst einen Einheitsfrachter und ein Sicherungsfahrzeug.

Wie der Wehrmachtbericht meldet, sind an den Versenkungserfolgen durch Kampfmittel der Kriegsmarine auch Sprengboote beteiligt. Damit wird eine z w e i t e n e u e d e u t s c h e S e e k r i e g s w a f f e bekannt, die ebenso wie der Einmann-Torpedo nach kurzfristiger Entwicklung wiederholt erfolgreich gegen feindliche Schiffsansammlungen zum Einsatz kam. Zusammen mit dem Einmann-Torpedo haben diese Sprengboote in wenigen Wochen in vom Feind absolut beherrschten Seegebieten 2 0 T r a n s p o r t e r und Dampfer mit mindestens 104 500 BRT. sowie d r e i K r e u z e r, n e u n Z e r - s t ö r e r, z w e i K o r v e t t e n, ein Schnellboot, zwei Sicherungsfahrzeuge und eine kleine nicht erkannte Einheit versenkt und mindestens 15 Schiffe mit weit über 120 000 BRT. sowie einen Kreuzer, einen Zerstörer und eine Korvette torpediert. Die Größe der bei beiden Kampfmitteln verwandten Sprengladung läßt die berechtigte Vermutung zu, daß der größte Teil dieser Schiffe entweder gesunken ist oder so schwer getroffen wurde, daß er für lange Zeit für den Nachschub über See ausfällt. Dieser Gesamterfolg ist das noch nicht zweimonatige Ergebnis eines bis zur Selbstaufopferung bereiten Vernichtungswillens der deutschen Einzelkämpfer zur See.

Das n e u e S p r e n g b o o t, das ihnen vor einiger Zeit als ein außerordentlich schnelles und wendiges Fahrzeug in die Hand gegeben wurde, ist in seiner niedrigen und schnittigen Bauweise mit einem flachgehenden Rennboot vergleichbar und dem italienischen Sturmboot, das bei der deutschen Kriegsmarine ebenfalls eingesetzt wird, ähnlich. Es kann große Strecken zurücklegen und hat an seinem Ende eine Sitzlücke für den Fahrer, der das Boot in voller Geschwindigkeit bis auf 200 Meter und näher an das Angriffsobjekt heransteuert und sich dann mit Hilfe eines Schleuderapparates entgegen der Fahrtrichtung im letzten Augenblick von seinem Boot trennt. Dieses steuert nun auf das Ziel zu und detoniert bei der geringsten Berührung mit diesem.

Die Wirkung ist ungewöhnlich stark, weil nahezu die ganze Boot ein einziger Sprengkörper ist, dessen Detonation selbst größten Schiffen vernichtend sein kann. Schiffe gewöhnlicher Art, wie Kreuzer und Zerstörer oder Frachter und Transporter, überdauern einen Sprengbootangriff nur in den seltensten Fällen. Wenn trotzdem immer wieder zahlreiche Schiffe als torpediert gemeldet werden, so ist der Grund hierfür lediglich darin zu sehen, daß das Sinken dieser Schiffe aus irgendwelchen Gründen nicht beobachtet werden konnte. Einer dieser Gründe ist die gerade in der letzten Zeit besonders gesteigerte Abwehr gegen diese neuen Kampfmittel. Es sind nicht nur ständig zahlreiche Suchgruppen von Zerstörern und Korvetten unterwegs, sondern mit Einbruch der Nacht ziehen auf Kriegs- und Transportschiffen besonders hierfür abgeteilte Wachen auf, die neben ihren Artillerie- und Maschinenwaffen vor allem die Scheinwerfer besetzen, um im Augenblick des Angriffs voll abwehrbereit zu sein. Flugzeuge, die früher schon zur Bekämpfung der Unterseeboote mit Scheinwerfern ausgerüstet wurden, leuchten nachts die dunkle See nach verräterischen Schaumstreifen ab, um den Angreifer schon vor Erreichen seines Zieles zu stellen.

Unbeirrt durch diese massierte Abwehr steuern die Fahrer — viele von ihnen sind dem Jünglingsalter noch nicht entwachsen — ihre Boote mit Todesverachtung in die unmittelbare Nähe des gewaltigen Zieles und lassen sich dann im feindlichen Gefechtshagel in die nachtdunkle See über Bord schleudern. Mit Hilfe eines floßartigen Brettes und einer Schwimmweste hält sich der Fahrer über Wasser und wartet darauf, von eigens dafür eingesetzten Booten aufgenommen zu werden. Diese B e g l e i t - b o o t e haben einen sehr viel größeren Aktionsradius als die Sprengboote, so daß ihnen die Möglichkeit gegeben ist, weiteres Seegebiet aufzuklären, um besonders lohnende Ziele ausfindig zu machen, auf die nun die Sprengboote angesetzt werden. Die Erfüllung der Aufgabe des Begleitboote bringt es mit sich, daß sie viel häufiger entdeckt werden und dem konzentrierten feindlichen Abwehrfeuer ausgesetzt sind als die Sprengboote. Gemeinsam mit diesen wird nach genau festgelegter Zielfahrt die Fahrt angetreten. Der Sprengbootfahrer wird von dem Begleitboot eingewiesen und tritt nun mit H ö c h s t g e - s c h w i n d i g k e i t die V e r n i c h - t u n g s f a h r t gegen das gewählte Schiffsziel an. Der Sinn dieses vom höchstem Mut und größter Todesbereitschaft getragenen Einsatzes liegt nicht in der Selbstaufopferung, zu der jeder einzelne dieser Männer bereit ist, sondern ist vielmehr darin zu sehen, daß jeder von ihnen selbst unter den abenteuerlichsten Umständen zurückzukommen trachtet, um mit den einmal gewonnenen Erfahrungen erneut in Einsatz zu gehen.

Nach der Darstellung der Kieler Zeitung ist die Verwechslung der Sprengboote mit italienischen Sturmbooten, was die Beschreibung anbetrifft, aus Geheimhaltungsgründen wahrscheinlich beabsichtigt. Das gilt auch für Pressefotos von angeblichen Sprengbooten. Aber auch die Angriffstaktik wird von der Zeitung – vermutlich bewußt – falsch beschrieben.

Ein nachmittags zur Bergung der Vermißten auf Suche geschicktes Boot kehrte ebenfalls nicht zurück, verlorenging sogar ein kurze Zeit später in Marsch gesetztes Rote-Kreuz-Fahrzeug. Alliierte Tiefflieger mißachteten ständig die Grundsätze der Genfer Konvention und setzten einen erbarmungslosen Vernichtungskampf gegen Wehrlose fort, an der Front wie über dem gesamten Reichsgebiet, obwohl sie für die Prinzipien der Humanität stritten.

Über das Schicksal der vermißten K-Männer der Einsatznacht vom 8./9. August 1944 ist nie etwas bekannt geworden. Alfred Vetter bemerkt zu den Verlusten: »Von meiner Gruppe ist eine Rotte nicht zurückgekommen. Drei von den vier Kommandobooten kehrten zurück, d.h. von meinen 20 Mann habe ich fünf verloren. Insgesamt verlor die Flottille bei beiden Einsätzen 23 Mann.«[215]) Nach Aussage des ehemaligen Flottillenchefs Kapitänleutnant Bastian reagierte die Flottille erst aufgrund dieser Erfahrungen mit dem gefährlichsten Gegner der Linsen, den Flugzeugen, mit der Ausrüstung ihrer Boote zum Einnebeln:

»Ich hatte mir zu diesem Zweck von den Pionieren ein Schnellnebelgerät besorgt, das mit 5 l Nebelsäure hinten an den Sprengbooten befestigt wurde. Und mit diesen so ausgerüsteten Booten haben wir dann noch einen Einsatz im September gefahren. Über den Erfolg bin ich nicht unterrichtet. Jedenfalls weiß ich, daß diese Schnellnebelgeräte, die mit einer Schwarzpulverpatrone gezündet wurden, den Booten sehr geholfen haben, sich sofort der Gegnersicht zu entziehen und wieder abzusetzen.«[216] »Es war bezeichnend für den Zusammenhalt und den Kameradschaftsgeist unter den Männern, daß von einer Rotte entweder alle zurückkamen — oder niemand. Es war völlig ausgeschlossen, daß ein Kommandoboot in den Hafen zurückkehrte und der Rottenführer etwa meldete, die Fahrer der Sprenglinsen seien gefallen oder man habe sie in der Nacht und im feindlichen Feuer nicht wiedergefunden. Sie suchten in jedem Falle so lange, bis sie die allein und hilflos im Wasser treibenden Kameraden entdeckt und an Bord gezogen hatten — und wenn es Stunden dauerte und wenn der Feind sie noch sehr bedrängte.

Dies war der Grund, weshalb sich ihre Rückkehr manchmal verzögerte und sie in den hellen Tag hineingerieten, wo sie nur zu leicht Opfer der feindlichen Jagdbomber wurden. So sind unsere

Verluste entstanden – nicht aber im nächtlichen Hexenkessel der feindlichen Abwehr, in dem sich die Linsen mit großer Kühnheit und Geschicklichkeit behaupteten.«[217]

Kapitänleutnant Helmut Bastian war über Erfolge oder Versenkungsziffern der beiden August-Einsätze aus der Berichterstattung seiner Männer bekannt, »daß man glaubte, insgesamt etwa 40000 tons beschädigt oder versenkt zu haben«.[216]

Nach Herbert Berrer (Marder-Einsatz vom 2./3. 8. 44) erhielt auch Leutnant Vetter, Führer der erfolgreichsten Sprengbootgruppe, als Einzelkämpfer der Kriegsmarine das Ritterkreuz, weil er mit seiner Gruppe »ein Sicherungsfahrzeug und fünf Transporter mit 24000 BRT versenkte«.[218]) Im Wehrmachtsbericht vom 15. September 1944 wurde sein persönlicher Einsatz besonders gewürdigt. Vetter war mit 21 Jahren der jüngste Ritterkreuzträger der Kriegsmarine. In Deutschland nahm sich die Presse- und Rundfunk- bzw. Wochenschaupropaganda zur Mobilisierung des Durchhaltewillens und mangels anderer Erfolgsmeldungen rasch des Themas Kleinkampfmittel an. So berichtete die »Lübecker Zeitung« am Sonntag, dem 17. September 1944, unter der euphorischen Überschrift »Sprengboote, der Schrecken des Feindes!« über »die neuen Sprengboote, die als Einzelkampfmittel der Kriegsmarine dem Feinde schwerste Verluste beigebracht haben. Ihre Sprengwirkung war in allen Fällen so gewaltig, daß der Totalverlust des getroffenen Objektes feststand. Der erste Angehörige dieses Kampfmittels der Kriegsmarine wurde jetzt vom Führer mit dem Ritterkreuz des Eisernen Kreuzes ausgezeichnet. Es handelt sich um einen Verwaltungsoffizier, den Leutnant (V) Vetter.«

Nun bedeutet es ganz gewiß keine Schmälerung, keine Herabwürdigung der Leistungen, der Tapferkeit und des Mutes jener Einzelkämpfer der Kriegsmarine, wenn man der euphorischen Presseberichterstattung damaliger Zeit die englischen Meldungen gegenüberstellt. Dabei gilt es zu bedenken, daß die von der britischen Admiralität dem Record Office überstellten Akten der Operation Neptun ebensowenig vollständig sein dürften wie die im Bundesarchiv/Militärarchiv Freiburg vorhandenen Aktenbestände. Direkt die Kleinkampfmittel betreffendes Material ist sogar ausgesprochen dürftig vertreten.

Das wohl merkwürdigste englische Dokument in diesem Zusammenhang ist eine Meldung vom 9. 8. 1944, aufgenommen um 07.30 Uhr. Darin heißt es lakonisch:

»Anchorage was attacked by Explosive Motor Boats from 0245 to 0500. No damage reported. Over 40 E.M.B.s destroyed. Number of Prisoners not yet known.«[219])

»Der Ankerplatz wurde von 02.45 bis 05.00 Uhr von Sprengbooten angegriffen. Kein Schaden gemeldet. Über 40 Sprengboote zerstört. Zahl der Gefangenen noch nicht bekannt.«

Daß überhaupt kein Schaden entstanden sein soll, erscheint im Hinblick auf die Wahrnehmungen der zurückgekehrten Linsenfahrer höchst sonderbar. Zumindest stellt die behauptete Zahl von »über 40« Sprengbooten (bei insgesamt 28 eingesetzten Booten) die Zuverlässigkeit der Meldung doch etwas in Frage. Mit Sicherheit fielen zwei Kommandolinsen den feindlichen Jabos vor Trouville zum Opfer. Es wäre interessant zu erfahren, ob tatsächlich in der Nacht vom 8./9. 8. 44 Linsenfahrer in Gefangenschaft geraten sind.[220]) Es besteht aber Grund zu der Annahme, daß später folgende, vielleicht korrigierende oder ergänzende Funksprüche im Record Office nicht auffindbar waren und daß es sicher verfehlt wäre, jenes Dokument für die ganze Wahrheit zu halten. Der Eindruck des Rätselhaften wird noch verstärkt.

Am 11. August 1944 berichtete eine englische Meldung von geheimnisvollen Unterwasserexplosionen, die seit 6 Tagen jeden Morgen ein anderes Schiff in Mitleidenschaft zogen. So war bereits am 9. 8. 44 gegen 07.30 Uhr der Kreuzer HMS »FROBISHER« durch eine Unterwasserexplosion beschädigt worden.[221]) Wenige Stunden später folgte eine abweichende bzw. korrigierende Meldung:

»(1) FROBISHER wurde an diesem Morgen gegen 07.15 Uhr Höhe Courseulles vor Anker torpediert.[222])

(2) Wassereinbruch… Das Loch erstreckt sich von 10 Fuß unter der Wasserlinie bis annähernd 30 Fuß in der Länge. Der Schaden erfaßt die volle Breite des Schiffes.

(3) Keine Verluste.

.....[223])

Die schon erwähnte Top-Secret-Meldung vom 11. August 1944 hat folgenden Wortlaut:

»Es hat seit 6 Tagen Verluste oder Schäden durch Unterwasserexplosion gegeben, wobei jeden Morgen ein anderes Schiff getroffen war. Diese (Schäden) sind Minen oder Torpedos zugeschrieben worden. Aber der behauptete Minentreffer erfolgte in einer sorgfältig geräumten Fahrrinne ohne gegenwärtige Strömungsbedingungen. Und was die Torpedos betrifft: Falls bemannte Torpedos bei Tageslicht mit ihren Geräten die Kontrollen (Sicherungen) passiert haben sollten, was höchst unwahrscheinlich ist, so dürften sie erst recht nicht davongekommen sein, insbesondere, da ihre Erscheinung gut bekannt ist.

2. Ein allgemeiner Umstand liegt darin, daß alle Schiffe innerhalb von 2 Stunden nach Anbruch des Tageslichtes beschädigt wurden, was darauf hindeuten mag, daß die Waffe während der Dunkelheit gestartet wurde und daß die Ergebnisse durch Aufklärung gesehen werden könnten. Bei diesem Morgenangriff auf ALBATROSS betrug die Sicht jedoch nur wenige Kabellängen. Vier der Schiffe lagen vor Anker, und zwei waren gerade beim Ankerlichten.

3. Diesen Morgen meldete gegen 06.35 ein M.L. (Minenleger?) nahe D 8 Blasenspuren, die sich mit 10 Knoten nach Westen bewegten und die er angriff. Um 01.25 Uhr meldeten zwei M.T.B.s jeweils fünf Meilen von der Trout Linie entfernt sechs Spuren wie Torpedolaufspuren, die sich mit mehr als 6 Knoten (sechs) in verschiedenen Richtungen bewegten.«[224])

Die folgenden Punkte betreffen notwendige und für dringend erachtete Abwehrmaßnahmen (Netzsperren) und Konsequenzen, die sich für die Armee ergeben müßten.

Diese aufschlußreiche Meldung macht mit Sicherheit deutlich, daß deutsche Langstreckentorpedos, sogenannte »Dackel« (s. S. 192), von alliierten Seestreitkräften gesichtet worden sind. Dackeleinsätze fanden am 9., 10. und 11. August nachts statt. Bei den unter Ziff. 3 gemeldeten Blasenspuren kann es sich nur um »Dackel«-Spuren handeln. Das wäre die erste Feststellung.

2. Einmanntorpedos kommen als Erklärung für die rätselhaften Unterwasserexplosionen nicht in Betracht, was schon damals den Engländern klar war. Marder-Einsätze erfolgten in diesen Tagen nachweislich nicht. Wenn englischerseits von der Versenkung eines bemannten Torpedos am 12. 8. berichtet wurde (wie übrigens auch – mit gleicher Uhrzeitangabe, 0255, am 11. 8. 44)[225]), so

220

kann es sich eigentlich nur um eine Attrappe gehandelt haben, zumal ausdrücklich erwähnt ist: »No evidence of others.«[226])
Admiral Ramsay leitete am 12. 8. 44 an General Eisenhower durch Funkspruch die Mitteilung weiter:
»ALBATROSS wurde heute um 06.50 durch Unterwasserexplosion zwei Meilen vor Courseulles beschädigt.«[226])
3. Ein Teil dieser Beschädigungen und Verluste dürfte durch »Dackel« verursacht worden sein. Die Wahrscheinlichkeit spricht zumindest für die Vorfälle am 11. und 12. August. Prof. Dr. Jürgen Rohwer zieht diese Möglichkeit ebenfalls in Betracht, wenn er schreibt:
»Bei dem weiteren Angriff mit den geheimnisvollen Unterwasserexplosionen muß man nach meiner Ansicht auch an die Möglichkeit denken, daß diese Detonationen von den eingesetzten (durch Schnellboote) TDDD-Dackeltorpedos herrührten. Sie wurden von den verbliebenen Booten der 2. und 6. S-Flottille von Le Havre aus geschossen. So in der Nacht vom 4. zum 5. August 24, vom 5. zum 6. 8. – 12, vom 6. zum 7. August 12, vom 8.–9. August 10, vom 9.–10. August 11 und vom 14.–15 August 8. Bei diesen Angriffen wurde offenbar der Frachter IDDESLEIGH, 5208 Brt, versenkt, beschädigt wurden der Kreuzer FROBISHER, das Werkstattschiff ALBATROSS und ein Minensucher...«[227])
4. Nicht auszuschließen ist jedoch die andere Möglichkeit, daß Spätfolgen des Linsenangriffs vom 8./9. August 44 eintraten. Das würde bedeuten, daß einige Sprenglinsen zwar ihre Ziele trafen, jedoch nur mit der ersten Absprengwirkung, daß aber die Hauptladung aus irgendeinem Grunde nicht zündete und erst Stunden später mit verminderter Wirkung detonierte. Offenbar blieb der deutschen Marineleitung dieser durch Fehler im System der Zündertechnik bedingte Mißerfolg verborgen. Sie mußte sich in der Bewertung von Erfolgsmeldungen auf die unbezweifelbaren Aussagen der Sprengbootfahrer stützen, und diese konnten nur berichten, ob ihre Linsen jeweils ein feindliches Schiff getroffen hatten. Was *nach* den Treffern, d.h. nach dem Absprengen des vorderen Bootsteils weiter erfolgte oder nicht erfolgte, konnten sie in der durch heftiges Abwehrfeuer der Sicherungsfahrzeuge angespannten Situation mitunter überhaupt nicht erfassen. Auf der anderen Seite fand die britische Admiralität für die mysteriösen »under wa-

ter explosions« keine sinnvolle Erklärung. Dies legt natürlich die Schlußfolgerung nahe, daß der damalige Gegner keinerlei Kenntnis von der technischen Funktion der »explosive motor boats« besaß, denn andernfalls hätten die alliierten Dienststellen aus dem Befund selbst die richtigen Schlüsse unschwer ziehen können.

Um dieser Frage einmal von der Seite der Linsenfahrer nachzugehen, erscheint es zweckmäßig, im Unterschied zu Vetters mündlichem Bericht aus heutiger Erinnerung auszugsweise auch seinen unter unmittelbarem Eindruck des Erlebten abgefaßten Bericht heranzuziehen. In der Niederschrift wird zumindest beim ersten Angriff die Detonation der Hauptladung überhaupt nicht erwähnt. Da dieser Originalbericht eines Beteiligten zugleich das Atmosphärische in eindrucksvoller Weise veranschaulicht, sollten auch Einzelheiten der Startvorbereitungen ihren Beitrag zur Dokumentation leisten:

...»Seit einigen Tagen liegt die Flottille im Wäldchen von *Norelles*, einem kleinen normannischen Dörfchen zwischen *Lisieux* und *Pont L' Evêque*. Rastlos haben Bodenpersonal wie Fahrer daran gearbeitet, die im Laufe der langwierigen und an Aufregungen reichen Bahn- und Autofahrt etwas mitgenommenen Boote zum Einsatz klarzumachen. Heute ist es nun endlich soweit. Nach dem Abendessen ... ruft der Flottillenchef, der bei allen Angehörigen unserer Gemeinschaft gleich angesehene und verehrte Kapitänleutnant Bastian, uns noch einmal zusammen und macht uns mit schlichten und doch mitreißenden Worten mit dem Auftrag bekannt, der ... in der kommenden Nacht auszuführen ist. Die Lichtbildaufnahme eines Aufklärers zeigt ..., welch eine Unmenge wertvollen Schiffsraumes in der Seinebucht beisammen liegt... Die Aufgabe der Flottille ist klar: hieraus möglichst viel unter Wasser zu drücken und damit den schwer ringenden Kameraden des Heeres eine fühlbare Entlastung zu schaffen. Jedes versenkte Fahrzeug bedeutet die Unterbindung eines Angriffes, die Errettung von Kameraden. Ein stolzes und erhebendes Gefühl, zu solch einer entscheidenden Tat berufen zu sein. Deshalb wird der Ausruf unseres Flottillenchefs: ›Draußen liegt alles, holt es euch!‹ begeistert aufgenommen und zum Leitspruch unserer Unternehmung. ...

Nicht lange währt es, und ein Wagen nach dem anderen fährt in der Abfahrtstraße auf. Die erste Kolonne rückt nach der Einsatzstelle ab, die anderen folgen wenig später. Das Ziel ist der kleine Hafen *Dives* sur Mer, ... etwa vier Kilometer hinter der Front ... Bei einer den Verhältnissen angepaßten Geschwindigkeit brauchen wir von unserem Wäldchen aus etwas über anderthalb Stunden. Es ist mittlerweile Nacht geworden, und der fast noch volle Mond wirft einen gespensterhaften Schein auf die Straße und die Felder und Wiesen zu beiden Seiten. Noch immer liegt ein ständiges Grollen in der Luft, und laufend blitzt es am Himmel rötlich auf. ... Am Straßenrand ragen bisweilen ausgebrannte Reste von Fahrzeugen, die hier von Jagdbombern oder Terroristen überrascht wurden...

... An der Einsatzstelle ... herrscht schon ein reger Betrieb. Die ersten Boote sind bereits zu Wasser gelassen und verschwinden gerade in Richtung Invasionsflotte. Die Spezialanhänger ... werden wieder an Land gezogen, damit Platz für die folgenden geschaffen wird. Mit einigen Griffen überprüfen die Fahrer, ob auch alles seinen richtigen Platz hat, ob Motor und Lenkanlage funktionieren. Ich gehe selbst noch einmal von Boot zu Boot und überzeuge mich, daß alles klar ist. Dann ist es soweit. Ich steige in mein Kommandoboot. Die zurückbleibenden Kameraden drücken uns noch kräftig die Hand und geben ein herzliches ›Mast- und Schottenbruch‹ mit auf die Fahrt. Darauf sind nackte Männer zur Stelle, die mit derben Fäusten Boot nebst Anhänger packen und ins Watt hineinrollen. Bei der schnell aufkommenden Flut dauert es kaum eine viertel Stunde, bis das Boot schwimmt. Indessen sind die anderen ... ebenfalls zu Wasser gekommen, und nach einer halben Stunde habe ich meine Gruppe beisammen. Rottenweise laufen wir nun mit geringem Abstand auf dem befohlenen Kurs ab. Die Küste ist sehr bald hinter uns verschwunden, und um uns ist nur das weite Meer. Hell steht der Mond am Himmel und wirft einen silbrigen Glanz auf die fast ruhige, leicht phosphoreszierende Seinebucht. Noch ziemlich entfernt blitzt es immer häufiger auf. Wie man uns sagte, fliegen Verbände der Luftwaffe einen Angriff, der uns entlasten und die Durchführung unseres Auftrages erleichtern soll, indem er die Aufmerksamkeit des Feindes ablenkt und einen Teil der Abwehr auf sich zieht. Langsame Fahrt laufend, nähern sich unsere Sprengboote einem Gegner, der weitaus in der Übermacht ist, dem wir aber mit Hilfe des Überraschungsmomentes und eigener Unerschrockenheit einen empfindlichen Schlag ... versetzen wollen. Die anderen Rotten sind jetzt außer Sicht, doch sind sie auch nur wenige hundert Meter von uns getrennt. Angestrengt suche ich mit meinem Nachtglas den Horizont ab, um einen auftauchenden Gegner rechtzeitig zu erkennen. ...

Etwa eine Stunde vergeht, ohne daß ich etwas Verdächtiges bemerke. Da taucht plötzlich recht undeutlich und verschwommen an Backbordseite voraus ein Schatten auf. Aber so, wie er gekommen ist, verschwindet er auch wieder. ... Wenige Minuten später bemerke ich in der gleichen Richtung erst einen Schatten, dann einen weiteren. Ich versuche, als sie sich mir nähern, nach Steuerbord auszuweichen, denn sie sind klar als Sicherungsfahrzeuge auszumachen. ... Leider bleiben meine Bemühungen ohne Erfolg. Zunächst laufen sie neben mir her, um dann ganz zweifellos auf uns zuzudrehen. Wir sind bemerkt worden. Unklar ist mir nur, ob wir zuerst gehört, geortet oder gesehen worden sind. Das letztere allerdings erscheint mir etwas fraglich, da wir die doch erheblich größeren Fahrzeuge trotz des Mondes im eigenen Rücken hätten vorher ausmachen müssen.

Es tauchen noch einige weitere Sicherungsfahrzeuge auf, von denen zwei in unseren Kurs hineinsteuern, offensichtlich, um uns den Weg zu verlegen. An drei Seiten haben wir den Feind. Als ich feststelle, daß ein Ausweichen im Moment unmöglich ist, stoppe ich kurz ab... Meine beiden Sprengboote stoppen ebenfalls. Von der ... leichten Dünung werden wir sanft gewiegt und warten zunächst einmal ab, wie sich der Gegner verhalten wird. Naturgemäß ist das stilliegende Boot am schlechtesten auszumachen. Doch immer näher kommen die Schatten, und nach wenigen Minuten pfeift es dicht über unsere Köpfe hinweg. Hinter uns wird es taghell. Leuchtgranaten! Ein recht unangenehmes Gefühl, so urplötzlich aus dem Schutze der Dunkelheit herausgerissen zu sein... Im selben Augenblick wird es auch um uns lebendig. Etwa zehn Sicherungsfahrzeuge mögen es sein, die in einem Abstand von vielleicht 6–800 Metern sich hufeisenförmig um uns gelegt haben und nun einen Feuerhagel über uns niedergehen lassen. Von allen Seiten werden aus etlichen Läufen die 2 cm-Garben förmlich herausgeschleudert. Gespenstisch geistert die Leuchtspur dicht an uns vorbei oder über unsere Köpfe hinweg. Man sieht keine einzelnen Geschosse, sondern ... sich nach allen Seiten fächerartig erweiternde Strahlen. ... Berühren die Geschossen die Wasseroberfläche, so springen sie noch einmal hoch, bevor sie endgültig verschwinden oder zerplatzen. ...

Jetzt heißt es die Ruhe bewahren und nicht durchzudrehen, kühl die Möglichkeiten gegeneinander abzuwägen. Da so kaum Aussicht besteht, diesen Hexenkessel jemals zu verlassen, entschließe ich mich, eins meiner Sprengboote zu benutzen, um mir etwas Luft zu verschaffen. Ich setze es auf ein langgestrecktes Fahrzeug mit achterlichen Aufbauten, das wie noch einige weitere Vertreter dieses mir unbekannten Typs besonders heftig feuert, an. Wahrscheinlich handelt es sich um ein Spezialfahrzeug. Die Entfernung mag noch etwa 400 Meter betragen, als ich dem Fahrer das Zeichen zum Anlauf gebe. Im Nu schießt das Boot an mir vorbei, der Funkobergefreite Schaub, einer von meinen ganz alten Kriegern, macht es scharf und springt außenbords. Während ich es nun mit Hilfe der Fernlenkanlage mit höchster Fahrt auf das Ziel lossteuere, geht Deppmeier, mein Kommandobootfahrer, bei ihm längsseit und hat ihn gemeinsam mit Fischer geborgen, noch bevor das Boot seine todbringende Fahrt vollendet hat.[228] Wenige Sekunden später aber gibt es eine furchtbare Detonation, eine kurze, fahle Stichflamme, und wir wissen, daß der Anlauf nicht umsonst war. Wenn wir auch infolge der rasenden Abwehr das Sinken nicht mehr beobachten können, sondern *sofort* (Hervorhebung vom Verf.) abdrehen müssen, so ist es doch gewiß, daß der schwer getroffene Feind diesen Streich nicht überstanden hat.[229] Es folgen jetzt recht kritische Augenblicke. Besonders das noch verbliebene Rottenboot liegt mitten im Feuer. Es ist ein Tanz auf dem Pulverfaß! Mittlerweile sind jedoch noch andere Boote herangekommen und zwingen den Gegner, seine Aufmerksamkeit und seine Abwehr zu verzetteln. So gelingt es uns endlich, uns beiseite zu stehlen und etwas Wasser zwischen uns und unsere Bedränger zu legen. Die Leuchtgranaten bleiben zurück, und ich gehe wieder auf den alten Kurs.

Schon nach wenigen Minuten mache ich an Backbordseite drei große Dampfersilhouetten aus, welche nur wenige hundert Meter von mir entfernt sind. Sofort entschließe ich mich zum Angriff. Zunächst ist die Abwehr nur mäßig, steigert sich dann aber. Diesmal liegt vor allen Dingen mein Kommandoboot unter heftigem Beschuß. Doch es ist zu spät. Etwa mittschiffs erfolgt der Treffer auf einem meiner Schätzung nach 4–5000 BRT großen, tief im Wasser liegenden Frachter. Sekunden später erfolgt eine weitere schwere Detonation, welche dem Schiff den Todesstoß versetzt haben dürfte.[230]) Doch es ist auch allerhöchste Zeit für uns, denn noch während des Anlaufens nahen wieder einige Sicherungsfahrzeuge, welche, anscheinend ohne uns schon genau ausgemacht zu haben, wild durch die Gegend schießen, das Wasser einfach mit ihren Feuergarben ›abgrasen‹. Kritisch wird jedoch die Situation, als in geringer Entfernung an Steuerbordseite fünf Gunboats auftauchen, die in Dwarslinie laufend und aus allen Läufen feuernd direkt auf uns zukommen. Mit Erschrecken sehe ich die mächtigen Schnurrbärte immer größer werden. Gottseidank liegt das Feuer noch einige dutzend Meter entfernt auf dem Wasser. Als ich merke, daß ein Ausweichen unmöglich ist, greife ich zu meinem alten Mittel, einfach den Motor abzustellen und abzuwarten. Bis zu diesem Zeitpunkt war es leider noch nicht möglich, den etwas unglücklich herausgesprungenen Kühne zu fischen.[231]) Die Lage ist mehr als brenzlich. Die Sicherungsfahrzeuge liegen nunmehr in einem Abstand von 4–800 Metern um mich herum, über uns am Himmel stehen ›Christbäume‹, die im Verein mit Leuchtgranaten, die laufend geschossen werden, ein fahles Licht über die nächtliche See ausbreiten. Und nun die kleinen wendigen Artillerieschnellboote, welche die einzige Seite, nach der noch ein Entkommen möglich wäre, sperren und mit höchster Fahrt auf uns zugebraust kommen! Soll das das Ende sein? Immerhin, der Auftrag ist erfüllt, und wir haben das stolze und zugleich beruhigende Bewußtsein, uns teuer verkauft zu haben. Handgranaten werden klargemacht, um unseren nach Verschuß der Sprengboote völlig wehrlosen fahrbaren Untersatz notfalls durch Selbstversenkung dem Zugriff des Feindes entziehen zu können. ... Plötzlich sehe ich rings um uns Wassersäulen aufsteigen: Wir werden mit Artillerie beschossen. ... Ich bin etwas überrascht, doch empfinde ich die 2 cm Leuchtspur als bedeutend unangenehmer. Allein, das Soldatenglück verläßt uns auch diesmal nicht. Was der Feind im Wasser ausgemacht haben mag – vielleicht unseren im Schlauchboot treibenden Kameraden, den wir durch die Verfolgung ... aus den Au-

226

gen verloren haben –, weiß ich nicht. Feststeht nur, daß er uns das
Leben rettet, indem die herankommenden Boote darauf ihr ganzes
Feuer konzentrieren. Nur so ist es möglich, daß das Unwahrscheinliche geschieht und das nächste von ihnen in etwa hundert
Meter Entfernung uns passiert, ohne uns zu belästigen. Noch einen Augenblick, und ich stelle den Motor wieder an, um einen
Versuch zu unternehmen, unter Ausnutzung der hierdurch gewonnenen Zeit etwas Raum zu gewinnen. Da sieht Schaub, der
vorne auf der Back liegt, plötzlich kaum dreißig Meter vor dem
Bug etwas schwimmen, gibt mir ein Zeichen, und schon stellen wir
fest, daß es Kühne ist, der seit zwanzig Minuten oder einer halben
Stunde auf seinem Schlauchboot liegt. Im Nu ist alle Gefahr vergessen, und uns erfüllt nur die Freude darüber, den schon fast verloren geglaubten Kameraden wiedergefunden zu haben. Schnell ist
er aufgenommen, und jeder von uns ist überzeugt, daß Fortuna
uns auch für den Rest der Fahrt treu bleiben wird. Es gelingt uns
tatsächlich, uns etwas abzusetzen. Allerdings, – durch sind wir
noch lange nicht! Wenn wir glauben, so weit zu sein, gibt es garan-
tiert gleich darauf heftig Zunder. Immer wieder beginnt das Katze-
und Maus-Spiel von neuem. Ein Boot der Flottille geht backbord-
achteraus in Flammen auf. Bevor wir jedoch heran sind, ist wieder
Nacht.
Noch einmal schlagen unsere Herzen höher, als von einer wohl
etwas unglücklich geschossenen Leuchtgranate taghell beleuchtet,
ein mächtiger Frachter kaum 3–400 Meter vor uns liegt. Jetzt
noch ein Sprengboot…! … Die Leuchtspur bleibt nun weiter zurück, und es wird einfacher, ihr auszuweichen. Ich gehe mit der
Fahrt herauf und laufe auf Heimatkurs ab. Hinter uns ist noch
immer die Hölle los. Andere Rotten sind zu Schuß gekommen, und
bisweilen ertönt eine schwere Detonation, wird eine hohe Stichflamme sichtbar. Mit äußerster Kraft geht es dem Hafen zu. Aber
noch einmal scheint man uns übel zu wollen. Ganz unerwartet
setzt querab, allerdings ein ganzes Stückchen entfernt, heftiges 2-
cm-Feuer ein. Wie ich später höre, galt es jedoch einer anderen
Rotte, welche dort von Gunbooten gestellt wurde, doch bis auf einen einfachen Durchschuß keinen Schaden davontrug.
Endlich taucht die Küste in der Ferne auf. Es wird auch höchste
Zeit, denn inzwischen ist die Dämmerung angebrochen. Da es mir

infolge der langen Verfolgung und der sich daraus ergebenden häufigen Kursänderungen zunächst nicht möglich war, einen bestimmten Kurs zu halten, bin ich zu weit nach Westen gekommen. Das stelle ich fest, als der Frühnebel sich verzieht und ich an Backbordseite das Kap de la Heve und den Kriegshafen Le Havre liegen sehe. Wir steuern der Seinemündung zu. Um nach Trouville, wohin wir zurückkehren sollen, zu gelangen, laufe ich jetzt an der Küste entlang. Die paar Meilen sind bei der hohen Fahrt rasch zurückgelegt. Kurz vor halb sieben liegt die Hafenstadt ... vor uns. Jeden Augenblick können die ersten Jagdbomber auftauchen. Vorsichtig geht es durch die Vorstrandhindernisse hindurch. ... Wir kommen auch gut hindurch und passieren die schmale Einfahrt zu dem kleinen Hafen. Ein Kamerad winkt und will uns auf ein dicht unter der Wasseroberfläche ruhendes Wrack aufmerksam machen. Weder ich noch Deppmeier sehen es rechtzeitig, doch kommen wir gut über das Hindernis und die Netzsperre hinweg. Dann geht es bei den bereits eingelaufenen Booten längsseits. Es ist bald Ebbe, und bei dem gewaltigen Wasserunterschied liegen wir ziemlich tief unten an der Pier. Doch sind hilfsbereite Hände reichlich vorhanden und haben uns mit den wertvollen Geräten alsbald hochgezogen. Die erste Frage ist natürlich die nach dem Erfolg, und als wir in kurzen Worten berichten, bricht ein Freudengeheul aus. Wir stimmen spontan ein, als wir hören, daß die Kameraden ebenfalls nicht zu klagen haben. Bevor wir jedoch auf Einzelheiten zu sprechen kommen, ertönt der Ruf »Jabos!«, und schon brausen sechs dieser unangenehmen Zeitgenossen, zu denen sich später weitere gesellen, heran. Der Anflug gilt jedoch nicht uns, sondern einem zurückkehrenden Boot. Da geht es auch schon in Flammen auf, kaum eine Seemeile von uns entfernt. In ohnmächtiger Wut müssen wir zusehen, wie die Leute nach seiner Vernichtung außenbords springen und, obgleich wehrlos im Wasser treibend, immer wieder von neuem angegriffen werden. Wir haben nie erfahren, wer die unglücklichen Opfer waren. Auch über unsere Köpfe geht es im Tiefflug hinweg, doch unterbleibt ein Angriff auf unsere an der Pier liegenden Boote. ...

Als die Luft einigermaßen rein ist, werden wir auf einen Wagen verfrachtet, und in schneller Fahrt geht es unserem vertrauten Wäldchen zu ... Niemand denkt an Schlaf. Die Erlebnisse der

Nacht wirken noch zu sehr nach. Es bilden sich Grüppchen, und gespannt wird den Erzählungen der Kameraden gelauscht, werden Erfahrungen und Beobachtungen ausgetauscht. Genaueres steht noch nicht fest, doch erhielt die feindliche Nachschubflotte in dieser Nacht einen empfindlichen Schlag... Wir aber haben das freudige Bewußtsein, unseren Auftrag erfüllt und eine für den weiteren Ablauf der Kämpfe an der Landfront nicht unwesentliche Tat vollbracht zu haben. Das Opfer der Kameraden, die nicht mit uns zurückkehrten, ist nicht umsonst gewesen. Mit unserer neuen, schneidigen Waffe werden wir den Gegner überall zu finden und zu schlagen wissen und unser Teil zu seiner endgültigen Niederringung beitragen.«[232])

Die Schlußbemerkung und einzelne Formulierungen lassen erkennen, daß die Niederschrift noch während des Krieges entstanden ist. Sie stellt nicht nur einen persönlichen Einsatz- und Erlebnisbericht dar, sondern zeugt von dem ungebrochenen jugendlichen Idealismus einer Generation, der die Wirklichkeit gerade eben erst durch diesen Einsatz vor Augen geführt worden war.

Man darf die gewiß erzielten Treffererfolge dieses Linsenangriffs nicht nach der damaligen Pressepropaganda bewerten und muß alle denkbaren Fehler, Irrtümer und Unwägbarkeiten in Rechnung stellen. Umgekehrt wäre es ebenso verfehlt, die englische Meldung (»No damage reported«) zum einzigen Maßstab für die Beurteilung des Einsatzes zu machen. Die Einzelkämpfer der K-Flottille 211 erfüllten auch in der Nacht vom 8./9. 8. 44 ihre harte Aufgabe nach bestem Können und verdienten mit vollem Recht die ihnen zuteil gewordene Anerkennung. Daß die erzielten Treffer nicht in jedem Fall – wenn überhaupt – zu Versenkungserfolgen geführt haben, hängt letzten Endes mit der gigantischen Übermacht der Alliierten zusammen, mit der erheblich gesteigerten Abwehr und möglicherweise mit dem Versagen des Zündmechanismus einzelner Boote. Das läßt sich nach so langer Zeit nicht mehr genau rekonstruieren.

Solange das Überraschungsmoment zur Wirkung kam, war die Aussicht auf Erfolge wesentlich günstiger. Die Liste der durch Kleinkampfmittel versenkten oder beschädigten alliierten Schiffe im Sword-Abschnitt des britischen Kampfverbandes während der Invasion kann keinen Anspruch auf Vollständigkeit erheben. Die

Name des Schiffes	Schiffstyp/Funktion	Versenkungsdatum
HMS »TROLLOPE«	Frigate	06. 07. 1944 (Marder)
HMS »CATO«	Minesweeper	06. 07. 1944 (Marder)
HMS »MAGIC«	Minesweeper	06. 07. 1944 (Marder)
HMS »PYLADES«	Minesweeper	08. 07. 1944 (Marder)
HMS/ORP »DRAGON«	Light cruiser	08. 07. 1944 (Marder)
HMS »ISIS«	Destroyer	20. 07. 1944 (Marder)
HMS »QUORN«	Destroyer	03. 08. 1944 (Linse)
HMS »GAIRSAY«*)	U-Jagd-Trawler	03. 08. 1944 **)
LCG*)	Landungsboot	03. 08. 1944 **)
FORT LAC LA RONGE *)Frachter (7131 BRT)		03. 08. 1944 **)
SAMLONG *)	Frachter (7219 BRT)	03. 08. 1944 **)
FRATTON *)	Dampfer (757 BRT)	17. 08. 1944 (Marder)

*) In diesen Fällen sind die Angaben Herrn Prof. Dr. Jürgen Rohwer zu verdanken.[233])

**) Da in der Nacht vom 2./3. 8. 44 beide Kleinkampfmittel im Einsatz waren, läßt sich nicht mit Bestimmtheit sagen, ob für die Erfolge jeweils ein Marder oder eine Sprenglinse in Frage kommt. Die Frachter FORT LAC LA RONGE und SAMLONG wurden lediglich beschädigt. Daß in der Nacht zum 8. Juli auch M.T.B. 463 gesunken ist, geht aus der britischen Aufstellung »Ships sunk in or near the British Assault Area«[234]) hervor.

ZAHLENMÄSSIGER EINSATZ DER K-FLOTTILLEN UND DACKEL

Datum	Zahl	Art	Ort	nicht zurück
20./21. 4. 44	22	Marder	Anzio	7
05./06. 7. 44	26	Marder	Seine-Bucht	11
07./08. 7. 44	21	Marder	Seine-Bucht	21
02./03. 8. 44	58	Marder	Seine-Bucht	41
02./03. 8. 44	12	Kdo.-Linsen	Seine-Bucht	1
	20	Ladungslinsen		
05. 8. 44	24	Dackel	Seine-Bucht	
06. 8. 44	12	Dackel	Seine-Bucht	
08./09. 8. 44	12	Kdo.-Linsen	Seine-Bucht	4
	16	Ladungslinsen		
09. 8. 44	10	Dackel	Seine-Bucht	
10. 8. 44	11	Dackel	Seine-Bucht	
11. 8. 44	10	Dackel	Seine-Bucht	

Zusammenfassung				nicht zurück
	127	Marder		80
	24	Kdo.-Linsen		5
	67	Dackel		

aufgeführten englischen Kriegsschiffe sind aber nach englischen Angaben durch »human torpedoes« oder »explosive motor boats« in Verlust geraten.

Diese Aufstellung ergibt sich aus einer amtlichen Liste der Seekriegsleitung Mitte August 1944. Die Verluste unter den Einmanntorpedofahrern lagen besonders hoch und betrugen in dem Zeitraum 63%.[235]

Die Seekriegsleitung meldete am 12. August erneut 60 Marder einsatzbereit in Frankreich und plante für den 14. 8. den nächsten Einsatz. Erwogen wurde auch ein Einsatz an der südfranzösischen Küste. Die Linsenflottille mußte erst wieder aufgefüllt werden, da sie sich restlos verschossen hatte. Der Ob.d.M. bestand darauf, daß der Schwerpunkt des Einsatzes der Kleinkampfmittel im Raum der Seine-Bucht liegen müßte. Mit Molchen und Bibern sollte der Angriffsraum auch vor Cherbourg verlegt werden.[236]

Die Einsätze der K-Flottille 363 vom 15.–17. 8. 44

Im Westraum herrschten bereits erhebliche Transportschwierigkeiten. Die K-Flottille 363 (Marder) überraschte am 14. August um 18.00 Uhr ein Tieffliegerangriff, in dessen Verlauf der Flottillenchef fiel und ein Gruppenführer Verwundungen erlitt. Der Einsatz mußte daher verschoben werden.

In der Nacht zum 16. August konnte das geplante Unternehmen schließlich durchgeführt werden. Von 53 einsatzbereiten Geräten sind jedoch nur 11 gestartet, da die Aktion wegen Wetterverschlechterung abgebrochen werden mußte. Zwei Fahrer kehrten wegen undichten Gerätes vorzeitig zurück, vier kehrten ohne Erfolg zurück.

Um Mitternacht wurden schwere Detonationen in Richtung Invasionsflotte wahrgenommen, um 01.00 Uhr eine schwere Detonation mit anhaltend rotem Feuerschein beobachtet. Um 05.16 Uhr flog angeblich ein Munitionsdampfer mit 8000 BRT in die Luft.[237] Neun schwache Detonationen um 06.00 Uhr rührten vermutlich von Wasserbomben her. Zuletzt wurde um 07.00 Uhr eine schwere Detonation in Richtung der Invasionsflotte gehört.

Einzelheiten über Erfolge sind nicht bekannt.

Der Einsatz der restlichen Geräte der Flottille war für den 16. August abends beabsichtigt.

Unter schwierigsten Verhältnissen wurden in dieser letzten Seine-bucht-Einsatznacht 42 Marder zu Wasser gelassen. Als Erfolg glaubte man aufgrund einer Meldung die Versenkung eines Zerstörers und eines großen Dampfers mit 3 Masten verbuchen zu können.[238]) Um 06.28 Uhr wurde eine sehr starke Detonation in großer Entfernung beobachtet. Weitere Detonationen konnten dagegen wegen Artilleriefeuers nicht ausgemacht werden.

Jedoch meldete das Kommando der K-Verbände am 18., daß sich der Erfolg der Marder in der Nacht zum 17. August erhöht hätte. Demnach wären insgesamt 2 Zerstörer und 2 Transporter sowie ein weiterer Transporter von 15 000 BRT torpediert worden. Aufgrund von 8 Detonationen meinte man mit der Versenkung weiterer Einheiten rechnen zu können.[239])

Von den 42 eingesetzten Geräten sind 17 Fahrer zurückgekehrt. Einer von ihnen war von französischen Fischern aufgenommen worden.

Ein Marder scheint das französische Schlachtschiff »COURBET«, das als Blockschiff versenkt worden war, getroffen zu haben.[233]) Die Entwicklung der allgemeinen Frontlage ließ weitere Einsätze von Kleinkampfmitteln in der Seinebucht nicht mehr zu.

»... in Seine-Bucht nicht mehr einsatzfähig«

Während die letzte Marschgruppe der K-Flottille 363 auf dem Rückmarsch in der Nacht zum 20. 8. die Seine überquerte, rollte die K-Flottille 364 entgegen der Weisung, die Gruppe West erteilt hatte, von Tournai nach Reims weiter. Die Rückverlegung nach Tournai wurde sofort veranlaßt. Dann sollte die K-Flottille mit der Bodenorganisation der K-Flottille 362 gekoppelt und einsatzklar gemacht werden. Für ihren Einsatz war, »wenn Frontlage irgend zuläßt«, das Gebiet westlich der Seine vorgesehen, »da von hier aus einzige Erfolgsaussichten in Seine-Bucht gegeben« schienen.[240] Eine Erfolgsmöglichkeit von Le Havre aus hielt man wegen des großen Anmarschweges selbst dann nicht für gegeben, wenn die Geräte anfangs geschleppt würden.

Dem Grundsatz entsprechend, in der Wahl der zur Verfügung stehenden Kleinkampfmittel größtmögliche Flexibilität zu zeigen, setzte das Kommando der Kleinkampfverbände gleichzeitig die K-Flottille 261 mit 24 Ein-Mann-U-Booten vom Typ »Biber« von Lübeck nach Tournai in Marsch. Dagegen ergab sich bei der K-Flottille 411 (»Molch«) eine Terminverzögerung, weil in der Dauererprobung schwere Vergiftungserscheinungen bei den Fahrern auftraten.[241] Diese Selbstgefährdung machte den Einbau eines Trennschutzes zum Abdichten gegen das Gas erforderlich. Inzwischen bestand kein Zweifel – bestätigt durch eine örtliche Erkundung –, daß es keine Einsatzmöglichkeit für »Marder« an der Küste nördlich Le Havre bis zum Raum Fécamp mehr gab. Das hieß: »K-Flottille 364 ist in Seine-Bucht nicht mehr einsatzfähig.«[241] Daraufhin entschied der Ob.d.M. auf einen entsprechenden Vorschlag, daß die nächsten 60 »Marder« nach Süden verlegt werden sollten, wo eine günstige Einsatzstelle im Raum Cannes zu erkunden sei. Außerdem befahl er, auch einen Marder-Einsatz im Finnenbusen zu prüfen und vorzubereiten.[241])

Beim Oberkommando der Luftwaffe erbat die Seekriegsleitung für den operativen Einsatz der Seekampfmittel im Landekopf Südfrankreich 450 cbm Betriebsstoff B IV. Es ging um den Einsatz »der einzigen in diesem Kampfraum verfügbaren Offensivwaffe der Kriegsmarine in Form von Sturmbooten, die mit Alfaromeo-Motoren ausgerüstet« waren. Ihre Höchstleistung erreichten diese italienischen Sturmboote nur mit Fliegerbetriebsstoff. Es liefen indes auch Maßnahmen zum Umbau auf Kraftwagenbetriebsstoff an.[241])

Am 24. August meldete die Seekriegsleitung nach Rücksprache mit dem Einsatzstab Böhme folgende Lage:

»1. Biber-Flottille 261 mit 25 Geräten unter Befehl K.Kapt. Bartels auf Marsch von Tournai nach Fécamp. Absicht: 28/29. 8. Ausladen der Geräte im Hafen. Nacht 29./30. 8. Einsatz gegen Landungsstellen in Seine-Bucht. Rückkehr nach Le Havre. Nach Rücksprache mit Admiral Kanalküste Le Havre nur noch wenige Tage benutzbar.

2. Einsatz weiterer K-Mittel im Raum Fécamp-Le Havre-Seinebogen wahrscheinlich nicht mehr möglich, da Heer an Somme Sicherungslinie aufbaut und Küste Fécamp — Le Havre so gefährdet, daß Durchkommen unwahrscheinlich.

3. Marder-Flottille 364 Raum Amiens zusammengestellt. Da für Marder keine Einsatzmöglichkeiten mehr in Seinebucht, hat Flottille, um keine Zeit zu verlieren, Befehl erhalten, sofort nach Tournai zu verlegen, dort mit Kfz.- und Bodenorganisation nach Genua zu verladen. Bei Festliegen in Italien Ausladen und Weitermarsch mit Kfz.«[242]) ...

Bezeichnend für die Unübersichtlichkeit der Lage ist auch eine Weisung an das deutsche Marinekommando Italien vom 26. 8. 44: »Für Beurteilung Einsatzmöglichkeit Kleinkampfmittel sind Beobachtungen des südfranzösischen Landekopfes, Schiffsbewegungen und Ansammlungen im dortigen Seegebiet sowie Frontverlauf in Küstennähe besonders wichtig. Zusammenarbeit mit MEK Haun sicherstellen. Beobachtungen an 1/SKl melden.«[243])

Das Kommando der Kleinkampfverbände konnte am selben Tage nur melden, daß sich die K-Flottille 261 auf dem Marsch nach Fécamp befand. Der genaue Standort war aufgrund der verworrenen Lage und unterbrochenen Nachrichtenverbindungen nicht bekannt.[244]) Als Erfolg hatte das Kkdo d.K.-Verbände immerhin zu verbuchen, daß in der Nacht zum 26. August ein Kommando des MEK 60 in Stärke von 7 Mann in kühnem Einsatz sämtliche Geschütze und Munitionskammern der Batterie »Vasouy« bei Honfleur in die Luft sprengte. Die Unternehmung war notwendig geworden, da das Heer bei der Aufgabe der Batterie lediglich die Geschütze unbrauchbar machen konnte.[245])

Das deutsche Mar.Kdo. Italien meldete inzwischen im Hinblick auf die Einsatzmöglichkeiten der Kleinkampfmittel, daß die Hauptausladestellen der alliierten Invasionsstreitkräfte zwischen St. Tropez und Marseille lägen, die für Sonderkampfmittel nicht mehr erreichbar wären. Der Geleitverkehr zwischen Korsika und den Hauptausladestellen würde ostwärts der Linie Cannes – Calvi stark gesichert. Während hier der Einsatz von Sturmbooten in mondhellen Nächten erfolgversprechend erschien, galt der Marder-Einsatz nach dem Urteil des MEK Haun zur Zeit als aussichtslos.

Am 30. 8. wurde bekannt, daß die K-Flottille 261 ihren Einsatz wegen Wasserungsschwierigkeiten um 24 Stunden verschieben mußte. Sie hatte auf dem Marsch nach Fécamp Verluste durch Bomben- und Tieffliegerangriffe erlitten. Neun Mann waren gefallen, 3 Biber und 6 Transportmittel zerstört.[246])

Ebenfalls Ende August machte sich die Seekriegsleitung Gedanken über die Verteidigung des Jütland-Raumes. Die Marinekommandos Ost, Nord und Norwegen erhielten folgende Weisung:

»1. Lageentwicklung, insbesondere im Westen, läßt in Verbindung mit anhaltender Bereitstellung gegnerischer Kräfte im Südostteil britischer Inseln jütischen Raum in zunehmendem Maße als landungsgefährdet erscheinen. Bei erfolgreicher Landung mit entscheidenden Folgen für eigene Kriegführung zu rechnen. Daher Jütland für Gegner lohnendstes Angriffsziel.

Da jütische Westküste mit fortschreitender Jahreszeit für Anlandung wenig geeignet, müssen Ostküste und dänische Inseln vor allem als gefährdet angesehen werden.

2. Hieraus ergibt sich Forderung nach sofortiger Verstärkung Verteidigung mit allen kurzfristig verfügbaren Kampfmitteln. Schwerpunkt innerer jütischer Küstenbereich.

3. Im einzelnen nachfolgende Maßnahmen vorgesehen:
   a) Ausbau Küstenverteidigung. ...
   b) Verstärkung Minensperren im Skagerrak und in dänischen Gewässern.
   c) Bereitstellung von Kleinkampfmitteln im nordjütischen Raum.«[247]

Somit sollte die Präsenz von Kleinkampfmitteln an allen landungsgefährdeten Küstenabschnitten des europäischen Kontinents sichergestellt werden. Doch nirgends reichten die Kräfte aus, von der immer geringer werdenden Erfolgsaussicht der Sonderkampfmittel ganz zu schweigen. Andererseits häuften sich die Schwierigkeiten und Bedingungen, unter denen überhaupt noch Einzelaktionen zustande kamen. So wurden nach erfolglosen Einsätzen in der Nacht zum 29. und zum 30. 8. 44 beim Anlandgehen der Geräte durch Waffenwirkung eigener Heeres- und Landmarineteile im eigenen Küstenbereich 3 Zweimann-Boote und 1 Einmann-Sturmboot beschädigt. Ein Fahrer erlitt Verwundungen, und ein vermißtes Boot geriet vermutlich durch Beschuß der eigenen Küstenverteidigung in Verlust.[247])

Nach ihrem letzten Seinebucht-Einsatz fuhr die K-Flottille 211, die nur noch über die restlichen Kommandolinsen verfügte, nach Paris zurück. Unterwegs geriet sie irrtümlich auf die Straße nach Caen und konnte 3 km vor der Hauptkampflinie rechtzeitig zwischen Blindgängern, zerstörten Brücken und Häusern wenden. Paris war daher vor Morgengrauen nicht mehr zu erreichen, und bei Nachlassen des Frühnebels mußte ein Waldgelände aufgesucht werden. Qualmende Autowracks wiesen als drohende Mahnmale den Weg. Verpflegung gab es nicht, und beim »Organisieren« hätte es Leutnant (V) Vetter bald erwischt, als er auf einem Kirschbaum sitzend unter sich einen LKW mit Tricolore und weißer Fahne anhalten sah. Die Franzosen entdeckten jedoch den kirschenverzehrenden Einzelkämpfer der Kriegsmarine zum Glück nicht, sondern zogen nach kurzem Aufenthalt wieder ab.

Da der Flottillenchef, Kapitänleutnant Bastian, zur Berichterstat-

236

tung nach Berlin gefahren war, hatte Leutnant (V) Vetter als Dienstältester die Flottille nach Deutschland zurückzuführen. Ein Arzt und ein Kraftfahrzeugoffizier unterstützten ihn bei dieser unerwartet zugefallenen Aufgabe.

In Paris herrschte Ausnahmezustand, die französischen Eisenbahner streikten. Dem Kraftfahrzeugoffizier gelang es in Verhandlungen mit zwei Streikbrechern, die mit den Deutschen sympathisierten, und in Zusammenarbeit mit deutschem Bahnpersonal, das für die französische Zivilbevölkerung noch Lebensmitteltransporte organisierte, Waggons aufzutreiben, – gegen Brote. Als alles verladen war, blieben allerdings die Bemühungen um eine Lokomotive ohne Erfolg. Nun stellte auf Anforderung die Kommandantur 30 LKW zur Verfügung, jedoch mit der Auflage, daß nur kriegswichtige Beladung in Betracht käme. Indes hatte die deutsche Feldpost alle 30 LKW mit Schränken und Regalen belegt, mit persönlichem Gepäck und vielen ausreisewilligen Leuten. Dem zuständigen älteren Hauptmann der Reserve mißfiel natürlich, daß Vetter für die K-Flottille sein Recht geltend machte: So ginge das nicht. Er sei verantwortlich für kriegswichtige Beladung. Es möge dahingestellt bleiben, ob die Postschränke als eine solche anzusehen wären, es müßte aber genügend Platz eingeräumt werden, daß die Geräte und seine 250 Leute unterkämen. Daraufhin wurde alles Überflüssige wieder abgeladen. Kurz vor dem Aufbruch der Kolonne bat ein Stabsobersteuermann, mit seinen Seeleuten mitgenommen zu werden. Ihr Boot war versenkt worden, und sie hätten den Auftrag, aus Deutschland ein neues Boot abzuholen. Vetter nahm die Leute ebenso mit – noch ein Teil der Feldpostgüter mußte dafür abgeladen werden – wie drei verweinte Wehrmachtshelferinnen, die von den Chefs ihrer Dienststellen im Stich gelassen worden waren, da die Herren sich lieber mit Französinnen absetzten.

Über Nancy und Straßburg erreichte die Kolonne, zuletzt auf dem Eisenbahntransportwege, am 23. oder 24. August Plön in Schleswig-Holstein.

Hier in Plön nahm Admiral Heye die Auszeichnung der erfolgreichen K-Männer persönlich vor. Die Ritterkreuzverleihung an einen Verwaltungsoffizier bedeutete eine Sensation, Vetter selbst hatte nicht damit gerechnet. Trotzdem sollte der Wunsch des Kielers, durch Umschulung die Seeoffizierslaufbahn einzuschlagen, nicht in Erfüllung gehen. Verschiedene Anträge und Gesuche um Wiederverwendung bei einer Linsen-Flottille blieben ohne Erfolg. Vetter erhielt stattdessen ein Bordkommando auf »KREUZER EMDEN«.

Im Herbst 1944 war für bewährte Einzelkämpfer der Kriegsmarine ein Empfang in der Reichshauptstadt vorgesehen, an dem u. a. auch die Ritterkreuzträger Vetter und Gerhold teilnahmen. Konnten in der Seinebucht die Marder auch nicht mehr eingesetzt werden, so brachten die Männer wenigstens zur Freude der Marine-Hitlerjugend einen echten Einmanntorpedo mit nach Berlin. Als Ehrengäste des Reichsjugendführers sollten sich die K-Männer im Haus der Auslandsjugend wohlfühlen. Was Frank Gorges (vgl. S. 202) zu berichten weiß, stand in groteskem Gegensatz zur Kriegslage im allgemeinen wie zu den verminderten Erfolgsaussichten der Kleinkampfmittel im besonderen: »Da wurden wir von Obern bedient, die Sieger im Gastwirtschaftsgewerbe waren. Man konnte sich wünschen, was man wollte. Es gab alles an Spirituosen und Delikatessen.« Leicht angeheitert, machte sich Oberbootsmaat Frank Gorges am Schallplattenschrank des Reichsjugendführers Arthur Axmann zu schaffen (»...alles so Weihnachtsplatten drin, ›Heideröslein‹ und so'n Scheiß«). Während Axmann noch berichtete, was die Hitlerjugend an Schanzarbeit in den Ardennen geleistet hätte, tönte Gorges in rheinländischem Dialekt dazwischen: »Hör mal, sorg mal für anständige Musik, dat wir 'ne paar anständige englische Platten draufkriegen! Du kannst uns mit deiner ganzen Hitlerjugend mal am Arsch lecken, damit du ganz klar siehst!«[248]) Schirach-Nachfolger Axmann reagierte scherzhaft mit einem Schlag seines linken Armes – den rechten hatte er im Frankreich-Feldzug verloren – und verbreitete selbst später immer wieder diesen Ausspruch, wo die Gäste auch auftraten. Sogar Propagandaminister Goebbels mußte sich die Dreistigkeit anhören, als die K-Männer von ihm empfangen wurden.[249])

»Was hat euch denn der Goebbels erzählt?«, fragte Ritterkreuzträger Herbert Berrer 36 Jahre später beim ersten Nachkriegswiedersehen Ritterkreuzträger Alfred Vetter in Kiel. »Wir hatten ja vorher eine durchzechte Nacht bei der Reichsjugendführung hinter uns«, erwiderte Vetter. »Wir sollten dann um 11.00 Uhr im

238

Propagandaministerium sein, und ich hatte Mühe, meine Krieger auf die Beine zu bringen. Der Frank Gorges zum Beispiel rührte sich nicht. Doch dann kam ein Anruf, der Termin wurde auf den frühen Nachmittag verschoben. Ich wunderte mich übrigens, wie einfach es war, in das Propagandaministerium hineinzugelangen. Ein SS-Scharführer im Pförtnerdienst wies uns in den Warteraum, wo sich ebenfalls einige SS-Leute aufhielten. Nach einer Weile erschien Goebbels im Empfangsraum.«

»Hat er was zu sagen gewußt?« unterbricht Berrer.

»Nein, er fragte eigentlich mehr und erkundigte sich nach Einzelheiten des Einsatzes. Jeder von uns erhielt anschließend ein schönes Paket, eine sog. »Goebbels-Spende«, mit Karl Mays »Schatz im Silbersee« zum Beispiel.«

»Wer hat denn das alles für euch inszeniert?«

»Das ist mir nicht bekannt. Eines Tages kam der Bescheid, daß wir zum Empfang bei der Reichsjugendführung bestimmt seien. Die Aktion nannte sich wohl ›Einzelkämpfer bei der Reichsjugendführung‹.«

»Es ist erstaunlich«, meint Herbert Berrer, »wie sich die Leute immer hinten draufstellen, wenn sich irgendwo etwas getan hat. Das ist in allen Zeiten so.«[250])

In einer Lageübersicht des Marinegruppenkommandos West entstand im Rückblick auf den Monat August am 15. September 1944 folgendes Bild:

»Trotz der harten Kämpfe in unmittelbarer Nähe des Einsatzortes konnten viermal Einsätze von Kleinkampfmitteln gegen die Invasionsflotte vor der Normandiefront durchgeführt werden. Besonders erfolgreich war ein Einsatz von ›Mardern‹ und ›Linsen‹ am 2. 8. ... Als am 16. 8. ein ›Marder‹-Einsatz wiederholt wurde, geschah dies in der allerletzten noch möglichen Zeitspanne. Unmittelbar nach dem Einsatz mußte das Kommando Böhme den Einsatzort räumen. Der Einsatz von Klein-U-Booten, der für Ende des Monats vorgesehen war, mußte nach Fécamp verlegt werden. Inzwischen hatte auch hier die Feindlage sich so gestaltet, daß der Einsatz nur zum Teil durchgeführt werden konnte. Unmittelbar nach dem Einsatz mußte das Gebiet beschleunigt verlassen werden. Der Klein-U-Boots-Einsatz fand infolgedessen bei ungünstiger Wetterlage statt, wodurch die Erfolge nur in geringen Grenzen blieben. Einsatzmöglichkeiten für K-Mittel boten sich nach dem Verlust der Seinemündung nicht mehr. Die K-Verbände verließen infolgedessen den Raum der Gruppe.

Der F.d.Schn. verlegte den Schwerpunkt seiner Einsätze in den Flandernraum, weil bei der vorhandenen Feindsicherung die Erfolgsaussichten in der Seinebucht immer mehr absanken. ... Eine Gruppe von S-Booten war zum Einsatz von Langstreckentorpedos (Dackel) in Le Havre verblieben. Sie setzte in der ersten Monatshälfte fast Nacht für Nacht an. Aus zahlreichen Detonationen kann auf gute Erfolge geschlossen werden. Mit der Räumung von Paris mußte der Dackelnachschub über Holland erfolgen. Diese Umstellung war so zeitraubend, daß es in der zweiten Monatshälfte zu keinem Einsatz mehr kam.«[251])

Von der K-Flottille 261 kehrten am 31. 8. sämtliche eingesetzten Biber-Fahrer von der Feindfahrt zurück. Nach sechs-, z.T. zwölfstündiger Fahrt bei starkem Wind und Seegang hatten 12 Boote ihr Ziel nicht erreicht. Zwei Boote meldeten Erfolge; das eine versenkte ein Liberty-Schiff und steuerte anschließend Le Havre an, wo das Gerät gesprengt wurde. Das andere Klein-U-Boot kehrte nach Versenkung eines größeren Dampfers nach Fécamp zurück. Die gesamte K-Flottille 261 verlegte mit 14 Bibern hinter die Somme zurück.

Zur gleichen Zeit lag die K-Flottille 212 (Linsen) im Raum südlich Brüssel im Bereitschaftsstand. Die K-Flottillen 363 und 364 (Marder) befanden sich auf dem Transport nach Süden.[252]) Der Weg der K-Flottille 364 läßt sich exakt verfolgen, da das »Ärztliche Kriegstagebuch«, geführt von Mar.Ob.Assist.Arzt Dr. Jung (26. 8.–5. 10. 44) und San.Ob.Mt. (S) Schumacher (6. 10.–31. 10. 44), erhalten ist.[253])

Am 26. August lag die K-Flottille 364 mit ihren Marder-Geräten in einem Waldlager bei St. Amand an der französisch-belgischen Grenze. Auf der Fahrt nach Tournai wurde ein LKW von einer Streife angehalten, die in der Dunkelheit als solche nicht erkennbar war. In Anbetracht der starken Partisanentätigkeit kam es sofort zum Schußwechsel, die Streife erwiderte das Feuer aus dem LKW. MP-Schüsse trafen Mech.Maat Dienemann tödlich am Kopf, bei der Streife gab es einen Schwerverletzten. Die verwundeten Soldaten wurden sogleich in das Zivilkrankenhaus St. Amand überführt, danach von einem Luftwaffenlazarett übernommen. Der Flottillenarzt Dr. Jung fuhr am 27. 8. zum Heeres-Sanitäts-Park Brüssel, um die nötigen Sanitätsmaterialien zu besorgen, vor allem Pervitin, das die Flottille nicht aus Deutschland mitgebracht hatte, und Chinin zur Malariaprophylaxe in Italien. Abends zog die Flottille nach Tournai unter starker Marschbehinderung durch Reifennägel und Wolfsangeln.

In der Nacht begann die Verladung in drei Transportgruppen und die Abfahrt der 1. Gruppe. Der 2. Transport rollte am 28. 8. ab, am Abend des gleichen Tages begann das Verladen der 3. Transportgruppe. Ihr Abmarsch erfolgte bei Tagesanbruch (29. 8.), doch blieb die 3. Gruppe nach wenigen Kilometern wegen Unterbrechung der Geleise auf der Strecke liegen. Ein Tieffliegerangriff mit Bordwaffen galt hauptsächlich der Lokomotive, so daß bei dem Transport keine Ausfälle entstanden.

Die 4. Transportgruppe fuhr am 30. 8. »ohne Feindbelästigung« durch Belgien und überholte hinter Brüssel die 3. Transportgruppe. Fast in Non-stop-Fahrt rollten beide Gruppen am anderen Tag durch Deutschland und erreichten am 1. September den Brennerpaß in Südtirol.

Der Einsatzstab Böhme verlegte am 2. 9. von Tournai nach Mönchen-Gladbach. Je eine Linsen- und Molch-Flottille verlegte in den Adria-Raum, während die erste Marder-Flottille in Genua eintraf (364). Die Marder-Flottille 365 erreichte zur gleichen Zeit Skagen.[254])

Als Einsatzleiter für den Einsatz der K-Flottillen im Südraum wurde Fregattenkapitän Hartmann eingesetzt. Das KTB der Seekriegsleitung vermerkte am 5. 9. 44 ferner: »50 Molche sind in Verona angehalten und nach Adria-Küste abgedreht. Eine zweite Molch-Gruppe aus 60 Fahrzeugen ist am 10. 9. abmarschbereit.«[255]) Derartige Formulierungen machen verständlich, weshalb der Feindsender später nur noch vom »Zirkus Heye« sprach.

Da für die Linsen-Flottille 212 mit 45 Fahrzeugen Einsatzmöglichkeiten im Raum Calais – Boulogne nicht mehr gegeben waren, ordnete das Kommando der K-Verbände auch ihre Verlegung nach Süden an und befahl den Landmarsch aus dem Raum Antwerpen. Die Flottille stieß bei Mecheln unvermutet auf feindliche

Panzerspitzen und erlitt Verluste. Alfred Vetter erinnert sich an die Aussagen von Kameraden:

»Die zweite Sprengbootflottille wurde am 25. August verabschiedet, an dem Tage, als wir unsere Auszeichnungen bekamen. Es bestand ein gewisses Konkurrenzdenken (›Das machen wir besser!‹). Eines Tages erfuhren wir, die Flottille sei aufgelöst. Nur die Hälfte kehrte zurück. Sie sollte nördlich Le Havre eingesetzt werden und geriet bei Dunkelheit in einem Städtchen mitten auf dem Marktplatz unversehens an den Feind. Die Leute wußten nicht recht, wie es weitergehen sollte, sahen die Panzer auf dem Marktplatz stehen, und einer stieg aus, um die Panzerbesatzungen nach dem Weg zu fragen. Da feuerten die Panzer jedoch, und es gab schwere Verluste. Nur einem kleinen Teil gelang in dieser Situation das Wendemanöver und damit die rasche Abfahrt.«[250])

20 Kommando- und 30 Ladungslinsen sollen aber noch in Mecheln eingetroffen sein, von wo der Bahntransport Richtung Adria-Küste zu erfolgen hatte.[256])

Deutsche Kleinkampfmittel in Italien

Gegen Mittag des 1. September passierte die K-Flottille 364 den Brennerpaß, doch mußte wegen einer Brückenzerstörung kurz hinter Bozen entladen werden. Während einer mondhellen Nacht ging es mit Motorkraft weiter bis Mezzecorona, so daß die erste Gruppe ohne Verluste mit Bahntransport schließlich Genua erreichte.

Am 2. 9. wurde in Mezzecorona ein neuer Zug beladen. Die Weiterfahrt erfolgte über Trient und Verona. Inzwischen traf die 1. Transportgruppe in Albenga ein, wo am Strand beim dienstlichen Baden ein Kraftfahrer auf eine Tellermine geriet, die ihm den rechten Unterschenkel zerriß.

Die 4. Gruppe befand sich am 3. September auf dem Bahntransport Monza – Mailand – Mortara – Valle Lomellina. Zwölf Kilometer vor Erreichen der Po-Brücke wurde diese jedoch durch Bombenangriff zerstört. Damit saß der Transportzug fest, und dasselbe Los teilte die nachfolgende 3. Gruppe.

Am 4. 9. erfolgte der Abmarsch beider Gruppen über eine andere Po-Brücke per Motorkraft, während sich die 1. Gruppe nach San Remo begab.

Bald nach Mitternacht starteten am 5. September in Mentone fünf Mardergeräte zum Einsatz. Nur ein Pilot kehrte zurück, es gab keine Erfolge, aber vier Vermißte.[257])

Gleichzeitig erlitten die 3. und 4. Transportgruppe in Voghera abends Verluste durch Tieffliegerbeschuß. »Unter hervorragender Hilfe von San.Ob.Gefr. Kathmann bei Tieffliegergefahr Sortierung der zusammen gut 20 Schwer- und Leichtverwundeten sowie Ab-

transport. Mithilfe (des Flottillenarztes) bei der ersten chirurgischen Versorgung im Militärlazarett Voghera. Ungenügende ärztliche wie materielle Ausrüstung dieses Lazaretts.«[257]
Die 2. Transportgruppe traf ohne Ausfälle am 6. 9. in San Remo ein.
Die Riviera-Küste wurde auch am 11. 9. zwischen Mentone und Ventimiglia mehrfach von See her beschossen, nachdem in der Nacht zum 10. September 3 deutsche und 3 italienische Sturmboote sowie 14 Marder eingesetzt worden waren. Dabei hatten die deutschen Sturmboote erfolglose Gefechtsberührung mit Gun-Booten. »Von den Mardern sind bisher 4 zurückgekehrt«, vermerkt das KTB der Seekriegsleitung am 11. »Detonationen wurden gehört. Erfolgsbestätigung liegt jedoch nicht vor.«[258])
Offenbar waren die vier Piloten vorzeitig zurückgekehrt, denn das »Ärztliche Kriegs-Tagebuch« sagt über den Einsatz von 14 Mardergeräten in Ventimiglia, westlich San Remo, der am 10. 9. 1944 ohne Erfolg verlief, eindeutig aus, daß die Flottille keine Gefallenen zu beklagen hatte.[257]) Ein Leichtverwundeter erlitt durch die von Artilleriebeschuß zersplitterte Marderkuppel Schnittverletzungen im Gesicht. Für die Bergung des Verwundeten unter feindlichem Beschuß wurde San.Ob.Mt. Schumacher vom Flottillenchef zum EK II eingereicht.
Wahrscheinlich bedingte eine zu starke Artillerieabwehr die Erfolglosigkeit dieses Mardereinsatzes. »Entweder ist der ›Marder‹ überhaupt zu primitiv oder für die Verhältnisse an der Riviera nicht mehr ausreichend. Vielleicht wird er geortet«, mutmaßte Flottillenarzt Dr. Jung.[259])
In Mortara verletzten abends zwei Kraftfahrer der Flottille durch leichtsinnigen Umgang mit ihrer Pistole 08 eine Italienerin schwer. Darüber ist im Ärztl. KTB zu lesen: »Flo-Arzt leistet im Zivilhospital gemeinsam mit italienischen Chirurgen erste chirurgische Versorgung und leitet anschließend die ersten Untersuchungen am Tatort, da er in dem Augenblick einziger anwesender Offizier.«[259])
Nach dem Einsatz der ersten Gruppe kehrten die Kraftfahrzeuge am 11. über Genua nach Voghera zurück. Dagegen mußte die 3. Gruppe erneut einen Tieffliegerangriff über sich ergehen lassen, ehe am Abend des 12. die Verladung zum Eisenbahnmarsch in den

244

Raum Verona vonstatten ging. Sie hatte am anderen Tage infolge Tieffliegerangriffs mit Bomben und Bordwaffen bei Chiari vier Leichtverwundete zu beklagen. Dabei fiel lediglich 1 LKW aus, die Lokomotive war in einen Bombentrichter gestürzt. »Nur Glück hatte größere Ausfälle verhütet.«[259])

Für den Einsatz an der südfranzösischen Küste wurden 20 Geräte der K-Flottille 411 (Molche) nach San Remo verlegt. 30 Geräte der K-Flottille 364 (Marder) verlegten in den Raum Padua für den Einsatz in der Nord-Adria.[260]) Die 1. Gruppe setzte über den Po und marschierte ohne Ausfälle bis Brescia. Unter Führung des Flottillenarztes verlegte inzwischen die 4. Gruppe per Eisenbahntransport ab Mortara. Wegen einer Brückenunterbrechung mußte allerdings in Lonato wieder entladen werden (15. 9.), damit die Gruppe noch per Motor Pesciera erreichte.

Am 14. September lief die 1. Sturmbootsflottille mit 5 Zweimann- und 10 Einmannsturmbooten um 21.00 Uhr aus San Remo zum Vorstoß gegen die Zerstörergruppe in Qu CJ 1435 aus. Über Ergebnisse ist im KTB der Seekriegsleitung nichts vermerkt.[261])

Die am 10. 9. neu aufgestellte K-Flottille 213 (Linsen) passierte auf dem Marsch nach Verona am 17. 9. in den Mittagsstunden Göttingen, traf am 20. 9. in Verona ein und sollte nach Padua weitergeleitet werden.

Das Kommando der K-Verbände beabsichtigte, 11 Marder der K-Flott. 364 aus San Remo in den Raum Verona zu verlegen. Marder-Personal wurde nun gar zur Einsatzvorbereitung für Molche eingesetzt. Derartige Improvisationsmaßnahmen sowie die dauernden Verlegungen innerhalb Italiens erwecken den Eindruck einer zumindest zeitweiligen Konzeptlosigkeit. Der Faktor Personalmangel wirkte sich auch bei der K-Flottille 411 (Molche) aus: Die beiden ersten Gruppen befanden sich am 21. September in San Remo. Nach dem Zuwasserbringen der Geräte wurde die Bodenorganisation nach Padua in Marsch gesetzt, wo die 3. bis 5. Gruppe dieser Flottille zum Einsatz in der nördlichen Adria bereitstanden.

Wiederum zwei Tage später befahl das Kommando der K-Verbände die Verlegung der K-Flottille 213 (Linsen) von Verona nach Ravenna, und 29 Molche der K-Flottille 411 verlegten nach Padua zum Einsatz in Nordafrika! Indes nahm der Einsatzstab Haun die

Einsatzvorbereitungen für Kleinkampfmittel im dalmatinischen Raum in Angriff.[262])

Aus San Remo liefen am 26. 9. noch einmal 9 Molche zum Einsatz gegen Zerstörer in Höhe Mentone und gegen Nizza aus. Über Erfolge oder Verluste findet sich wieder kein Hinweis im KTB der Seekriegsleitung. Schließlich verlegten am selben Tage noch 11 Marder nach Savona, »um gegen überholende Landung im Raum Savona – Imperia bereitgestellt zu werden.«[263]

Kennzeichnend für die Situation ist ferner eine Eintragung im Ärztlichen Kriegstagebuch unter dem 1. 10. 44:

»San.Ob.Mt. Kastner sitzt mit der 2. Marschgruppe (K-Flott. 364 – d. Verf.) in einem Eisenbahntunnel bei Savona (Riviera). Er kann wegen der großen Entfernung von mir nicht mitbetreut werden und muß sich selbst helfen. Laut Hörensagen und leicht erklärlicherweise sind in diesem Tunnel ungünstige hygienische Verhältnisse, die sich ohne Quartierwechsel vermutlich auch nicht verbessern lassen.«[264])

Am 5. Oktober wurde der Flottillenarzt Dr. Jung zum Einsatzstab Hartmann abkommandiert. Die weitere sanitätsdienstliche Betreuung der Flottille übernahm befehlsgemäß San.Ob.Mt. (S) Schumacher.

Die schon mehrfach erwähnte K-Flottille 213 traf am 18. 10. 44 mit 48 Linsen in San Remo ein. Je nach Feindlage war ein gemeinsamer Einsatz mit der 1. Sturmbootsflottille beabsichtigt.[265]) Währenddessen verlegte die K-Flottille 364 mit 30 Mardern wieder einmal zu Lande, von Padua nach Savona. Erst zwei Tage später passierte bei den K-Verbänden zur Abwechslung etwas. Der K-Flottille 213 wurden durch Zerstörerbeschuß von San Remo am 20. Oktober *sämtliche* Linsen und 20 LKW sowie 4 Einmannsturmboote vernichtet. Daraufhin forderte der Chef der SKl eine genaue Untersuchung der Umstände und einen ausführlichen Bericht.[266]) Nach dem mißglückten Linsen-Einsatz von Le Havre im Juni traf Kapitänleutnant Ulrich Kolbe, jetzt Chef der K-Flottille 213, somit der zweite Schlag. Er selbst berichtet über seine Einsatzzeit in Italien:

»Nach meiner Ausheilung wurde ich als Flottillenchef nach Italien geschickt. Ca. 15 km nordöstlich von Verona lagen 48 Boote auf Bootsanhängern zum Abslippen, wie ich sie von Anfang an gefor-

246

dert hatte, in den Höhlenkellern der Weinberge, und die entsprechende Anzahl von LKW stand in der Nähe bereit. Die Besatzungen und Fahrer lebten in den umliegenden Gehöften. Der Einsatzleiter war Kpt.z.S. Hartmann. Er hatte seine Stabsstelle in einem Hotel in Levico bei Trient untergebracht. Später zog er um auf eine Burg in der Nähe.

Zunächst verlebten wir einen wunderschönen Herbst in den Weinbergen. Denn es war nicht auszumachen, wo von hier aus ein sinnvoller Einsatz möglich sein sollte. An keiner der Küsten war ein nächtlicher gegnerischer Schiffsverkehr zu erwarten.

Ich habe in Erinnerung, daß ich deshalb zwar unzufrieden war, nichts tun zu können, aber von sinnlosen Einsätzen energisch abriet. Der erste wurde dennoch befohlen, und zwar südlich von Ravenna vom Strand aus.

Im langen LKW-Konvoi transportierten wir die Boote und Besatzungen von unserem Lager bei Verona aus in ein Wäldchen am Strand bei Ravenna. In einer lauen und windstillen Nacht setzten wir ein. Diesmal blieb ich an Land. Es klappte alles wie am Schnürchen. Im Morgengrauen kamen alle Rotten vollständig von ihren Lauerstellungen zurück, ohne einen Gegner gesichtet zu haben. Wir verlegten in der nächsten Nacht zurück in das Lager bei Verona.

Der nächste befohlene Einsatz von Strand südlich von La Spezia aus verlief ähnlich. Aber diesmal hatte ein Linsenfahrer in der dunklen Nacht seinen Rottenführer verloren. Er war allein und wohl in eine falsche Richtung weitergefahren. Der Rottenführer hatte sich auch nicht weiter darum gekümmert, weil ihn nächtliches Fliegergeräusch irritiert hatte. Als alle anderen Boote zurück waren, konnte ich früh am Morgen von einem Hügel am Strand in ca. 6 sm Entfernung das kleine Boot ohne Fahrt, aber offenbar schwimmend ausmachen.

Nach dem Sonnenaufgang mußte die Lage für den Fahrer wegen der feindlichen Jagdflieger sehr gefährlich werden. Nach intensivem Funken, Telephonieren und Umherfahren holte ein italienisches Kampfboot noch am Vormittag im hellen Sonnenschein unseren Mann zurück. Wir waren den Italienern für diese mutige Tat sehr dankbar.

Der letzte befohlene Einsatz sollte von dem Hafen von San Remo aus unternommen werden. Die sehr ruhige Landfront verlief dicht westlich von dem Hafen bei Bordighera.

Die Verlegungsmärsche mit dem langen LKW-Konvoi konnten nur nachts stattfinden, weil am Tage jedes Auto auf den Straßen von Jagdfliegern beschossen wurde. Ich mußte aber mit einem VW-Kübelwagen auch am Tage vorausfahren, um Fahrtstrecken und Rastplätze auszusuchen. Wir fuhren immer zu dritt im Auto, denn zwei mußten immerzu den Luftraum beobachten. In der Nähe von Bologna kamen wir mit knapper Not noch aus dem Auto in ein Haus, als Jagdflieger auftauchten. Wir waren kaum im Haus, da brannte das Auto schon.

In San Remo liegt mitten im Ort am Hafen in der Nähe eines gemauerten Slipps eine große gedeckte Blumenmarkthalle. Dorthin fuhren wir in der Nacht unsere Bootsanhänger mit den aufgezurrten Booten. Die LKWs wurden in einem Straßentunnel ca. 2 km östlich von San Remo abgestellt. Die Mannschaften der Boote kamen in Hotels unter. Regelmäßige Wachen bei der Markthalle und im Tunnel mußten eingeteilt werden.

Es gab keinen nächtlichen Schiffsverkehr an der Küste. Aber an jedem Vormittag gegen 8 Uhr fuhr ein englischer Zerstörer in ca. 4 sm Abstand an der Küste entlang.

Die Front ca. 6 km westlich von San Remo war ganz ruhig. Aber der Stadtkommandant warnte vor ständiger Spionage durch Frontgänger.

Ich drängte, wenn überhaupt, auf einen baldigen Einsatz, weil die Nächte dunkel und ziemlich windstill waren und weil die Boote von See her ungeschützt lagen. Doch Kpt. Hartmann befahl zu warten.

Nach ca. 5 Tagen sah ich morgens aus dem Fenster, daß der englische Zerstörer Kurs auf den Hafen genommen hatte und schon auf ca. 3 sm heran war. Ich befahl, die Wachen sollten sofort von der Markthalle wegtreten und in Deckung gehen. Aus ca. 2000 m Entfernung schoß der Zerstörer bald darauf in die Stadt. Mit der 2. oder 3. Salve hatte er die Markthalle getroffen. Und jetzt detonierte eine Linse nach der anderen. Der ganze Platz um die Markthalle wurde vollständig in Trümmer gelegt.

Das vorhergesehene Ereignis meldete ich nach Levico. Am Abend des gleichen Tages rollten wir mit den intakt gebliebenen LKWs in

unser Lager bei Verona zurück. Während dieses Rückmarsches entstand in einer Ortschaft an der Riviera eine gewaltige Schießerei. Auf jedem 4. bis 6. LKW war ein MG aufgebaut, damit sich der Konvoi notfalls gegen Partisanen verteidigen konnte. Nun hatte wohl ein MG-Schütze des ca. 600 bis 700 m langen Konvois, der gerade im Stockfinstern ohne Licht durch die engen, unbelebten Straßen eines kleinen Ortes fuhr, ein Blitzen oder Knallen vernommen. Da sowohl die Italiener als auch die deutschen Soldaten ständig von Partisanen-Überfällen erzählten, hatte der MG-Schütze wohl die Nerven verloren und angefangen zu schießen. In den Häuserschluchten hallte es ganz entsetzlich, und bald schossen auch andere MGs. Ich mußte mit meinem Kübelwagen am ganzen Konvoi entlang fahren, um alle wieder zur Ruhe zu bringen. Es stellte sich dann heraus, daß kein Anlaß zum Schießen gewesen war. Zum Glück hatten die Angstschützen keinen Einwohner verletzt, sondern nur die Fensterscheiben eingeschossen.«[267]
Soweit der persönliche Bericht des ehemaligen Flottillenchefs Kapitänleutnant Ulrich Kolbe.
Die KTB-Eintragung vom 22. 10. 44 geht kurz noch einmal auf die Bootsverluste ein: »In San Remo ausgefallene KFL 213 könnte durch neue, verfügbar werdende Linsen-Fl. ersetzt werden. – Ob.d.M. ist gefühlsmäßig dagegen. Einsatz im Hollandraum ist notwendiger. ... Ob.d.M. entscheidet daher, daß die neue Flottille in Deutschland zurückgehalten wird.«[268])
Aufgrund des eingegangenen Berichtes glaubte die Seekriegsleitung allerdings, die 48 Linsen wären einem Zufallstreffer zum Opfer gefallen, was mehr als fraglich erscheint.
»Kurzbericht über Vernichtung K.Fl. 213 in San Remo ergibt, daß alle Geräte der Flottille in Blumenhalle untergestellt waren, die Geheimhaltung sicherte, Klarmachen der Linsen erlaubte, gegen Flieger- und Erdsicht gut getarnt war und gegen Bandenüberfälle Schutz bot. Aufgelockerte Aufstellung hätte keinen dieser Vorzüge bieten können. Vernichtung ist durch Zufallstreffer bei Zerstörerbeschuß ausgelöst.«[269]
Dagegen kann mit Sicherheit davon ausgegangen werden, daß der britische Zerstörer nicht den Ort an sich unter Beschuß nahm, sondern gezielt und zielsicher die Munitionskammer des deutschen K-Verbandes, dessen Anwesenheit bekannt gewesen sein muß.

Anfang November 1944 registrierte die Seekriegsleitung 38 Molche im Raum Venedig, 30 Marder in Venedig »zum Nachladen«, 11 Marder in Savona sowie 60 Linsen auf dem Marsch nach San Remo.[270] Dies überrascht etwas in Anbetracht der Entscheidung des Ob.d.M. Die Besetzung der Einsatzstäbe für Kleinkampfmittel wies folgende Verteilung auf:

Einsatzstab Böhme in Levico,

Einsatzstab Musenberg in Dordrecht-Utrecht,

Einsatzstab Düwel in Jütland.[270])

Immerhin konnte am 22. 11. eine Linsenflottille in Verona »motorisiert einsatzbereit« gemeldet werden.[271]) Die K-Flottille 213 hatte neue Ladungs- und Kommandolinsen erhalten. Einen Tag später wurde sie von 7 Feindjägern »ohne Erfolg« angegriffen, wobei eigene Flak einen Angreifer abschoß.[272])

Über weitere K-Mittel-Aktionen im Kampfraum Italien ist nichts bekannt, geplant worden war sicher noch manches. Interessanterweise schließt sich der Kreis in Italien mit den SLC-Geräten der alten »Decima Flottiglia« (s. S. 28), wenngleich die Unternehmung gegen den Hafen Bari über das Planungsstadium offenbar nicht hinausgelangte. Der von Haun persönlich unterzeichnete Plan[273]) verdient indes als sprachliches Dokument des heute skurril anmutenden Umgangs mit Tarnbezeichnungen überliefert zu werden:

»Kommando der K-Verbände   O.U., den 29. September 1944

  E. Stab Haun

B.Nr. Gkdos 2809 Chefs

  Geheime Kommandosache   Chefsache!

  Planung für Unternehmung gegen Hafen Bari

In der ab 10. 10. beginnenden Neumondperiode ist der Einsatz von Schweinen gegen Schiffsziele im Hafen Bari beabsichtigt.

Vorüberlegung.

In Bari werden stärkere Schiffsansammlungen vermutet, da hier der Ausgangspunkt für die See-Versorgung der Front bei Rimini über Hafen Ancona anzunehmen ist. XB Meldungen bestätigen verstärkten Schiffsverkehr Bari – Ancona. Dem Feind ist bekannt, daß nennenswerte deutsche Seestreitkräfte außer S-Booten in der Adria, die für größere Unternehmen über See geeignet sind, nicht zur Verfügung stehen. Um so weniger wird er ein Unternehmen in den bereits im Etappengebiet gelegenen Hafen Bari selbst hinein erwarten. Das Moment der Überraschung muß daher ausgenutzt werden. Der Einsatz von Schweinen kann ferner begünstigt werden durch

a) friedensmäßige Beleuchtung Küste und Hafen.
b) Durch ablenkenden Einsatz der S-Boote gegen andere Ziele (Molfetta, Barletta, Manfredonia) schon jetzt bzw. Zurückhaltung etwa zehn Tage vor der geplanten Unternehmung.
c) Durch Einsatz der S-Boote, die als Verbringungsmittel dienen, nach Aussetzen der Schweine, längs der Küste nach Norden, während der Wartezeit auf die Besatzungen der Schweine, verbunden mit Aphroditegebrauch zur Täuschung der feindlichen Ortung.
d) Durch die Eigenart der Waffe selbst, die in der Lage ist, die Hafennetzsperre zu untertauchen bzw. unbemerkt zu durchbrechen und an die eigentlichen Schiffsziele heranzukommen.
e) Durch Herauslocken von Bewachern durch die S-Boote, wobei die Sperre geöffnet werden muß.

Voraussetzung für einen günstigen Ablauf sind

a) eine ruhige Wetterlage,
b) das Heranbringen der Schweine möglichst unbemerkt und nahe vor die Hafeneinfahrt,
c) gute Aufklärung und neueste Luftbilder des Hafens, aus denen Lage der Netzsperren und Bewachung durch auf Reede oder weiter außen stehende Bewacher hervorgeht,
d) gute körperliche Verfassung der Schweinebesatzungen,
e) Aussetzungsmöglichkeit auf den Booten der 3. S.Fl., die durch einen praktischen Versuch in Pola erwiesen werden muß,
f) Einsatz möglichst vieler Schweine, da nur ein zahlenmäßig hoher Einsatz Erfolg verspricht.

Die Ausbildung dieser Waffe im K.d.K.Verband bzw. bei der ital. 10. (decima) MAS ist soweit, daß drei italienische und voraussichtlich ebensoviele deutsche Schweine mit guten zuverlässigen Besatzungen bereitstehen.

Beteiligte Streitkräfte.

a) K.d.K. Verband: Drei Schweine mit je 2 Mann Besatzung,
b) 10. MAS: Drei Schweine mit je 2 Mann Besatzung,
c) 3. S.Flottille mit 5 Booten,

d) Italienisches S-Boot 75 mit Spezialheck zum Aussetzen der Schweine.

Führung gemäß den Weisungen K.d.K. und Admiral Adria.

a) An Land: Chef 1. S.Div. vom Gefechtsstand Palmanova aus und Chef E.Stab Haun, der hierzu vorübergehend nach Palmanova verlegt.

b) In See: Chef 3. S. Flottille.

Ziele Bari Hafen:

Größere Schiffe (Frachter, Tanker) usw. liegen voraussichtlich:

a) Innenkante Westmole gleich an Stb. nach Passieren der Molenköpfe (Netzsperre),

b) im Ostteil des Hafens an der y-förmigen Mole an allen Liegeplätzen,

c) im Nordwestteil vor Anker,

d) am Fuß der Westmole vor Buganker, Heck an Mole vertäut,

e) Innenkante Molenkopf Nordmole (wenn nicht Lazarettschiff!),

f) Innenkante Ostmole des alten Hafen (L.C.T.s 250 t in Päckchen).

Zeitplan:

Bis 8. 10. Versammlung Boote 3. S.Fl., MS 75 und Schweine in Pola. Letzter Belade- und Aussetzversuch S-Boote mit Schweinen.

9. 10. Beladung S-Boote mit Schweinen.

10. 10. Verlegung nach Cattaro.

Etwa 15. 10. Einsatz von Cattaro in einer Nacht nach Bari und zurück. Start 1900 Uhr, etwa 2300 Uhr Aussetzen Schweine vor Bari, Ansatz gegen im Hafen liegende Schiffe. Dabei Ablaufen der S-Boote längs der Küste nach Nordwesten und Gebrauch von Aphrodite bzw. Ortungstäuschung im nördlichsten Punkt. Gegen 0100 Uhr bis höchstens 0200 Uhr Versuch Aufnahme Schweinebesatzung und Rückmarsch Dubrovnik oder Cattaro, das spätestens 0630 Uhr (0700 Uhr) erreicht sein muß.

Hierbei wird mit einer Marschgeschwindigkeit der S-Boote von 27 sm/h, der Schweine von höchstens 2,5 sm/h gerechnet. Können die Schweinebesatzungen bis zur befohlenen Uhrzeit nicht aufgenommen werden, so gehen diese nach Sprengung des Restteils ihres Torpedos an der feindlichen Küste an Land und versuchen sich bis in die eigenen Linien durchzuschlagen.

Die vorherige notwendige Verlegung der 3. S.Fl. von Cattaro nach Pola wird gem. Absicht des Chefs 1. S.Div. zur Aptierung der Torpedorohre usw. auf T V ausgenutzt.

Die Verlegung der deutschen Schweine von Arona und der italienischen von La Spezia nach Pola wird mit LKW-Transport durchgeführt. Mit dieser Aufgabe ist der A.Stab Süd (K.d.K.Verband) am 27. 9. beauftragt worden. Gestellung gutbewaffneten und kampfstarken Begleitschutzes für die Strecke Triest – Pola ist erforderlich. Der Sofort-Transport von wenigstens einem Schwein für Versuchszwecke auf S-Booten in Pola, wozu zum Transport MS 75, z.Zt. Venedig, ausgenutzt werden kann, ist ebenfalls angeordnet. ...

Ein an der Waffe ausgebildeter Offizier ist ferner sofort von A.Stab Süd zum E.Stab Haun angefordert, zwecks Vorbereitung Einzelbefehle und Durchführung Versuche in Pola. Teilnahme dieses Offiziers an der Unternehmung als Berater des Flottillenchefs ist vorgesehen.

Die Ausrüstung der Besatzungen ist ferner so durchzuführen, daß Proviant, Bekleidung und Geldmittel etc. für eine Rückkehr über Land vorgesehen werden. Die Möglichkeit zur Verbringung eines V-Mannes nach Süditalien ist gegeben nach Entscheidung Chef 1. S.Div.

Eine mündliche Vorbesprechung mit dem Chef 1. S.Div. hat am 27. 9. in Palmanova stattgefunden. C Adm. Adria ist am 28. 9. durch Chef E.Stab Haun mündlich, Gr. Süd, K.d.K. und Markdo. Italien sowie A.Stab Süd am 27. 9. fernschriftlich unterrichtet. Einzelfragen werden durch E.Stab Haun, Sitz beim Seeko Istrien, bearbeitet. Luftbild Bari (Stand vom 31. 8.) liegt hier vor; weitere Luftaufklärung, wenn möglich Luftbilder Bari Hafen und Reede, sind beim Luftwaffenkommando Südost am 27. 9. angefordert. Nochmalige Anforderung von höherer Stelle erscheint zweckmäßig, da vorhandene Aufklärungsmaschinen dem Vernehmen nach nur in sehr geringer Zahl zur Verfügung stehen.

K.d.K. hat auf Antrag E.Stab Haun 2507 v. 25. 9. mit Gkdos 378 OP v. 26. 9. sein Einverständnis zu dem geplanten Einsatz seiner Kampfmittel erteilt. Die Anregung zu dieser Unternehmung geht von dem italienischen Korv. Kapt. Arillo, Chef 10. MAS-Flottille, aus.

Die Vorbereitung des Einsatzes erfordert gute Zusammenarbeit der K.d.K. Dienststellen mit der italienischen 10. MAS, der 1. S.Div. und ihrem Stützpunkt Pola, der 3. S.Fl. und der Werft in Pola. Die Unterstützung höherer Dienststellen für die LKW-Transporte und des Werftstabes für etwaige Arbeiten an den S-Booten für das Aussetzen der Schweine sind weitere Vorbedingungen für das Gelingen.«

Weshalb letzten Endes dieses geplante Schweine-Unternehmen gegen Schiffsansammlungen in Süditalien unterblieb, darüber lassen sich unschwer Vermutungen anstellen.

Noch phantastischere Überlegungen waren Anfang 1945 Gegenstand einer Lagebesprechung beim Chef der Seekriegsleitung. Auf einen Brief des Kommandanten Ost-Ägäis, der die Anregung zum Überfliegen von Kleinkampfmitteln nach Rhodos gab, wurde an den OKL – Führungsstab folgendes Fernschreiben gerichtet:

»1. 28. 1. 1945 Condor mit Weihnachtsfracht Rhodos gelandet. Kommandant Ostägäis, Generalmajor Wagener, sieht hierin Bestätigung für technische Möglichkeit Überfliegens Kleinkampfmittel.

2. Kommandant Ostägäis ist mit dieser Bitte an OKW/W.F.St. herangetreten. Da Rhodos von Feindzerstörern blockiert, vertritt OKW/W.F.St. Auffassung, daß Kommandant Ostägäis auf jeden Fall geholfen werden sollte, auch wenn Erfolgsaussichten gering. Großadmiral hat nochmals eingehende Prüfung Überfliegens ›Marder‹ in Zusammenarbeit mit OKL Führungsstab befohlen.

3. Technische Daten zum Transport von Mardern:
   a) Trägertorpedo ohne Gefechtstorpedo (Maße in mm):
      1. Länge 7964.
      2. Breite 540.
      3. Höhe über Kuppel 980.
      4. Gewicht 1500 kg.
   b) Mit Gefechtstorpedo Höhe 1550. Gewicht 2750 kg.
   c) Transportwagen (muß mit) zerlegt: Länge ca. 600, Höhe ca. 1200, Gewicht 1490 kg.
   d) Es sind mindestens 2 Geräte mit einem Transportwagen und insgesamt 5 Mann (pro Mann 120 kg zu rechnen) zu überfliegen (notfalls nur 3 Mann).

4. Standort Travemünde wegen Spezialbeladung. Zielort Rhodos.

5. OKL Führungsstab wird gebeten, technische und fliegerische Möglichkeiten Durchführung zu überprüfen und Ergebnis an Seekriegsleitung zu geben. Gleichzeitig wird um Übermittlung Fliegerbetriebsstoffaufwandes gebeten (für einen Einsatz). Chef SKl ist einverstanden.«[274])

Zum Einsatz von K-Mitteln auf Rhodos meldete daraufhin der Lufttransportchef, daß die Durchführung des Fluges nur mit einer Ju 290 erfolgen könne und ein solches Flugzeug z. Zt. nicht zur Verfügung stünde. Der Betriebsstoffverbrauch für Hin- und Rückflug würde ca. 20 000 ts betragen.[275])

Als schließlich der Ob.d.M. die Frage des Transportes von Kleinkampfmitteln nach Rhodos beim OKW zur Sprache brachte, ergab sich, »daß der erforderliche Aufwand in keinem Verhältnis zu den Erfolgsaussichten steht und daß deshalb von der Überfliegung von K-Mitteln nach Rhodos Abstand genommen werden muß«.[276]

Dagegen kam es noch am 21. 12. 44 im Südraum zu einem Marder-Einsatz. Aber nur 5 Marder konnten abends gegen Schiffsansammlungen bei Villefranche-s-M. zu Wasser gebracht werden. Die Unternehmung mußte nach Verlust des 6. Gerätes wegen aufkommender starker Brandung abgebrochen werden. Von den 5 gestarteten Mardern kehrten 2 Fahrer ohne Erfolg zurück, ein anderer kam gegen ein aus Villefranche auslaufendes Patrouillenboot nicht zum Schuß und beobachtete sonst keine Ziele, während ein vierter Fahrer wegen Gerätestörung vorzeitig umkehren mußte. Der letzte Fahrer blieb vermißt. Von der Signalstelle Bordighera wurden in Richtung Villefranche 3 Detonationen gehört. (BA/MA – RM 7/68)

Anfang März 1945 zerstörten Jabos in Rosenheim eine Ladung von »Marder-Simulakern« auf dem Transport nach Italien. »Diese Minen bestehen aus der Glaskuppel der Marder, die aus dem Wasser herausragt und unter sich eine Sprengladung trägt, die beim Rammversuch detoniert.« (BA/MA – RM 7/70 – 6. 3. 45).

Linsen-Flottillen im »Hollandraum«

Verstärkungen und Aktivitäten der K-Verbände standen seit September 1944, insgesamt gesehen, in keinem befriedigenden Verhältnis zu ihren tatsächlichen Kampfunternehmungen. Es fällt jedenfalls die Diskrepanz zwischen Gerätestückzahlen und dem soldatischen Einsatzwillen einerseits sowie der Effektivität der deutschen Sonderkampfmittel andererseits auf. Dies verdeutlicht folgende Aufstellungschronologie, verglichen mit den im gleichen Zeitraum erreichten Ergebnissen:

10. 09. 44 Aufstellung der K-Flottille 213 (Linsen)
Aufstellung der K-Flottille 412 (Molche)
15. 09. 44 Aufstellung der K-Flottille 262 (Biber)
21. 09. 44 Aufstellung der K-Flottille 311 (Hecht)
Aufstellung der K-Flottille 214 (Linsen)
25. 09. 44 Aufstellung der K-Flottille 263 (Biber)
30. 09. 44 Aufstellung der K-Flottille 211 (Linsen)
04. 10. 44 Aufstellung der K-Flottille 361 (Marder II)
10. 10. 44 Aufstellung der K-Flottille 215 (Linsen)
15. 10. 44 Aufstellung der K-Flottille 212 (Linsen)
20. 10. 44 Aufstellung der K-Flottille 265 (Biber)
05. 11. 44 Aufstellung der K-Flottille 266 (Biber)
Aufstellung der K-Flottille 363 (Marder II)
30. 11. 44 Aufstellung der K-Flottille 267 (Biber)[277]

Teilweise handelte es sich dabei allerdings um Neuaufstellungen (wie z.B. bei K-Flott. 211) bzw. Auffrischungen.

Während Mitte September 1944 »Biber« nach Dänemark (Aarhus und Aalborg) überführt werden sollten, waren die ersten 12

»Hechte« für Frederikshaven vorgesehen (K-Flottillen 261 und 311).

Für die Linsen-Flottille 214 dagegen wurde die Verlegung nach Groningen angeordnet »zum Einsatz für Entlastung der Kanalfestungen«.[278] Einsatzleiter war Kpt.lt. Helmut Bastian, der bereits die Seinebucht-Einsätze der K-Flott. 211 geleitet hatte. Bereits am 11. 9. übermittelte Admiral Niederlande eine Anfrage des AOK 15, ob für die Versorgung von Dünkirchen ein U-Boot in Frage käme. Die Nachschubversorgung erforderte nach erster Schätzung 500–600 to. Doch die Kriegsmarine sah zunächst keine Möglichkeiten, die Seeversorgung zu gewährleisten.

Am 4. Oktober befand sich die K-Flottille 214 mit 60 Linsen auf dem Marsch nach Vlissingen. Sie wurde in der Nacht zum 6. 10. 44 im Zusammenhang mit dem Unternehmen »Kameraden« (Seeversorgung der eingeschlossenen Festung Dünkirchen) eingesetzt.[279]) Die Besatzungsstärke von Dünkirchen bezifferte sich auf 319 Offiziere, 1929 Unteroffiziere und 8027 Mann, darunter 2386 Mann Marinetruppen.[280])

Indes, die zur Versorgung Dünkirchens im Rahmen der Unternehmung »Kameraden« entsandte KFK-Gruppe (Kriegsfischkutter) kam nach Passieren von Deurloo mehrfach fest, so daß die Aktion aufgegeben werden mußte, zumal die Verbindung mit den Linsen abgebrochen war »und die KFK.s sich durch diese gefährdet sahen«.[281]) Es herrschten zur Zeit außerdem ungünstige Tidenverhältnisse. Eine Gruppe der K-Flottille 214 war in der Nacht zum 6. Oktober für die KFK-Gruppe als Geleitschutz eingesetzt, vier Gruppen sollten feindliche Minensuchverbände vor der flandrischen Küste bekämpfen. Infolge eines bedauerlichen Übermittlungsfehlers beim Seekommandanten Südholland wurde die Geleitgruppe kurz nach ihrem Auslaufen durch HS-Boote beschossen. Dabei gingen zwei Linsen verloren. Für sämtliche in See stehenden Gruppen machte die entgegen der Vorhersage einsetzende Wetterverschlechterung die Durchführung der Aufgaben unmöglich. Bis 05.00 Uhr waren 26 Linsen zurückgekehrt, 14 wurden im eigenen Machtbereich gesprengt.[281]) Durch Grundsee gerieten 34 Boote, größtenteils wahrscheinlich an der feindlichen Küste, in Verlust.[282]) Einsatzleiter Kpt.lt. Bastian meldete als persönlichen Eindruck, daß ein Durchkommen der KFK nach Dünkirchen unmöglich wäre.[283]) Deshalb vertrat auch die Seekriegsleitung die Auffassung, daß eine Wiederholung des Unternehmens »Kameraden« nicht durchgeführt werden sollte, weil außerdem der Gegner den Seenachschub nach Dünkirchen jetzt scharf überwachen würde. Entsprechend entschied der Ob.d.M.

Verneinend beantwortet werden mußte ebenso die Anfrage des Festungskommandanten Dünkirchen, ob die Zuführung von Kleinst-U-Booten zur Verstärkung der Festungsverteidigung möglich wäre. Jedoch prüfte man die Frage einer Zuführung von Linsen und hielt deren Einsatz für möglich, »wenn Benzin in Festung vorhanden ist«. Der Ob.d.M. betrachtete einen Linseneinsatz für sehr erwünscht.[284]) Aufgrund ausreichender Benzinvorräte in Dünkirchen beabsichtigte man, 2 Gruppen mit 24 Booten in die Festung zu überführen. Die übrigen 3 Gruppen sollten mit 36 Booten bei der Überführung Flankenschutz leisten.[285])

Währenddessen traf die K-Flottille 215 mit 60 Linsen in Groningen ein (12. 10.) und stand am 14. 10. auf dem Marsch nach Rotterdam. Eine kombinierte Marder-Linsen-Unternehmung des MEK 60 gegen eine Straßenbrücke in Nymwegen scheiterte in der Nacht vom 15./16. Oktober. Zwei Marder starteten um 19.30 Uhr mit 6 TO-Minen, zwei Linsen schleppten die Kampfmittel bis auf 9 km an den Einsatzort 3 km westlich Tolkamer und kehrten um 21.30 Uhr zurück.[286]) Das Unternehmen gegen die Nymwegenbrücken wurde in der Nacht zum 24. 10. 44 mit 2 Einsatzlinsen, einer Reservelinse und 2 ts Minenpaketen wiederholt, mußte jedoch abgebrochen werden, da die Minen nach etwa 1 km Fahrt auf Grund gingen, wo sie nach 5 Stunden detonierten.[287])

Die K-Flottille 215 setzte sich am 22. 10. mit Einsatzstab nach Vlissingen in Marsch. Beabsichtigt war, zwei Gruppen in der Nacht zum 23. im Alleingang nach Dünkirchen zu verlegen. Vier Boote hatten dringend benötigte Geschützteile nach Kadzand zu überführen. Die 2 Gruppen traten am 22. 10. 44 um 22.00 Uhr den Marsch von Vlissingen aus nach Dünkirchen an, wurden jedoch nach dem Auslaufen durch Artilleriefeuer auseinandergesprengt. Am 24. waren von dem ersten Versuch einer Linsenüberführung nach Dünkirchen 19 Geräte zurückgekehrt. Über die restlichen 6 Boote lagen keine Meldungen vor. Das Unternehmen der Linsengruppen nach Dünkirchen scheiterte letztlich infolge der

258

Unzulänglichkeit navigatorischen Könnens und navigatorischer Hilfsmittel (Armkompaß).[288] Eine Wiederholung sollte erfolgen, sobald die Boote von Rotterdam nach Vlissingen verlegt worden und »10 ausgesuchte Fahrer« eingetroffen wären.

Am 26. 10. 44 lief die K-Flottille 215 um 21.30 Uhr von Vlissingen aus zum Einsatz gegen die Landestelle Süd-Beverland (Zuid-Beveland). Doch alle Boote kamen auf einer Sandbank bei Terneuzen fest, so daß das Unternehmen abgebrochen werden mußte. Auf der Schelde wurde feindlicher Nachschubverkehr festgestellt. Bereits 10 Tage zuvor hatte das Kdo. d.K.-Verbände die Einsatzfrage skeptisch beurteilt:

»1. Unmittelbare Entlastung Verteidigungsbereich Walcheren durch Sonderkampfmittel wegen fehlender Ziele nicht möglich.

2. Zuführung K-Mittel als Abwehrmaßnahme gegen eventuelle Landungen bzw. Seebeschuß möglich. Bereitstellung jedoch günstiger in Nordholland, da Flottillen wegen fehlender Tarnungsmöglichkeiten in unmittelbarer Küstennähe zu stark gefährdet.

3. Z.Zt. K-Flottille 215 mit 60 Linsen auf dem Marsch nach Walcheren für Einsatz zur Entlastung Dünkirchen, falls Linsen nach erfolgtem Einsatz weiterhin einsatzklar, kann erneuter Einsatz gegen erkannte Ziele im Seegebiet Scheldemündung erfolgen.

4. Einsatz gegen evtl. Übersetzverkehr Schelde für Sonderkampfmittel ohne Erfolgsaussichten, Einsatz gegen derartige Ziele evtl. durch MEK 40 in Verbindung mit Adm. Niederlande möglich. Erfolgsaussichten wegen zu erwartender starker Abwehr jedoch sehr gering.«[289]

Am 27. 10. erfolgte um 20.00 Uhr mit einer Gruppe der K-Flottille 215 ein erneuter Angriff gegen den Übersetzverkehr auf der Schelde und gegen den feindlichen Brückenkopf Süd-Beverland. Dabei wurden 4 Ladungslinsen verschossen, von denen eine immerhin eine Verlademole in Betrieb traf. Die Vernichtung von 2 Leichtern war zu beobachten. Eine weitere Linse traf die Außenmole, eine dritte einen geschleppten 600 ts Prahm. Die vierte Linse detonierte nach vergeblichen Angriffsversuchen auf einen Schleppzug an der Außenmole. Vier mit eingesetzte MEK-Boote griffen Feindfahrzeuge mit MG an. Von diesen Booten kehrten 3, von den 6 Ladungslinsen 2 zurück. Eine Rotte strandete in Südbeverland. Personalverluste traten nicht ein.[290])

Die Dünkirchen-Unternehmung hing von rechtzeitiger Wetterbesserung ab, da die Front in den nächsten Tagen zurückgenommen werden mußte und somit der Absprung von Vlissingen entfiele.

Zur Unterstützung wurde die K-Flottille 261 mit 60 Bibern von Aalborg nach Groningen in Marsch gesetzt.

Am 29. Oktober mußte der A.d.K. melden, daß wegen der Frontlage das Unternehmen Dünkirchen auf Walcheren nicht mehr durchführbar sei. Für die K-Flottille 215 sollte daher der Angriff für ortsnahe Unternehmungen nach eigenem Ermessen freigegeben werden.[291]) Wetterbedingt konnte die Flottille jedoch zunächst nicht eingesetzt werden, nachdem 8 Boote von Dordrecht nach Veere überführt worden waren. Alle Boote wurden wiederholt von Jabos angegriffen, die bei Tage den Luftraum beherrschten.[292])

In der Nacht zum 1. November plante die K-Flottille 215 einen Einsatz gegen die Westerschelde, anschließend die Rückführung des Flottillenmaterials auf Schuten sowie die Rückziehung des Restpersonals. Gleichzeitig traf die K-Flottille 212 in Groningen ein.[293])

Tatsächlich erfolgte in der Nacht zum 1. 11. 44 in der Westerschelde der Einsatz zweier Linsenrotten, die aus dem feindlichen Übersetzverkehr einen Munitionsdampfer von 1500−2000 BRT, einen Scheinwerferprahm und einen Flakleichter vernichteten.[294])

Doch am 1. November 1944 begann auch die Operation »Infatuate«, die Landung der 152. Brigade der 52. brit. Inf.-Div., des 4. Commandos, des 10. Interalliierten Commandos und der 4. Special Service Brigade auf der Insel Walcheren in der Scheldemündung. Die von der 70. deutschen Inf. Div. (Gen.Lt. Daser) verteidigte Insel sperrte mit ihren Küstenbatterien die Zufahrt nach Antwerpen. An der Beschießung beteiligten sich das Schlachtschiff »WARSPITE« sowie die Monitore »EREBUS« und »ROBERTS«. Die Alliierten verloren bei der Operation, die am 8. 11. mit der Kapitulation der deutschen Besatzung abgeschlossen war, folgende Landungsfahrzeuge: die LCT 789, 839, 1133, 7011, die LCG 1, 2, 101, 102, LCF 37, 38, 10 LCA, 1 LCI, 2 LCP und 3 LCS.[295])

Helmut Bastian berichtet über den Linseneinsatz »in derselben Nacht, als Vlissingen von einer polnischen Division eingenommen wurde«:

»Ich setzte in dieser Nacht Boote gegen das Vlissingen gegenüberliegende Terneuzen ein, wo ein Dampfer getroffen und versenkt wurde. Das habe ich später von Holländern erfahren, und es handelte sich um einen Truppentransporter, der dort Truppen anlandete. An sich sollten wir von Vlissingen aus einen Einsatz auf die Kreuzschanzschleuse Antwerpen fahren, aber in der Nacht ging das plötzlich los, und wir nahmen Boote, die durch die zerstörte Schleuse hinausfahren konnten, aber nicht mehr zurück. Wir nahmen die zurückkehrenden Besatzungen – es waren nur 10 oder 12 Boote – an Land. Ich selbst hatte 3 Boote im Innenhafen von Vlissingen klargehalten und bin mit diesen 3 Booten über den Kanal, der die Insel Walcheren durchschneidet, nach Norden durchgekommen, als Vlissingen schon erobert war. Wir fuhren daraufhin nach Plön zurück, um den nächsten Einsatz vorzubereiten.«[296]) Kpt.Lt. Bastian hielt der Seekriegsleitung Vortrag »über den erfolgreichen Sprengbooteinsatz im Raum Vlissingen«. Der Ob.d.M. sprach ihm dafür seine Anerkennung aus.[297])

Das MOK West schlug die Zuführung von K-Mitteln auf die Kanalinseln vor, wobei Marder und Linsen in Betracht gezogen wurden. Die Überführung wäre aber nur auf dem Luftwege möglich. Nach sorgfältiger Prüfung stellte die Seekriegsleitung dazu fest: »Der Aufwand steht in keinem Verhältnis zum günstigenfalls zu erwartenden Erfolg.«[298])

Die K-Flottille 212 setzte in der Nacht zum 22. November eine Linsen-Gruppe gegen Willemstad ein. Drei Tage später lief ein Linsenunternehmen gegen Colijnsplaat an.

Wie sich inzwischen die Lage in der Festung Dünkirchen zuspitzte, geht aus einem Fernschreiben des Festungskommandanten an das MOK West vom 17. November hervor:

»Erbitte Auskunft, ob Verarbeitung von Baumrinde in Brot schädlich. Sind alle Baumarten verwendbar? Können ausgetrocknete Rammepfähle dazu verwandt werden? Wie hoch darf die Beimischung sein? – Festungskommandant Dünkirchen.«[299])

Am 19. 11. erhielt der »Feko Dünkirchen« nähere Auskunft: »Baumrinde, eventuell Sägemehl verwertbar, ausgenommen von

Nadelhölzern, von Esche und eingerammten Pfählen. Als Brotzusatz gut verwendbar Stroh in kleingemahlenem Zustand. – MOK West.«[300]) Die eingehende Zustandsschilderung eines Lageberichts mag verdeutlichen, wie dringend sich die Versorgungsfrage stellte, so daß schließlich auch K-Mittel trotz geringer Kapazität und unter erschwerten Bedingungen zur Hilfeleistung herangezogen werden mußten:

»Um darzulegen, daß trotz mehrfacher KBV-Meldung hier nicht absolut Friede, melde ich:

Durchschnittliche Anzahl Feindgranaten in Festungsgebiet täglich 3500, dazu häufige Jaboangriffe mit Bomben und Bordwaffen, bis zu 50 Jäger gleichzeitig in der Luft. Durchschnittlich täglich seit 1. 10. 2 Tote, 7 Verwundete. Wieviel Verwundete unter Gefangenen nicht bekannt. Bei Tage Bewegungen im Hauptkampffeld rings um Festung nicht möglich. Jede Nacht Spähtrupptätigkeit, häufige kleine Angriffe Gegners. Seit ich Kommando führe, also 23. 9., 3 größere Angriffe Gegners mit vielen Jabos und bis zu 35 Panzern auf 2 km Breite. Transporte im Vorfeld nur nachts, ebenso Einbringung Ernte. Diese zum Teil durch Überflutungen, die mit aller Kraft von hier betrieben, vernichtet, zum Teil durch Feind systematisch Farmen in Brand geschossen, daher Dispositionen über Vorräte überaus unsicher. Früheres Verpflegungslager zerbombt, ebenso Ausweichlager, desgleichen vor Einschließung fertiggewordene Bäckerei. Ausmahlen Getreides bisher nur mit einziger heiler, ganz kleiner Mühle, Leistung täglich 3 Tonnen. Nur eine Dreschmaschine. Kein Kraftwerk vorhanden. Maschinen fast alle zerstört. Fachpersonal nicht vorhanden, da rechtzeitig abberufen. Soldaten, die nicht dauernder härtester Beanspruchung unterworfen, hier nicht vorhanden, da ununterbrochen Schanzarbeiten und Ausbildung unter härtesten Bedingungen. 80% aller vorn eingesetzten Soldaten hausen in Wasserlöchern oder unter Wasser stehenden Ruinen ohne Möglichkeit Bekleidungswechsel. Besuch durch Vorgesetzte nur bei Nacht möglich, Nachrichtenverbindung häufig unterbrochen. Kein Petroleum mehr, keine Kerzen. Radio nur bis zu Regimentsstäben, Nachrichtenblättchen aus Mangel an Papier, leistungsfähiger Druckerei und Transportmöglichkeit nur in Auflage von 800 möglich, Umfang 2 Aktenseiten. Funkgrüße sind nur unter Schwierigkeiten an Empfänger mitzuteilen. Für sogenannte Erholung nur etwa insgesamt gleichzeitig 40 Mann herausgezogen, da mehr nicht möglich. Bisher kein Kino, da nur ein Apparat mit einem einzigen franz. Film ›La Femme et la Mort‹. Keine Kameradschaftsabende über Zugstärke wegen Fehlens entsprechender beschußsicherer Räume. Kein Alkohol, keine Rauchwaren. Nach Mitteilung erfahrener Rußlandkämpfer Verhältnisse hier ähnlich wie im Osten während Schlammperiode. Beutemachen vorerst unmöglich wegen fehlender Waffen für Offensivunternehmen und vorerst unzureichender Ausbildung. Mir gegenüber mindestens 200 moderne Panzer Typ ›Shermann‹ und ›Cromwell‹ und viele Artillerie konzentriert an Stellen, wo kein Wasser. Landungsgefahr dauernd gegeben, so daß stets auch Flankensicherung nach See unerläßlich. Im übrigen wirken Absperrmaßnahmen gegen eindringenden Feind sich für eigene Offensivunternehmung äußerst nachteilig aus. Auch Mangel an Artilleriemunition. Für Unternehmen über See fehlt es an Fahrzeugen jedweder Art. Habe auch dies bisher nicht gemeldet, weil ich es im großen Geschehen für zu unbedeutend hielt und Ertragen derartiger Schwierigkeiten als selbstverständlich ansehe, halte aber im Interesse Truppe Hinweis für notwendig, daß aber alles andere als angenehmes Leben. Selbstverständlich geschieht alles, Reichweite Verpflegung zu strecken. Wie gemeldet, Rationen seit langem bereits erheblich gekürzt. Ohne Lage anderer Festungen zu übersehen, besteht hier Eindruck, daß wir am schlechtesten dran. Hier bestand z. B. kein Hauptverpflegungsamt. Dafür, daß Festung solange wie nur irgend möglich gehalten wird, stehe ich ein. Vorschlage Prüfung, ob einzureichende Listen vermindert werden können, da sie doch kein klares Bild geben. Halte ins Einzelne gehende Eingriffe von außen in Anbetracht Unmöglichkeit, Verhältnisse persönlich vorzutragen, für nicht unbedenklich.

Feko Dünkirchen«[301])

In Anbetracht dieser Situation lag der Schwerpunkt des Kleinkampfmitteleinsatzes weiterhin im Schelderaum. Der Ob.d.M. ordnete Stichfahrten für Linsen und Biber an, da auf Aufklärung für K-Mittel nicht gewartet werden könne. Unter Führung Kptl.Lt. Bastians sollten für den 10. Dezember wieder 27 Linsen mit ausgesuchten Besatzungen auf der Schelde klar sein.[302])

Im November konnten wegen fehlender Fordmotore anstatt 350

nur 222 Linsen ausgeliefert werden. Laut Rüstungsbesprechung vom 6. 12. »folgen im Dezember etwa 80. Dann Schluß mit Linsen wegen Ausfall Ford. Insgesamt etwa 1130 erstellt. Motorenfrage für Weiterbau wird geprüft.«[303])

In einem Fernschreiben vom 17. 12. 44 teilte die Seekriegsleitung dem Adm. F.H.Qu. folgendes mit:

»Dem Führer ist vorzutragen:

Zur Schwerpunktbildung im Schelderaum hat Kriegsmarine folgende Vorbereitungen getroffen bzw. beabsichtigt folgende Maßnahmen:

1. Uboote: Zur Zeit 3 Uboote im Seegebiet Cherbourg, 3 weitere Boote auf Marsch dorthin südlich Irland. ... Ubootseinsatz auf und vor Schelde wegen geringer Wassertiefen nicht möglich.

2. Kleinkampfmittel:
   a) Im Hollandraum bereitgestellt:
      aa) 123 Linsen, davon 27 Speziallinsen mit verbesserter Seefähigkeit. Gerätenachschub: 60 Linsen.
      bb) 60 Biber. Gerätenachschub: 30 Biber, davon z.Zt. 24 im Einsatz Nymwegen.
      cc) 60 Molche.
      Flottillen liegen aufgelockert im Raum Maasmündung bis Den Helder. Kurzfristige Verlegung zum Absprunghafen möglich.
   b) Weitere Zuführungen aus Nordsee- und Jütlandraum beabsichtigt.
   c) Hinweis, daß Einsatz Kleinkampfmittel wetterabhängig und wegen geringer Eindringtiefe nur als Kamikaze-Einsatz möglich und beabsichtigt.

3. Klein-Uboote:
   Wichtigste langfristige Vorbereitung: Fertigung ›Seehund‹, der für Einsatz auf Schelde ausreichenden Aktionsradius besitzt, seit langem mit allen Mitteln vorgezogen. Erster Einsatz noch im Dezember beabsichtigt.

4. Schnellboote ...

5. ›Dackel‹ ...

6. Minen- und Mardervorhaben: Antransport Minen und Marder-Flottille mit 60 Mardern über Land zur Sperrung Schelde, um ggf. bei Erreichen Süd-Scheldeufer über Land Gegner in

Antwerpen abzuriegeln, erfolgt im Zuge Vorrücken Heeres im Einvernehmen mit OB West.«[304])

Das Kdo. K-Verbände meldete am 19. 12. 44 folgende Zeiteinsatzplanung im Westraum:

»A) Bereitgestellt für Einsatz Schelde (1. Welle):

1. K-Flottille 261 mit 30 Bibern in Portershavn. Einsatz bei günstiger Wetterlage mit Torpedos und Minen in Verbindung mit Rheinflottille beabsichtigt.
2. Sondergruppe Bastian: mit 27 Linsen in Hellevoetsluis. Einsatz nach Behebung Kühlwasserschäden bei günstiger Wetterlage in Verbindung mit Rheinflottille beabsichtigt.
3. K-Flottille 1/412: mit 30 Molchen auf Marsch nach Rotterdam. Dort Kompensieren und Herstellung Gefechtsbereitschaft. Anschließend Einsatz bei günstiger Wetterlage in Verbindung mit Rheinflottille beabsichtigt.

B) Bereitstellung im Holland-Raum (2. Welle):

1. K-Flottille 262 mit 30 Bibern in Groningen klar zum Einsatz gegen Scheldeverkehr nach erfolgtem Einsatz K-Flottille 261.
2. a) K-Flottille 212 mit 3 Gruppen in Hellevoetsluis und 2 Gruppen in Scheveningen
   b) K-Flottille 214 mit 3 Gruppen in Den Helder klar zum Einsatz gegen Geleitverkehr Schelde nach Durchführung erforderlicher Umbauten. Herstellung Gefechtsbereitschaft voraussichtlich Ende Dezember.
   c) 48 Linsen als Materialreserve in Groningen.
3. K-Flottille 413 mit 60 Molchen wird 22. 12. nach Assen/Nordholland in Marsch gesetzt und bleibt dort klar zum Einsatz gegen Geleitverkehr Schelde nach erfolgtem Einsatz 1/412.

C) Bereitstellung in Heimat (3. Welle):

1. a) K-Flottille 211 mit 60 Linsen im Fedderwardersiel. Wegen Abzug der Fahrer für Sonderunternehmen zunächst a.KB. Wiederherstellung Gefechtsbereitschaft voraussichtlich Anfang Januar.
   b) Materialreserve nach Bedarf in Plön.
2. a) K-Flottille 264 mit 30 Bibern in Norden.
   b) K-Flottille 268 in Aufstellung in Lübeck. KB voraus-

sichtlich erste Hälfte Januar. Bauprogramm Biber damit beendet.

3. a) K-Flottille 2/412 mit 30 Molchen in Helgoland. Flottille z. Zt. a.KB wegen Beschädigungen infolge ungünstiger Lagerung. Anfang Januar klar zur Verlegung.

   b) K-Flottille 414 mit 60 Molchen in W'haven. KB voraussichtlich Anfang Januar.

4. a) K-Flottille 361 mit 60 Mardern 2 auf dem Marsch zum Frontabschnitt Bereich Oberbefehlshaber West, dort Sofortbereitschaft.

   b) K-Flottille 365 mit 60 Mardern 2 in Suhrendorf. Voraussichtlich Anfang Januar KB.

D) Zusatz für Einsatz Seehund: Fester Stützpunkt Ymuiden, Ausweiche Den Helder, laufender Einsatz und laufender Nachschub ab Ende Dezember vorgesehen. Kein Nachschub festgelegter Flottillen, sondern laufende Geräte- und Personalergänzung.«[305])

Helmut Bastian berichtete von der Vorbereitung eines Sprengbooteinsatzes auf dem Themse-Schelde-Weg in dieser Zeit: »Und zwar haben wir das mit einer Schnellbootsflottille exerziert. Je eine Rotte Sprengboote wurde auf die S-Boote gesetzt, die unsere Geräte zur Themse brachten, von wo die Linsen den Themse-Schelde-Weg von West nach Ost ›aufrollten‹. Sie hatten die klare Weisung, sich mit anbrechender Helligkeit an Land zu begeben. Denn bei Tage bestand keinerlei Chance, und es sollte auf jeden Fall nicht unnötig das Leben riskiert werden. Ich riet den Männern, sich eher in Gefangenschaft zu begeben. Es ist mir auch bekannt, daß nach diesem Verfahren gehandelt wurde.

Ein anderer Einsatz erfolgte dann im November noch von Hoek van Holland aus, um den Themse-Schelde-Verkehr zu stören. Und diese Gruppe ist bis auf wenige Ausnahmen bei Tageslicht von Jagdbombern abgeschossen worden, da die Fahrer sich nicht an diese Weisung gehalten haben.«[306])

Der erste Einsatzversuch mit Bibern gegen die Scheldemündung, bei dem 38 Boote von zwei Stützpunkten in Holland aus in Schlepp von R-Booten bzw. Fahrzeugen der Rheinflottille ausgelaufen waren, mußte wegen der Wetterlage und Unterbrechung der Schleppverbindung abgebrochen werden.

Von der Einsatzgruppe »Bastian« kehrten von 21 eingesetzten Linsen 16 Geräte zurück, die übrigen gingen wegen Maschinenausfall oder Grundberührung verloren. Personalausfälle waren nicht zu beklagen.[307]) Ohne Grundüberholung waren die Boote dann nicht mehr einsatzfähig, so daß die Gruppe in den Heimatstützpunkt verlegt wurde.

Auch über diese Unternehmung sprach Helmut Bastian: »Ich selbst habe dann noch einen Einsatz am 15. Dezember gefahren, der aber an den Witterungsverhältnissen scheiterte. Wir sind zwar bis kurz vor die Schelde gekommen, mußten dann aber abdrehen, weil wir einfach im Winterwetter seegangsmäßig nichts mehr bestellen konnten und mit den Booten das Unternehmen dann abgebrochen haben. Ich habe dabei keinen Mann verloren, glücklicherweise, und die Leute sind in die Heimat zurückgekommen. Ich war am 21. Dezember zu Hause, und es wurden nun andere Einsätze vorbereitet. Zu meinen Aufgaben gehörte ebenso die Ausbildung der Flottillen. Während eines Übungseinsatzes in der Lübekker Bucht ereignete sich im Januar 1945 ein tragischer Unglücksfall. Ich fuhr am linken Flügel, am rechten Flügel hatte ich einen bewährten Sprengbootfahrer, Leutnant Hagen. Wir fuhren nachts und waren schon über Pelzerhaken hinaus, als schlechtes Wetter aufkam und wir umkehrten. Plötzlich stellte ich fest, daß der Flügelmann auf der anderen Seite nicht mehr da war. Ich ließ die anderen Boote allein nach Hause fahren und suchte selbst bis Tagesanbruch, schoß Leuchtsterne und fand das vermißte Boot nicht. Daraufhin lief ich selbst nach Travemünde ein, um eine Suchaktion mit einer Seenotstaffel zu starten, vergeblich. Zwei Tage später kam von Wismar ein Anruf, daß auf der Insel Poel ein Mann in einem Schlauchboot angetrieben worden sei. Der Mann war erfroren, er wurde von mir in Wismar als Lt. Hagen identifiziert.[308]) Nach meinem Dafürhalten ist er in der Nacht auf einen Übungstorpedo aufgelaufen. In der Lübecker Bucht wurde ja mit Übungstorpedos geschossen, deren Übungsköpfe nach dem Ablauf schwammen und nur etwa 20 cm aus dem Wasser ragten. Wir haben dann weitere Flottillen ausgebildet, die nach Norwegen, Dänemark, Ungarn (Plattensee) und nach Italien geschickt wurden, ohne zum Einsatz zu kommen.«[309])

In diesem Zusammenhang dürfte ein Fernschreiben des Ob.d.M.

vom 23. 12. 44 an den A.d.K. bemerkenswert sein. Denn aus diesem Schreiben ging die Absicht des Ob.d.M. hervor, »für die unter vollem Einsatz ähnlich den japanischen Kamikaze-Verbänden kämpfenden Biber-Leute eine besondere Bezeichnung einzuführen. Den Ausdruck ›Opferkämpfer‹ hielt der A.d.K. jedoch ›nicht für günstig‹. Aus dem Gefechtsbericht über die ersten Biber-Einsätze am 22/23. 12. 44 ergab sich: 12 Biber starteten mit 12 mitgeführten Minen und 11 Torpedos. Detonationsmeldungen sowie Beobachtungen der Funkfernaufklärung deuteten darauf hin, daß die Biber wirklich in den Einsatzraum gekommen waren, »so daß ... der bedingungslose Einsatz auch Erfolge erzielt« haben dürfte, wie die SKl vermutete. Die Fahrer kehrten jedenfalls alle nicht zurück.[310])

Sechs Biber liefen in der Nacht zum 26. Dezember mit dem Schleppverband der Rheinflottille aus Hellevoetsluis aus. Die Bergung der vor Schouwen gemeldeten Biberfahrer durch eingesetzte Linsen gelang nicht, denn die Linsenfahrer fanden die Biber wegen der Dämmerung nicht, und am nächsten Morgen wurden die Fahrzeuge nicht mehr gesichtet.[311])

Die besondere Bedeutung des Schelde-Raumes hob die Marineleitung schon in Verbindung mit den Vorbereitungen zur Ardennen-Offensive hervor. Die »neuen Absichten des Westheeres« erforderten »mit höchstmöglicher Beschleunigung« besondere Maßnahmen der Kriegsmarine, um den Abtransport feindlicher Kräfte »von Antwerpen scheldeabwärts und über die feindbesetzten Inseln nördlich der Schelde« zu verhindern:[312])

»a) Weitgehende Konzentration von Kleinkampfmitteln in Westholland, auch unter Heranziehung der in anderen Teilen des MOK Nord-Bereiches und in Jütland bereitgestellten Kräfte. ...

b) Bereitstellung von Dackeln. ...

3. Ob.d.M. hinweist mit aller Dringlichkeit auf besondere Wichtigkeit Aufgabe und auf Notwendigkeit größter Beschleunigung.«[312])

Dementsprechend erhielten das MOK Nord und das K.d.K. (Kommando der K-Verbände) den Befehl, »daß offensiver Einsatz der K-Mittel als vordringlichste Aufgabe zu gelten hat...«[313])

Der Gegner sah in den Aktivitäten des »Zirkus Heye«, wie Soldatensender Calais (Feindpropaganda) spottete, doch wohl einen lästigen Störfaktor, denn wegen der ständigen Luftangriffe auf Einsatzorte der K-Mittel und S-Boote mußte Verstärkung des Flakschutzes für den Raum Niederlande angefordert werden.

Anfang Januar 1945 erzwangen ungünstige Wetterlage, schlechte Sicht und Dünung auf den Bänken wiederholt Verschiebungen beabsichtigter Linseneinsätze gegen die Schelde.

Am 14. 1. 45 wurden um 15.40 Uhr in Hellevoetsluis Linsen der K-Flottille 212 bei der Einsatzvorbereitung durch 10 Jabos angegriffen, einige Boote durch Bordwaffenbeschuß beschädigt. Wegen Alarm und einbrechender Dunkelheit konnte der Gesamtschaden nicht festgestellt werden. Der beabsichtigte Einsatz unterblieb aus diesen Gründen.[314]

Eine Zunahme der Jabo-Angriffe auf die holländischen Stützpunkte der K-Mittel – besonders Hellevoetsluis und Ijmuiden – war Ende Januar 1945 zu verzeichnen. Die in Hellevoetsluis liegenden Linsen sollten bei der hohen Luftgefahr nach Scheveningen zurückgenommen werden, zumal die Eisverhältnisse den Einsatz in dieser Zeit ausschlossen.[315]

Dabei war man sich schon Ende November 1944 hinsichtlich der operativen Möglichkeiten gegen den feindlichen Nachschubverkehr in der Scheldemündung darüber im klaren, daß die K-Mittel »als primitive Sprengstoff- bzw. Waffenträger« allenfalls als »Gelegenheitswaffe anzusehen« seien. Ihr Einsatz galt als sehr wetterempfindlich »und navigatorisch äußerst unsicher«: »daher besonders gegen Schelde schwer zu beherrschen.«[316]

Aus einem Fernschreiben der SKl vom 20. 12. 1944 geht hervor, daß der Ob.d.M. auf Vorschlag des A.d.K. den »Einsatz von S-Booten zur Verbringung von Linsen für Sonderaufgaben angeordnet« hatte (Operationsgebiet und -ziele u. a. Schelde, Themse, Lissa). Die materiellen Voraussetzungen sollten sich im wesentlichen beschränken auf die Herrichtung leicht anzubringender und abnehmbarer Halterungen und Ablaufvorrichtungen, die Übernahme und Aussetzen von 4 Linsen je S-Boot gestatteten. Großadmiral Dönitz hielt die vorgesehene Art des Einsatzes für besonders erfolgversprechend. Deshalb ordnete er an, die zu erwartenden Forderungen des A.d.K. mit allem Nachdruck zu unterstützen.[317]

Admiral Heye erwähnte Ende Januar 1945 bei einem Vortrag über die derzeitige Lage der Kleinkampfmittel, daß die Vorbereitungen für den Einsatz von Linsen auf Schnellbooten abgeschlossen seien. Der Einsatz sollte bei geigneter Wetterlage »auf Mitte des Geleitweges Themse – Schelde erfolgen«.[318])

Die Transport- und Nachschubschwierigkeiten nahmen im Verlauf des Monats Februar immer beängstigendere Formen an. Das MOK Nordsee in Wilhelmshaven drückte seine Besorgnis an das OKM in einem »Schnellkurzbrief« vom 28. 2. 1945 aus:[319])

»1. Ausfall von Eisenbahn und Straßen nach dem Hollandraum schließt ... auch Ausfall der Binnenwasserstraßen zwischen Ems und Ysselmeer ein. Hieraus folgt Zwang, Gesamtnachschub auf See- und Wattenwege zu verlagern.

...

5. Von Straßentransport abhängige Zuführung neuer K-Flottillen fällt bei angedeuteter Lage fast völlig aus, da keine geeigneten Seetransportfahrzeuge vorhanden. K.d.K. hält Verlegung auf eigenem Kiel für nahezu ausgeschlossen. Allenfalls sind Seehunde dazu in der Lage. In jedem Falle treffen Boote reparaturbedürftig im Hollandraum ein.

6. Zusammenfassend muß gesagt werden, daß bei genannter Landlageverschärfung der Einsatz ohnehin zahlenmäßig geringer und stark reparaturanfälliger S-Bootsflottillen langsam aber sicher der Einsatz von K-Mitteln mit Aufbrauch der im Raum befindlichen Fahrzeuge in kurzer Zeit völlig absinken wird.«

Dennoch erfolgte ein gemeinsamer Einsatz von S-Booten und Linsen in der Nacht zum 12. März 1945 gegen die Themsemündung. Sämtliche Linsen wurden planmäßig ausgesetzt und auf einen 18 sm entfernt stehenden Geleitzug angesetzt. Einzelheiten der Gefechtsberührung sind nicht bekannt. Drei Kommandoboote mit der Besatzung aller drei Rotten strandeten in den Morgenstunden bei Goerre Leuchtturm und wurden in 14 Anflügen durch Jabo-Angriffe vernichtet. Es gab keine Überlebenden, 11 Fahrer wurden tot geborgen.[320])

Von den gleichzeitig gegen die Scheldemündung eingesetzten 7 Rotten erreichten 5 das Operationsgebiet. Im gesamten Zielgebiet herrschte stärkste Abwehr durch Gun-Boote und Landbatterien

bei starker Scheinwerfertätigkeit. Die Scheldemündung war taghell erleuchtet. Eine Rotte meldete Fehlschuß auf ein Bewacher-
fahrzeug. Im übrigen ergab sich keine Sichtung von Geleitfahrzeu-
gen und Schiffen. Drei Kommandoboote und sieben Ladungsboote gingen während der Rückfahrt z.T. durch Jabo-Angriffe
verloren. Von den gegen Middelgat – Terneuzen eingesetzten Linsen hatte eine Rotte Gefechtsberührung mit 2 Gun-Booten. »Treffer auf einem Boot« wurde gemeldet. Bei einer zum Angriff ange-
setzten Linse erfolgte die Detonation erst nach 15 Minuten, doch
konnte die Wirkung nicht beobachtet werden. Auch die zweite
Rotte hatte Gefechtsberührung mit Gun-Booten.[320]
In der Nacht zum 23. 3. 45 waren wiederum 4 Linsenrotten auf
dem Themse-Schelde-Geleitweg in Lauerstellung bei NF 8 angesetzt. Drei Rotten kehrten zurück, ohne das Operationsgebiet erreicht zu haben. Feindsichtungen gab es ebenfalls nicht zu melden.
Eine Rotte landete in Schouwen.[321]
Von den in der Nacht zum 27. März eingesetzten je 2 Rotten Linsen gegen die Scheldemündung und gegen Geleitverkehr Bergen op
Zoom – Sandkrek mußte eine Rotte wegen Motorschadens
kehrtmachen, die 3 anderen Rotten kamen ohne Feindsichtung
aus ihrem Operationsgebiet zurück.[322]
Als neuer Versuch, die Festung Dünkirchen mit dem dringend benötigten Nachschub zu versorgen, erfolgte am 10. März die Bereitstellung von »Seehunden«. Auf den Einsatz dieses Zwei-
mann-U-Bootes richteten sich große Hoffnungen der Seekriegsleitung, die bereits Ende 1944 dem MOK Nord, dem F.d.Schnell und
dem Kdo. der K-Verbände den Befehl erteilte:
»›Seehunde‹ haben grundsätzlich als voraussichtlich wirksamste
Offensivwaffe im Gesamtraum Themse bis Schelde Vorrang vor
S-Booten. Daher Einsatzweisungen so abstimmen, daß uneinge-
schränkter ›Seehund‹-Einsatz auf jeden Fall sichergestellt. Einsatz
›Seehunde‹ und Torpedoeinsatz S-Boote in gleichem Gebiet erscheint dabei nicht ausgeschlossen, Einsatz S-Boote hat vornehmlich auch zur Unterstützung ›Seehund‹-Operationen zu dienen.
Minenverwendung im Gesamteinsatzraum ›Seehunde‹ bleibt ge-
sperrt.« Der A.d.K. machte zudem den Vorschlag, vor weiteren
Biber-Einsätzen zunächst die Erfahrungen der Seehunde abzuwarten.[323] Ein am 28. 3. 45 nach Wetterbesserung aus Ijmuiden aus-

gelaufener Versorgungsseehund lief am 4. 4. mittags in Dünkirchen ein. Anstelle von Torpedos beförderten die Versorgungsseehunde Transportbomben mit Nachschubgütern, die dringend benötigt wurden, z. B. Speisefett. Als dringendste Ladung gab das MOK West »Schmalz, Tellerminen und Batterien« an. Der Ob.d.M. entschied, daß zunächst 3 Seehunde aus dem Offensiveinsatz herausgezogen werden sollten.

Am 11. April 1945 befanden sich insgesamt 16 Seehunde in See, hauptsächlich im Operationsgebiet Themse-Schelde-Geleitweg und Themse-Nord-Geleitweg Ymuiden. Der aus »Festung Dünkirchen« zurückkommende Versorgungsseehund lief am 11. 4. mit Tausenden von Feldpostbriefen in Ymuiden ein. Das Boot wurde jedoch beim Verholmanöver im Hafen gerammt und sank. »Boot gehoben, Besatzung klar«, heißt es dazu lakonisch.[324])

Für den 7. April abends war ein erneuter Einsatz der 4./6./9. S-Flott. von Hoek aus vorgesehen. Die 9. Flottille mit 6 Booten, darunter 4 Linsenträgern, sollte die Linsen etwa in Qu AN 8742 (etwa 35 sm nördlich Dünkirchen) zum Angriff auf Zerstörer aussetzen. Wegen des starken Seegangs war jedoch das Aussetzen nicht möglich, nachdem der Seegang zur Beschädigung der Ablaufgerüste für die Linsen geführt hatte.[325])

Am Abend des 11. April 1945 liefen 5 Linsenrotten (15 Boote) von Hellevoetsluis gegen »Ankerlieger Ostende« aus. Vier Rotten erreichten das Operationsgebiet, eine mußte wegen Motorschadens vorzeitig umkehren. Zwei Rotten blieben ohne Feindberührung, eine weitere Rotte trat nach Fehlschuß auf einen Bewacher den Rückweg an. Von der 4. Rotte lag keine Meldung vor, sie galt am 14. als vermißt.[326])

Noch einmal liefen 7 Linsenrotten in der Nacht zum 13. April von Hellevoetsluis gegen Ankerlieger Ostende, Einzelfahrer und Zerstörerpositionen aus. Zwei Boote hatten die Sonderaufgabe des Absetzens von Agenten zu erfüllen. Wegen plötzlich aufkommender Dünung konnte aber das Operationsgebiet nicht erreicht werden, kam es auch zu keinerlei Feindberührung.[326]) Eine Rotte, von der später 2 Linsenfahrer noch zurückkehrten, wurde vermißt.[327])

In der zweiten Aprilhälfte gelang es Versorgungslinsen, in den Hafen von Dünkirchen einzudringen. Während 4 Linsenrotten am 17. 4. abends Hellevoetsluis zum Einsatz gegen »Einzelfahrer

Schelde-Mündung« verließen, steuerten zwei weitere Linsenrotten Dünkirchen an, um von dort am 18. morgens zum Einsatz gegen den Themse-Schelde-Geleit bereitzustehen.[328]) Von den 4 Rotten kehrten 2 wegen technischer Störungen vorzeitig zurück, die beiden anderen liefen ohne Feindberührung wieder ein. Eine Meldung von den Dünkirchen-Linsen stand vorerst aus.[329])

An diesen riskanten Dünkirchen-Einsätzen war auch der bewährte Rottenführer Oberbootsmaat Frank Gorges beteiligt, der daher manche bisher unbekannte Einzelheit zu berichten weiß:

»Wir hatten den Auftrag, Butter in die Festung Dünkirchen zu bringen, so daß unsere Boote anstelle von Sprengstoff mit Vorräten beladen waren. Die Molenköpfe zur Hafeneinfahrt lagen seinerzeit schon in feindlicher Hand. Vor Dünkirchen gerieten wir auf einen riesigen Schiffsfriedhof. Die Aufbauten versenkter Schiffe ragten so aus dem Wasser, daß wir uns gut verborgen halten konnten. Die Engländer rechneten aufgrund unseres langen Anmarschweges nicht mit unserer Anwesenheit abends 20.00 Uhr. Wir lagen am anderen Tag bereits mit unseren Booten in Lauerstellung auf den Schiffswracks und blieben unbemerkt.

Allerdings hatten die Engländer von einem Molenkopf zum anderen ein Drahtseil gespannt, was von uns nicht rechtzeitig bemerkt wurde. Ich hatte junge Kameraden ohne Erfahrung bei mir. Da die letzten Fahrer stets am meisten gefährdet waren in solchen Situationen, sagte ich ihnen: ›Wenn wir Zickzack laufen, fahrt ihr vor, denn hinten gibt es den größten Zunder!‹ So fielen gerade die unerfahrenen Kameraden dem Drahthindernis zum Opfer, die Boote überschlugen sich. Aufgrund dieser Verluste wurden die Boote innerhalb von 4 Wochen mit einer Abweisereinrichtung ausgerüstet. Die Schraube erhielt einen Schutzbügel, mit dessen Hilfe jedes Drahtseil übersprungen werden konnte. Der Abweiser wurde auf dem Plöner See erfolgreich erprobt. Als wir bei der nächsten Dünkirchen-Fahrt mit einer Ladung Panzerfäuste für die Festungsverteidiger das Hindernis mühelos bewältigten, vergaßen die Engländer vor Schreck sogar das Schießen.«[330])

Die Bezeichnung »Zirkus Heye« mußte sich dem Gegner nach solchen »Nummern« geradezu aufdrängen.

»Eines Tages«, berichtet Gorges weiter, »lernten die Engländer unser Sprengboot erst richtig kennen. Von See her jagten wir eine scharfe Ladungslinse an Land, stellten in Küstennähe den Motor ab und ließen das Boot langsam an Land treiben. Mit unseren Nachtgläsern beobachteten wir gespannt die Szene, als immer mehr Engländer herbeieilten, um das ›Beutestück‹ aus der Nähe zu betrachten. Endlich glaubten die ein deutsches Sprengboot in Händen zu haben! Westphal lag neben mir mit dem Nachtglas in der Hand. ›Frank, da kommen von oben noch welche, noch 5, noch 6, noch 10 Mann!‹ Die bemühten sich gemeinsam, das Boot an Land zu ziehen. In diesem Augenblick lösten wir durch Fernzündung die Explosion aus.«[330])

»Den Gorges kriegen wir auch noch!« drohte der Feindsender, der über alles bestens informiert war. »Meine Frau wußte immer, wo ich war«, berichtet der ehemalige Einzelkämpfer, »sie brauchte nur den ›Soldatensender Calais‹ einzuschalten, was zwar verbotswidrig geschehen mußte, und sich die ›neuesten Meldungen von Zirkus Heye‹ anzuhören. Dann erfuhr sie genau, wo wir unsere letzten Einsätze gemacht hatten.« Frau Gorges erinnert sich an den Wortlaut einer solchen Sendung:
»Der Oberbootsmaat Gorges hat eine Familie und sollte lieber zusehen, daß er nach Hause kommt, anstatt weiterhin sein Leben zu riskieren. Er sollte an sein Kind denken...«[330])

Zuletzt liefen noch am 20. April 1945 vier Rotten Linsen um 21.30 Uhr in Hellevoetsluis aus mit dem Ziel Dünkirchen. Damals mußten 2 Rotten wegen technischer Störungen den Rückweg vorzeitig antreten. Die Boote wurden zwischen 22.30 und 23.32. Uhr von der feindlichen Luftaufklärung im Seegebiet westlich Schouwen erfaßt. Am 22. und 23. 4. galten die beiden bisher nicht eingetroffenen Rotten als vermißt.[331])

Die K-Flottille 212 verlegte am 25. April von Hellevoetsluis nach Scheveningen.[331])

Von der Einsatztätigkeit der Klein-
kampfmittel an der Ostfront

Überlegungen, welche Kleinkampfmittel zum Einsatz gegen sowjetische Schlachtschiffe in der Kola-Bucht in Frage kämen, beschäf-
tigten die Marineleitung seit Oktober 1944. Marder kamen dafür
nicht in Betracht, weil deren Navigationsmöglichkeiten nicht aus-
reichten.[332])
Anfang Januar 1945 mußte der beabsichtigte Einsatz von 6 Bibern
der K-Flottille 265 in der Kola-Mündung abgebrochen werden,
weil die Ein-Mann-U-Boote der Dauerbeanspruchung an Deck der
Transport-U-Boote nicht standhielten. Nach dem ersten Marsch-
tag waren infolge der starken Vibration auf 4 Bibern die Benzinlei-
tungen gebrochen. Ohne gründliche Überholung und Verbesserung der Biber ließ sich der Einsatz nicht verantworten. Er kam
auch später nie zustande.[333])
Ende Februar prüfte das K.d.K. die Möglichkeiten zum Einsatz
von K-Mittel gegen den sowjetischen Schnellbootsstützpunkt
Sventoje. Für denkbar hielt man einen Linseneinsatz, falls nicht die
Hafeneinfahrt durch Netzsperren stark gesichert sei. Aber auch
Marder oder Meereskämpfer wurden nicht gänzlich ausgeschlossen.[334])
Die Heeresgruppe Süd forderte schon Anfang Dezember 1944
»zwecks Zerstörung russischer Donaubrücken« 12 »Ladungsschnellboote« (Linsen) und Einsatzkommandos, deren Freigabe
und »beschleunigte Zuführung« nach Gran (Donau) von der Marine erbeten wurde.[335]) Die Durchführung erschien wegen der
überragenden Bedeutung der Donaubrücken für die Heeresoperationen sehr wünschenswert. Eine weitestgehende Unterstützung

der Heeresoperationen auf dem Plattensee befahl der Ob.d.M. außerdem.[336])

Und der Marineverbindungsoffizier bei der Heeresgruppe A in Krakau führte auf Wunsch des Chefs des Generalstabes des Heeres am 29. 11. 44 Besprechungen durch, um wegen des Einsatzes von K-Mitteln der Kriegsmarine zur Zerstörung von Weichselbrücken zu sondieren. Grundsätzlich hatte der Ob.d.M. der Bereitstellung von K-Mitteln zu diesem Zweck bereits zugestimmt.[337]) Die Heeresgruppe A versprach sich vom K-Mittel-Einsatz, auf den sie großen Wert legte, eine besondere Wirkung. 84 Linsen wären erforderlich, was den Linseneinsatz in Norwegen natürlich verzögerte. Am 10. Dezember 1944, einem Sonntag, vermerkte die Seekriegsleitung: »Für Plattensee ist Linsengruppe ›Glatze‹ aufgestellt und 15. 12. marschbereit ab Plön.«[338]) Dagegen bestand Unklarheit hinsichtlich des K-Mittel-Einsatzes gegen die Brücken südlich Budapest. Nach einer Meldung des Einsatzstabes Haun hatte die Heeresgruppe Süd keine Aufgaben für Kleinkampfmittel der Marine im Gebiet südlich Budapest, während der Chef des Generalstabes beim Heer den Ob.d.M. gegenteilig unterrichtete. Der Einsatzstab Haun meldete weiterhin, das Heer begrüße einen Linseneinsatz auf dem Plattensee, erwarte jedoch von diesen Fahrzeugen lediglich eine störende Wirkung. Lohnende Ziele für ihre eigentliche Waffe, die Sprengladung, würden die Boote kaum finden. Daraufhin bat der A.d.K. die Seekriegsleitung um eine Entscheidung, ob die Zuführung der wertvollen Linsen unter solchen Umständen noch zu rechtfertigen sei. Der Ob.d.M. entschied bejahend. »Jedes MG kann von Wert sein.«[339])

Im Raum südlich Budapest waren die Einsatzmöglichkeiten für die K-Mittel »infolge Feindlageentwicklung« schließlich ohnehin nicht mehr gegeben.[339])

Das Sonderunternehmen »Lucie« – Sprengung der Weichselbrücken – mußte am 21. 12. 44 wegen Eislage auf der Weichsel zurückgezogen werden. Die 84 bereitgestellten Linsen sollten nach Fedderwardersiel zurückgelangen und »zur Auffüllung der Westraumflottillen« dienen.[340])

Da inzwischen auch der Plattensee unter einer Eisdecke ruhte, entfiel das Unternehmen »Glatze« (Linseneinsatz) ebenfalls.[341]) Andererseits erhielt eine Gruppe vom Sonderunternehmen »Glatze«

im Januar den Auftrag zum Einsatz gegen eine Donaubrücke im Abschnitt des 4. SS Pz. Korps. Die Sowjets hatten nämlich über die vom Heer gesprengte Brücke eine Notbrücke geschlagen, die mit Ladungslinsen zerstört werden sollte.[342])

Im Februar 1945 hatte sich der Einsatzleiter für K-Mittel auf Oder, Drau und Donau, Kpt. z.S. Düwel, mit dem Gedanken eines K-Mittel-Einsatzes auf der Oder zu befassen.[343])

So standen am 23. 2. 45 K-Mittel für das Unternehmen »Rübezahl« (Zerstörung sowjetischer Brücken im Oderraum) in Fürstenberg und Frankfurt/Oder bereit. Das Unternehmen sollte noch am selben Tag anlaufen.[344])

Aber erst Anfang März kamen die Oder-Unternehmungen in Gang. Zwar kehrten die zunächst eingesetzten »Meereskämpfer« vollzählig zurück, doch versagten die Zünder der Sprengladungen. Der erste Versuch war somit mißlungen.[345])

Dagegen verliefen am 7. März zwei Unternehmungen gegen die Oderbrücken erfolgreich. Hierbei wurde die Brücke bei Kalenzig auf 50 m total zerstört, die Oderbrücke von Lebus im Unterbau und Bodenbelag des Westteils auf eine Strecke von 30 m unbenutzbar gemacht.[346])

In diesen Tagen mußte auch der Einsatz von K-Mitteln zur Zerstörung der den Amerikanern in die Hand gefallenen »Ludendorff-Brücke« bei Remagen »mit allen verfügbaren Kräften versucht werden«.[347])

In der Nacht zum 13. März endlich führte das Sonderkommando »Rübezahl« den Linseneinsatz gegen die Oderbrücke bei Zellin durch, und zwar offenbar mit Erfolg, während ein Einsatz gegen die Oderbrücke bei Vogelsang anscheinend im Netz hängenblieb. Um die lauten Motorengeräusche der Linsen zu tarnen, nahmen an beiden Unternehmungen vier Ju 88 Flugzeuge teil. Daß eine Brücke auf 270 m Länge zerstört wurde, zeigte das Luftbild vom Morgen des 13. März.[348])

Über einen von ihm selbst geleiteten Linseneinsatz an der Oderfront berichtet der ehemalige K-Flottillenchef Helmut Bastian: »Der Russe war über die Oder vorgestoßen und hatte Brückenköpfe gebildet. Hinter die russische Front ragte die von der Oder und dem Oder-Spree-Kanal gebildete schmale Landzunge. Ich erhielt nun den Auftrag, mit Minen, die wir mit unseren Sprengbooten verbringen sollten, einen Brückensprengversuch zu machen. Ich entsinne mich noch, am 17. oder 18. März mit meiner Einheit in Berlin angekommen zu sein. Während ich bei meinem Schwiegervater, dem alten Geheimrat Prof. Dr. Sauerbruch, abends zu Gast war, befand sich meine Truppe auf dem Marsch nach Fürstenberg an der Oder. Im PKW dort ebenfalls eingetroffen, erhielt ich vom Divisionsgefechtsstand einen Feldwebel zugeteilt, der die örtlichen Verhältnisse an der Front genau kannte. Zunächst brachten wir die zur Verfügung stehenden 30 Boote auf die Landzunge zwischen Oder-Spree-Kanal und Oder hinüber und ganz vorn an der Spitze zu Wasser. Vier oder Fünf Rotten wurden mit Minen ausgerüstet, die es zu den russischen Pionierbrücken etwas weiter oderabwärts zu schleppen galt. Zumindest eine der beiden Brücken ist von unseren Minen zerstört worden, die mit Verzögerungssatz gezündet worden waren. Wir wußten nicht, wie die Brücken aussahen, aber die von den Linsen geschleppten Minen besaßen eine wesentlich größere Sprengkraft als unsere konventionellen Ladungen.

Es setzte sofort von der Westseite der Oder feindliches Feuer auf unsere Landspitze ein. Der Russe hatte offensichtlich unsere Anwesenheit erkannt, doch der Feldwebel von der Infanterie beruhigte uns mit den Worten: ›Wissen Sie, mit den Waffen, die Sie hier zur Verfügung haben‹, – wir hatten alle das Sturmgewehr 44 und waren eine Gruppe von 40 Mann – ›kann uns gar nichts passieren.‹ Ich konnte natürlich meine Fahrer nicht im Stich lassen und wollte die Rückkehr der Boote abwarten.

Als die Männer von dem Unternehmen zurückkamen, wurden sie mit Granatwerferbeschuß belegt, – für uns Marineleute ein völlig neues Gefühl (›Ratsch-bum‹). Es schlug in unserer Nähe ein, aber wir nahmen es nicht so ernst, da man vom Zerstörer andere Kaliber gewöhnt war.

Noch während wir auf die Kameraden warteten, näherten sich von der anderen Seite der Oder zwei große Prähme. Ich entsinne mich noch genau, daß diese Prähme gerudert wurden. Der Feldwebel meinte: ›Die sollen uns offenbar hopsnehmen. Lassen Sie die mal ganz nah rankommen, und dann halten wir voll rein!‹ Ich wies meine Männer an: ›Keiner schießt, bevor ich schieße!‹

Wir ließen diese beiden Prähme bis wirklich 5 m herankommen, und dann eröffneten wir ein konzentriertes Handfeuerwaffenfeuer, das eine verheerende Sofortwirkung erzielte. Beide Prähme trieben lautlos abwärts, kein Schuß fiel von der Seite mehr. Danach zogen wir uns mit unseren Linsenfahrern auf der Landspitze bis zu der deutschen Linie zurück. Am 19. – nach dem Frühstück bei Prof. Sauerbruch – fuhr ich zur Berichterstattung nach Timmendorferstrand.«[349])

Linsen sollten sogar gegen sowjetische U-Boote den Kampf aufnehmen. Der A.d.K. plante tatsächlich, einen Schoner mit Sprengbooten an Bord in der Ostsee gegen russische U-Boote seewärts der kurländischen Küste zwischen Windau und Memel einzusetzen. Die als Schwede zu tarnende U-Bootsfalle könnte den Linsen dort als Einsatzbasis dienen.[350]) Einzelheiten sind jedoch nicht bekannt, vermutlich gedieh das Unternehmen über die Vorbereitungen nicht hinaus.

Am 4. 4. 45 gingen beim Verlust des Dampfers »FEODOSIA« eine Ladung von 30 Mardern sowie das Personal von 300 Mann verloren. Über Ziel und Einsatzvorhaben ist nichts Näheres bekannt, doch dürfte es sich um eine Katastrophe im Ostseeraum gehandelt haben.[351])

Einen erfolgreichen Kampf gegen die Sowjets führten im März und April 1945 noch die K-Männer der »Kampfschwimmergruppe Ost«, die in kühnen Unternehmungen mit Sprengfischen dem Gegner manche Brücke wieder »abbauten«, z. B. bei Nipperwiese und Fiddichow, wo die Russen Pontonbrücken errichtet hatten.[352]) Die Leistungen dieser Kampfschwimmer zählen zu den einmaligen Taten höchsten Mutes und entschlossenen Einsatzwillens während der letzten Kriegstage, als keine Auszeichnungen mehr zu erwarten waren. Noch am 20. 4. 45 meldete das K.d.K., daß zwei Kampfgruppen des Sonderkommandos »Lederstrumpf« aus dem Westen in den Raum Magdeburg zugeführt seien, um mit Treibminen, Spezialsprenggeräten und Meereskämpfern gegen die Elbbrücken bei Barby vorzugehen. Nach Mitteilung des OKW hatte nämlich die »in Aufstellung begriffene neue 12. Armee« zum Einsatz gegen den feindlichen Brückenkopf südlich Magdeburg um dringende Verstärkung der vorhandenen K-Mittel und Zuführung »aller weiter geeigneten Mittel des K.d.K.« gebeten.[353]) Einzelheiten dieser letzten Anstrengungen sind offenbar nicht be-

kannt; es heißt zum Schluß lediglich: »Der Chef dieses Sonderkommandos nimmt Fühlung mit der 12. Armee auf.«[354])
Große Zweifel hegte Kpt.Lt. Bastian, als er nach seinem Osteinsatz an die Möhnetalsperre beordert wurde, um die Duisburger Rheinbrücke zu sprengen. Darin vermochte er keinen rechten Sinn mehr zu sehen.

ZWISCHEN DEN FRONTEN

Aber während der vorbereitenden Maßnahmen erhielt Bastian Befehl, sich sofort nach Rotterdam zu begeben, um dort anstelle des bei einem Luftangriff in Hilversum gefallenen Chefs der 4. K-Division, des Fregattenkapitäns Josephi, die Führung zu übernehmen. In Rotterdam löste die Partisanentätigkeit nicht nur harte Repressalien aus, sondern ebenso tragische Konflikte, in die Kpt.Lt. Bastian nunmehr zwangsläufig hineingezogen wurde. Die holländische Freundin eines deutschen Abwehroffiziers verriet einen von den Partisanen gegen dessen Haus geplanten nächtlichen Anschlag. Der Bruder dieses Mädchens war der Anführer der örtlichen Partisanenbewegung. In dieser Situation bat der Abwehroffizier Bastian, einige K-Männer zur Verstärkung in das bedrohte Haus zu schicken. So konnte der Anschlag blutig abgewehrt werden, die Partisanen hatten Verluste. Die junge Holländerin stellte der Flottillenchef unter seinen Schutz, denn auch die SS begann sich zu interessieren und verlangte ihre Auslieferung. Bastian bezeichnete das Mädchen als »Gefangene der Marine« und schickte es nach Den Helder zu einer dort stationierten K-Flottille, wo sie bis Kriegsende als Serviererin wirkte.
In eigener Verantwortung suchte der Flottillenchef den Partisanenchef von Rotterdam in dessen Wohnung auf, um ihn durch das persönliche Gespräch zu beeinflussen und weiteres unnötiges Blutvergießen zu vermeiden. Ostentativ hängte Bastian seine Waffe mit dem Koppel an einen Garderobehaken mit den Worten: »Ihre Schwester befindet sich in meiner Gewalt. Wenn ich hier nicht ›rauskomme‹, ist Ihre Schwester ebenfalls verloren ... Aber ich möchte mich mit Ihnen unterhalten. Ich halte es für einen furchtbaren Unsinn, daß Sie meine Landsleute ermorden und daß

es daraufhin zu solchen Geschichten kommt, wie ich es hier in den Straßen gesehen habe.«[355])

Es gelang Bastian tatsächlich, für seine Marinesoldaten ein Agreement mit dem Partisanenchef zu treffen. Mehr konnte er nicht erreichen, denn hinsichtlich der SS war dieser nicht ansprechbar.

Die junge Holländerin aber, die Bastian beruhigen konnte, daß ihrem Bruder bei dem nächtlichen Feuergefecht nichts passiert sei, wurde nach dem Kriege von ihren eigenen Landsleuten aus Rache ermordet.[356])

Nach der Kapitulation im Mai 1945 traf Kpt.Lt. Helmut Bastian für seine Männer erneut ein Agreement, diesmal mit den Offizieren der 1. kanadischen Armee.

Zuvor hatte er alle 10 K-Flottillen nach Ymuiden zusammengezogen, wo sich auch FKpt. Brandi mit der 5. K-Division befand. Nach einiger Zeit brachten deutsche Minensuchboote die K-Männer nach Wilhelmshaven. »Dort habe ich dann«, berichtet Bastian, »mit der 10. kanadischen Division diesen ›Deal‹ gemacht. Die sollten unsere Lebensmittel-LKWs hinüberbringen, dafür übergaben wir den kanadischen Offizieren unsere Offizierswaffen. Das war ein offizielles Agreement.

Dann habe ich in Wilhelmshaven die Minenräum-Ersatzabteilung aufgebaut für die ›German Minesweeper Administration‹ und von Juni bis Ende 1945 geleitet. Als dann im November der Befehl kam zum Ablegen der Kokarde – das Hoheitsabzeichen war schon abgelegt – da sagte ich mir: ›Nun langt es‹.« Dem Senior Naval Officer der Royal Navy gegenüber trug Bastian seinen Standpunkt vor und machte geltend, daß dies nunmehr der entscheidende Grund wäre, die Mitarbeit einzustellen, denn diese Farben repräsentierten in irgendeiner Form sein Vaterland, »und irgendwo wäre Schluß.« Das wurde von dem britischen Offizier respektiert.

An die Zeit der Kriegsgefangenschaft in Holland erinnert sich auch Frank Gorges recht deutlich. Die Kanadier behandelten nach seiner Aussage die K-Männer äußerst korrekt und zuvorkommend. Wurden Zigaretten verteilt, mußten die einstigen holländischen Widerstandskämpfer am Zaun neidisch zusehen. Und wagte ein Holländer, seine Hand ebenfalls hinzuhalten, versetzte ihm der Kanadier einen verächtlichen Schlag auf die ausgestreckte Rechte.

»Wir lagen in einem großen Park in Zelten, und der Bastian hat sich mit den Kanadiern angefreundet, daß wir alles bekamen, vom Eierlikör bis zu Aalen in Büchsen. Und die holländische Widerstandsbewegung stand am Zaun und kriegte nichts« (Gorges). Die Erlebnisse deutscher Soldaten nach der Kapitulation waren doch recht unterschiedlich...

»Von Den Helder«, erzählt Gorges weiter »sind wir eingeschifft worden und nach Wilhelmshaven gekommen. Die Bevölkerung freute sich über das mitgebrachte Büchsenfleisch. So zogen wir durch die zerbombte Stadt unter großem Jubel der Bevölkerung. Wie die Sieger haben die uns empfangen.«[357])

Nachbetrachtung

Wie denken ehemalige Angehörige der K-Verbände nach mehr als drei Jahrzehnten über ihre damalige Tätigkeit?

Diese Frage beschäftigt den Leser natürlicherweise, aber die Antworten Beteiligter können aufgrund ihrer Subjektivität immer nur einzelne Perspektiven verdeutlichen. Vielleicht wird mancher die politische Perspektive vermissen und die Hervorhebung rein militärischer Gesichtspunkte bei der kritischen Reflexion bedauern. Es gilt jedoch zu bedenken, daß die Frage nach Sinn und Berechtigung des Handelns im totalen Krieg sich für die Mehrheit des deutschen Volkes völlig anders stellte unter den gegebenen Bedingungen und ohne das Wissen und die Kenntnisse von heute. Das formulierte General Wedemeyer, Mitglied des amerikanischen Führungsstabes, präzise mit der Feststellung: »Unsere Forderung auf bedingungslose Kapitulation verstärkte naturgemäß den Willen des Feindes zum Widerstand und zwang sogar Hitlers schlimmste Feinde, den Kampf fortzusetzen, um das Land zu retten ... Sie hatten keine Alternative.«[358]

Daß sie keine Alternative hatten, versteht sich für die Befragten von selbst. Nach dem entsetzlichen Kriege bauten sie aus dem Nichts eine zivile Existenz auf, durch außerordentliche Leistungen erwarben sie z.T. hohes internationales Ansehen. Sie verdanken dies nicht zuletzt ihrem ungebrochenen Selbstbewußtsein. Dennoch bleibt eine Zwiespältigkeit, wenn sie auf ihre frühere Einsatztätigkeit zu sprechen kommen. Dabei läßt sich als eine Gemeinsamkeit aller Befragten aber dies erkennen: Neben die selbstverständliche Bereitschaft zu differenzierender Betrachtung tritt, un-

283

bekümmert um die derzeit opportunen Auffassungen, das Bemühen um Objektivität sich selbst und der eigenen Vergangenheit gegenüber.

»Unter den damaligen Umständen«, bekennt Helmut Bastian, »schob man alles, was Gefahr bedeutete, beiseite. Wenn ich mir die Dinge überlege, die wir damals gemacht haben, dann kann ich mich nur nachträglich für verrückt erklären. Es sind wirklich die besonderen Umstände, und man vertraute auf das Glück. Man hatte ja einen geradezu grenzenlosen Optimismus, daß man selbst zumindestens klarkam.«[359])

»Im nachhinein«, gibt Herbert Berrer zu bedenken, »da fragt man sich sowieso, was das Ganze sollte. Wenn man sich den zeitlichen Ablauf vergegenwärtigt und die Umstände, die zur Gündung der K-Verbände beigetragen haben, weil die Führung etwa ab Frühjahr 1943 mit einer Invasion rechnete, da kann man sich heute nur echt wundern. Welchen Nerv die Leute gehabt haben, solche Verbände aufzustellen bei den technischen Voraussetzungen und in Kenntnis der wirklichen materiellen Überlegenheit des Gegners! Dilettantischer, als das ganze Unternehmen war, kann man es gar nicht führen, und das mit den besten Männern, die es in der Flotte überhaupt noch gab. Wer auch nur annähernd eine Vorstellung besitzt, weiß, was es heißt, wenn eine halbe Million Tonnen Schiffsraum auf Reede schwimmt, die es zu bekämpfen gilt. Das sollte ja ein kriegsentscheidender Einsatz sein, denn angeblich gab es keine andere Abwehrwaffe gegen die Invasionsflotte als die Kleinkampfmittel. Alles andere war ja nicht mehr da – keine Luftüberlegenheit usw. –, deshalb kam, so wurde es uns damals erzählt, den K-Verbänden eine kriegsentscheidende Aufgabe zu. Unter *dem* Ansatz muß ich doch das Thema sehen, und wenn man sich dann vergegenwärtigt, wie die diese ›kriegsentscheidende‹ Waffe gepflegt haben, was sie für sie getan haben, wie sie sie zum Einsatz brachten, dann braucht man sich nicht mehr zu wundern. Das Ganze war echt schlimm. Es kam alles viel zu spät, es war viel zu dilettantisch, und es war technisch überhaupt nicht ausgereift. Ich selbst frage mich, woher man die innere Kraft nahm, wenn man einmal mit dem Ding (Einmanntorpedo d. Verf.) gefahren war und doch das totale Versagen erlebt hatte, ein zweites Mal und weitere Male zu fahren. Das ist das einzig Phantastische für mich

284

heute noch, daß man so verblendet, so dumm, so naiv oder gläubig war, wie Sie's gerade wollen, daß man sich einfach geweigert hat, darüber nachzudenken. Es hatte sich zwischen dem ersten und dem zweiten Einsatz nicht ein Jota verändert, weder an dem Gerät noch an den navigatorischen Hilfsmitteln, alles unvorstellbar primitiv. Und damit konnte man keine kriegsentscheidenden Dinge vollbringen. Ich bin aber überzeugt, daß die K-Verbände, wenn sie das gewesen wären, was sie hätten sein können, Entscheidendes beizutragen vermochten.«[360])

In ähnlicher Weise urteilt Max Becker:

»Der Einsatz der K-Flottille 211 erfolgte leider viel zu spät. Wir hätten am Tage der Invasion mit 500 Sprengbooten in der Normandie liegen müssen. ...

Ende August 1944 wurde ich mit vielen Leuten der K-Flottille 211 wieder nach Priesterbeck an die Müritz versetzt. Hier wurde die neue K-Flottille 220 zusammengestellt. Chef war Oblt. Seipold. Ich wurde der Flottille als Flottilleningenieur zugeteilt. Diese Flottille konnte endlich in Ruhe ausgebildet werden, und zwar von Leuten, die ja bereits eingesetzt waren.

Anfang März 1945 wurde die Flottille nach Hoek van Holland verlegt. Sie hatte die Aufgabe, den Geleitweg der Engländer von der Themsemündung nach Antwerpen zu stören. Das Wetter im März/April 1945 war aber so schlecht, daß die Boote nur ab und zu auslaufen konnten. Erfolge hatte die Flottille nicht mehr. Die Anmarschwege waren bei dem starken Seegang einfach zu weit. Einen Zweck erfüllte die Flottille allerdings dadurch, daß die Engländer ihren Geleitzügen nach wie vor immer ausreichende Sicherungsstreitkräfte mitgeben mußten. ... Als sich das Wetter endlich für Einsätze eignete, machte die Kapitulation am 8. Mai 1945 auch den Fahrten der K-Flottille 220 ein Ende. Die Fahrer versenkten ihre Boote in der Nordsee oder machten sie an Land völlig unbrauchbar. ...

Die Männer des K-Verbandes waren keine Selbstmordkandidaten. Soweit ich es erlebt habe und überblicken konnte, wurden sie so eingesetzt, daß eine reelle Rückkehrchance gegeben war. Die Verluste waren eigentlich gering.[361]) Dabei ist noch zu berücksichtigen, daß die Flottillenchefs knapp 30, die Offiziere und Unteroffiziere zwischen 20 und 25 Jahre alt waren. Daraus folgt, daß alle, die Verantwortung trugen, sich dieser voll bewußt waren und entsprechend handelten. Es ist heute, nach 35 Jahren (1979), kaum vorstellbar, daß innerhalb von 4 Monaten eine Flottille aufgestellt, eingefahren und erfolgreich eingesetzt wurde, wie z.B. die K-Flottille 211. Nicht zuletzt muß noch gesagt werden, daß ohne die Einsatzbereitschaft und das Durchstehvermögen aller Mannschaftsdienstgrade, vom Matrosen bis zum Hauptgefreiten, die Sprengbootflottillen kaum zum Einsatz gekommen wären. Es wird heute (1979) so viel von den Grundsätzen der ›Inneren Führung‹ geredet; sie wurden bei den Sprengbootfahrern längst praktiziert. Die gegenseitige Achtung und das Vertrauen zwischen Offizieren, Unteroffizieren und Mannschaften waren schon damals bei den K-Männern selbstverständlich. Nur wurde mit Worten darüber mehr gespart!«[362])

»Aus meinen Erlebnissen beim KdK«, schreibt Ulrich Kolbe, »kann ich leider nicht so viel Begeistertes und Begeisterndes berichten ... Das Verhältnis zwischen den Vorgesetzten und den Männern und ihr Verhältnis untereinander war zwar ausgezeichnet und sehr kameradschaftlich. Es waren ausschließlich Freiwillige und die weitaus meisten sehr jung und einsatzunerfahren.

Aber eben das machte mir die Aufgabe besonders schwer. Denn ich hatte seit Kriegsausbruch auf Torpedobooten und Schnellbooten im Kanal gefahren. Und wir wußten schon seit Anfang 1943, daß der Rüstungswettlauf nicht gewonnen werden konnte. ... Darüber hinaus waren diese KdK-Kampfmittel und deren Einsätze so an der Grenze dessen, was man verantworten konnte, daß ich mich nach meiner Erinnerung sehr gequält habe. Und das um so mehr, als der Einsatzwille, die Treue und der Opfermut der jungen Leute über alles Lob erhaben – und für die Heutigen völlig unvorstellbar – waren. Sie wären auch weit unsinnigeren Einsatzbefehlen mit Begeisterung gefolgt.

So war meine eigene Lage immerhin ›gespalten‹. Nach meiner Erinnerung habe ich zwar allen Vorgesetzten, d.h. meinen Vorgesetzten, deutlich gesagt, was ich von den Einsätzen hielt, noch in der ›Blaukoppel‹ dem Adm. Heye, danach auch dem Kpt. Böhme in Le Havre und erst recht dem Kpt. Hartmann in Levico und auf der Burg, einem abenteuerlichen Stabsquartier. Aber vor den jungen Leuten der Flottillen konnte und wollte ich nicht so deutlich

sprechen. Ich konnte mich nur bemühen, bei den Einsätzen keine Verluste zu erleben. Das wenigstens ist mir – bis auf den unvorsichtigen Linsenfahrer in Le Havre – auch gelungen.
Die Erfahrungen, die ich danach ganz am Ende des Krieges im Stab in Levico und auf der Burg, in Timmendorfer Strand, in Mürwik und im letzten Quartier von Adm. Heye in Grüntal bei Kappeln machte, waren erst recht nicht dazu angetan, diese ›Gespaltenheit‹ in meiner Erinnerung aufzuheben.
Dennoch gebe ich mir immer wieder große Mühe, beim Bedenken dieser Jahre meines Lebens ja nicht ungerecht zu werden.«[363])
Ganz anderer Art waren die Erfahrungen, die Hanno Krieg Anfang 1945 in Admiral Heyes Quartier »Strandkoppel« machen mußte: Obwohl nur fünf Personen während einer Besprechung im Raum anwesend waren, verbreitete der feindliche Propagandasender am nächsten Tage Einzelheiten von strengster Vertraulichkeit, die nur den fünf Teilnehmern der Besprechung bekannt gewesen sein konnten.[364])
Jede Beschäftigung oder Auseinandersetzung mit Fragen der Zeitgeschichte sollte von diesem Bemühen geleitet sein, »ja nicht ungerecht zu werden«. Das scheint heute besonders schwierig zu sein. Denn, so argumentiert Herbert Berrer in dem Zusammenhang, »alles, was im nachhinein geschrieben wird, und ganz besonders von Leuten, die es gar nicht erlebt haben, enthält zugleich unwillkürlich die Tendenz, wie man heute die Dinge sieht. Ich habe mich einmal mit Dönitz über »Das Boot« von Buchheim unterhalten. In seiner verhaltenen Art schmunzelte er nur und sagte, er wäre zufrieden, daß der Autor sein Werk als Roman deklariert hätte.«
Wenn wir von der Feststellung des Historikers Helmut Diwald ausgehen, wonach Geschichtsschreibung zu allen Zeiten auch eine moralische Bilanz einschloß, aber erst nach 1945 bei den Deutschen in den Dienst einer Selbstdiskriminierung trat,[365]) so gilt für unsere vorliegende Dokumentation sicher, daß sie diese ausschließt, ohne jene zu entbehren.

Dankwort

Für wertvolle Hinweise, wissenschaftliche Beratung, Überlassung von Aufzeichnungen und freundlich gewährte Unterstützung möchte ich folgenden Institutionen und Personen meinen verbindlichen Dank zum Ausdruck bringen:
Public Record Office, London; Imperial War Museum, London, insbesondere Mr. Hine von der Dokumentarbild-Abteilung; Naval Historical Branch, London; Bundesarchiv/Militärarchiv, Freiburg, insbesondere Herrn Oberarchivrat Dr. Maierhöfer; Deutschlandfunk und dem Leiter der Feature-Redaktion, Heinz Klunker, Köln; Konsul Helmut Bastian, Bremen; Polizeidirektor a. D. Max Becker, Wiesbaden; Herbert Berrer, Hamburg; Polizeihauptkommissar Walther Gerhold, Bork; Frank Gorges, Aachen; Frau Emma Hehlmann, Goldenstedt; Hans Hentschke, Braunschweig; Franz Kahle, Norderstedt; Oberstudiendirektor Ulrich Kolbe, Kiel; Fregattenkapitän Hanno Krieg, Bonn; Frau Ilse Mohr, Eckernförde; Andreas Nietzold, Braunschweig; Fritz Polz, Wien; Edelhard Rock, Wolfenbüttel; Prof. Dr. Jürgen Rohwer, Stuttgart; Alfred Vetter, Kiel; Horst Westphal, Braunlage.
Zu danken habe ich ebenso meiner Frau Swanewit, die mit einer ersten Durchsicht der KTB.s wertvolle Vorarbeiten im Bundesarchiv Freiburg leistete.
Schließlich bin ich Herrn Wolfgang Schilling und dem Motorbuch-Verlag vor allem zu Dank verpflichtet für Geduld und Verständnis, die mir bis zur endgültigen Fertigstellung des Manuskriptes freundlich entgegengebracht wurden.

Gerhard Bracke

Anhang

Leistungstabelle für Sonderkampfmittel

»Hecht« 12 t
Gesamtfahrbereich bei 4 Kn 60 sm = 15 Std.
Höchstgeschwindigkeit bei 6 Kn 40 sm = 7 Std.
Marschgeschwindigkeit bei 4 kn – sm = 15 Std.
Bewaffnung: 1 Torpedo und 1 Mine
oder 1 Torpedo und 2 Mann zum Absetzen
oder 1 Torpedo und 3 Zusatzbatterien
Fahrbereicherhöhung 40%
Tauchtiefe: 50 m/

»Seehund« 15 t
Gesamtfahrbereich bei 5 kn 270 sm = 54 Std., bei 3 kn 60 sm = 20 Std.
Höchstgeschwindigkeit bei 8 kn 120 sm = 15 Std., bei 5 kn 20 sm = 4 Std.
Marschgeschwindigkeit bei 5 kn 250 sm = 50 Std., bei 3 kn 60 sm = 20 Std.
Bewaffnung: 2 Torpedos mit halber Batterie
Tauchtiefe: 50 m/

»Molch« 10,5 t
Gesamtfahrbereich bei 3 u. 5 kn = 105 sm = 29 Std.
Höchstgeschwindigkeit bei 5 kn = 45 sm = 9 Std.
Marschgeschwindigkeit bei 3 kn = 60 sm = 20 Std.
Bewaffnung: 2 Torpedos
Tauchtiefe: 30 m

»Biber« 6 t
Gesamtfahrbereich bei 5 kn 125 sm = 25 Std.
a) mit Benzinmotor 6,5 kn = 100 sm = 14 Std.
b) mit Batterie 4–6 kn = 10 sm = 2 Std.
Höchstgeschwindigkeit
a) mit Benzinmotor 7 kn = 90 sm = 13 Std.

b) mit Batterie 6 kn = 9 sm = 1,5 Std.
Marschgeschwindigkeit: 5 kn
mit Benzinmotor 5 kn = 115 sm = 23 Std.
Bewaffnung: 2 Torpedos mit halber Batterie
Tauchtiefe: 30 m

»Neger«   3 t
Gesamtfahrbereich bei 2,5 kn 35 sm = 14 Std.
Höchstgeschwindigkeit 2,5 kn
Marschgeschwindigkeit 2,5 kn
Bewaffnung: 1 Torpedo mit halber Batterie

»Linsen«   1,2 t
Gesamtfahrbereich bei 15 kn 80 sm = 5 Std.
Höchstgeschwindigkeit 31 kn = 2 Std.
Marschgeschwindigkeit 15 kn = 4,5 Std.
Bewaffnung: Sprengladung im Heck der Ladungsboote = 300 kg
Bemerkungen: Je 2 Ladungsboote werden von einem Leitboot gleichen Typs durch Fernsteuerung an das Ziel herangeführt.

BA/MA – RM 7/99 SKl/S BNr. 357/44 Gkdos vom 9. Juli 1944

Dokumente

Abschrift

Oberkommando der Wehrmacht   F. H. Qu., den 15. 4. 1944
Nr. 003 872/44 gKdos. WFSt/Op/Org.

Betr.: Sonderkampfmittel (See)   Geheime Kommandosache!

I. Grundsätzliches

1. Die operativen und taktischen Bedingungen des Seekrieges verlangen einheitliche Führung des Einsatzes **sämtlicher** Seekriegsmittel durch die Kriegsmarine.
2. Demnach werden auch Entwicklung, Fertigung, Erprobung und Einsatz sämtlicher **Sonderkampfmittel (See)**, soweit sie im Küstenvorfeld und auf See Verwendung finden, von der Kriegsmarine übernommen.
   Hierzu gehören insbesondere die Sonderkampfmittel (See) und Kleinkampfmittel (See), wie z. B. Einmann-Boote, Fernlenk- und drahtgesteuerte Ladungs-Schnellboote.
   Die Pionier-Ladungs- und Pionier-Sturmboote werden davon nicht betroffen.
3. Die Einsatzgruppen für Sonderkampfmittel des OKW/Amt Abwehr der Division Brandenburg, die sich bisher mit Bereitstellung und Einsatz von Sonderkampfmitteln (See) befaßten, sind mit ihren Kampfmitteln **allmählich** in die Kriegsmarine (Marineeinsatzabteilung) zu überführen.
4. Der Befehl bezieht sich nicht auf den **Einsatz** von Seekampfmitteln (See) auf Flüssen und Seen.

Entwicklung und Erprobung dieser Sonderkampfmittel – soweit sie den zur Kriegsmarine übertretenden Kampfmitteln gleichen oder ähneln – ist jedoch Aufgabe der Kriegsmarine bzw. mit der Kriegsmarine gemeinsam durchzuführen.

II. Durchführung

1. Als erste Maßnahme geht Entwicklung und Einsatz der großen Ladungsschnellboote an OKM über.
Die vom Führer am 3. 2. 44 für GenStdH./Gen.d.Pi.u.Fest bis 15. 4. 44 geforderten 150 großen Ladungsschnellboote sind deshalb vom OKM zu übernehmen. Die hierfür erforderlichen Kontingente stellt OKM, Bemannung erfolgt durch Kriegsmarine.
2. Hinsichtlich der übrigen Sonderkampfmittel setzt sich das Oberkommando der Kriegsmarine unmittelbar mit OKW/WFSt., Div. Brandenburg und GenStdH.Gen.d.Pi.u.Fest, sowie – falls auch bei ObdL. ähnliche Entwicklungen laufen – mit ObdL. in Verbindung, um Möglichkeiten der Übernahme bestehender Entwicklungen oder schon vorhandener Sonderkampfmittel zu prüfen und Zeitpunkt der Übernahme in die Kriegsmarine zu vereinbaren.
3. OKM prüft mit GenStdH., inwieweit die in großer Zahl (1000–2000) geplanten kleinen Ladungsboote (70 kg Ladung) mit Drahtsteuerung, deren Einsatz durch Pioniere des Heeres beabsichtigt war, weiterhin Kampfmittel der an der Küste eingesetzten Pioniere bleiben unter operativer Einsatzführung durch die Kriegsmarine.
4. Bei der Übernahme der Sonderkampfmittel durch die Kriegsmarine muß der Grundsatz maßgebend sein, daß die Übernahme von Fertigungen oder von Geräten in Verbindung mit personellen Besetzungsfragen keinesfalls zu einer Minderung der bereits vorgesehenen Einsatzzahlen oder zu einer Verzögerung des Einsatzes führen darf. Wo personelle oder technische Schwierigkeiten eine organisatorische oder gerätemäßige Abgabe von Sonderkampfmitteln an die Kriegsmarine vorerst unzweckmäßig machen oder verbieten, hat ein Einsatz dieser Kampfmittel nur in Zusammenarbeit und unter operativer Führung der Kriegsmarine-Führungsstellen zu erfolgen.

Der Chef des Oberkommandos der Wehrmacht
I.A.
gez. Warlimont

BA/MA – RM 7/99

Bericht über die Erprobung der Lufterneuerungsanlage (Injektorverfahren) im Marder II bei den Sitzproben der K-Flottille 361 in Saalburg

1. Sitzprobe am 6. und 7. 10. 44
Zahl der Geräte: 30

Prüfung der Anlage ergibt, daß L-Patronen (A) statt L-Patronen (K) eingebaut sind. Die als Ersatz vorgesehenen N-Patronen sind nicht verwendbar, da die vorhandenen Anschlüsse für diese Patronen nicht passen.
Die Luftflaschen sind mit dem vorgeschriebenen Sauerstoffluftgemisch auf 25 atü aufgefüllt. Bei der Füllung ist entgegen der Betriebsvorschrift des Drägerwerks zuerst Preßluft und dann Sauerstoff aufgefüllt worden.

Beim Abseifen der Druckluftanlage stellt sich bei fast allen Geräten eine Undichtigkeit in der Niederdruckleitung heraus, und zwar an der Stelle an Steuerbordseite, an welcher der Fahrer die Leitung bei Versagen des Injektors unterbrechen soll. Hier sind 2 Leitungsenden durch eine Schraubenmutter verbunden, die mit Hand anzuziehen und zu öffnen ist. Die Schraubenmutter sitzt ungünstig, der Fahrer kann im Gerät sitzend sie weder mit der linken noch der rechten Hand erreichen. Bei 3 Geräten wurden die Füllventile durch Abseifen geprüft und als undicht befunden.

Nach Einbau von L-Patronen (K) Beginn der Sitzprobe. Es stellt sich bald heraus, daß der Druck in den Luftflaschen fast aller Geräte – nur 1 macht eine Ausnahme – unverhältnismäßig schnell abfällt, auch wenn man den Druckabfall infolge Abkühlung der bei der Füllung vor 6–10 Stunden erwärmten Luft einberechnet. In der vorgesehenen 6-Stundensitzprobe dürften nur 14,4 kg/cm^2 des Luftgemisches verbraucht werden. ... Der Luftvorrat von 25 kg/cm^2 ist jedoch bei fast allen Geräten vor Ablauf der 6 Stunden verbraucht, bei einigen sogar schon in der 1. bzw. 2. Stunde, so daß bei letzteren zweimalige, bei den übrigen einmalige Neufüllung auf 25 kg/cm^2 erforderlich ist. Ursache hierfür sind die erwähnten Undichtigkeiten. Es käme noch in Frage, daß die Injektordüsen mehr als 0,6 l/min. des Luftgemisches durchtreten ließen. Die Möglichkeit ist zu vermeiden, da die Kohlensäurewerte dem üblichen Durchgang von 06, l/Min. entsprechen, bei höherem Durchgang aber wesentlich niedriger sein müßten. Zur Überprüfung wird bei dem Gerät 488 der Druck am Reduzierventil um 22.30 Uhr erniedrigt. Hierauf erfolgt Ansteigen des Kohlensäuregehaltes bis auf 2,7%. Um 04.00 Uhr wird das Reduzierventil wieder auf den üblichen Druck eingestellt, worauf der Kohlensäuregehalt auf die gewohnten Werte (durchschnittlich 1,5%) sinkt. Dies Verhalten spricht ebenfalls dafür, daß der Injektor den erprobten und vorgeschriebenen Durchgang von 0,6 l/Min. hat.

Die z.T. hohen Sauerstoffwerte sind darauf zurückzuführen, daß sich eine Undichtigkeit der Luftanlage innerhalb des Gerätes befindet. Bei denjenigen Mardern, bei denen trotz übermäßigem Druckabfall normaler Sauerstoffgehalt gemessen wird, muß angenommen werden, daß Luftgemisch durch Füllventil nach außen abbläst. Ergebnis der Analyse der 1. Sitzprobe.

Bei den willkürlich ausgesuchten Geräten 488, 500 und 508 Messungen in regelmäßigen Zeitabständen. Ausdehnung der Sitzprobe bei 488 auf 10 Stunden. Die Luftflaschen sind in diesem Gerät auf 200 atü aufgefüllt. Kontrollanalysen in den Geräten, deren Fahrer zum Einschlafen neigen. Messungen mit dem Orsatgerät von Dräger.

2. Sitzprobe am 10. 10. 44
Zahl der Geräte: 16

Es stellt sich heraus, daß nicht genügend frische L-Patronen (K) zur Verfügung stehen. In 3 Fällen werden also Patronen, die bereits bei der 1. Sitzprobe am 6. 10. gebraucht und inzwischen in offenem Zustand gelagert wurden, eingebaut. Dieser Vorgang wird erst nachträglich bekannt, ohne daß vom Mechanikerpersonal – abgesehen von Gerät 511 – mit Sicherheit gesagt werden kann, wo man die gebrauchten Patronen eingesetzt hat.

Auffüllung der Luftflaschen auf 100 atü, beim Marder 511 auf 200 atü. Bei letzterem Gerät Messungen in regelmäßigen Zeitabständen, im übrigen Kontrollanalysen.

Zusammenfassung

Die Kohlensäurewerte sind – sofern man die Messungen an den Geräten 511, 515 und 518, bei denen mit Sicherheit oder wahrscheinlich gebrauchte Kalipatronen verwandt wurden, nicht mitzählt – durchschnittlich: 1,47%, niedrigster CO_2-Wert 0,3%, höchster CO_2-Wert 2,2% (nicht eingerechnet beim Gerät 488 Messungen zwischen 23.30 und 04.00 Uhr).
Die Sauerstoffwerte liegen infolge der Undichtigkeit hoch. Durchschnittlich 31,6%; niedrigster Sauerstoffwert 18,0%; höchster Sauerstoffwert 44,0%.
Druckabfall bei allen Geräten zu hoch. Durchschnittlicher Gesamtdruckabfall (soweit abgelesen) 27 kg/cm² statt 14,4 kg/cm² in 6 Stunden. Niedrigster Gesamtdruckabfall 17 kg/cm² in 6 Stunden. Höchster Gesamtdruckabfall 40 kg/cm² (soweit abgelesen) in 6 Stunden. Durchschnittlicher Druckabfall in einer Stunde 4,5 kg/cm², statt 2,4 kg/cm².

Beurteilung

1. Die Forderung, daß durch das Injektorverfahren die erzeugte Kohlensäure in der Raumluft soweit beseitigt wird, daß sie unter 2% bleibt, ist erfüllt.
2. Die Forderung, daß sich der Sauerstoffgehalt der Raumluft zwischen 20 und 30% halten soll, ist nicht erfüllt, der Prozentgehalt an Sauerstoff ist zu hoch. Ursache hierfür sind Undichtigkeiten der Drucklufteinrichtung. Es liegt somit eine erhöhte Gefahr für Brand- oder Selbstentzündung im Gerät vor. Eine ungünstige Einwirkung des erhöhten Sauerstoffgehaltes auf den menschlichen Organismus ist bei der vorgesehenen Dauer des Einsatzes und den unter 2 atü liegenden Drucken nicht gegeben.
3. Die Marder II-Geräte sind trotz der aufgezeigten Mängel einsatzklar. Der Luftvorrat ist so reichlich, daß die gemessenen Druckabfälle in Kauf genommen werden können. Bei einem Einsatz von 15 Stunden würde sich der Luftvorrat durchschnittlich um 67,5 atü, im schlechtesten Falle um 100 atü erniedrigen. Da die Geräte auf 150 atü (in der Praxis auf 170 bis 180 atü) aufgefüllt werden, bleibt eine Reserve, die als Sicherheitsfaktor ausreichend ist.
Sauerstoffanreicherung hält sich h.E. in Grenzen, die bei Anlegung des in der heutigen Zeit erforderlichen Maßstabes als tragbar erscheinen.
4. Beseitigung der Undichtigkeiten der Druckluftanlage beim Marder II ist in Zukunft zu fordern.
5. Es ist wichtig, daß sämtliche beteiligten Stellen zwischen den 3 Arten der Lufterneuerungspatronen zu unterscheiden wissen. Verwendbar für Marder II ist nur die L-Patrone (K).
6. Es ist dafür Sorge zu tragen, daß die Luftflaschen zuerst mit Sauerstoff, dann mit Preßluft gefüllt werden.

O.U., den 31. 10. 44   Dr. Richert
                             Marinestabsarzt und Verbandsarzt
                             beim Kommando der K-Verbände

BA/MA – K 70 – 1/10 (S. 14–17)

Aktenvermerk: Dienstreise des Kpt.z.S. Spörel am 28./29. 3. 44 zur Besichtigung der Sturmkampfmittel:

»Nach kurzer Mittagspause in der Blaukoppel Fahrt mit Kraftwagen nach Eckernförde und Vorführung der dort bei der T.V.A. entwickelten Sturmkampfmittel.

1. **Typ ›Neger‹** (Entwicklung Mohr). Der Kopf eines Torpedos ist mit einer Plexiglaskuppel versehen und nimmt in sich die Steuerorgane auf. Unter diesem Torpedo hängt ein zweiter Torpedo. Das Ganze ist eine etwas primitive, aber in ihrer Ausführung und in ihrer Leistung überraschende Angelegenheit. Dieses Kampfmittel kann nur auf kürzester Entfernung verwandt werden. Es hat aber den ungeheuren Vorteil der Einfachheit und der leichten Transportfähigkeit. Der Bootsführer hat besonders bei Nacht infolge der sehr geringen Augeshöhe nur geringe Übersicht. Dieses Kampfmittel ist m.E. in großer Anzahl eingesetzt in der Lage, Landungsunternehmen wirksam zu stören. Vorbedingung ist dabei, daß es durch schnelle Fahrzeuge unmittelbar in die Nähe des Gegners gebracht wird und dort zu Wasser gelassen wird.«

BA/MA – RM 7/99 S. 293

Die Verluste des Kommandos der K-Verbände April bis September 1944 ▶

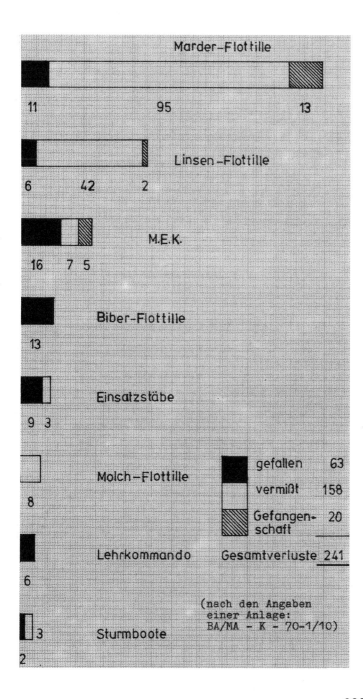

Marder-Flottille

11   95   13

Linsen-Flottille

6   42   2

M.E.K.

16   7   5

Biber-Flottille

13

Einsatzstäbe

9   3

Molch-Flottille

8

gefallen   63
vermißt   158
Gefangen-   20
schaft
_____
Gesamtverluste 241

Lehrkommando

6

(nach den Angaben
einer Anlage:
BA/MA - K - 70-1/10)

Sturmboote

3

2

295

Anmerkungen

[1]) Hitlers Weg in den Krieg – 4. Teil: Stimmt die Geschichtsschreibung? DLF-Sendung von Philipp W. Fabry vom 21. 10. 69, zitiert nach dem Manuskript mit freundlicher Genehmigung der Feature-Redaktion des DLF, S. 4.

[2]) M-DLF, S. 3.

[3]) M-DLF, S. 8.

[4]) Alfred Schickel: Probleme westdeutscher Zeitgeschichte, Deutschland-Journal, April 1980. Schreiben des Bundespräsidenten an Prof. Walther Hubatsch zum 65. Geburtstag, Bulletin des Presse- und Informationsamtes der Bundesregierung vom 20. Mai 1980, Nr. 56/S. 477.

[5]) DIE WELT vom 8. Juli 1978.

[6]) ebenda, Zitat aus der Rezension von Wolf Schneider.

[7]) Sebastian Haffner, Anmerkungen zu Hitler, S. 77: »Nichts ist irreführender, als Hitler einen Faschisten zu nennen..., und sein Nationalsozialismus war alles andere als ein Faschismus.«

[8]) Haffner, a.a.O., S. 65.

[9]) Haffner, a.a.O., S. 109.

[10]) Presse- und Informationsamt der Bundesregierung. Bulletin Nr. 30 vom 7. April 1978, S. 281.

[11]) Armin Mohler, Vergangenheitsbewältigung – Von der Läuterung zur Manipulation. Stuttgart-Degerloch 1968.

[12]) Karl Dönitz, Deutsche Strategie zur See im Zweiten Weltkrieg, S. 47.

[13]) Dönitz, a.a.O., S. 44.
Ders., Zehn Jahre und zwanzig Tage, S. 44: »Daraufhin teilte der Oberbefehlshaber am 22. Juli 1939 in Swinemünde dem auf dem Aviso ›Grille‹ versammelten Offizierskorps der U-Bootwaffe die Antwort Hitlers mit: Er würde dafür sorgen, daß es keinesfalls zu einem Krieg mit England kommt. Denn das wäre ›Finis Germaniae.‹«

[14]) Seb. Haffner, Anmerkungen zu Hitler, S. 87.

[15]) Robert Ingrim, Hitlers glücklichster Tag Stg. 1962.

[16]) Cajus Bekker, Verdammte See, S. 89.

[17]) Hermann Boehm, Norwegen zwischen England und Deutschland
Walther Hubatsch, Weserübung.

[18]) »Sehr bald nach Kriegsbeginn stellte sich heraus, daß die magnetische Zündung des Torpedos, die unter dem angegriffenen Schiff erfolgen sollte, nicht beherrscht wurde. Häufig zündete die Pistole zu früh, d. h. schon beim Anlauf des Torpedos; oder sie zündete erst am Ende seiner Laufstrecke, oder es erfolgte selbst unter dem Schiff überhaupt keine Zündung. Auch lief der Torpedo erheblich tiefer als eingestellt. Ferner funktionierte selbst die Aufschlagpistole nur teilweise.« (Dönitz, 10 Jahre und 20 Tage, S. 72) – »Am 16. April um 4.10 Uhr ging von Prien die Meldung ein, daß er im Bygden-Fjord die Transporter vor Anker angetroffen und 8 Torpedos auf eine lange Wand sich überlappender, stilliegender Schiffe geschossen hätte, ohne Erfolg zu erzielen.« (eb., S. 82) – »Es ergab sich insgesamt, daß die U-Boote in 4 Fällen auf ein Schlachtschiff (›WARSPITE‹), in 14 Fällen auf einen Kreuzer, in 10 Fällen auf einen Zerstörer und in 10 Fällen auf Transportschiffe zum Angriff gekommen waren. Lediglich ein Transportschiff wurde versenkt.« (eb., S. 85)

[19]) Cajus Bekker, Verdammte See S. 132.

[20]) Dönitz, a.a.O., S. 119f.

[21]) C. Bekker, a.a.O., S. 222.

[22]) ebenda, S. 180.
»Die einzige Sache, die mich während des Krieges je wirklich in Furcht versetzte, war die U-Bootgefahr.« (Churchill, »The Second World war, Vol. II, S. 529, zit. nach Dönitz, 10 Jahre und 20 Tage, S. 162).

[23]) Jochen Brennecke, Schlachtschiff BISMARCK – Höhepunkt und Ende einer Epoche
Ludovic Kennedy, Versenkt die BISMARCK! Triumph und Untergang des stärksten Schlachtschiffes der Welt.

[24]) Cajus Bekker, a.a.O., S. 272.

[25]) ebenda

[26]) a.a.O., S. 276.

[27]) C. Bekker, a.a.O., S. 282.

[28]) a.a.O., S. 285.

[29]) »Der Führer hat befohlen:
1. Alle Neu- und Umbauten an großen Schiffen sind sofort einzustellen...
2. Schlachtschiffe, Panzerschiffe, schwere Kreuzer, leichte Kreuzer sind außer Dienst zu stellen, soweit sie nicht für Ausbildungszwecke benötigt werden...
3. Durch die hiermit frei werdende Werftkapazität, Arbeiter, Soldaten und Waffen (in der Hauptsache Flak) soll eine Intensivierung der U-Boot-Reparatur und des U-Boot-Neubaues erreicht werden.« (zit. nach Bekker, S. 292 f.).

[30]) C. Bekker, a.a.O., S. 293.

[31]) Dönitz, 10 Jahre und 20 Tage, S. 303.

[32]) Jürgen Rohwer, Geleitzugschlachten im März 1943.

[33]) Ders., Dramatischer Untergang der ›SCHARNHORST‹ (in: »Wilhelmshavener Zeitung« vom 1. 6. 1978).
A. J. Watts, Der Untergang der SCHARNHORST.
Heinrich Bredemeier, Schlachtschff SCHARNHORST.

[34]) Leonce Peillard, Versenkt die Tirpitz!
Gervis Frère-Cook, Die TIRPITZ muß unter Wasser.

[35]) Fritz Brustat-Naval, Unternehmen Rettung.

[36]) DIE WELT vom 15. 9. 1971.

[37]) Cajus Bekker, Einzelkämpfer auf See (bereits 1955 unter dem Titel »... und liebten doch das Leben« erschienen).

[38]) Martin Grabatsch, Torpedoreiter, Sturmschwimmer, Sprengbootfahrer (1979), S. 250.

[39]) a.a.O., S. 50.

[40]) ebenda.

[41]) a.a.O., S. 51.

[42]) Grabatsch, a.a.O., S. 90–110.

[43]) zitiert nach Grabatsch, a.a.O., S. 109.

[44]) Grabatsch, a.a.O., S. 121.

[45]) Der Besatzung gelang die Zerstörung des Sperrnetzes. Die SLC-Geräte waren zudem mit einer Sprengeinrichtung zur Selbstzerstörung nach dem Einsatz ausgestattet. Auf diese Weise sollte verhindert werden, daß dem Feind ein solches Gerät unbeschädigt in die Hände fällt.

[46]) a.a.O., S. 141, vgl. dagegen die Angaben auf S. 149. (»Durnham« dort mit 10 900 BRT angegeben).

[47]) a.a.O., S. 149.

[48]) a.a.O., S. 224–235.

[49]) Grabatsch, a.a.O., S. 162.
[50]) Grabatsch, a.a.O., S. 206.
[51]) a.a.O., S. 222.
[52]) a.a.O., S. 239.
[53]) a.a.O., S. 250.
[54]) Sir Winston Churchill, The Second World War, Vol. IV zitiert nach: C.E.T. Warren und James Benson, ... Und über uns die Wogen, S. 7.
[55]) Im Anhang des Buches von Warren und Benson ist darüber zu lesen: »Der Prototyp des bemannten Torpedos – übrigens auch des Kleinst-U-Bootes – wurde bereits im Jahre 1909 von einem Engländer entworfen, dem Korvettenkapitän Godfrey Herbert von der Royal Navy. Sein »Devastator« war als Einmann-Torpedo geplant und sollte einen auslösbaren Auftriebraum für den Bedienungsmann aufnehmen. In der Patentschrift hieß es: ›...er soll eine starke, hochexplosive Ladung gegen ein feindliches Schiff oder sonstiges Ziel tragen, und das mit größter Ersparnis an Material und Menschen.‹ Diesen Gedanken unterbreitete Herbert der Admiralität... Er wurde abgelehnt, unter anderem von Mr. Winston Churchill, vor 1914 Erster Lord der Admiralität, und auch vom Ersten Seelord, dem Prinzen Louis von Battenberg. Sie meinten, die Sache sei für den ›Reiter‹ zu gefährlich. Im übrigen handele es sich um eine Waffe für schwächere Seemächte. Der Plan wurde geändert und später im Kriege nochmals von Max Horton eingereicht, auch diesmal erfolglos. Da Horton vorgeschlagen hatte, er wolle selbst den ›Devastator‹ fahren, meinte man höheren Ortes vielleicht, dieser Stabsoffizier könne seinem Vaterland woanders wertvollere Dienste leisten.« (a.a.O., S. 219).
[56]) Leonce Peillard, Versenkt die Tirpitz! (Kap. X, Operation Title, S. 141 ff., Kap. XI, Die Flucht nach Schweden, S. 165 ff.), Warren/Benson, a.a.O., S. 40–62.
[57]) Warren/Benson, a.a.O., S. 66.
[58]) ebenda, S. 67.
[59]) ebenda, S. 68.
[60]) ebenda, S. 71; vgl. dagegen M. Grabatsch, a.a.O., S. 208.
[61]) Warren/Benson, a.a.O., S. 92.
[62]) Warren/Benson, a.a.O., S. 95.
[63]) ebenda, S. 96.
[64]) a.a.O., S. 97.
[65]) ebenda.
[66]) ebenda.
[67]) Kptn.-Ltn. Luigi Durand de la Penne geriet am 19. 12. 1941 nach seinem Angriff auf das Schlachtschiff ›VALIANT‹ in Alexandria in Gefangenschaft.
[68]) Warren/Benson, a.a.O., S. 153 f.
[89]) ebenda, S. 160 f.
[70]) Warren/Benson, a.a.O., S. 171.
[71]) Geleitwort zu »... Und über uns die Wogen«.
[72]) Dönitz, 10 Jahre und 20 Tage, S. 362.
[73]) Dönitz, a.a.O., S. 362.
[74]) H. Heye, Geleitwort zu Cajus Bekker, Einzelkämpfer auf See.
[75]) zitiert nach C. Bekker, Einzelkämpfer auf See, S. 16 f.
[76]) Aus den Aufzeichnungen des Leutnants Alfred Vetter.
[77]) Vetter, Aufzeichnungen.
[78]) Vetter, Aufzeichnungen.

[79] Bundesarchiv/Militärarchiv Freiburg, K 70–1/10, S. 2.

[80] Cajus Bekker, Einzelkämpfer auf See, S. 67.

[81] Cajus Bekker (a.a.O., S. 66) gibt 300-kg-Sprengladung an, ebenso Helmut Bastian (»vier Pakete à 75 kg«). Die Angabe »480 kg« stammt von Max Becker, seinerzeit T.O. der K-Fl.211.

[82] BMA – RM 7/101; 107.

[83] Als Oberregierungsbaurat war Richard Mohr zuletzt im Bundesverteidigungsministerium für das Torpedoreferat zuständig und hat für die Ausrüstung der Bundesmarine, bei der Entwicklung der Torpedowaffe, viel geleistet.

[84] Raymond Cartier, Der Zweite Weltkrieg, Bd. 2 1942–1945, S. 714.

[85] zitiert nach Cajus Bekker, Einzelkämpfer auf See, S. 38 f.

[86] ebenda, S. 32.

[87] BA/MA – RM 7/189, S. 209.

[88] BA/MA – RM 7/189, S. 229.

[89] BA/MA – RM 7/239, S. 259.

[90] BA/MA – RM 7/239, S. 261.

[91] BA/MA – RM 7/239, S. 264.

[92] BA/MA – RM 7/239, S. 255.

[93] C. Bekker, a.a.O., S. 45.
Dagegen werden in einer Aufstellung der SKl 22 Einmanntorpedos für den Einsatz 20./21. 4. 44 angegeben (573 Gkdos).

[94] Cajus Bekker, a.a.O., S. 46 ff.

[95] Cajus Bekker, a.a.O., S. 50.

[96] BA/MA – RM 7/640, S. 351.
Die angegebenen Zahlen sind mit Sicherheit zu hoch gegriffen, denn auch nach Auskunft Hanno Kriegs kamen nur 17 Neger zum Einsatz, von denen eine Reihe »auf Sandbänken steckengeblieben« sein dürfte.

[97] handschriftlicher Zusatz: »Mai 50 TVA, Juni 100 TVA und DWK, je 50, Juli 50 DWK«.

[98] handschriftlicher Zusatz: »sowie gleichzeitigen Bombenangriff auf Anzio«.

[99] handschr. Einfügung: »Nachträgliche Feststellung: die zurückgekehrten 15 Neger mußten gesprengt werden, so daß tatsächlich nur noch 14 Neger vorhanden sind.« BA/MA – RM 7/640, S. 36 f.

[100] Niederschrift über den Vortrag des Konteradmiral Heye über ›Sonderkampfmittel Neger‹ am 28. 4. 44 vor Ob. d. M. BA/MA – RM 7/640, S. 37 f. Der letzte Satz wurde handschriftlich von Großadmiral Dönitz angefügt.

[101] Vortrag Kapt.z.S. Düwel bei Ob.d.M. 29. 4. 44 0930 Uhr BA/MA – RM 7/239, S. 279.

[102] BA/MA – RM 7/239, S. 281.

[103] Der Darstellung von Cajus Bekker (a.a.O., S. 65) muß in diesem Punkt widersprochen werden. Bekker schreibt: »Versuche, die Ein-Mann-Torpedos mit einer Tauchzelle auszurüsten, waren inzwischen erfolgreich verlaufen. Diese Kampfmittel wurden ›Marder‹ genannt.«

[104] SKl/S B Nr. 573 Gkdos, BA/MA – RM 7–158
Die Zahlen weichen von den bisherigen Angaben etwas ab:
Datum:20/21. 4. 44; Zahl: 22; Art: Marder; Ort: Anzio; nicht zurück: 7.

[105] S. W. Roskill, The War at Sea Vol.II, deutsche Übersetzung: Royal Navy – Britische Seekriegsgeschichte 1939–1945, S. 333. Auch die übrigen Angaben sind diesem Werk entnommen.

[106] B. B. Schofield, Der Sprung über den Kanal, S. 37. Es heißt dort: »fünf Flot-

tentorpedobooten«.

107) Schofield, a.a.O.
108) Dönitz, 10 Jahre und 20 Tage, S. 387.
109) Dönitz, a.a.O., S. 414 – Es folgen Angaben über Versenkungserfolge der deutschen U-Boote im Invasionsgebiet.
110) BA/MA – RM 7/61, S. 393.
111) Um 23.30 Uhr wurde die Angabe berichtigt: »5–800 Bomber«, vermutlich flogen hauptsächlich Lancaster den Angriff.
112) BA/MA – RM 7/61, S. 393 f.
113) Abk. für kampfbereit.
114) BA/MA – RM 7/61, S. 396.
115) BA/MA – RM 7/61, S. 397, dazu Zusammenstellung der Erfolge: »... beweisen den unerschrockenen Einsatzwillen der leichten Streitkräfte, die unter den schwierigsten Verhältnissen einer außerordentlichen Übermacht gegenüberstanden...« (399).
116) BA/MA – RM 7/61, S. 403.
117) BA/MA – RM 7/61 KTB der Skl vom 24. 6. 44.
118) BA/MA – RM 7/61 KTB der SKl vom 25. 6. 44.
119) BA/MA – RM 7/61, KTB der SKl vom 25. 6. 44.
120) BA/MA – RM 7/61, KTB der SKl vom 26. 6. 44.
121) C. Bekker, Einzelkämpfer auf See, S. 68.
122) ebenda, S. 68 f.
123) Bericht und Schreiben Oberstudiendirektor Ulrich Kolbes an den Verfasser vom 19. Mai 1980.
124) C. Bekker gibt stattdessen 30 Boote an.
125) Tonbandinterview vom 14. August 1980.
126) Dagegen berichtet Ulrich Kolbe, »daß wir die Leichenteile des unvorsichtigen Linsenfahrers von der Mauer eines Hafengebäudes, gegen das er geschleudert worden war, abkratzen mußten.«
127) C. Bekker, a.a.O., S. 69.
128) BA/MA – RM 7/61, KTB der SKl vom 29. 6. 44.
129) BA/MA – RM 7/61, KTB der SKl vom 30. 6. 44.
130) Arnold Winkelried soll 1386 in einer für die Eidgenossen kritischen Phase der Schlacht bei Sempach sich in die Spieße der Österreicher geworfen und im Fallen die Feinde mit zu Boden gerissen haben. Über seinen Leichnam hinweg sollen die Eidgenossen in die Lücke der österreichischen Schlachtordnung gestürmt sein und dadurch den Kampf zu ihren Gunsten entschieden haben. Die Tat Winkelrieds läßt sich aus den zeitgenössischen Quellen jedoch nicht belegen. Um 1425 wird von einem die Schlacht entscheidenden Einsatz eines einzelnen Eidgenossen berichtet, und erst in der Überlieferung des 16. Jahrhunderts wird die Tat Winkelried zugeschrieben.
131) Tonbandinterview mit Fregattenkapitän a.D. Hanno Krieg vom 27. 9. 1980.
132) BA/MA – RM 7/145, S. 237 ff., Bl. 14 f.
133) Vgl. Kapitel über den Einsatz der K-Flottille 211 von Le Havre aus, S. 121 ff.
134) BA/MA – RM 7/145 Zusammenfassender Bericht des Marinegruppenkommandos West, S. 237 ff. Bl. 15. Dazu handschr. Notiz von Dönitz (6. 7.): »Ich halte den Bericht für nicht geeignet zur Weitergabe, weil er stark ›pro domo‹ geschrieben ist (jedenfalls klingt er so) und teilweise auch starke Kritik am Heer übt. Allenfalls käme Weitergabe mit entsprechendem Hinweis an Adm. Voß und Kpt. Aßmann zu deren persönl. Unterrichtung in Frage.« Nach

300

Rückfrage und erneuter Bitte um Weitergabe folgt noch der Vermerk: »Chef SKl hat entschieden, daß Weitergabe nicht erfolgen soll.« Vielleicht hat zur Kritik des Ob.d.M. und damit zu dieser Entscheidung aber auch die pessimistische Einschätzung hinsichtlich der Erfolgsaussichten der K-Mittel beigetragen.

[135]) BA/MA – RM 7/62, KTB der SKl vom 3. 7. 44; »schwach« gestrichen.

[136]) ebenda, KTB der SKl vom 4. 7. 44.

[137]) ebenda, KTB der SKl vom 5. 7. 44.

[138]) Tonbandinterview am 27. 9. 1980.

[139]) Koch verunglückte nach Kriegsende in Norwegen tödlich, als er auf eine Landmine trat.

[140]) BA/MA – RM 7/158.

[141]) C. Bekker, Einzelkämpfer auf See, S. 56.

[142]) ebenda.

[143]) Walther Gerhold: Feind ist menschlicher Torpedo!
in: Hanns Möller-Witten, Männer und Taten – Ritterkreuzträger erzählen, S. 153 ff.

[144]) Public Record Office, ADM 199/1651, S. 147 ff.; Übersetzung durch den Verfasser.

[145]) Das erste Wort ist auf der Original-Schreibmaschinendurchschrift unleserlich.

[146]) ADM/199/1651, S. 328.

[147]) ADM 199/1651, Bl. 327, Rückseite.

[148]) W. Gerhold, a.a.O., S. 143, S. 161 ff.

[149]) BA/MA – RM 7/62.

[150]) BA/MA RM 7/62 KTB der SKl vom 6. 7. 44.

[151]) Die Version findet sich auch in Clemens Ranges verdienstvollem Buch »Die Ritterkreuzträger der Kriegsmarine« (1974).

[152]) In einem Schreiben der NAVAL HISTORICAL BRANCH/MINISTRY OF DEFENCE vom 13. Oktober 1978 wird dazu ausgeführt: »The former British cruiser, HMS DRAGON, was at the time of her loss on 8 July 1944, manned by Polish naval forces. She was severely damaged by torpedo and was beached alongside other sunken ships which formed part of the ›Mulberry Harbour‹ at the time of the Normandy invasion.«

[153]) ›CATO‹, Minesweeper, ›CATHARINE‹ class Assoc. SB, Seattle 7. 9. 1942, To RN (Royal Navy) 28. 7. 1943 on lend-lease. Sunk 6. 7. 1944 by human torpedo off Normandy.
›MAGIC‹, Minesweeper, ›Catharine‹ class. Savannah Mcy 25. 5. 1943 on lend-lease. Sunk 6. 7. 44 by human torpedo off Normandy (Angaben aus: Ships of the Royal Navy – An Historical Index by J.J. Colledge Vol. I Major Ships, Newton Abbot 1969.

[154]) BA/MA – RM 7/145 Handakte »Invasion« Vol. 13, Anlage zum KTB Teil C Heft II b/1944, S. 227.

[155]) BA/MA – RM 7/62, KTB-Eintragung vom 8. 7. 44 (»Von fehlenden 10 keine Nachrichten«).

[156]) Für Cajus Bekker gab Potthast eine ganz andere Darstellung.

[157]) BA/MA – RM 7/146, S. 123–126.

[158]) BA/MA – RM 7/146, S. 219.

[159]) BA/MA – RM 7/62

[160]) BA/MA – RM 7/146 Handakte »Invasion«, S. 49.

[161]) BA/MA – RM 7/146 Handakte »Invasion«, S. 50.

[162] BA/MA – RM 7/146 Handakte »Invasion«, S. 53.
[163] BA/MA – RM 7/146 Handakte »Invasion«, S. 64.
[164] BA/MA – RM 7/146 Handakte »Invasion«, S. 72.
[165] BA/MA – RM 7/146 Handakte »Invasion«, S. 76.
[166] BA/MA – RM 7/146 Gefechtsbericht Kdo d. K-Verb., S. 219.
[167] BA/MA – RM 7/146 Gefechtsbericht Kdo d. K-Verb., S. 220.
[168] BA/MA – RM 7/146, Gefechtsbericht Einsatz K.-Fl. 361 am 7./8. 7. 44, S. 220 f.
[169] Fernschreiben des Kdo. d. K.-Verb. gkdos. 153 200 P vom 9. 7. 44 BA/MA – RM 7/146 Handakte »Invasion«, S. 84 f.
[170] Public Record Office, ADM 199/259 071 336 B, aus dem Englischen übersetzt vom Verf.
[171] PRO, ADM 199/259 082 100.
[172] PRO, ADM 199/259 081 240 B.
[173] Cajus Bekker, Einzelkämpfer auf See, S. 64 f.
[174] Commander-In-Chief, Portsmouth: Ships sunk in or near the British Assault Area, ADM 199/1651, S. 269.
[175] PRO, ADM 199/259 – 082 327.
[176] PRO, ADM 199/1651 – S. 256.
[177] »Explosive sweep again tried. Score one more mine. Distance about 6 miles, but hard to estimate in bad visibility.« (ADM 199/259 – 082 327).
[178] PRO, ADM 199/1651, S. 256 (Rückseite).
[179] PRO, ADM 199/1651, S. 254 Stellungnahme des »Director of Torpedoes & Mining«: »It is not possible from the information in this paper to decide whether ›PYLADES‹ was the victim of ground mine or human torpedo.« (ADM 199/1651, 10. 8. 44).
[180] PRO, ADM 199/1651, S. 257 f., Übers. d. Verf.
[181] PRO, ADM 199/1651, S. 224 f., Übers. d. Verf.
[182] »Schlesischer Gebirgsbote« vom 10. 12. 1980, hrsg. von Edelhard Rock, Wolfenbüttel.
[183] Fritz Polz, Schreiben an den Verfasser vom 4. 2. 1981.
[184] PRO, ADM 199/1651, S. 226.
[185] PRO, ADM 199/1675, S. 316.
[186] PRO, ADM 199/1675, S. 159.
[187] PRO, ADM 199/1675, S. 292.
[188] BA/MA – RM 7/146 Handakte »Invasion« S. 80 f.
[189] BA/MA – RM 7/189 S. 262 und S. 261.
[190] BA/MA – RM 7/99, Fernschreiben 20 298/44 gkdos. 2. 7. 44.
[191] BA/MA – RM 7/147 Handakte »Invasion«, S. 36, RM 7/62.
[192] BA/MA – RM 7/62, S. 595, KTB der SKl vom 27. 7. 44.
[193] BA/MA – RM 7/63 KTB/SKl 2. 8. 44.
[194] C. Bekker, Einzelkämpfer auf See, S. 75.
[195] TB-Interview vom 30. 7. 1980.
[196] BA/MA – RM 7/63 KTB 3. 8. 44.
[197] BA/MA – RM 7/158.
[197] BA/MA – RM 7/148, S. 186.
[198] BA/MA – RM 7/158, SKl/S Nr. 573 Gkdos.
[199] TB-Interview vom 14. 8. 1980.
[200] Es würde den Rahmen der Thematik sprengen, sollten hier alle erstaunlichen Beispiele aufgeführt werden, die Gorges aus den Tagen der Normandie zu be-

richten weiß, Beispiele von Nachlässigkeit, Sabotage und Verrat.

[201]) PRO – ADM 199/1651, S. 336.
[202]) PRO – ADM 199/1651, S. 337.
[203]) RPO – ADM 199/1651, S. 338.
[204]) Ships of the Royal Navy, Historical Index Vol. I.
[205]) TB-Interview mit Herbert Berrer in Kiel am 27. 3. 1980 im Hause Alfred Vetters, der seine Erinnerungen ebenfalls ergänzte (TB-Interview vom 30. 3. 1978).
[206]) BA/MA – RM 7/148, S. 169 f.
[207]) BA/MA – RM 7/148, S. 171.
[208]) BA/MA – RM 7/148, S. 172.
[209]) TB-Interview vom 27. 3. 1980.
[210]) TB-Aufzeichnungen vom 30. 3. 1978.
[211]) Die Bezeichung »Gruppen« darf hier nicht mit Linsen-Gruppen gleichgesetzt werden, da die Zuordnungen situationsbedingt anders geregelt waren.
[212]) BA/MA – RM 7/148, S. 205.
[213]) BA/MA – RM 7/63, KTB-Eintragung vom 10. 8. 44.
[214]) BA/MA – RM 7/148 Handakte Invasion, S. 205.
[215]) Wenn laut Aktenbefund insgesamt 5 Kommandolinsen verlorengingen, dann kann das nur bedeuten, daß zwei Rotten nur jeweils eine Sprenglinse mit sich führten, was schließlich auch durch Gorges' Angaben bestätigt wird. Denn normalerweise gehörten zu einer Linsenrotte 5 Mann.
[216]) TB-Interview mit Konsul Bastian vom 30. 7. 1980.
[217]) Helmut Bastian, zitiert nach C. Bekker, a.a.O., S. 81.
[218]) »Signal«, Propagandazeitschrift der Deutschen Wehrmacht, Bd. 5 der kommentierten Ausgabe (Auswahl) von 1977.
[219]) PRO – ADM 199/1682, S. 130.
[220]) Leser, die eventuell Näheres dazu berichten könnten, werden gebeten, sich direkt mit dem Verfasser in Verbindung zu setzen (3300 Braunschweig, Yorckstraße 2).
[221]) »FROBISHER has been demaged by under water explosion at about 0730 this morning. All ships take all possible precaution.« (PRO – ADM 199/1682, S. 113).
[222]) Vgl. KTB-Eintragung der SKl vom 9. 8. 44: »211. K.-Flottille hatte in der Nacht zum 9. 8. 12 Kommando- und 16 Ladungslinsen eingesetzt. Angegriffen wurden Schiffsansammlungen im Orne-Brückenkopf bei Courseulles.« (BA/MA – RM 7/63).
[223]) PRO – ADM 199/1682, S. 114. Übersetzung Verf.
[224]) PRO – ADM 199/1682, S. 337.
[225]) PRO – ADM 199/1682, S. 352.
[226]) PRO – ADM 199/1682, S. 334, Übers. Verf.
[227]) Prof. Dr. Jürgen Rohwer, Brief an den Verfasser vom 17. 9. 80.
[228]) Vgl. dagegen Seite 214.
[229]) Nach dieser Darstellung (»eine Detonation, eine Stichflamme«) kann es sich nur um die Aufpralldetonation gehandelt haben, eine Wirkung der Hauptladung wurde offenbar nicht wahrgenommen.
[230]) Demnach war diese Sprenglinse voll funktionsklar.
[231]) Name des zweiten Sprengbootfahrers, dessen Linse getroffen hat.
[232]) Alfred Vetter, Gegen die Invasionsflotte (persönl. Aufz.).
[233]) Brief an den Verf. vom 17. 9. 1980.

[234]) PRO – ADM 199/1651, S. 269.

[235]) BA/MA – RM 7/158, SKl/S B. Nr. 573 Gkdos.

[236]) BA/MA – RM 7/63.

[237]) BA/MA – RM 7/63, KTB der SKl vom 16. 8. 44.

[238]) BA/MA – RM 7/63, KTB der SKl vom 17. 8. 44.

[238]) BA/MA – RM 7/63, KTB der SKl vom 18. 8. 44.

[240]) BA/MA – RM 7/63, KTB/SKl vom 21. 8. 44.

[241]) BA/MA – RM 7/63, KTB/SKl vom 22. 8. 44.

[242]) BA/MA – RM 7/63, KTB/SKl vom 24. 8. 44.

[243]) BA/MA – RM 7/148, S. 283 und RM 7/63, KTB/SKl vom 26. 8. 44.

[244]) BA/MA – RM 7/63, KTB/SKl vom 26. 8. 44.

[245]) BA/MA – RM 7/63, KTB/SKl vom 27. 8. 44.

[246]) BA/MA – RM 7/63, KTB/SKl vom 30. 8. 44.

[247]) BA/MA – RM 7/63, KTB/SKl vom 31. 8. 44.

[248]) Tonbandaufzeichnung vom 14. 8. 80.
Ein Zeuge berichtet, daß Gorges außerdem geäußert hätte: »Die Partei ist große Scheiße, aber auf den Führer lassen wir nichts kommen!«

[249]) Axmann zu Gorges: »Du wirst Verbindungsoffizier zwischen Kriegsmarine und Hitlerjugend, das steht fest!«

[250]) Tb-Aufzeichnung von den Gesprächen Vetter/Berrer am 27. 3. 1980 in Kiel.

[251]) BA/MA – RM 35 III/129.

[252]) BA/MA – RM 7/64, KTB/SKl vom 1. 9. 44.

[253]) BA/MA – K 70 – 1/13 »Ärztliches Kriegs-Tagebuch »K-Flottille 364 beim Kommando der K-Verbände 26. 8.–31. 10. 44).

[254]) BA/MA – RM 7/64, KTB/SKl vom 4. 9. 44.

[255]) BA/MA – RM 7/64, KTB/SKl vom 5. 9. 44.

[256]) BA/MA – RM 7/64, KTB/SKl vom 5. 9. 44.
Zwischen diesen Angaben besteht ein nicht lösbarer Widerspruch. Über die tatsächlichen Verluste scheint nichts bekannt zu sein.

[257]) BA/MA – K 70 – 1/13 (Ärztl. KTB).

[258]) BA/MA – RM 7/64.

[259]) BA/MA – K 70 – 1/13 Ärztl. KTB, Eintragungen vom 10.–13. 9. 44.

[260]) BA/MA – RM 7/64, KTB/SKl vom 14. 9. 44.

[261]) ebenda.

[262]) BA/MA – RM 7/64, KTB/SKl vom 23. und 24. 9. 44.

[263]) BA/MA – RM 7/64, KTB/SKl vom 26. 9. 44.

[264]) BA/MA – K 70 – 1/13, Ärztl. KTB, Saonara, 1. 10.

[265]) BA/MA – RM 7/64, KTB/SKl vom 18. 10. 44.

[266]) BA/MA – RM 7/64 KTB/SKl vom 21. 10. 44.

[267]) OStD Ulrich Kolbe, Schreiben vom 18. 5. 80 an den Verfasser.

[268]) BA/MA – RM 7/65, KTB/SKl vom 22. 10. 44.

[269]) BA/MA – RM 7/65, KTB/SKl vom 26. 10. 44.

[270]) BA/MA – RM 7/66, KTB/SKl vom 2. 11. 44.

[271]) BA/MA – RM 7/66, KTB/SKl vom 22. 11. 44.

[272]) BA/MA – RM 7/66, KTB/SKl vom 23. 11. 44.

[273]) BA/MA – RM 35 III/129.

[274]) BA/MA – RM 7/69, KTB/SKl vom 17. 2. 45, S. 171 f.

[275]) BA/MA – RM 7/69, KTB/SKl vom 22. 2. 45.

[276]) BA/MA – RM 7/69, KTB/SKl vom 2. 3. 45.

[277]) BA/MA K/70 – 1/10 Ärztl. KTB des Kdos. d. K.-Verbände.

[278]) BA/MA – RM 7/64, KTB/SKl vom 23. 9. 44.

[279]) BA/MA – RM 7/65, KTB/SKl vom 6. 10. 44.

[280]) BA/MA – RM 7/65, KTB/SKl vom 8. 10. 44.

[281]) BA/MA – RM 7/65, KTB/SKl vom 7. 10. 44.

[282]) »Ein starker Verband von Linsen versucht von der Schelde aus brit. Minensucher vor der belg. Küste anzugreifen. Ungünstige Wetterverhältnisse und starke Abwehr lassen das Unternehmen zu einem Fiasko werden. 36 Linsen gehen verloren oder müssen aufgegeben werden.« (Rohwer/Hümmelchen, Chronik des Seekrieges 1939–1945, S. 488).

[283]) BA/MA – RM 7/65, KTB/SKl vom 9. 10. 44.

[284]) BA/MA – RM 7/65, KTB/SKl vom 11. 10. 44.

[285]) BA/MA – RM 7/65, KTB/SKl vom 13. 10. 44.

[286]) BA/MA – RM 7/65, KTB/SKl vom 16. 10. 44.

[287]) BA/MA – RM 7/65, KTB/SKl vom 24. 10. 44.

[288]) BA/MA – RM 7/65, KTB/SKl vom 26. 10. 44.

[289]) BA/MA – RM 7/65, KTB/SKl vom 16. 10. 44.

[290]) BA/MA – RM 7/65, KTB/SKl vom 28. 10. 44.

[291]) BA/MA – RM 7/65, KTB/SKl vom 29. 10. 44.

[292]) BA/MA – RM 7/65, KTB/SKl vom 30. 10. 44.

[293]) BA/MA – RM 7/65, KTB/SKl vom 31. 10. 44.
Am 2. 11. 44 ergab sich folgende Verteilung: Nordsee: 60 Linsen in Fedderwardersiel, 30 Molche in Helgoland, 30 Biber in Norden, 30 Molche in Borkum; Westraum: 60 + 36 Linsen im Schelderaum, dazu 30 Biber, 30 + 29 Biber auf Marsch von Dänemark nach Groningen. (BA/MA – RM 7/66, KTB/SKl v. 2. 11. 44).

[294]) BA/MA – RM 7/66, KTB/SKl vom 1. 11. 44.

[295]) Rohwer/Hümmelchen: Chronik des Seekrieges 1939–1945, S. 499.

[296]) Tonbandinterview vom 30. 7. 1980.

[297]) BA/MA – RM 7/66, KTB/SKl vom 15. 11. 44.

[298]) BA/MA – RM 7/66, KTB/SKl vom 17. 11. 44.

[299]) BA/MA – RM 149 – Handakte Invasion, Fs an MOK West S. 153.

[300]) BA/MA – RM 149 – Handakte Invasion, Fs an Feko Dünkirchen.

[301]) BA/MA – RM 7/149, S. 156f.

[302]) BA/MA – RM 7/67, KTB/SKl vom 2. 12. 44.

[303]) BA/MA – RM 7/67, KTB/SKl vom 9. 12. 44.

[304]) BA/MA – RM 7/67, KTB/SKl vom 17. 12. 44 (Sonntag) S. 413–415.

[305]) BA/MA – RM 7/67, KTB/SKl vom 19. 12. 44, S. 477f.

[306]) TB-Interview vom 30. 7. 80.

[307]) BA/MA – RM 7/67, KTB/SKl vom 21. 12. 44.

[308]) Nach Bestätigung von Frank Gorges fand die Beisetzung mit militärischen Ehren in Lübeck statt.

[309]) Tb-Interview vom 30. 7. 1980.

[310]) BA/MA – RM 7/67 – 23. 12. 44.

[311]) BA/MA – RM 7/67, KTB/SKl vom 26. 12. 44.

[312]) BA/MA – RM 7/67, KTB/SKl vom 16. 12. 44.

[313]) BA/MA – RM 7/67, KTB/SKl vom 27. 12. 44.

[314]) BA/MA – RM 7/68, KTB/SKl vom 14. 1. 45.

[315]) BA/MA – RM 7/68, KTB/SKl vom 28. 1. 45.

[316]) BA/MA – RM 7/131, Fs vom 25. 11. 44 (1/SKl) S. 162.

[317]) BA/MA – RM 7/102, S. 262.

[318]) BA/MA – RM 7/68, KTB/SKl vom 26. 1. 45 – H. Bastian irrt sich offenbar, wenn er die S-Boot-Linsen-Einsätze auf den November vorverlegt. Vgl. Lagebeurteilung vom 4. 1. 45: »Mittelbare oder unmittelbare Unterstützung der K-Mittel durch S-Boot ist denkbar a) auf dem Marsch ins Operationsgebiet, b) während des Aufenthaltes im Operationsgebiet.« (BA/MA – RM 7/131, S. 23 f.).

[319]) BA/MA – RM 7/158, S. 142.

[320]) BA/MA – RM 7/852 »Lage Westraum am 14. März 1945«.

[321]) BA/MA – RM 7/852, S. 102.

[322]) BA/MA – RM 7/852, S. 139.

[323]) BA/MA – RM 7/67, KTB/SKl vom 31. 12. 44 (Sonntag). Seehunde erzielten Erfolge, doch erfüllte auch dieses K-Mittel letzten Endes nicht die Erwartungen (s. C. Bekker, Einzelkämpfer, S. 172).

[324]) BA/MA – RM 7/852, S. 242.

[325]) BA/MA – RM 7/71, KTB/SKl vom 9. 4. 45.

[326]) BA/MA – RM 7/852, S. 261.

[327]) BA/MA – RM 7/852, S. 269.

[328]) BA/MA – RM 7/852, S. 295.

[329]) BA/MA – RM 7/852, S. 303.

[330]) Tb-Aufzeichnungen vom 14. 8. 1980.

[331]) BA/MA – RM 7/853, Lage K-Mittel vom 21.–25. 4. 45.

[332]) BA/MA – RM 7/65, KTB/SKl vom 4. 10. 44.

[333]) BA/MA – RM 7/68, KTB/SKl vom 10. 1. 45, S. 182.

[334]) BA/MA – RM 7/69, KTB/SKl vom 27. 2. 45. RM 7/70 KTB/SKl vom 5. 3. 45.

[335]) BA/MA – RM 7/251, S. 150, OKW WFSt an OKM vom 2. 12. 44.

[336]) BA/MA – RM 7/251, S. 155, Fs vom 10. 12. 44.

[337]) BA/MA – RM 7/67, KTB/SKl vom 2. 12. 44.

[338]) BA/MA – RM 7/67, KTB/SKl vom 10. 12. 44.

[339]) BA/MA – RM 7/67, KTB/SKl vom 12. 12. 44, S. 282.

[340]) BA/MA – RM 7/67, KTB/SKl vom 21. 12. 44, S. 528.

[341]) BA/MA – RM 7/67, KTB/SKl vom 26. 12. 44, S. 620.

[342]) BA/MA – RM 7/68 KTB/SKl vom 20. 1. 45.

[343]) BA/MA – RM 7/69 KTB/SKl vom 5. 2. 45.

[344]) BA/MA – RM 7/69 KTB/SKl vom 23. 2. 45.

[345]) BA/MA – RM 7/70 KTB/SKl vom 1. und 2. 3. 45.

[346]) BA/MA – RM 7/70 KTB/SKl vom 7. 3. 45.

[347]) BA/MA – RM 7/70 KTB/SKl vom 8. 3. 45.

[348]) BA/MA – RM 7/70 KTB/SKl vom 13. 3. 45.

[348]) Tb.-Aufzeichnungen vom 30. 7. 1980.

[350]) BA/MA – RM 7/70 KTB/SKl vom 14. und 16. 3. 45.

[351]) BA/MA – RM 7/71 KTB/SKl vom 6. 4. 45 (»Bei Vortrag Ostlage«).

[352]) Cajus Bekker, Einzelkämpfer auf See, S. 192 ff.

[353]) BA/MA – RM 7/71 KTB/SKl vom 17. 4. 45.

[354]) BA/MA – RM 7/71 KTB/SKl vom 20. 4. 45.

[355]) Tb-Aufzeichungen vom 30. 7. 1980 – Bastian war tief erschüttert angesichts der erschossenen Holländer, die zur »Abschreckung« an den Straßenkreuzungspunkten lagen.

[356]) Nach dem Kriege wurde auch Bastian in der Angelegenheit durch holländische Juristen befragt.

Vgl. zu der Thematik: Paul Sérant, Die politischen Säuberungen in Westeuropa (Oldenburg/Hamburg o. J.).

[357]) Tb.-Aufzeichungen vom 14. 8. 1980.
[358]) zitiert nach Prof. Dr. Erich Schwinge: Bilanz der Kriegsgeneration – Ein Beitrag zur Geschichte unserer Zeit. Marburg 1979, S. 20.
[359]) Tb.-Aufzeichnungen vom 30. 7. 1980.
[360]) Tb.-Aufzeichnungen vom 27. 3. 1980.
[361]) Diese Aussage gilt innerhalb der K-Verbände aber nur für die Linsen, bei den
Mardern gab es weit höhere Verluste (s. Statistik).
[362]) Max Becker, Brief an den Verf. vom 6. 11. 1979.
[363]) OStD. Ulrich Kolbe, Brief an den Verf. vom 18. 5. 1980.
[364]) FKpt. Hanno Krieg, Tb.-Aufzeichnungen vom 27. 9. 1980.
[365]) Hellmut Diewald, Geschichte der Deutschen (1978), S. 16.

Quellen- und Literaturverzeichnis

ARCHIVMATERIAL

Public Record Office, London: Akten der britischen Admiralität zur »Operation
Neptune«
Bundesarchiv/Militärarchiv, Freiburg: Akten zur Invasion 1944, Kriegstagebü-
cher, B-Meldungen, Fernschreiben des KdK, Funksprüche

ZEITSCHRIFTEN, SONSTIGE UNTERLAGEN

»Bulletin« des Presse- und Informationsamtes der Bundesregierung
»Signal« 1944/45
»Die Kriegsmarine« 1944
Aufzeichnungen, Notizen, Skizzen, Briefe
Tonbandinterviews

DARSTELLUNGEN

Bekker, C.: Verdammte See. Ein Kriegstagebuch der deutschen Marine. Stg. 1971
Bekker, C.: Einzelkämpfer auf See. Die deutschen Torpedoreiter, Froschmänner
und Sprengbootpiloten im Zweiten Weltkrieg. Oldenb./Hbg. 1968
Boehm, Hermann: Norwegen zwischen England und Deutschland (1956)
Brennecke, J.: Schlachtschiff Bismarck. Höhepunkt und Ende einer Epoche. Jugen-
heim 1960
Brustat-Naval, F.: Unternehmen Rettung. Herford 1970
Cartier, R.: Der 2. Weltkrieg, Bd. 2. München o. J.
Dönitz, Karl: 10 Jahre und 20 Tage. Erinnerungen des Befehlshabers der deutschen
U-Boote im Zweiten Weltkrieg. Frkf. 1967
Dönitz, Karl: Deutsche Strategie zur See im Zweiten Weltkrieg. Die Antworten des
Großadmirals auf 40 Fragen. 2. Aufl. Frankf. 1972
Dönitz, Karl: Mein wechselvolles Leben. Göttingen 1968
Fabry, Ph. W.: Stimmt die Geschichtsschreibung? DLF-Sendung (Manuskript)
1969

Frère-Cook, G.: Die Tirpitz muß unter Wasser. Die Angriffe auf das größte deutsche Schlachtschiff 1940–1944. Stuttg. 1977

Grabatsch, M.: Torpedoreiter, Sturmschwimmer, Sprengbootfahrer. Eine Geheimwaffe im 2. Weltkrieg. Wels 1979

Haffner, Seb.: Anmerkungen zu Hitler (1978)

Lüdde-Neurath, W.: Regierung Dönitz. Die letzten Tage des Dritten Reiches. 3. Aufl. Göttingen 1964

Möller-Witten, H. (Hrsg.):: Männer und Taten. Ritterkreuzträger erzählen. München 1959

Mohler, A.: Vergangenheitsbewältigung – Von der Läuterung zur Manipulation Stg. 1968

Mordal, Jaques: Die letzten Bastionen. Schicksal der deutschen Atlantikfestungen 1944/45 Old./Hbg. 1966

Peillard, Léonce: Versenkt die Tirpitz! Ein Tatsachenbericht. Wien/Berlin/Stuttgart o. J.

Range, C.: Die Ritterkreuzträger der Kriegsmarine. Stuttgart 1974

Rohwer, Jürgen: Die Geleitzugschlachten im März 1943 Stuttgart 1975

Rohwer/Hümmelchen: Chronik des Seekrieges 1939–1945. Oldenburg/Hamburg o. J.

Roskill, S.W.: The War at Sea. Vol. III. Deutsche Übersetzung: Royal Navy – Brit. Seekriegsgeschichte 1939–1945. Oldenburg/Hamburg 1961

Ruge, Friedrich: Der Seekrieg 1939–1945. Stg. 1954

Schofield, B.B.: Der Sprung über den Kanal. Unternehmen »Neptun« – Die alliierte Landung in der Normandie 1944. Stuttgart 1978

Schwinge, E.: Bilanz der Kriegsgeneration. Ein Beitrag zur Geschichte unserer Zeit, 4. Aufl. Marburg 1980

Sérant, P.: Die politischen Säuberungen in Westeuropa am Ende des Zweiten Weltkrieges. Oldenbg./Hbg. o. J.

Warren, C.E.T.
und Benson, James: Above us the Waves, deutsche Übersetzung: Und über uns die Wogen. Geschichte der britischen Torpedoreiter und Kleinst-U-Boote 1942–1945. München o. J.

Namenverzeichnis